Revista de Direito Tributário 120

Revista de Direito Tributário

Publicada sob os auspícios do
Instituto Geraldo Ataliba – IDEPE – Instituto Internacional de Direito Público e Empresarial

Presidente: Profa. Maria Leonor Leite Vieira
Vice-Presidente: Prof. Estevão Horvat
Presidentes de Honra: Profs. Paulo de Barros Carvalho,
Aires F. Barreto, Eduardo Domingos Bottallo

ISS 0102-7956

Diretores:
Paulo Ayres Barreto, Fabiana Del Padre Tomé,
Fábio Soares de Melo e Maria Rita Ferragut

Fundadores:
Aliomar Baleeiro (†), Antonio Roberto Sampaio Dória (†),
Rubens Gomes de Sousa (†), Cléber Giardino (†), Geraldo Ataliba (†)

Conselho Editorial:
Adilson Abreu Dallari, Alberto Xavier, Alcides Jorge Costa,
Alfredo Augusto Becker (†), Américo Lacombe,
Antonio Carlos Nogueira Reis, Antonio Correa Meyer, Carlos Mário Velloso,
Célio de Freitas Batalha (†), Celso Antônio Bandeira de Mello, Diva Prestes Malerbi,
Eduardo Domingos Bottallo, Elizabeth Nazar Carrazza, Estevão Horvath,
Eugênio Doin Vieira (†), Fabiana Del Padre Tomé, Florence Haret,
Gilberto de Ulhôa Canto (†), Heron Arzua, José Roberto Vieira, José Souto Maior Borges,
Luciano da Silva Amaro, Luiz Carlos Bettiol, Marçal Justen Filho,
Misabel Abreu Machado Derzi, Ormezindo Ribeiro de Paiva, Osíris Azevedo Lopes Filho (†),
Paulo Ayres Barreto, Pérsio de Oliveira Lima (†), Renan Lotufo, Roque Antonio Carrazza,
Sacha Calmon Navarro Coelho, Wagner Balera

Conselho Internacional:
Hector Villegas e Rubens Asorey (Argentina)
José Luiz Shaw e J. Pedro Montero Traibel (Uruguai)
Humberto Medrano (Peru)
J. J. Ferreiro Lapatza, Carlos Palao Taboada,
Juan Ramallo Massanet e Gregorio Robles (Espanha)
Victor Uckmar e Franco Gallo (Itália)
J. von Horn Jr. (Holanda)

REVISTA DE DIREITO TRIBUTÁRIO
Publicação trimestral de
MALHEIROS EDITORES LTDA.
Rua Paes de Araújo, 29, 17º andar, conj. 171
CEP 04531-940 – São Paulo, SP – Brasil
Tel. (11) 3078-7205
Fax. (11) 3168-5495
Diretor responsável: Álvaro Malheiros
Diretora: Suzana Fleury Malheiros

Assinaturas e comercialização:
CATAVENTO DISTRIBUIDORA
DE LIVROS S.A.
Rua Conselheiro Ramalho, 928
CEP 01325-000 – São Paulo, SP – Brasil
Tel. (11) 3289-0811 – Fax. (11) 3251-3756
Supervisão Gráfica: Vânia Lúcia Amato
Editoração Eletrônica: Cicacor Editorial
Impressão: Paym Gráfica e Editora Ltda.

SUMÁRIO

CADERNOS DE DIREITO TRIBUTÁRIO

TAXA DE CONTROLE, MONITORAMENTO E FISCALIZAÇÃO DAS ATIVIDADES DE PESQUISA, LAVRA, EXPLORAÇÃO E APROVEITAMENTO DE RECURSOS MINERÁRIOS (PARECER) 7
— Paulo de Barros Carvalho

A NÃO INCIDÊNCIA DO IPI SOBRE OPERAÇÕES COM MERCADORIAS FURTADAS OU ROUBADAS NO TRAJETO ENTRE O ESTABELECIMENTO FABRICANTE E O COMPRADOR 39
— José de Castro Meira

ANOTAÇÕES SOBRE OS REQUISITOS PARA INSTITUIÇÃO DE TAXAS NO SISTEMA TRIBUTÁRIO BRASILEIRO 59
— Fabiana Del Padre Tomé

LA TEORÍA FORMAL DEL DERECHO COMO PRIMERA ETAPA EN EL VIAJE DE LA TEORIA COMUNICACIONAL DEL DERECHO 72
— Félix Francisco Sánchez Díaz

A NORMA JURÍDICA DE CONSTRUÇÃO E O ATIVISMO JUDICIAL: ANÁLISE DOS CONCEITOS E SUA RELAÇÃO COM A SEGURANÇA JURÍDICA EM MATÉRIA TRIBUTÁRIA 84
— Rosana Oleinik

O QUE É VERDADE NO DIREITO TRIBUTÁRIO? 96
— Tatiana Aguiar

ESTUDOS E COMENTÁRIOS

PRINCÍPIOS E REGRAS: ANÁLISE SISTÊMICA À LUZ DO CONSTRUTIVISMO LÓGICO-SEMÂNTICO 105
— André Cardoso Berçot

ISS SOBRE AS PRESTAÇÕES DE SERVIÇOS PROVENIENTES DO EXTERIOR: ENTRE COMPETITIVIDADE INTERNACIONAL E OS LIMITES DA COMPETÊNCIA TRIBUTÁRIA 121
— Caio Augusto Takano

A CLASSIFICAÇÃO DOS TRIBUTOS SEGUNDO OS CRITÉRIOS CONSTITUCIONAIS 137
– Lucas Matheus Molina

A DECADÊNCIA DO IMPOSTO SOBRE TRANSMISSÃO CAUSA MORTE-ITCM E A EFICÁCIA DA REGRA-MATRIZ DE INCIDÊNCIA TRIBUTÁRIA-RMIT 155
– Luís Claudio Ferreira Cantanhede

A CONSTITUIÇÃO DA OBRIGAÇÃO TRIBUTÁRIA PELO LANÇAMENTO POR ARBITRAMENTO 165
– Marcos Caleffi Pons

REVISÃO DO LANÇAMENTO TRIBUTÁRIO 179
– Marina Vieira de Figueiredo

A RESOLUÇÃO DO SENADO FEDERAL 13/2012 E O DIREITO AO SIGILO DE INFORMAÇÕES DO SUJEITO PASSIVO PERANTE TERCEIROS 199
– Mauren Gomes Bragança Retto

O APROVEITAMENTO DE CRÉDITOS DE PIS E COFINS EM RELAÇÃO AOS VALORES PAGOS A TÍTULO DE CONDOMÍNIO E FUNDO DE PROMOÇÃO NAS LOCAÇÕES EM *SHOPPING CENTER* 207
– Renato Teixeira Mendes Vieira

A EFETIVA NATUREZA JURÍDICA DO PARÁGRAFO ÚNICO DO ART. 116 DO CÓDIGO TRIBUTÁRIO NACIONAL 222
– Rômulo Cristiano Coutinho da Silva

Revista de Direito Tributário

Fundador: Rubens Gomes de Sousa (†)

TAXA DE CONTROLE, MONITORAMENTO E FISCALIZAÇÃO DAS ATIVIDADES DE PESQUISA, LAVRA, EXPLORAÇÃO E APROVEITAMENTO DE RECURSOS MINERÁRIOS
Parecer

PAULO DE BARROS CARVALHO
Professor Emérito e Titular da PUC/SP e da USP.
Advogado

I. DA CONSULTA. II. DO PARECER: 1. Competência: regras dirigidas ao ato de criação normativa: 1.1 A repartição constitucional das competências tributárias como delimitadora do possível campo de atuação de cada pessoa política. 2. Aproximação metodológica para determinar a "natureza jurídica" da Taxa de Controle, Monitoramento e Fiscalização das Atividades de Pesquisa, Lavra, Exploração e Aproveitamento de Recursos Minerários – TFRM: 2.1 A expressão "natureza jurídica". 3. Regra-matriz de incidência tributária: 3.1 A importância da base de cálculo para a correta configuração da tipologia tributária; 3.2 A base de cálculo como perspectiva dimensível do fato jurídico tributário. A necessária identidade entre o fato jurídico da base de cálculo (Fbc) e o fato jurídico tributário (Fjt). 4. Identificação das espécies tributárias. 5. As taxas e suas espécies: 5.1 Taxa exigida pela prestação efetiva ou potencial de serviço público; 5.2 Taxa exigida em razão do exercício do poder de polícia. 6. "Natureza jurídica" da TFRM. 7. Competência do Estado de Minas Gerais para instituir taxa de controle, monitoramento e fiscalização das atividades de pesquisa, lavra, exploração e aproveitamento de recursos minerários: 7.1 A atividade fiscalizatória e a repartição de competências segundo a Constituição da República de 1988; 7.2 A compatibilidade da atividade fiscalizatória e o art. 176 da Constituição da República. 8. A base de cálculo da TFRM: 8.1 Inexistência de identidade com a base de cálculo do ICMS. 9. Finalidade e destinação da TFRM. 10. Extrafiscalidade e a figura dos benefícios fiscais. III. DAS RESPOSTAS AOS QUESITOS.

I. Da Consulta

O Estado de Minas Gerais solicita meu parecer sobre a constitucionalidade da Taxa de Controle, Monitoramento e Fiscalização das Atividades de Pesquisa, Lavra, Exploração e Aproveitamento de Recursos Minerários – TFRM, instituída pela Lei Estadual n. 19.976/2011.

Para que o trabalho chegue a bom termo, solucionando as dúvidas concernentes ao assunto, formula doze quesitos sobre os quais pede que me manifeste de maneira clara e objetiva, à luz do direito positivo vigente. Ei-los:

1. *Insere-se na competência dos Estados, ainda que de forma concorrente, o exercício do poder de polícia sobre a atividade, realizada nos seus respectivos territórios, de pesquisa, lavra, exploração ou aproveitamento de recursos minerários, considerando o disposto nos arts. 23, XI, e 24, VI, todos da Carta da República?*

2. *Sendo positiva a resposta ao quesito anterior, o poder de polícia, exercido pelo Estado, pode abranger o controle, o monitoramento e a fiscalização das atividades de pesquisa, lavra, exploração e aproveitamento de recursos minerários?*

3. *As atividades referidas no quesito anterior caracterizam poder de polícia nos termos do art. 78 do Código Tributário Nacional?*

4. *Sendo positiva a resposta aos quesitos anteriores, o Estado pode instituir taxa que tenha como "fato gerador" o exercício regular do poder de polícia sobre a atividade de pesquisa, lavra, exploração ou aproveitamento de recursos minerários, objetivando o controle, monitoramento e fiscalização de tais atividades?*

5. *A Lei mineira n. 19.976, de 27 de dezembro de 2011, trata de matérias de competência privativa da União, nos termos do art. 22, XII, ou viola o disposto no art. 176, todos da Constituição da República?*

6. *É adequada a grandeza escolhida para a base de cálculo prevista na Lei mineira n. 19.976, de 2011, com a natureza jurídica da taxa? Isto é, há compatibilidade entre a base de cálculo indicada na lei (tonelada de mineral ou minério bruto extraído) e o "fato gerador" da taxa (exercício regular do poder de polícia sobre a atividade de pesquisa, lavra, exploração ou aproveitamento de recursos minerários, objetivando o controle, monitoramento e fiscalização de tais atividades)?*

7. *A taxa prevista na Lei mineira n. 19.976, de 2011, tem a mesma natureza jurídica de um imposto que incide sobre operações, como o ICMS?*

8. *Confunde-se a taxa prevista na Lei mineira n. 19.976, de 2011, com a Contribuição de Intervenção no Domínio Econômico prevista no art. 149 da Constituição Federal?*

9. *A taxa prevista na Lei mineira n. 19.976, de 2011, viola o disposto no art. 152 da CF, ao tratar de forma diferenciada o minério objeto de industrialização no Estado? Estaria tal diferenciação compreendida na extrafiscalidade, inclusive em razão da necessidade de reduzir as desigualdades sociais e regionais (art. 3º, III, CF)?*

10. *O fato da hipótese de incidência da taxa referir-se à atividade de pesquisa, lavra, exploração ou aproveitamento de apenas alguns recursos minerários estaria ferindo o princípio da isonomia ou se trata de faculdade compreendida na competência tributária, inclusive em razão da extrafiscalidade? Atenderia ao disposto no art. 152, I, da Constituição mineira?*

11. *As isenções previstas no art. 7º da Lei mineira n. 19.976, de 2011, violam o princípio da isonomia ou se trata de faculdade compreendida na competên-*

cia tributária, inclusive em razão da extrafiscalidade? Atenderia ao disposto no art. 152, I, da Constituição mineira?
12. A Lei mineira n. 19.976, de 2011, apresenta inconstitucionalidade no que se refere a aspectos relacionados com a vinculação ou destinação das receitas auferidas com a taxa por ela instituída?

II. Do Parecer

1. Competência: regras dirigidas ao ato de criação normativa

Como significações construídas a partir dos enunciados prescritivos, as normas jurídicas existem num universo de discurso que é o sistema do direito positivo. Essa totalidade, a que chamamos de "ordenamento" ou de "direito posto", opera, fundamentalmente, com duas formas deônticas de mensagem, tradicionalmente conhecidas por "regras de conduta" e "regras de estrutura".

É bem verdade que o tema iterativo dos comportamentos inter-humanos é demarcatório do campo objetal da Ciência do Direito. Toda e qualquer norma jurídica, simplesmente por integrar o sistema, tem que ver com a disciplina das condutas entre sujeitos da interação social. Sob esse aspecto, aliás, fica até redundante falar em regras de conduta. Mas em uma análise mais fina das estruturas normativas, vamos encontrar unidades que têm como objetivo final ferir de modo decisivo os comportamentos interpessoais, modalizando-os como obrigatórios (O), proibidos (V) e permitidos (P), com o que exaurem seus propósitos regulativos. Tais regras são terminativas de cadeias de normas. Outras, paralelamente, dispõem também sobre condutas, porém tendo em vista a produção de novas estruturas deôntico-jurídicas. São normas que aparecem como condição sintática para a elaboração de outras regras, a despeito de veicularem comandos disciplinadores que se vertem igualmente sobre os comportamentos intersubjetivos. No primeiro caso, a ordenação final da conduta é objetivo pronto e imediato. No segundo, seu caráter é mediato, requerendo outra prescrição que podemos dizer intercalar, de modo que a derradeira orientação dos comportamentos inter-humanos ficará a cargo de unidades que serão produzidas sequencialmente.

Isso não quer dizer que as normas de conduta, por tipificarem deonticamente as relações interpessoais, prescindam de outras normas, de inferior hierarquia, para chegar, efetivamente, ao campo material dos comportamentos sociais. Não. Aquilo que se quer expressar é que as regras de que tratamos esgotam a qualificação jurídica da conduta, orientando-a em termos incisivos e finais. Por isso é que as primeiras, voltadas diretamente ao comportamento intersubjetivo, costumam ser denominadas "regras de conduta", ao passo que as últimas, direcionadas aos atos criadores de novos preceitos normativos, recebem o título de "regras de estrutura".

As chamadas regras de estrutura configuram verdadeiras competências. Convém lembrar, todavia, que a competência legislativa, entendida como aptidão de que são dotadas as pessoas políticas para expedir regras jurídicas, inovando o ordenamento positivo, é apenas uma entre as várias proporções semânticas com que o vocábulo "competência" se manifesta. Não podemos deixar de considerar que têm, igualmente, "competência" o Presidente da República, ao expedir um decreto, ou seu ministro, ao editar a correspondente instrução ministerial; o magistrado e o tribunal que vão julgar a causa; o agente da Administração encarregado de lavrar o ato administrativo, bem como os órgãos que irão participar da discussão administrativa instaurada com a peça impugnatória; o sujeito de direito privado habilitado a receber o pagamento de prestações pecuniárias (bancos, por exemplo); ou mesmo o particular que, por força de lei, está investido na condição de praticar a *sequência procedimental que culminará com a produção de norma jurídica tributária, individual e concreta (casos de IPI, ICMS, ISS etc.). Todos eles operam revestidos de competência, o que demonstra a multiplicidade de traços significativos que a locução está pronta para exibir. Não haveria por que adjudicar o privilégio a qualquer dessas acepções, em detrimento das demais. Como sugeriram expoentes do* neopositivismo Lógico, em situações desse jaez cabe-nos tão somente especificar o sentido em que estamos empregando a dicção, para afastar, por esse modo, as possíveis ambiguidades.

Esclareço que, neste momento, tomarei o vocábulo "competência" como aquela de que são investidas as pessoas políticas de direito constitucional interno para legislar, expedindo normas gerais e abstratas dirigidas aos particulares. A despeito de a locução experimentar outras tantas acepções na própria simbologia do direito tributário brasileiro, focalizarei este modo de emprego da palavra, circunscrito à atividade de legislar sobre determinado assunto, em termos pioneiros na sistemática positiva.

1.1 A repartição constitucional das competências tributárias como delimitadora do possível campo de atuação de cada pessoa política

Competência, com as acepções encontradas no direito positivo, na jurisprudência e na doutrina, é termo específico do vocabulário técnico-jurídico. Quando empregado na Constituição para autorizar as pessoas políticas de direito constitucional interno a legislarem sobre matéria tributária, falamos em "competência tributária". Trata-se de especificação da competência legislativa, posta como aptidão de que são dotadas aquelas pessoas para expedir regras jurídicas, inovando o ordenamento positivo e que se opera pela observância de uma série de atos, cujo conjunto caracteriza o procedimento legislativo.

Nesse sentido, a competência tributária apresenta-se como uma das parcelas entre as prerrogativas legiferantes das quais são portadoras as pessoas políticas, consubstanciada na faculdade de legislar para a produção de normas jurídicas sobre tributos. Trata-se de tema eminentemente constitucional. Uma vez cristalizada a delimitação do poder legiferante, pelo seu legítimo agente (o constituinte), a matéria dá-se por pronta e acabada, carecendo de sentido sua reabertura em nível infraconstitucional.

A Constituição da República é extremamente analítica, relacionando as hipóteses onde as pessoas jurídicas de direito público, por intermédio dos respectivos poderes legislativos, estão habilitadas à instituição de tributos.

Quanto aos impostos (tributos não vinculados de acordo com a classificação de Geraldo Ataliba), os elementos relevantes para sua fisionomia jurídica encontram-se estipulados no sistema constitucional tributário brasileiro de modo minucioso. As situações susceptíveis de integrarem o critério material dos impostos de competência da União, dos Estados, do Distrito Federal e dos Municípios foram previstas, respectivamente, nos arts. 153, 155 e 156, remanescendo aberta apenas a faixa de competência tributária da União, em face da possibilidade residual estabelecida no art. 154, I, do Texto Supremo.

As taxas, tributos diretamente vinculados à atuação estatal, podem ser instituídos por qualquer dos entes tributantes. Conquanto à primeira vista pareça que o constituinte não repartiu entre eles o poder para criar taxas, tal equívoco se desfaz por meio do exame dos dispositivos constitucionais que disciplinam as competências administrativas das várias esferas da Federação: a União, Estados, Distrito Federal e Municípios estão autorizados a instituir e cobrar taxas conforme desempenhem a atividade que serve de pressuposto para sua exigência.

O mesmo raciocínio deve ser efetuado com relação às contribuições de melhoria: tendo em vista a necessária vinculação (ainda que indireta) à atuação estatal, é permitida sua instituição apenas pela pessoa jurídica de direito público que realizar a obra pública geradora de valorização imobiliária aos particulares.

Os empréstimos compulsórios, por sua vez, são de competência privativa da União. Não obstante essa exação possa revestir qualquer das formas que correspondam às espécies do gênero tributo (imposto, taxa ou contribuição de melhoria), conforme a hipótese de incidência e a base de cálculo eleitos pelo legislador, a disciplina jurídico-tributária ao qual está sujeita apresenta uma série de peculiaridades, relacionadas no art. 148, incisos I e II, da Constituição. A União só pode fazer uso desse tributo (i) para atender a despesas extraordinárias, decorrentes de calamidade pública, de guerra externa ou sua iminência; e (ii) no caso de investimento público de caráter urgente e de relevante interesse nacional, devendo introduzi-los no ordenamento, necessariamente, por meio da edição de lei complementar.

Por fim, a Carta Magna faculta, no art. 149, a criação de contribuições,[1] atribuindo essa competência exclusivamente à União, com exceção das contribuições cobradas dos servidores públicos, destinadas ao financiamento de seus sistemas de previdência e assistência social, cuja exigência é autorizada aos Estados, Distrito Federal e Municípios, e da contribuição para custeio do serviço de iluminação pública, atribuída aos Municípios e Distrito Federal pelo art. 149-A e parágrafo único, introduzidos pela Emenda Constitucional n. 39/2002. Também com relação a esse tributo o constituinte foi expresso ao impor limitações à atuação legislativa infraconstitucional, exigindo observância ao regime jurídico tributário, com especial rigor no que diz respeito às contribuições sociais destinadas ao financiamento da seguridade social, para as quais delimitou as hipóteses susceptíveis de tributação, exigindo, para o exercício de competência residual, o cumprimento dos requisitos do art. 154, I, do Texto Maior (art. 195, § 4º, da CRFB/1988).

Nesses termos, observa-se quão rígido é o sistema constitucional tributário brasileiro, não podendo esse fato ser ignorado pelo legislador infraconstitucional e pelo aplicador do direito, que estão obrigados a trilhar o caminho seguro e pormenorizado pela Constituição.

Diante de tal rigidez, o primeiro passo para examinar a Taxa de Controle, Monitoramento e Fiscalização das Atividades de Pesquisa, Lavra, Exploração e Aproveitamento de Recursos Minerários – TFRM consistirá em determinar sua "natureza jurídica", evidenciando, com clareza, os critérios adotados para tanto.

Na sequência, será preciso adentrar nas particularidades da norma jurídica instituidora do citado gravame. E, para que todos seus elementos sejam bem compreendidos, teceremos comentários sobre a regra-matriz de incidência tributária, com ênfase para o binômio composto pela hipótese de incidência e base de cálculo, imprescindível para estabelecer a identidade do tipo tributário.

Feitas essas considerações, será o momento de esclarecer os caracteres inerentes às espécies tributárias previstas no ordenamento brasileiro, e, no que diz respeito às taxas, verificar suas modalidades e requisitos para instituição. Tais noções são imprescindíveis para, examinando a Lei n. 19.976/2011 do Estado de Minas Gerais, concluirmos sobre a "natureza jurídica" da TFRM e a observância aos pressupostos constitucionais para imposição desse gravame.

Finalmente, tendo em vista que a Lei mineira instituidora da TFRM confere tratamento diferenciado a certas espécies de recursos minerários, concedendo também algumas isenções segundo o destino que lhe seja dado, entendemos por bem anunciar a possibilidade de tributação com caráter extrafiscal e sua relação com a figura dos benefícios fiscais. Tudo isso, é evidente, sem que haja violação ao primado da isonomia.

---

1. À semelhança dos que ocorre com os empréstimos compulsórios, também as contribuições podem assumir a feição de impostos ou taxas, conforme sua hipótese de incidência, confirmada pela base de cálculo, seja vinculada ou não vinculada a uma atuação estatal.

2. Aproximação metodológica para determinar a "natureza jurídica" da Taxa de Controle, Monitoramento e Fiscalização das Atividades de Pesquisa, Lavra, Exploração e Aproveitamento de Recursos Minerários – TFRM

A realidade é tecido contínuo e heterogêneo que recobre o mundo; a ciência, por meio da metodologia, faz cortes sobre esse real, produzindo descontínuos homogêneos. É esse esforço que permite o conhecimento articulado sobre a realidade. Por isso, todo trabalho sério há de ter sua metodologia, isto é, um conjunto de técnicas e processos utilizados para demarcar o objeto e ultrapassar a subjetividade do autor, suscitando a possibilidade de atingi-lo, conhecê-lo, pesquisá-lo, explorá-lo e, se for o caso, alterá-lo.

Saber sobre a remuneração dos atos de controle, monitoramento e fiscalização das atividades de pesquisa, lavra, exploração e aproveitamento de recursos minerários, antes de mais nada, exige ter presente que, dentre os muitos traços a ele peculiares, o direito se manifesta em linguagem. E antepondo-se a qualquer outra consideração, assumir que os veículos introdutores que delineiam os contornos dessa cobrança se apresentam como conjunto expressional que denota um segmento linguístico montado consoante específico arranjo jurídico-prescritivo. Avançar sobre a "natureza jurídica" da TFRM impõe, pois, conhecer os textos legais que fundamentam sua exigência na ordem jurídica brasileira.

Tal consciência do objeto de análise liberta o cientista do direito de falsos problemas, permitindo reflexão mais ampla e profunda sobre a realidade envolvente. Importa acentuar, tratando-se do direito, que a linguagem não só fala do objeto-jurídico, como participa de sua própria ontologia, constituindo-o.

Somente chegaremos ao cerne do problema quando pudermos identificar a norma que serve como fundamento jurídico dessa obrigação e prescreve o vínculo obrigacional que advém para as pessoas encarregadas de pagar esse montante, em face do sujeito pretensor. Tudo depende dessa regra e da compostura jurídica que a envolve. Nisso parece consistir a chave para o desate dos quesitos propostos na Consulta.

2.1 A expressão "natureza jurídica"

Tenho empregado "natureza jurídica" entre aspas para expressar minha discordância com relação à literalidade da locução. Em termos convencionais, fala-se em "natureza" para designar a busca da essência, da substância ou da compleição natural das coisas. A "natureza" revelar-se-ia pelos atributos essenciais que teriam a virtude de pôr em evidência a própria coisa. Nessa acepção, a "natureza" da coisa colocaria em destaque sua própria essência ou substância, dando a conhecer a matéria de que se compõe o objeto: está à mostra a força essencialista que envolve a tradição jurídica, na incansável e malograda busca pela "realidade". Há uma expressiva tendência na cultura ocidental em relatar o mundo circundante como se tivéssemos acesso às ontologias, às essências, esquecendo-nos de que o único instrumento de que dispomos para organizar os "objetos da experiência" ou o "mundo da vida", como prefere Habermas, é a linguagem e, por mais que se aproxime dos objetos, nunca chega a tocá-los.

O problema é de fundo filosófico. Ocorre que em sua base filosófica tradicional, o Direito leva ao terreno ontológico as observações sobre a estrutura da linguagem, supondo que haja substâncias (na nomenclatura aristotélica) e que as palavras são integradas às coisas. Faz uma transposição entre a estrutura real da linguagem e uma suposta estrutura transcendente do universo, tese esta que o atual grau de desenvolvimento do Direito não pode mais aceitar. A relação entre palavra e coisa é artificial, fruto de decisões individuais ou sociais, alheia, em princípio, às características observáveis da coisa mesma.

Ao inventar nomes traçamos limites na nossa realidade, como se a cortássemos, idealmente, em pedaços e, ao assinalar cada termo, identificamos o pedaço que, segundo nossa decisão, corresponderá a determinado nome. As coisas não mudam de nomenclatura; nós é que mudamos o modo de denominar as coisas.[2] Apenas existem nomes aceitos, nomes rejeitados e nomes menos aceitos que outros: não existem nomes verdadeiros das coisas. Por isso, nosso esforço não há de centralizar-se na análise do nome da exação que no momento faz-se objeto de nossos cuidados, mas no fenômeno jurídico por ela apontado.

3. Regra-matriz de incidência tributária

A investigação atilada da matéria posta à minha consideração não transborda os limites do direito positivo brasileiro, o que dirige a atenção do sujeito cognoscente ao exame das normas jurídicas tributárias, precisamente daquelas que instituem as taxas.

Em acepção estrita, tomamos a norma jurídica como expressão mínima e irredutível (com o perdão do pleonasmo) de manifestação do deôntico, com sentido completo. Isso porque os comandos jurídicos, para serem compreendidos no contexto de uma comunicação bem sucedida, devem revestir um *quantum* de estrutura formal. Certamente ninguém entenderia uma ordem, em todo seu alcance, apenas com a indicação, por exemplo, da conduta desejada: "pague a quantia de *x* reais". Adviriam, desde logo, algumas perguntas e, no segmento das respectivas respostas, chegaríamos à fórmula que tem o condão de oferecer o sentido completo da mensagem, isto é, a identificação da pessoa titular do direito, do sujeito obrigado e, ainda,

como, quando, onde e por que deve fazê-lo. Somente então estaríamos diante daquela unidade de sentido que as prescrições jurídicas necessitam para serem adequadamente cumpridas. Em simbolismo lógico é representada pela fórmula **D[F→(S'RS")]**, que interpreto: *deve ser que, dado o fato F, então se instale a relação jurídica R, entre os sujeitos S' e S"*.

Diante do princípio da homogeneidade sintática das regras do direito positivo, não pode ser outra a conclusão senão aquela segundo a qual as normas jurídicas tributárias ostentam a mesma estrutura formal de todas as entidades do conjunto, diferençando-se apenas nas instâncias semântica e pragmática. Caracterizam-se por incidir em determinada região do social, marcada por acontecimentos economicamente apreciáveis que são atrelados a condutas obrigatórias da parte dos administrados, e que consistem em prestações pecuniárias em favor do Estado-Administração. Todavia, se o esquema lógico ou sintático permanece estável, em toda a extensão do sistema, outro tanto não ocorre no plano semântico.

Convém assinalar que, no domínio das chamadas "normas tributárias", nem todas as unidades dizem respeito, propriamente, ao fenômeno da percussão impositiva. Algumas estipulam diretrizes gerais ou fixam providências administrativas para imprimir operatividade a tal pretensão. Pelo contrário, são poucas, individualizadas e especialíssimas as que definem a incidência tributária, conotando eventos de possível ocorrência e prescrevendo os elementos da obrigação de pagar. Para uma aproximação mais breve, como expediente didático, pode até afirmar-se que existe somente uma para cada figura tributária, acompanhada por numerosas regras de caráter funcional. E é firmado nessa base empírica que passo a designar "norma tributária em sentido estrito" aquela que assinala o núcleo do impacto jurídico da exação. E esta, exatamente por instituir o âmbito de incidência do tributo, é também denominada "norma-padrão" ou "regra-matriz de incidência tributária".

---

2. Ricardo Guibourg, Alejandro Ghigliani e Ricardo Guarinoni, *Introducción al Conocimiento Científico*, Buenos Aires, EUDEBA, 1985.

A construção da regra-matriz de incidência, assim como de qualquer norma jurídica, é obra do intérprete, a partir dos estímulos sensoriais do texto legislado. Sua hipótese prevê fato susceptível de ser mensurado economicamente, enquanto o consequente estatui vínculo obrigacional entre o Estado, ou quem lhe faça as vezes, na condição de sujeito ativo, e uma pessoa física ou jurídica, particular ou pública, como sujeito passivo, de tal sorte que o primeiro ficará investido do direito subjetivo público de exigir, do segundo, o pagamento de determinada quantia em dinheiro. Em contrapartida, o sujeito passivo será cometido do dever jurídico de prestar aquele objeto.

Essa meditação nos autoriza a declarar que, para obter-se a fórmula abstrata da regra-matriz de incidência, é mister isolar as proposições em si, como formas de estruturas sintáticas; suspender o vector semântico da norma para as situações objetivas, constituídas por eventos do mundo e por condutas; bem como desconsiderar os atos psicológicos de querer e de pensar a norma. Efetuadas as devidas abstrações lógicas, identificaremos, no descritor da norma, um critério material (comportamento de uma pessoa, representado por verbo pessoal e de predicação incompleta, seguido pelo complemento), condicionado no tempo (critério temporal) e no espaço (critério espacial). Já na consequência, observaremos um critério pessoal (sujeito ativo e sujeito passivo) e um critério quantitativo (base de cálculo e alíquota). A conjunção desses dados referenciais nos oferece a possibilidade de exibir, na sua plenitude, o núcleo lógico estrutural da proposição normativa:

D{[Cm(v.c).Ce.Ct]→[Cp(Sa.Sp).Cq(bc.al)]}

Explicando os símbolos dessa linguagem formal, teremos: "D" é o dever-ser neutro, interproposicional, que outorga validade à norma jurídica, incidindo sobre o conectivo implicacional para juridicizar o vínculo entre a hipótese e a consequência. "[Cm(v.c).Ce.Ct]" é a hipótese normativa, em que "Cm" é o critério material da hipótese, núcleo da descrição fáctica; "v" é o verbo, sempre pessoal e de predicação incompleta; "c" é o complemento do verbo; "Ce" é o critério espacial; "Ct" o critério temporal; e "." é o conectivo conjuntor. "→" é o símbolo do conectivo condicional, interproposicional; e "[Cp(Sa.Sp).Cq(bc.al)]" é o consequente normativo, em que "Cp" é o critério pessoal; "Sa" é o sujeito ativo da obrigação; "Sp" é o sujeito passivo; "Cq" indica o critério quantitativo, em que "bc" é a base de cálculo; e "al" é a alíquota.

3.1 A importância da base de cálculo para a correta configuração da tipologia tributária

Conforme ficou assentado, para isolar a regra-matriz de incidência tributária é preciso aludir aos critérios material, espacial e temporal, na proposição hipótese, e aos critérios pessoal e quantitativo, na proposição tese. Dentre tais critérios, interessam, para fins de identificação da natureza jurídica do tributo, o material e o quantitativo. Isso porque, enquanto o primeiro é o núcleo da hipótese de incidência, composto por verbo e complemento, que descrevem abstratamente atuação estatal ou fato do particular, o segundo, no âmbito da base de cálculo, mensura a intensidade daquela conduta praticada pela Administração ou pelo contribuinte, conforme o caso. Nesses critérios é que se encontra o feixe de preceitos demarcadores dos chamados "traços da enunciação", ou seja, o conjunto dos elementos que o editor da norma julgou relevantes para produzir o acontecimento tributado.

Nota-se com evidência, pelo que foi exposto, a inaptidão da hipótese para, sozinha, dizer qualquer coisa de definitiva sobre a estrutura intrínseca do evento a ser colhido pela incidência. Para identificarmos os verdadeiros contornos do fato tributável, necessário se faz consultar a base de cálculo, especialmente se o objetivo é conhecer a natureza jurídica do gravame.

A tipologia tributária é obtida pela análise do binômio "hipótese de incidência e base de cálculo". Esse princípio de dualidade compositiva consta na Carta Magna, consistindo, pois, em diretriz constitucional, firmada no momento em que o legislador realizava o trabalho delicado de traçar a rígida discriminação de competências tributárias, preocupado em preservar os princípios da Federação e da autonomia dos Municípios. Preceituou o constituinte brasileiro, no art. 145, § 2º, que "*as taxas não poderão ter base de cálculo própria de impostos*". E, mais adiante, no art. 154, inciso I, asseverou, como requisitos para a União instituir impostos não previstos em sua competência, que sejam esses criados mediante lei complementar, não apresentem caráter de cumulatividade e "*não tenham fato gerador ou base de cálculo próprios dos discriminados nesta Constituição*". A mensagem constitucional mostra-se clara: é imprescindível examinar a hipótese de incidência e a base de cálculo para que se possa ingressar na intimidade estrutural da figura tributária.

Registre-se, porém, que caso não houvesse menção expressa acerca da relevância da base de cálculo, esta seria revelada pela própria compostura normativa. Tanto que Alfredo Augusto Becker,[3] sob a vigência da Constituição anterior, já entrevia nesse elemento o autêntico núcleo da hipótese de incidência dos tributos, asseverando que: "o espectro atômico da hipótese de incidência da regra de tributação revela que em sua composição existe um núcleo e um, ou mais, elementos adjetivos. O núcleo é a base de cálculo e confere o gênero jurídico ao tributo".

Relativizando um pouco a posição do mencionado autor, mesmo porque entendo que a base de cálculo está no consequente da norma e não na hipótese, não há como ignorar a importância dessa grandeza que dimensiona o fato, mensurando-o para efeitos de tributação. Partindo de tais considerações, concluo serem três as funções da base de cálculo: (a) função mensuradora, por competir-lhe medir as proporções reais do fato; (b) função objetiva, em virtude de compor a específica determinação do débito; e (c) função comparativa, por confirmar, infirmar ou afirmar o correto elemento material do antecedente normativo.

Induvidosa é a operatividade do citado elemento do critério quantitativo, devendo a ele voltarem-se as atenções, pois oferece caminho seguro para reforçar aquilo que, intuitivamente, a doutrina e a jurisprudência já vêm afirmando de maneira reiterada: a base de cálculo deve, necessariamente, exteriorizar a grandeza do fato descrito no antecedente normativo, motivo pelo qual sempre que houver descompasso entre a hipótese de incidência firmada pelo legislador e a base de cálculo por ele escolhida, esta última há de prevalecer, orientando o intérprete no sentido de determinar a autêntica "natureza jurídica" do tributo. Por isso, sendo a medida do fato tributado, tem o condão de afirmar, confirmar ou infirmar o critério material oferecido no texto.

3.2 A base de cálculo como perspectiva dimensível do fato jurídico tributário. A necessária identidade entre o fato jurídico da base de cálculo (Fbc) e o fato jurídico tributário (Fjt)

Tenho para mim que a base de cálculo é a grandeza instituída na consequência da regra-matriz tributária e que se destina, primordialmente, a dimensionar o comportamento inserto no núcleo do fato jurídico. Entretanto, que é ser "perspectiva dimensível"? O adjetivo "dimensível" qualifica aquilo que se pode medir, requerendo algo que seja mensurável. O objeto dessa medição, obviamente, será a intensidade do evento que se tornou fato jurídico tributário. Mas como se processa esse fenômeno? Eis a pergunta que ensejará, certamente, investigação mais rigorosa no campo de estudo da base imponível.

---

3. *Teoria Geral do Direito Tributário*, 5ª ed., São Paulo, Noeses, 2010, p. 338.

Referida categoria jurídico-positiva tem sido estudada sempre em função da hipótese tributária, ora como elemento integrante dessa, ora como medida da realização hipotética. Rompendo com tal tradição e isolando o enunciado da grandeza mensuradora, verificaremos que antes de exercer qualquer função de medida do fato imponível, a "base de cálculo" é uma proposição prescritiva que se instala no cerne da estrutura relacional do consequente normativo.

Não obstante pertencer à linguagem prescritiva do direito e, por isso, não se submeter à lógica dos valores verdadeiro e falso, a proposição base de cálculo reúne um *quantum* de descritividade. Assim, atua da mesma forma que o antecedente da regra-matriz, selecionando propriedades e juridicizando, à sua maneira, o suporte fáctico, base da percussão tributária.

O verbo juridicizar, construído pela acuidade e pela autoridade dogmática de Pontes de Miranda, quer significar, aqui, aquela mesma subsunção que se opera entre o fato e a hipótese tributária. Nesse passo, a proposição "base de cálculo" seleciona, conceptualmente, aspectos do "real". E lembrando que os conceitos são seletores de propriedades, compreenderemos que nem tudo desse "real" haverá de ser acolhido pela base de cálculo.

Pode falar-se, desse modo, em *fato da base de cálculo* com proporção de sentido semelhante ao da expressão fato jurídico tributário. Dado que ambas denotam o resultado da força juridicizante da regra-matriz de incidência, uma e outra constituem perspectivas abstratas e arbitrariamente construídas pelo legislador tributário, na regra-matriz de incidência, ganhando foros de efetividade com a norma individual e concreta que aplica a regra-matriz ao acontecimento do mundo social, na cadeia de positivação do direito. A diferença reside na circunstância de que tais fatos são delineados por proposições diversas: (a) o fato jurídico tributário será o antecedente da norma individual e concreta, ao passo que (b) o fato da base de cálculo estará no consequente dessa mesma regra, definindo, em termos pecuniários, com a colaboração de outro fator (a alíquota), o montante da prestação a ser recolhida pelo devedor do tributo.

Assim como a hipótese tributária é *qualificadora* normativa do fáctico, a base de cálculo é *quantificadora* normativa do fáctico (o que não deixa de ser uma forma de qualificação). O enunciado se torna fato da base de cálculo porque ingressa no universo do direito através da porta aberta da proposição normativa. E o que determina quais propriedades do fato entram, quais não entram, é ato-de-valoração que preside a feitura da base de cálculo.

Entre as "portas" de entrada para o mundo jurídico-tributário, todas, obviamente, pela via normativa, uma será o antecedente ou suposto; outra, a proposição base de cálculo. Os dois enunciados incidem sobre o mesmo fato, colhendo-o, entretanto, por perspectivas diversas. A proposição hipótese ocupa-se da materialidade da ocorrência, definindo as coordenadas de tempo e de espaço dessa realização. A proposição base de cálculo dirige-se para o mesmo sucesso, tomando-o, porém, de modo diverso: focaliza a materialidade descrita pela hipótese e seleciona, dela, algum aspecto que possa ser dimensionado, elegendo, por esse modo, a grandeza quantificadora ajustada para medir a intensidade do acontecimento factual.

Enfim, são exatamente essas duas proposições, integrantes da regra-matriz de incidência tributária, que realizam, de forma abstrata e genérica, a seletividade normativa da regra perante o "real". Sua efetividade, todavia, ficará condicionada à expedição da correspondente norma individual e concreta, seja ela exarada pela Fazenda Pública ou pelo particular, no exercício de competência outorgada pela legislação do tributo. Por isso, ambas devem manter estreita relação, denotando sempre o mesmo fato, só que mediante critérios de apuração diferentes, de tal sorte que fiquem preservados os sobranceiros princípios constitucionais informadores da adequada construção da regra-matriz de incidência tributária, assim como de todas as unidades integrantes do processo de positivação do direito.

Explicando melhor, a base de cálculo projeta-se sobre a mesma porção factual, recortada no suporte fáctico pela hipótese tributária (Fjt), mensurando o fato que sofreu o impacto da incidência (Fbc). A parcela comum, no caso de imposto, há de ser a atividade do particular ou de alguém a ele assimilado, de tal modo que tanto o enunciado da hipótese, como o da base convirjam para o mesmo ponto. Tratando-se de taxa, em que se requer, com assomos de absoluta necessidade, uma atuação do Estado, seja ela expressa na prestação de serviços públicos ou no exercício do poder de polícia, o enunciado da base de cálculo deverá coincidir com o *factum* da atuação estatal, previsto no antecedente normativo, dimensionando-lhe de alguma forma e por alguma medida que seja com ele compatível.

Todo o esforço do legislador há de estar orientado no sentido de promover o perfeito ajuste entre o enunciado mensurador da base de cálculo e a formulação enunciativa da hipótese. Dito de outro modo, a perspectiva dimensível há de ser uma medida do fato jurídico tributário, recolhido como tal pela hipótese normativa.

4. Identificação das espécies tributárias

Indicados os critérios da regra-matriz de incidência, bem como a relevância da base de cálculo, convém discorrer, brevemente, acerca das espécies tributárias. Nesse contexto, tributo é gênero do qual imposto, taxa e contribuição de melhoria são espécies, de acordo com a disposição inserta no art. 145 da Constituição da República. Desse modo, todas as espécies que conotam as características inerentes ao tributo devem ser examinadas, apontando-se para as diferenças específicas. Tais diferenças, que consubstanciam critérios de distinção entre as espécies, são construídas a partir do binômio "hipótese tributária/base de cálculo". Dois argumentos recomendam a adoção dessa dualidade: (i) trata-se de diretriz constitucional, firmada no momento em que o legislador realizava o trabalho delicado de traçar a rígida discriminação de competências tributárias, visando a preservar o princípio maior da Federação e a manter incólume a autonomia municipal; (ii) para além disso, é algo simples e operativo, que permite o reconhecimento da índole tributária, sem a necessidade de considerações retóricas e até alheias ao assunto.

Firmadas essas premissas, podemos dizer que os impostos são tributos que têm por hipótese de incidência, confirmada pela base de cálculo, fato alheio a qualquer atuação do Poder Público, ou seja, são tributos não vinculados a uma atuosidade do Estado ou de quem lhe faça as vezes, segundo classificação proposta pelo saudoso Geraldo Ataliba.[4]

*É da índole do imposto, no nosso direito positivo, a inexistência de participação do Estado, desenvolvendo atividade dirigida ao contribuinte. Sua hipótese de incidência descreve fatos quaisquer presuntivos de riqueza (*uma pessoa auferir renda líquida, industrializar produtos, prestar serviços etc.). *A formulação linguística o denuncia e a base de cálculo o comprova.*

A contribuição de melhoria, por sua vez, é tributo que tem por hipótese de incidência a descrição de evento consistente na construção de obra pública da qual decorra valorização dos imóveis circundantes. Nesse sentido predica o art. 145, III, da Lei Maior. Frise-se que a realização da obra, por si só, não é suficiente: exige-se a adoção de fator estranho à atuação do Estado, que, ao ser-lhe acrescentado, complementa a descrição factual. E a valorização imobiliária não é, necessariamente, consequência de realização de obras públicas. Muitas vezes, sobre não acarretarem incremento de valor nos imóveis adjacentes, as obras podem até colaborar para

---

4. *Hipótese de Incidência Tributária*, 7ª ed., São Paulo, Malheiros Editores, 2004, pp. 139-148.

a diminuição de seu preço de mercado. Por isso mesmo, havendo a correlação entre a obra e a valorização, o direito positivo exige que o proprietário do imóvel valorizado recolha a chamada contribuição de melhoria. Daí dizer que a contribuição de melhoria é tributo vinculado a uma atuação do Poder Público, porém indiretamente referido ao obrigado, porquanto sua cobrança depende de fator intermediário, que é a valorização do bem imóvel.

A taxa, por seu turno, pressupõe a prestação, efetiva ou potencial, de serviços públicos ou o exercício do poder de polícia, direta e especificamente dirigidos ao contribuinte. A base de cálculo deverá exibir, forçosamente, a medida da intensidade da participação do Estado, tudo nos moldes do que estatui o art. 145, II, da Constituição.

Enfim, traçadas as linhas definidoras das espécies tributárias aceitas pela Carta Magna, não temos dúvidas em afirmar que somente as três espécies citadas encontram guarida no ordenamento jurídico brasileiro. Qualquer tentativa de acatar os desacertos políticos que o legislador utiliza para burlar a rígida discriminação de competência afigura-se-me como vazia de fundamento, visto que a hipótese de incidência, associada à base de cálculo, permite identificar as espécies tributárias: impostos, taxas e contribuições de melhoria. Todo o suporte argumentativo calca-se na orientação do sistema, em sua integridade estrutural. Outra coisa não fez o constituinte senão estabelecer que tanto os empréstimos compulsórios como as contribuições são entidades tributárias da espécie em que se enquadrarem.

A Constituição da República, em seu art. 148, outorga à União a possibilidade de instituir, mediante lei complementar, empréstimos compulsórios para atender a despesas extraordinárias, decorrentes de calamidade pública, de guerra externa ou de sua iminência, ou para realizar investimento público de caráter urgente e de relevante interesse nacional, observado, nesta última hipótese, o princípio da anterioridade. O fato jurídico tributário dos empréstimos compulsórios deve estar compreendido na competência impositiva da União, podendo ser escolhidos entre os eventos descritos no art. 153 da Carta Magna, ou entre as atuosidades por ela manifestadas ou por quem lhe faça as vezes, seja em razão da prestação de serviço público, específico e divisível, efetivo ou potencial, seja pelo exercício do poder de polícia.

Desse modo, o empréstimo compulsório será imposto se o antecedente da regra-matriz de incidência descrever um fato pertencente à esfera jurídica do contribuinte, ou taxa, se a previsão consubstanciar-se numa atividade estatal, confirmada, é claro, por sua base de cálculo.

O mesmo raciocínio aplica-se às contribuições sociais, de intervenção no domínio econômico ou no interesse das categorias profissionais e econômicas, cuja norma de estrutura se constrói a partir do enunciado prescrito no art. 149 da Lei Maior, podendo assumir, de igual maneira, tanto a feição de impostos como a de taxas, conforme suas características descritivas.

Tecidas essas considerações, estamos aptos a identificar, nas várias figuras tributárias, sua "natureza jurídica". Sempre que o intérprete pretender, na análise de determinada exação, identificar a espécie tributária, penso que deverá, impreterivelmente, recorrer àquele binômio constitucional. Somente esse é critério jurídico e seguro a quem almeja o estudo da "natureza" de um tributo. A linguagem do legislador, por assentar-se no discurso natural e ser produzida por representantes de vários segmentos da sociedade, sem específico conhecimento jurídico, costumam apresentar erros, impropriedades, atecnias, deficiências e ambiguidades. O próprio legislador, no inciso I do art. 4º do Código Tributário Nacional, prevendo os equívocos e confusões que poderiam decorrer de sua linguagem, declara serem irrelevantes, para fim de qualificação da espécie tributária, "*a denominação e demais características formais adotadas pela lei*". Os nomes com que venham a ser designadas as prestações, portanto, hão de ser recebidas pelo intérprete sem aquele tom de seriedade e certeza, exigindo cuidadosa verificação.

5. As taxas e suas espécies

A espécie tributária denominada taxa apresenta, em seu antecedente normativo, a descrição conotativa de uma atividade do Estado diretamente relacionada ao contribuinte, que somente deverá pagar o valor exigido pelo Poder Público quando deste receber alguma prestação, efetiva ou potencial, ou, ainda, ser for por ele exercido o poder de polícia, sendo certo que é imprescindível lei anterior prevendo determinada prática estatal como condição suficiente e necessária à exigência do tributo.

O direito positivo vigente prevê duas espécies de taxas: (a) taxas cobradas pela prestação de serviços públicos; e (b) taxas exigidas em razão do exercício do poder de polícia. Na redação dada pelo art. 145, inciso II, podem ser instituídas *"taxas, em razão do exercício do poder de polícia ou pela utilização, efetiva ou potencial, de serviços públicos específicos e divisíveis, prestados ao contribuinte ou postos a sua disposição"*. Ocupemo-nos de cada uma delas.

5.1 Taxa exigida pela prestação efetiva ou potencial de serviço público

Segundo definição de Celso Antônio Bandeira de Mello, *"serviço público é toda atividade de oferecimento de utilidade ou comodidade material fruível diretamente pelos administrados, prestado pelo Estado ou por quem lhe faça as vezes, sob um regime de Direito Público – portanto, consagrador de prerrogativas de supremacia e de restrições especiais – instituído pelo Estado em favor dos interesses que houver definido como próprios no sistema normativo"*.[5] Cabe enfatizar que não é o desempenho de qualquer serviço

---

5. *Curso de Direito Administrativo*, 17ª ed., São Paulo, Malheiros Editores, 2004, p. 399.

público que enseja a imposição de taxa. Nos termos do inciso II do art. 145 da Constituição da República, é mister que esse serviço apresente as características de "divisibilidade" e de "especificidade".

Tais caracteres são necessários em virtude do próprio conceito de taxa, definido, até aqui, como tributo cuja hipótese de incidência consiste na descrição de atividade estatal diretamente vinculada ao contribuinte, enquanto o pagamento do valor prescrito no consequente representa a contraparte devida ao Estado, pelo administrado, a quem o Poder Público voltou sua atenção. É exatamente essa referência direta ao particular que constitui a "especificidade": um serviço público é específico quando há individualização no oferecimento do serviço e na forma como é prestado.

A "divisibilidade", por sua vez, significa possibilidade de mensurar o serviço efetivamente prestado ou posto à disposição de cada contribuinte. É elemento correlato à especificidade, pois se o serviço mostrar-se individualizado, isso importará admitir que permitirá o cálculo de seu custo relativamente a cada usuário, tornando viável a exigência de taxa. Outros, contudo, preferem salientar o princípio da "retributividade", mediante o qual o pagamento da taxa pelo sujeito passivo há de corresponder à retribuição pecuniária pelo reconhecimento do serviço público utilizado.

Do enunciado normativo-constitucional (art. 145, II) depreende-se, ainda, expressa referência à possibilidade de o serviço público remunerável por taxa ser utilizado efetiva ou potencialmente, podendo ser prestado ao contribuinte ou posto à sua disposição. Em outras palavras, a cobrança poderá ocorrer não apenas nos casos em que houver efetiva utilização do serviço público específico e divisível, mas também nas hipóteses em que, sendo esse serviço de utilização compulsória, seja ele colocado à disposição do particular, encontrando-se em efetivo funcionamento.

Acerca dos pressupostos necessários para que o serviço público seja remunerável por taxa, acima relatados, dispõe o art. 79 do Código Tributário Nacional:

"Art. 79. Os serviços públicos a que se refere o art. 77 consideram-se:

"I – utilizados pelo contribuinte:

"a) efetivamente, quando por ele usufruídos a qualquer título;

"b) potencialmente, quando, sendo de utilização compulsória, sejam postos à sua disposição mediante atividade administrativa em efetivo funcionamento;

"II – específicos, quando possam ser destacados em unidades autônomas de intervenção, de utilidade ou necessidade pública;

"III – divisíveis, quando suscetíveis de utilização, separadamente, por parte de cada um dos seus usuários."

Tão só quando presentes esses requisitos o ente prestador do serviço público estará credenciado para exigir, daqueles que usufruíram dessa prestação, o pagamento de taxa. Simetricamente, estando ausente qualquer desses caracteres (utilização efetiva ou potencial, especificidade e divisibilidade), comprometida ficará a cobrança da prestação pecuniária sobre que discorremos.

5.2 Taxa exigida em razão do exercício do poder de polícia

"Poder de polícia" consiste na possibilidade de o Estado praticar atividades condicionantes da liberdade e da propriedade dos seus administrados, em nome de interesses coletivos. Tendo o Poder Público a missão de garantir a segurança, o bem-estar, a paz e a ordem coletiva, é-lhe atribuído poder de vigilância, que o autoriza a controlar a liberdade dos indivíduos para proteger os interesses da sociedade. Objetivando assegurar tais interesses, o funcionamento de algumas atividades necessita ser autorizado administrativamente, dependendo, para tanto, de sua fiscalização. E é exatamente o exercício desse poder de polícia, inspecionando e fiscalizando os particulares em nome do bem comum, que enseja a remuneração por meio de "taxa de polícia".

Assim como o serviço público, o ato expressivo do poder de polícia deve ser específico e divisível para fins de exigência de taxa, já que esta, como explicado, é tributo que apresenta referibilidade direta ao contribuinte. Rege-se, também, pelo princípio da "retributividade", devendo haver retribuição dos custos das diligências necessárias ao seu exercício, motivo pelo qual deve seu exercício ser individualizado, permitindo precisar o custo relativamente a cada usuário.

6. "Natureza jurídica" da TFRM

Anuncio, desde logo, que perante a realidade instituída pelo direito positivo atual, parece-me indiscutível a tese segundo a qual a remuneração dos atos de controle, monitoramento e fiscalização das atividades de pesquisa, lavra, exploração e aproveitamento de recursos minerários, também denominada "TFRM", apresenta natureza específica de taxa. O presente tributo se caracteriza por apresentar, na hipótese da norma, a descrição de um fato revelador de atividade estatal (exercício de poder de polícia), direta e especificamente dirigida ao contribuinte; além disso, a análise de sua base de cálculo exibe a medida da intensidade da participação do Estado, confirmando tratar-se da espécie taxa.

Preenchendo o arranjo sintático da regra-matriz de incidência tributária com a linguagem do direito positivo, vale dizer, saturando as variáveis lógicas com o conteúdo semântico constitucionalmente previsto, podemos construir a seguinte norma-padrão do tributo introduzido no ordenamento pela Lei Estadual de Minas Gerais n. 19.976/2011:

• *Hipótese normativa*:

(a) **critério material**: realizar o controle, monitoramento e fiscalização das atividades de pesquisa, lavra e aproveitamento de recursos minerários;

(b) **critério espacial**: limites territoriais do Estado de Minas Gerais;

(c) **critério temporal**: momento da exploração e aproveitamento dos recursos minerários, assim entendido o instante da sua venda ou da transferência entre estabelecimentos pertencentes ao mesmo titular situado em outra Unidade da Federação.

• *Consequente normativo*:

(d) **critério pessoal**:

(d.1) *sujeito ativo*: Estado de Minas Gerais;

(d.2) *sujeito passivo*: pessoas físicas ou jurídicas que estejam, a qualquer título, autorizadas a realizar a pesquisa, lavra, exploração ou aproveitamento de recursos minerários no Estado;

(e) **critério quantitativo**:

(e.1) *base de cálculo*: tonelada de mineral ou minério bruto extraído;

(e.2) *alíquota*: 1 (uma) Ufemg.

Construída a regra-matriz tributária, direcionemos nossa atenção ao binômio "hipótese de incidência e base de cálculo", com o objetivo de determinar sua natureza jurídica, aferindo a espécie de tributo e a compatibilidade da sua base imponível com o critério material da hipótese de incidência. Tudo, com o intuito de verificar se o tributo de que falamos está formulado de maneira correta, em consonância com o Texto Constitucional.

O presente tributo caracteriza-se por apresentar, na hipótese da norma, a descrição de um fato revelador de atividade estatal direta e especificamente dirigida ao contribuinte: controle, monitoramento e fiscalização das atividades de pesquisa, lavra, exploração e aproveitamento de recursos minerários. Além disso, a análise de sua base de cálculo exibe a medida da intensidade da participação do Estado, confirmando tratar-se da espécie *taxa*.

De quanto foi dito, meu entendimento se inclina, decisivamente, para a declarada orientação de considerar o tributo criado pela Lei Estadual n. 19.976/2011 uma verdadeira *taxa de polícia*. Sua hipótese de incidência é o controle, monitoramento e fiscalização de atividades exercidas pelo particular (pessoas físicas ou jurídicas autorizadas à pesquisa, lavra, exploração ou aproveitamento de recursos minerários no Estado de Minas Gerais).

7. Competência do Estado de Minas Gerais para instituir taxa de controle, monitoramento e fiscalização das atividades de pesquisa, lavra, exploração e aproveitamento de recursos minerários

Nosso direito positivo compreende quatro distintos plexos normativos: a ordem total, a das regras federais, a das regras estaduais e o feixe de preceitos jurídicos dos Municípios. As três primeiras são próprias do esquema federativo, enquanto a última revela peculiaridade do regime constitucional brasileiro. Tudo pode ser resumido na coalescência de quatro sistemas: a) sistema nacional; b) sistema federal; c) sistema estadual; e d) sistema municipal.

Se as diferenças entre a ordem federal, a estadual e a municipal são claramente perceptíveis, fato idêntico não sucede entre a organização jurídica do Estado federal (sistema nacional) e a da União (sistema federal). Para tanto, em trabalho insuperável, Oswaldo Aranha Bandeira de Mello[6] apresenta os sinais correspondentes aos dois arranjos, de forma precisa e juridicamente escorreita, dizendo que são ordens jurídicas especiais, visto que as respectivas competências se circunscrevem aos campos materiais que lhe são indicados pela ordem jurídica total. Todo o problema advém da ambiguidade do termo "União", que é empregado, indistintamente, para referir à "União-Estado Federal" e à "União-pessoa política", ou seja, à União na qualidade de representante do Estado Federal, portadora de soberania, e à União enquanto pessoa de direito público interno.

Introduzindo esclarecimento da mais alta importância, peço vênia para destacar o *caput* e o inciso XII do art. 22 da Constituição da República:

"Art. 22. Compete privativamente à União legislar sobre:

"(...);

---

6. *Natureza Jurídica do Estado Federal*, Ed. RT, 1937, pp. 40-51.

"XII – jazidas, minas, outros recursos minerais e metalurgia;"

O dispositivo transcrito confere à União competência para legislar sobre "recursos minerais". Mas, a que pessoa se refere o constituinte quando alude à "União"? Estou convicto de que a Carta Magna remete ao Estado Federal, autorizando-o a emitir leis nacionais, na qualidade de mecanismos de ajuste que asseguram o funcionamento do sistema.

Para cumprir tal finalidade, editou-se o Código de Mineração (Decreto-lei n. 227/1967), que, a despeito de ser anterior à Constituição de 1988, foi por ela recepcionado, veiculando normas gerais concernentes à exploração minerária.

O Estado de Minas Gerais, por sua vez, editou a Lei n. 19.976/2011, dispondo sobre o controle, monitoramento e fiscalização das atividades de pesquisa, lavra, exploração e aproveitamento de recursos minerários, introduzindo, para tanto, a figura de um Cadastro Estadual de Controle, Monitoramento e Fiscalização das citadas atividades (CERM), e instituindo taxa pelo exercício desse poder de polícia (TFRM).

Se antinomia existe entre esses dois Diplomas normativos, é ela apenas aparente, desfazendo-se mediante análise sistemática dos textos de direito positivo. Isso porque a lei da União tem caráter nacional e, portanto, geral, dispondo sobre as modalidades e requisitos para a pesquisa e exploração de recursos minerais no Brasil, enquanto a lei estadual é específica, voltada à operacionalização da atividade fiscalizatória, de competência dos Estados.

7.1 A atividade fiscalizatória e a repartição de competências segundo a Constituição da República de 1988

O exercício da competência tributária para instituir taxa decorrente do exercício de poder de polícia pressupõe que a atividade a ser desempenhada pela pessoa jurídica de direito público esteja dentro de sua faixa de competências. Parece-me oportuno, então, identificar, no Texto Constitucional, as atribuições outorgadas ao Estado e que permitem a instituição do referido gravame.

Quando se ocupou de dividir as faixas de competências da União, Estados, Distrito Federal e Municípios, foram a elas conferidos os predicados de *privativas*, *comuns* ou *concorrentes*. O primeiro do grupamento ("privativas") designa aquelas aptidões que apenas podem ser exercidas pela pessoa jurídica de direito público expressamente citada, em exclusão às demais. Dentre elas está a competência da União para legislar sobre "*jazidas, minas, outros recursos minerais e metalurgia*" (art. 22, XII), fazendo-o na qualidade de Estado Federal, para dar uniformidade de tratamento a essa matéria. Já sob a alcunha de *competência comum*, o Constituinte estipulou uma série de atividades cuja realização fica a cargo de todas as pessoas políticas. Em meio à relação do artigo 23 encontra-se a incumbência de "*registrar, acompanhar e fiscalizar as concessões de direitos de pesquisa e exploração de recursos hídricos e minerais em seus territórios*" (inciso XI). E, finalmente, denomina-se *concorrente* a faixa de competência outorgada à União, Estados e Distrito Federal (mas não aos Municípios), cabendo à primeira estabelecer as normas gerais e aos demais produzir os comandos normativos com maior grau de concretude, aproximando-se das condutas intersubjetivas para controlá-las efetivamente. Os parágrafos do art. 24 prescrevem a forma de seu exercício, sendo a esse respeito oportuno lembrar o comentário de Celso Ribeiro Bastos:[7] "(...) o § 1º diz que cabe à União estabelecer normas gerais sobre tais assuntos e isso ainda feito com o aludido parágrafo que, "no âmbito da legislação concorrente, a competência da União limitar-se-á a estabelecer normas gerais". Perguntar-se-á: depois de estabelecidas essas normas gerais, que limites ainda existem? *O que sobra para os Estados? A*

---

7. *Curso de Direito Constitucional*, São Paulo, Malheiros Editores, 2010, p. 436 (destaquei).

resposta nos é dada pelo § 3º, que diz: "*Inexistindo lei federal sobre normas gerais, os Estados exercerão a competência legislativa plena, para atender a suas peculiaridades*". É necessário aqui dar um desconto ao péssimo vernáculo – certamente não foi intenção do legislador dizer o que está ali escrito –, pois de outro modo seríamos levados a crer que bastaria uma lei federal com dois ou três artigos para inibir a competência estadual correspondente àquele parágrafo. Não! Certamente não foi isso que quis o constituinte. *A interpretação sistemática há de prevalecer e desta deflui que cabe aos Estados uma competência legislativa suplementar nos vazios e nos claros deixados pela legislação federal ou inexistindo lei federal*. Não deve, pois, significar a não existência de uma lei sobre o assunto a ser tratado, mas a não existência de um preceito, de um artigo, de uma norma".

Percebe-se, então, que cabe aos Estados o exercício dessa competência naquilo que não contrarie as normas gerais impostas pela União – e isso somente quando houver esse tipo de norma –, conforme prescreve o mencionado § 3º do art. 24 da Constituição.

Voltando a atenção ao problema exposto na Consulta, é possível apontar que a atividade caracterizadora do poder de polícia, servindo como pressuposto à cobrança do tributo, quadra-se nas competências distribuídas aos Estados, sem coincidir em rigorosos termos com aquela conferida às demais pessoas de direito público.

O estudo da regra-matriz de incidência tributária do referido tributo permite evidenciar que a fiscalização desempenhada pelo Consulente dá-se diante do procedimento extrator de minério. Essa atividade encaixa-se, com perfeição, no disposto no art. 23, XI, do Texto Maior, que atribui não só à União, mas também ao Distrito Federal, Estados e Municípios, o dever de *registrar, acompanhar e fiscalizar as concessões de direitos de pesquisa e exploração dos recursos hídricos e minerais em seus territórios*.

Ainda que inexistam leis complementares delineando as normas para a cooperação entre esses entes públicos no desempenho das funções prescritas no art. 23 da Carta, tal argumento não retira a competência dos Estados para desempenhar atividades desse tipo. Isso porque a atuação estatal que dá ensejo à taxa encontra também previsão no art. 24, VI, da Constituição, que determina as matérias sobre as quais União, Estados e Distrito Federal podem legislar *concorrentemente*.

A vocação ambiental da taxa criada pela legislação mineira e do dever instrumental instituído pela necessidade de cadastramento junto aos órgãos competentes do Estado de Minas Gerais é perceptível, especialmente, no art. 3º, II, da Lei n. 19.976/2011, ao indicar, dentre os órgãos encarregados de exercer o poder de polícia, a Secretaria de Estado de Meio Ambiente e Desenvolvimento Sustentável, a Fundação Estadual do Meio Ambiente, Instituto Estadual de Florestas e Instituto Mineiro de Gestão das Águas, que compõem o Sistema Estadual de Meio Ambiente e Recursos Hídricos. A retributividade que marca essa espécie tributária evidencia o propósito de controle de atividades com impacto ambiental, em especial quando, no art. 19, destina a receita do produto arrecadado a esses órgãos.

O Consulente, ao editar a Lei n. 19.976, de 27 de dezembro de 2011, atuou nessa faixa de competência, investindo seus agentes das atribuições de fiscalização e credenciamento das empresas exploradoras de minérios, com suporte no art. 24, VI, da Constituição. Fê-lo sem desvio das diretrizes nacionais estabelecidas pela Política Nacional do Meio Ambiente e, na parte em que a Lei Federal n. 6.938/1981 silenciou, disciplinou as particularidades mediante o exercício da competência que lhe cabe, conforme o art. 24, § 3º, do Texto Supremo.

7.2 A compatibilidade da atividade fiscalizatória e o art. 176 da Constituição da República

A competência para autorizar ou conceder a lavra e pesquisa de recursos minerais somente pode ser realizada pela União, consoante prescreve o § 1º do art. 176 da Carta de 1988: "§ 1º. A pesquisa e a lavra de recursos minerais e o aproveitamento dos potenciais a que se refere o *caput* deste artigo somente poderão ser efetuados mediante autorização ou concessão da União, no interesse nacional, por brasileiros ou empresa constituída sob as leis brasileiras e que tenha sua sede e administração no País, na forma da lei, que estabelecerá as condições específicas quando essas atividades se desenvolverem em faixa de fronteira ou terras indígenas".

Por autorização ou concessão entende-se o ato administrativo exarado pela autoridade legalmente competente para o devido exercício de uma atividade. O mencionado procedimento é, segundo o Decreto-lei n. 227/1967, realizado por meio de portaria de concessão emitida pelo Ministério de Estado de Minas e Energia ou mediante alvará de autorização expedido pelo Diretor-Geral do Departamento Nacional de Produção Mineral – DNPM.

Os procedimentos para a requisitar e produzir os referidos documentos não se confundem com aqueles do Cadastro Estadual de Controle, Monitoramento e Fiscalização das Atividades de Pesquisa, Lavra, Exploração e Aproveitamento de Recursos Minerários – CERM, instituído pela Lei mineira que ocupa a atenção deste estudo. Isso porque o cadastramento estadual não tem o condão de permitir (ou proibir) o exercício das atividades de lavra e pesquisa. Tal atribuição cabe às citadas autoridades federais.

O Cadastro de Minas Gerais serve, exclusivamente, para melhor instrumentar a atividade de fiscalização e arrecadação da taxa instituída. Repita-se: não tem ele o mesmo efeito de uma concessão ou autorização, qual seja, o de permitir o exercício de atividade mineradora. Não se trata de ato autorizativo, mas de mero dever instrumental legalmente instituído no interesse tributário.

8. A base de cálculo da TFRM

Os dois critérios identificadores das espécies tributárias a que nos referimos nos itens precedentes (hipótese de incidência e base de cálculo) convivem harmoniosamente na concepção da tipologia tributária constitucional: um, a vinculação, ou não, do fato descrito na hipótese, a uma atividade estatal; outro, a base de cálculo, como grandeza apta para dimensionar aquela ocorrência. É o que preceitua o constituinte brasileiro no art. 145, § 2º, nos termos do qual "*As taxas não poderão ter base de cálculo própria de imposto*", e, indiretamente, no art. 154, I, quando limita a criação de outros impostos em função, justamente, desse binômio ("fato gerador" e "base de cálculo").

Julgo importante repetir que a base de cálculo é proposição instituída na consequência da regra-matriz tributária e que se destina, primordialmente, a dimensionar a intensidade do comportamento (Fbc) inserto no núcleo do fato jurídico tributário (Fjt), para que, combinando-se à alíquota, seja determinado o valor da prestação pecuniária. Já a alíquota comparece como fator que, congregado à base de cálculo, dá a compostura numérica da dívida, produzindo o valor que pode ser exigido pelo sujeito ativo, em cumprimento da obrigação que nascera pelo acontecimento do fato típico.

A base de cálculo de um imposto vem a ser o padrão mensurador de fato realizado pelo sujeito passivo, nada tendo que ver com uma efetiva ou potencial atuação do Poder Público. Inversamente, convém sublinhar, o fundamento existencial das taxas só pode encontrar-se em função da atividade estatal, imediatamente vinculada ao contribuinte. Nesses tributos vinculados, só há uma base de cálculo juridicamente possível: o valor da atuação do Estado, inserta no miolo da hipótese de incidência.

No tocante às taxas, dos preceitos constitucionais deriva a conclusão inevitável de que seu valor deve corresponder ao custo da atividade estatal exercida. A base de cálculo não se limita a fixar uma proporção numérica, singelamente concebida para outorgar grandeza econômica ao acontecimento factual. Não pode ser tomada como uma medida qualquer, alheia ao núcleo da ocorrência. Muito pelo contrário, impende que seja colhida entre os aspectos inerentes ao sucesso tributado, justamente para reunir condições próprias de medição, surpreendendo-lhe as dimensões da forma mais apropriada possível. Tem de recair, por isso mesmo, sobre um predicado efetivo do evento cuja intensidade se pretenda conhecer.

Tratando-se de imposto, se o "fato gerador" for a propriedade (ser proprietário), a base imponível há de ser algum valor ínsito a esse suporte fáctico, como o valor da propriedade. Se o fato tributário for auferir renda, a base de cálculo há de ser uma perspectiva dimensível desse acontecimento, como, por exemplo, "o valor da renda líquida auferida" (pessoas físicas). Na mesma sequência de raciocínio, se o fato tributável for a prestação de serviço público específico e divisível, sua base de cálculo deve guardar estreita consonância com essa alteração da vida social. Consistindo a hipótese de incidência no exercício de poder de polícia, há de ser posto na base de cálculo elemento que permita medir a intensidade dessa atuação. E a entidade que estou focalizando, pela maneira como está sendo formulada sua exigência, preenche perfeitamente tal requisito, respeitando o primado da retributividade. A taxa disciplinada pela Lei n. 19.976/2011, do Estado de Minas Gerais, tem sua base de cálculo composta por critério apropriado para mensurar os custos da atuação estatal.

O exame dessa regra-matriz revela que a Lei Estadual n. 19.976/2011, ao criar a TFRM, indicou base de cálculo compatível à configuração de taxa. O exame analítico do artigo 8º desse Diploma Legal permite apontar, em seus pormenores, os aspectos selecionados pelo ente tributante para dimensionar a conduta praticada pelo Poder Público: a base de cálculo é integrada pela quantidade de recursos minerários extraídos, enquanto a alíquota compõe-se pela unidade fiscal do Estado de Minas Gerais. Agregando-os, chegamos à seguinte expressão:

$$TFRM = Ufemg \times tonRM,$$

em que *Ufemg* representa a unidade fiscal, adotada como alíquota para a mensuração do gravame, e *tonRM* indica a quantidade (toneladas) de recurso mineral ou minério bruto extraído. Da conjugação desses elementos tem-se o valor da taxa, de modo que, quanto maior a quantidade de recursos minerários, mais elevada é a demanda da atividade fiscalizatória, sendo a TFRM calculada proporcionalmente a essa atuação estatal.

É posição pacífica entre nossos melhores doutrinadores que a base de cálculo das taxas deverá levar em conta o custo da atividade estatal desenvolvida, exatamente por remunerar o serviço público prestado ou posto à disposição do sujeito passivo, ou o exercício de poder de polícia. Há de existir razoabilidade entre a exigência da taxa e o custo da prestação do serviço ou do poder de polícia (relacionamento entre a hipótese de incidência e a base de cálculo). Em outras palavras, a base de cálculo há de ter correlação lógica e direta com a hipótese de incidência do tributo. Eis a base de cálculo na sua função comparativa, confirmando, afirmando ou infirmando o verdadeiro critério material da hipótese tributária. Confirmando, sempre que houver total sintonia entre o padrão da medida e o núcleo do fato dimensionado; afirmando, na eventualidade de ser obscura a formulação legal; e infirmando, quando houver manifesta incompatibilidade entre a grandeza eleita e o acontecimento que o legislador declara como a medula da previsão fáctica.

Acontece que nas taxas não é tão simples mensurar o custo da atuação estatal desenvolvida em relação a cada administrado. Por esse motivo, o legislador, muitas vezes, elege uma ou mais unidades de medida (volume, peso, quantidade de atos etc.) para quantificar a obrigação tributária. Esses elementos não são escolhidos aleatoriamente, mas em razão do cunho monetário neles implicitamente agregado. Quando o legislador escolhe uma unidade de medida como base de cálculo, encontramos, por trás desse dado, o custo ou o preço por unidade de medida a ser entregue pelo Estado. Na lição de Aires Barreto,[8] a atribuição dessa modalidade de base de cálculo equivaleria à seguinte construção legislativa: *"atribua-se ao sujeito ativo tantos reais calculados em razão de um custo (preço ou valor) por unidade de medida"*.

A atividade do Estado precisa ser valorada quantitativamente, pouco importando se o critério de referência para chegar a esse valor decorreu de aferição em função do volume, do peso ou de outra medida, mesmo que, à primeira vista, aparente ser fato desvinculado da atuação estatal. Conquanto tenham relação com bens ou atividades praticadas pelo particular, estão habilitados a auxiliar na quantificação da taxa quando não são, eles próprios, objeto da incidência tributária, sendo tomados como meros suportes para alcançar-se o efetivo custo da atuação estatal e possibilitar sua recomposição pelo contribuinte.

Dada a complexidade da elaboração de critério que corresponda ao custo da atividade estatal, a base de cálculo pode ser composta por mais de um elemento. Por exemplo, ao invés de basear-se a tributação apenas na unidade de medida, esse dado é susceptível de ser conjugado a outro, tal como a frequência da atuação estatal (periodicidade com que são expedidas determinadas unidades de medida). A composição da base de cálculo por mais de um aspecto, além de permitida constitucionalmente, é recomendável, pois permite maior aproximação dos critérios inerentes à atividade estatal exercida. Sobre o assunto, manifestou-se Hector Villegas: "Resulta portanto indiscutível que a base imponível das taxas deve estar relacionada com sua hipótese de incidência (a atividade vinculante), (...). Em consequência, tais critérios de graduação levarão em conta uma série de aspectos relativos à atividade que o Estado desenvolve e ao serviço que resulta prestado pelo exercício dessa atividade".[9]

Nesse sentido, andou bem o legislador estadual de Minas Gerais que, ao compor a base de cálculo da Taxa de Controle, Monitoramento e Fiscalização das Atividades de Pesquisa, Lavra, Exploração e Aproveitamento de Recursos Minerários (TFRM), indicou como critério a tonelada de mineral ou minério bruto extraído.

Com isso, estabeleceu correlação lógica entre o montante da taxa e o custo das atividades desenvolvidas, pois quanto mais elevada é a quantidade de minério extraído, se tem maior demanda pela atuação estatal fiscalizatória.

Ao contrário do que um exame superficial poderia sugerir, a base de cálculo da taxa submetida à minha apreciação não é própria de imposto. Nas taxas, em que a materialidade da hipótese de incidência consiste na descrição de atividade estatal dirigida ao contribuinte, a base de cálculo será sempre o custo daquela atuação. Como, porém, sua aferição exige cálculos complexos, podem ser tomados diversos aspectos do ato do Estado, que servirão como parâmetros para determinar seu valor.

Efetuados esses esclarecimentos, conclui-se que a quantidade (tonelada) de recursos minerários não é base de cálculo de imposto.

Caso muito semelhante é o da Taxa de Fiscalização e Controle de Serviços Públicos Delegados, instituída pela Lei n. 11.073/1997, em favor da Agência Estadual de Regulação dos Serviços Públicos Delegados do Rio Grande do Sul – AGERGS, cuja constitucionalidade foi reconhecida pelo egrégio Supremo Tribunal Federal, por ocasião do julgamento da ADI n. 1.948-RS:[10] "(1) Ação Direta de Inconstitucionalidade. (2) Art. 1º, II, da Lei n. 11.073, de 30.12.1997, que

---

8. *Base de Cálculo, Alíquota e Princípios Constitucionais*, 2ª ed., São Paulo, Max Limonad, 1998, p. 65.

9. "Verdade e ficções em torno do tributo denominado taxa", *RDP* 17/337.

10. Tribunal Pleno, Rel. Min. Gilmar Mendes, j. 4.9.2002, *DJ* 7.2.2003, p. 20 (destaquei).

acrescentou os §§ 7º e 8º ao art. 6º da Lei n. 8.109, de 1985, do Estado do Rio Grande do Sul; art. 1º, VI, da Lei n. 11.073, de 1997, que inseriu o inciso IX na Tabela de Incidência da Lei n. 8.109, de 1985; Decreto estadual n. 39.228, de 29.12.1998, que regulamentou a incidência da taxa impugnada. (3) Alegada violação aos arts. 145, II e 145, § 2º, da Constituição. (4) Taxa de Fiscalização e Controle de Serviços Públicos Delegados, instituída a favor da Agência Estadual de Regulação dos Serviços Públicos Delegados do Rio Grande do Sul AGERGS, autarquia estadual. (5) *O faturamento, no caso, é apenas critério para a incidência da taxa, não havendo incidência sobre o faturamento. Precedente (RE 177.835, Rel. Min. Carlos Velloso).* (6) Improcedência da ação direta quanto aos dispositivos legais e não conhecimento quanto ao Decreto n. 39.228, de 1988".

O julgado transcrito deixa claro que, conquanto haja referência a fato do particular, próprio de imposto, este não é o objeto da tributação, mas simples critério para a incidência da taxa.

Semelhante foi a orientação jurisprudencial adotada por essa Colenda Corte, ao julgar o Recurso Extraordinário n. 177.835-1, em que se examinava a constitucionalidade da taxa de fiscalização dos mercados de títulos e valores mobiliários: "*A variação da taxa de fiscalização, em função do patrimônio líquido da empresa, não significa seja dito patrimônio sua base de cálculo*" (Rel. Min. Carlos Velloso, *DJ* 25.5.2001).

Na esteira do posicionamento adotado pelo STF, a Lei n. 19.976/2011, do Estado de Minas Gerais toma a quantia de extração minerária como mero parâmetro para aferição da intensidade da atuação estatal. Não há que se cogitar, por conseguinte, de violação ao art. 145, § 2º, do Texto Constitucional.

8.1 Inexistência de identidade com a base de cálculo do ICMS

Nos termos do art. 155, II, da Carta Magna, compete aos Estados e ao Distrito Federal instituir impostos sobre "*operações relativas à circulação de mercadorias e sobre prestações de serviços de transporte interestadual e intermunicipal e de comunicação, ainda que as operações e as prestações se iniciem no exterior*".

Quando se fala em anunciar a grandeza efetiva do acontecimento, significa a captação de aspectos inerentes à conduta ou objeto da conduta, devendo o legislador cingir-se às manifestações exteriores que sirvam de índice avaliativo da materialidade. No caso do ICMS, mais especificamente da regra-matriz cujo critério material consiste em "*realizar operação relativa à circulação de mercadoria*", a base de cálculo não pode ser outra que não "*o valor dessa operação*", pois esse elemento exterioriza a grandeza do fato descrito no antecedente normativo. Dito de outro modo, a base de cálculo há de ser representada pela medida da "operação relativa à circulação de mercadoria".

Posto isso, tendo o ICMS por hipótese de incidência o ato de praticar operações relativas à circulação de mercadorias, a consequência normativa, por sua vez, envolve relação jurídica em que o Estado ou o Distrito Federal figura como sujeito ativo e o comerciante *é o sujeito passivo, tendo por objeto o pagamento de imposto, calculado mediante a aplicação da alíquota (percentual previsto em lei) sobre a base de cálculo, representada pelo valor de venda da mercadoria.*

Nota-se, desde logo, que a base de cálculo empregada para a exigência do ICMS não corresponde àquela adotada para fins de mensuração da TFRM: enquanto no ICMS toma-se por base o *valor da mercadoria* que é objeto de circulação (medindo-se, assim, a capacidade contributiva do sujeito passivo), a TFRM é calculada segundo a *quantidade/ tonelada de minério extraído*, para, desse modo, retribuir o custo da atuação estatal fiscalizatória da atividade privada.

9. Finalidade e destinação da TFRM

A experiência jurídica, como toda a experiência, implica pressupostos, e a premissa básica, que está na raiz do pensamento ora proposto, é o constructivismo representado pelo "giro linguístico", mediante o qual os discursos, sejam eles científicos ou metafísicos, não revelam uma realidade subjacente, mas a constituem e o fazem pela linguagem. Para tanto, aproveito-me das "tecnologias da linguagem" que floresceram no início da década de 1970, com as obras dos alemães Karl-Otto Apel e Jurgen Habermas, adotando a pragmática anglo-saxônica.

Com efeito, a partir do advento da Constituição de 1988, as contribuições adquiriram inusitado interesse, do que é testemunho o número expressivo de manifestações doutrinárias sobre a matéria. Mas as referências científicas a propósito das contribuições vêm se ressentindo da ausência da desejada organicidade, porquanto os trabalhos publicados colhem apenas certos tópicos que, isolados, não têm o condão de oferecer uma visão mais larga e abrangente do objeto. Daí a necessidade de percorrer o ordenamento, entrelaçando normas, invocando princípios e buscando o adequado relacionamento formal entre suas unidades, tudo para propiciar uma interpretação verdadeiramente sistêmica a respeito de tão importante setor do direito tributário. Pois, se o direito se apresenta como um sistema de linguagem prescritiva de condutas; se a existência específica das normas consiste em integrar a ordem positiva; inadmissível compreender outro tipo de aproximação cognoscitiva que não seja a prestigiadora do sistema.

Muitos são os métodos de aproximação científica pelos quais o objeto "direito" pode ser examinado, manifestação da complexidade ontológica do sistema jurídico. No processo conhecido como "interpretação do direito", pelo qual se atribuem conteúdos de significação às entidades jurídicas, aparece, desde logo, a necessidade da composição sintática condicionada a um princípio unificador. As unidades jurídicas de sentido passam a ficar dispostas numa estrutura hierarquizada em que cada uma delas encontra-se apoiada, material e formalmente, em normas superiores. No exame das "contribuições" em direito tributário, a Carta Magna exerce esse papel unificador na dinâmica interpretativa, condição sem a qual não se alcança o sentido completo desse instituto no sistema jurídico.

Não é de agora que advogo a tese de que as chamadas "contribuições" têm natureza tributária. Sempre as tive como figuras de impostos ou de taxas, em estrita consonância com o critério constitucional consubstanciado naquilo que nominamos de *tipologia tributária no Brasil*. Todo o suporte argumentativo calca-se na orientação do sistema, visto e examinado na sua integridade estrutural. Penso que outra coisa não fez o legislador constituinte senão prescrever, manifestamente, que as contribuições são entidades tributárias, subordinando-se, em tudo e por tudo, às linhas definitórias do regime constitucional peculiar aos tributos.

Quanto às categorias existentes, a Constituição da República de 1988 faz referência expressa a três espécies de contribuições passíveis de serem instituídas pela União, diferenças conforme as finalidades a que se destinem: (i) sociais, (ii) de intervenção no domínio econômico e (iii) de interesse das categorias profissionais ou econômicas (art. 149, *caput*). Implicitamente, também estariam no rol das contribuições aquelas conhecidas por residuais. Ao tratar das contribuições sociais, por sua vez, subdivide-as em duas categorias: as genéricas (art. 149, *caput*) e as destinadas ao financiamento da seguridade social (art. 195).

Interessam-nos, para o escopo da análise pretendida neste Parecer, as contribuições de intervenção no domínio econômico. Têm elas a finalidade servir como instrumento de atuação do Estado nessa área, para que se respeitem os princípios erigidos nos arts. 170 a 181 da Carta Maior.[11]

___
11. O art. 170 da Carta Magna arrola os seguintes princípios: soberania nacional, propriedade privada, função social da propriedade, livre concorrência, defesa do consumidor, defesa do meio ambiente, redução das desigualdades regionais e sociais, busca do pleno emprego e tratamento favorecido para empresas de pequeno porte

Observa-se que a dicção constitucional (art. 149) não indica as materialidades tributárias, mas apenas os fins que autorizam instituir a citada espécie de contribuição. Assim, tratando-se de contribuição de intervenção no domínio econômico, sua finalidade há de ser dirigida à implantação de ações concretas para, atendendo aos preceitos dos arts. 170 a 181 do Texto Supremo, interferir em determinado setor da economia, fomentando-o.

Examinando a Lei n. 19.976/2011, do Estado de Minas Gerais, identificamos a distribuição do exercício do poder de polícia da seguinte forma:

"Art. 3º. O poder de polícia de que trata o art. 1º será exercido pelos seguintes órgãos e entidades:

"I – Secretaria de Estado de Desenvolvimento Econômico – Sede –, para:

"a) planejamento, organização, direção, coordenação, execução, controle e avaliação das ações setoriais relativas à utilização de recursos minerários, à gestão e ao desenvolvimento de sistemas de produção, transformação, expansão, distribuição e comércio de bens minerais;

"b) registro, controle e fiscalização de autorizações, licenciamentos, permissões e concessões para pesquisa, lavra, exploração e aproveitamento de recursos minerários;

"c) controle, monitoramento e fiscalização das atividades de pesquisa, lavra, exploração e aproveitamento de recursos minerários;

"d) defesa dos recursos naturais;

"II – Secretaria de Estado de Meio Ambiente e Desenvolvimento Sustentável – Semad –, Fundação Estadual do Meio Ambiente – Feam –, Instituto Estadual de Florestas – IEF – e Instituto Mineiro de Gestão das Águas – Igam –, que compõem o Sistema Estadual de Meio Ambiente e Recursos Hídricos – Sisema –, para:

"a) aplicação das normas de preservação, conservação, controle e desenvolvimento sustentável dos recursos naturais, entre os quais o solo e o subsolo, e zelo pela observância dessas normas, em articulação com outros órgãos;

"b) identificação dos recursos naturais do Estado, compatibilizando as medidas preservacionistas e conservacionistas com a exploração racional, conforme as diretrizes do desenvolvimento sustentável;

"c) planejamento, organização e promoção das atividades de controle e fiscalização referentes ao uso dos recursos naturais do Estado, entre os quais o solo e o subsolo;

"d) defesa do solo e dos recursos naturais;

"III – Secretaria de Estado de Ciência, Tecnologia e Ensino Superior – Sectes –, para promoção do levantamento sistemático de oferta e demanda de ciência e tecnologia no Estado e difusão de informações para órgãos e entidades cujas atividades se enquadrem em sua área de competência.

"Parágrafo único. No exercício das atividades relacionadas no caput, a Sede, a Semad, o IEF, a Feam, o Igam e a Sectes contarão com o apoio operacional dos seguintes órgãos e entidades da administração estadual, observadas as respectivas competências legais:

"I – Secretaria de Estado de Fazenda – SEF;

"II – Polícia Ambiental da Polícia Militar de Minas Gerais – PMMG;

"III – Corpo de Bombeiros Militar de Minas Gerais – CBMMG;

"IV – Instituto de Desenvolvimento Integrado de Minas Gerais – Indi;

"V – Fundação de Amparo à Pesquisa do Estado de Minas Gerais – Fapemig;

"VI – Fundação Centro Tecnológico de Minas Gerais – Cetec."

Identifica-se, nesse dispositivo, que a atividade estatal não se volta para intervir no setor da economia inerente aos recursos minerais, mas, diversamente, está dirigida para os interesses da coletividade, median-

---

constituídas sob as leis brasileiras e que tenham sua sede e administração no País.

te desempenho que objetiva controlar a liberdade dos indivíduos para proteger os interesses da sociedade como um todo. Os valores arrecadados, por conseguinte, não se destinam ao implemento de melhorias no setor (intervenção), apresentando caráter de *retributividade da atuação estatal* (art. 19 da Lei n. 19.976/2011), como é inerente à figura das taxas.

10. Extrafiscalidade e a figura dos benefícios fiscais

Os signos *fiscalidade* e *extrafiscalidade* são termos usualmente empregados no discurso da Ciência do Direito para representar valores finalísticos que o legislador imprime na lei tributária, manipulando as categorias jurídicas postas à sua disposição.

O modo como se dá a utilização do instrumental jurídico-tributário é o fator que identifica o gravame em uma das duas classes. Fala-se, assim, em "fiscalidade" sempre que a organização jurídica do tributo denuncie que os objetivos que presidiram sua instituição, ou que governam certos aspectos da sua estrutura, estejam voltados ao fim exclusivo de abastecer os cofres públicos, sem que outros interesses – sociais, políticos ou econômicos – interfiram no direcionamento da atividade impositiva.

A experiência jurídica nos mostra, porém, que vezes sem conta a compostura da legislação de um tributo vem pontilhada de inequívocas providências no sentido de prestigiar certas situações, tidas como social, política ou economicamente valiosas, às quais o legislador dispensa tratamento mais confortável ou menos gravoso. A essa forma de manejar elementos jurídicos usados na configuração dos tributos, perseguindo objetivos alheios aos meramente arrecadatórios, dá-se o nome de "extrafiscalidade". Alguns exemplos esclarecerão bem o assunto: a lei do Imposto Territorial Rural (ITR), ao fazer incidir a exação de maneira mais onerosa no caso dos imóveis inexplorados ou de baixa produtividade, busca atender, em primeiro plano, a finalidades de ordem social e econômica e não ao incremento de receita. A legislação do Imposto sobre a Renda e proventos de qualquer natureza (IR) permite o abatimento de verbas gastas em determinados investimentos, tidos como de interesse social ou econômico, tal como o reflorestamento, justamente para incentivar a formação de reservas florestais no País. Em outras passagens, na composição de sua base de cálculo, seja entre as deduções ou entre os abatimentos da renda bruta, insere medidas que caracterizam, com nitidez, a extrafiscalidade. Quanto ao IPI, a própria Constituição prescreve que suas alíquotas serão seletivas em função da essencialidade dos produtos (art. 153, § 3º, I), fixando critério que leva o legislador ordinário a estabelecer percentuais mais elevados para os produtos supérfluos. Os chamados "tributos aduaneiros" – Impostos de Importação e de Exportação – têm apresentado relevantíssimas utilidades na tomada de iniciativas diretoras da política econômica.

Há tributos que se prestam, admiravelmente, para a introdução de expedientes extrafiscais. Outros, no entanto, inclinam-se mais ao setor da fiscalidade. Não existe, porém, entidade tributária que se possa dizer pura, no sentido de realizar tão só a fiscalidade, ou, unicamente, a extrafiscalidade. Os dois objetivos convivem, harmônicos, na mesma figura impositiva, sendo apenas lícito verificar que, por vezes, um predomina sobre o outro.

São regras tributárias de caráter extrafiscal as que perseguem objetivos alheios aos meramente arrecadatórios. Não há dúvidas, portanto, de que o mecanismo dos *benefícios fiscais* é um forte instrumento de extrafiscalidade. Dosando equilibradamente a carga tributária, a autoridade legislativa enfrenta as situações mais agudas, onde vicissitudes da natureza ou problemas econômicos e sociais levaram à redução da capacidade contributiva de certo segmento geográfico ou social. A par disso, fomenta as grandes iniciativas de interesse público e incrementa a produção, o comércio e o consumo, sempre com o objetivo de promover o desenvolvimento socioeconômico.

Os benefícios fiscais configuram estímulo de índole econômica, introduzido pelo Poder Público, para que se tenha o exercício de determinadas atividades privadas, consideradas relevantes pelo legislador e que propiciem atingir os objetivos extrafiscais. Dentre tais objetivos, podemos citar: (i) a redução das desigualdades regionais; (ii) a promoção do emprego, especialmente em áreas onde o desemprego é grande, ou os empregos destinados a certas categorias de trabalhadores; (iii) a captação de investimentos a fim de promover a atividade econômica e empresarial em determinadas regiões do País; (iv) o fomento das exportações, entre outros.

Ao discorrer sobre os incentivos fiscais, Geraldo Ataliba e José Artur Lima Gonçalves[12] anotam que seu *"fim último é, sempre, o de impulsionar ou atrair os particulares para a prática das atividades que o Estado elege como prioritárias, tornando, por assim dizer, os particulares em participantes e colaboradores das metas postas como desejáveis ao desenvolvimento econômico e social por meio da adoção do comportamento ao qual são condicionados"*.

Como se vê, o aspecto caracterizador dos benefícios fiscais está no seu objetivo, que há de ser sempre extrafiscal. Com efeito, a Constituição da República, no art. 151, I, refere-se, expressamente, à possibilidade de concessão de incentivos fiscais voltados ao equilíbrio do desenvolvimento socioeconômico entre as regiões do Estado brasileiro:

"Art. 151. É vedado à União:

"I – instituir tributo que não seja uniforme em todo o território nacional ou que implique distinção ou preferência em relação a Estado, ao Distrito Federal ou a Município, em detrimento de outro, *admitida a concessão de incentivos fiscais destinados a promover o equilíbrio do desenvolvimento socioeconômico entre as diferentes regiões do País;*" (destaquei).

Em semelhante comando, estipula o art. 152, I, da Constituição do Estado de Minas Gerais:

"Art. 152. É vedado ao Estado, sem prejuízo das garantias asseguradas ao contribuinte e do disposto no art. 150 da Constituição da República e na legislação complementar específica:

"I – instituir tributo que não seja uniforme em todo o território estadual, ou que implique distinção ou preferência em relação a Município em detrimento de outro, *admitida a concessão de incentivo fiscal destinado a promover o equilíbrio do desenvolvimento socioeconômico entre as diferentes regiões do Estado;*" (destaquei).

O citado dispositivo constitucional consagra o princípio da uniformidade geográfica, o qual se traduz na determinação imperativa de que os tributos instituídos pelo Estado sejam uniformes em todo o seu território. É fácil ver, nas suas dobras, mais uma confirmação do postulado federativo e da autonomia dos Municípios, visto que o constituinte vedou a eventualidade de qualquer distinção ou preferência relativamente a um Município, em prejuízo dos demais. A única circunstância apta para permitir o tratamento tributário diferenciado é a *concessão de incentivos fiscais, cujo objetivo seja a redistribuição da riqueza no território estadual, com desenvolvimento socioeconômico de certas regiões.*

Convém anotar que a Constituição Estadual de Minas Gerais, ao permitir a concessão de incentivo fiscal destinado a promover o equilíbrio do desenvolvimento socioeconômico entre as diferentes regiões do Estado, não ofende o disposto no art. 152 da Carta Republicana. Esse dispositivo, ao vedar que os Estados estabeleçam diferença tributária entre bens e serviços, de qualquer natureza, em razão de sua procedência ou destino, objetiva impedir tratamento puramente discriminatório. Mas sempre há espaço para exceções, como quando se tem imposição

---

12. "Crédito-prêmio de IPI – Direito adquirido – Recebimento em dinheiro", *Revista de Direito Tributário* 55/167.

diferençada para implementar o princípio fundamental veiculado no art. 3º, III, da Constituição de 1988: "*erradicar a pobreza e a marginalização e reduzir as desigualdades sociais e regionais*".

Com suporte nesse dispositivo constitucional, é perfeitamente possível conferir tratamento diferençado, mais benéfico, a minério que seja objeto de industrialização no Estado, a empresas de pequeno porte e a atividades minerárias localizadas na área da Superintendência do Desenvolvimento do Nordeste (Sudene), como implementou a Lei n. 19.976/2011.

É preciso deixar bem claro, porém, que não estamos tratando de "taxa de polícia com finalidade extrafiscal", consistente na imposição de alíquotas maiores ou menores com o objetivo de estimular ou desencentivar determinada atividade. Isso porque, sendo as taxas tributos essencialmente vinculados a uma atuação do Estado, a composição do critério quantitativo da regra-matriz de incidência, no que tange à base de cálculo, está, em virtude de sua própria definição, restrita a mensurar o fato da atividade desempenhada pelo Poder Público. A extrafiscalidade a que aludimos, verificada no caso da TFRM instituída pela Lei n. 19.976/2011, volta-se a implementar o art. 152, I, da Constituição Estadual de Minas Gerais, dando-se pelo mecanismo da isenção da atividade exploratória de recursos minerários feita em determinadas condições especiais.

Além disso, não há qualquer mácula na Lei n. 19.976/2011 pelo fato de ter ela tratado diferentemente a atividade de pesquisa, lavra, exploração ou aproveitamento de recursos minerários, conforme o tipo de minério envolvido. A tributação recai apenas sobre atividades envolvendo (i) bauxita (metalúrgica ou refratária), (ii) terras-raras e (iii) minerais ou minérios que sejam fonte, primária ou secundária, direta ou indireta, imediata ou mediata, isolada ou conjuntamente com outros elementos químicos, de chumbo, cobre, estanho, ferro, lítio, manganês, níquel, tântalo, titânio, zinco e zircônio, por considerar-se que esses minérios demandam maior controle pelo Poder Público.

Por certo, o art. 150, II, da Carta Magna proíbe à União, Estados, Distrito Federal e Municípios a instituição de tratamento desigual a contribuintes que se encontrem em situação equivalente. Não deverá haver qualquer *discrimen* com base na ocupação profissional ou função exercida. O intuito é garantir a tributação justa (sobrevalor). Isso não significa, contudo, que todos os contribuintes devam receber tratamento tributário igual, mas, sim, que as pessoas, físicas ou jurídicas, encontrando-se em *situações idênticas*, ficarão submetidas ao mesmo regime jurídico, com as particularidades que lhe forem próprias. Caberá à legislação de cada tributo, tomando em consideração as notas singulares das diversas classes de sujeitos passivos, eleger fatos distintivos que sejam hábeis para atender às especificidades dos casos submetidos à imposição, de tal maneira que se mantenha a correspondente equivalência entre as múltiplas situações empíricas sobre as quais haverá de incidir a percussão tributária.

Resta ao legislador, portanto, assegurar a estabilidade funcional do diploma normativo de modo que a lei possa irradiar sua eficácia por toda a extensão do domínio pretendido, fazendo-o, contudo, uniformemente, sem oscilações que escapem da equação montada para realizar o equilíbrio da atividade impositiva. Dentro daquele seguimento, os sujeitos saberão, previamente, o modo pelo qual serão alcançados pela incidência da regra tributária, assegurada a proporção entre as inevitáveis desigualdades existentes.

Aproveito para afirmar que o direito, reconhecendo na igualdade tributária um valor, trata de colocar parâmetros incisivos, tendo em vista estabilizar as expectativas normativas. Não fora assim e cada um empregaria suas referências subjetivas, construindo "isonomias" que consultassem antes suas inclinações ideológicas, acarretando profunda insegurança ao bem estar social. Longe disso, por lidar com direitos fundamentais (propriedade e liberdade), a ordem jurídica cerca de garantias o direito que cada um tem de responder pela carga tributária de forma igualitária, recolhendo aos cofres públicos importâncias do mesmo tamanho econômico daquelas que qualquer outro sujeito de direitos venha a arcar, *encontrando-se em situação idêntica.*

José Artur Lima Gonçalves,[13] em aprofundado estudo sobre o tema, e perfeitamente consciente do que significa o implemento desse valor em cada caso concreto, propõe ao intérprete um itinerário seguro:

"Para que se afira a existência ou não de ofensa ao princípio da isonomia em matéria tributária, sugere-se que o pesquisador siga o seguinte roteiro sistemático ao deparar-se com a norma que crie discriminação:

"a) dissecar a regra-matriz de incidência tributária em seus cinco critérios;

"b) identificar qual é o elemento de discriminação utilizado pela norma analisada;

"c) verificar se há correlação lógica entre o elemento de discriminação e a diferenciação de tratamento procedida e

"d) investigar se há relação de subordinação e pertinência lógica entre a discriminação procedida e os valores positivados no texto constitucional."

No tocante ao direito tributário, o princípio da igualdade tem por fim a garantia de uma tributação justa. Evidente que isso não significa editar leis tributárias que tratem todas as pessoas do mesmo modo, porém que deem tratamento idêntico às que se encontrarem em situações economicamente iguais. Nessa esteira, é conferido à lei tributária desigualar situações, atendendo a peculiaridades de categorias de contribuintes, quando houver relação de imanência entre o elemento diferencial e o regime conferido aos que estão incluídos na classe diferenciada.

Efetuados esses esclarecimentos e considerando que a TFRM destina-se a remunerar o desempenho do controle, monitoramento e fiscalização das atividades de pesquisa, lavra, exploração e aproveitamento de recursos minerários, referida taxa pode ser diferençada conforme o tipo de minério, por demandar ele menor atuação estatal. Logo, não há que falar em violação à isonomia o fato de a TFRM (Taxa de Fiscalização de Recursos Minerários) instituída pelo Estado de Minas Gerais recair sobre a pesquisa, lavra e exploração de determinados minérios, deixando outros fora do seu alcance.

III. DAS RESPOSTAS AOS QUESITOS

Com base nas considerações desenvolvidas até aqui, passo a responder às indagações formuladas na Consulta. Para tanto, permito-me reescrever os quesitos elaborados pelo Consulente, enfrentando-os, objetivamente, um a um.

1. *Insere-se na competência dos Estados, ainda que de forma concorrente, o exercício do poder de polícia sobre a atividade, realizada nos seus respectivos territórios, de pesquisa, lavra, exploração ou aproveitamento de recursos minerários, considerando o disposto nos arts. 23, XI, e 24, VI, todos da Carta da República?*

Resposta: Sim. Conforme delineado nos dispositivos da Lei n. 19.976/2011, do Estado de Minas Gerais, o exercício do poder de polícia enquadra-se nas faixas de competência constitucionalmente outorgadas aos Estados. Tanto naquela chamada de *competência comum*, prescrita no art. 23, XI, da Constituição (*"registrar, acompanhar e fiscalizar as concessões de direitos de pesquisa e exploração de recursos hídricos e minerais em seus territórios"*), como na *competência concorrente*, prescrita no art. 24, VI, dessa mesma Carta (*"florestas, caça, pesca, fauna, conservação da natureza, defesa do solo e dos recursos naturais, proteção do meio ambiente e controle da poluição"*).

---

13. *Isonomia na Norma Tributária*, São Paulo, Malheiros Editores, 1993, p. 75.

Atesta-o bem a redação conferida ao art. 3º da mencionada Lei Estadual, ao discriminar as atividades que cabem aos diversos órgãos estaduais, em especial àqueles que compõem o Sistema Estadual de Meio Ambiente e Recursos Hídricos, e confirma-o a disposição do art. 19, que destina o montante arrecadado com esse tributo aos respectivos órgãos, custeando, assim, sua atividade fiscalizatória.

2. *Sendo positiva a resposta ao quesito anterior, o poder de polícia, exercido pelo Estado, pode abranger o controle, o monitoramento e a fiscalização das atividades de pesquisa, lavra, exploração e aproveitamento de recursos minerários?*

   Resposta: O exercício do poder de polícia consubstancia-se na atuação dos órgãos da Administração Pública incumbidos de fiscalizar e controlar atividades dos particulares que possam, de alguma forma, prejudicar interesses da coletividade. Por conseguinte, inserindo-se na competência dos estados o exercício do poder de polícia sobre a atividade, realizada nos seus respectivos territórios, de pesquisa, lavra, exploração ou aproveitamento de recursos minerários, cabe-lhes o controle, o monitoramento e a fiscalização de tais práticas.

3. *As atividades referidas no quesito anterior caracterizam poder de polícia nos termos do art. 78 do Código Tributário Nacional?*

   Resposta: A Lei n. 19.976/2011, do Estado de Minas Gerais, instituiu encargo de natureza tributária, por se tratar de prestação pecuniária, compulsória e decorrente de fato lícito. O binômio "hipótese de incidência e base de cálculo", por sua vez, aponta para a espécie tributária denominada *taxa*. Seu critério material é representado pela atividade estatal consistente no controle, monitoramento e fiscalização das atividades de pesquisa, lavra, exploração e aproveitamento de recursos minerários. Essa materialidade é confirmada pela base de cálculo, composta pela quantia (toneladas) de minério bruto extraído.

   O exame analítico da regra-matriz de incidência, construída a partir do texto da citada Lei, revela a instituição de verdadeira *taxa pelo exercício do poder de polícia*, em perfeita consonância com a autorização constitucional veiculada pelo art. 145, II, da Constituição da República. A fiscalização é forma de delimitar o exercício dos direitos individuais em prol do interesse público, caracterizando atuação estatal que exercita poder de polícia. O exercício desse poder é exatamente uma das hipóteses em que o ente político está habilitado a instituir taxa, destinando-se ao órgão que tem competência para fiscalizar. Além disso, os critérios de apuração utilizados na composição da base de cálculo possibilitam o dimensionamento da atividade estatal que justificou a instituição do tributo.

4. *Sendo positiva a resposta aos quesitos anteriores, o Estado pode instituir taxa que tenha como "fato gerador" o exercício regular do poder de polícia sobre a atividade de pesquisa, lavra, exploração ou aproveitamento de recursos minerários, objetivando o controle, monitoramento e fiscalização de tais atividades?*

   Resposta: Perfeitamente. Havendo competência para o exercício do poder de polícia sobre a atividade de pesquisa, lavra, exploração ou aproveitamento de recursos minerários, tem-se presente a competência tributária correspondente, relativa à instituição de taxa retributiva dessa atuação estatal.

5. *A Lei mineira n. 19.976, de 27 de dezembro de 2011, trata de matérias de competência privativa da União, nos termos do art. 22, XII, ou viola o disposto no art. 176, todos da Constituição da República?*

   Resposta: Não se deve confundir os termos de autorização e concessão para pesquisa e lavra de recursos minerais, cuja outorga é de competência exclusiva da União, com o Cadastro instituído na Lei do Estado de Minas Gerais. O registro estadual não é autorizativo (nem impeditiva será a sua falta) do exercício das atividades de pesquisa ou lavra. É, sim, obrigação de fazer imputada aos contribuintes no melhor interesse da arrecadação tributária.

O seu descumprimento não implica a suspensão ou qualquer impedimento às atividades autorizadas pela União, mas apenas obriga o infrator ao pagamento de penalidade exigida sob a forma de pecúnia, como prescreve o art. 113, § 3º, do Código Tributário Nacional. Inexiste, portanto, invasão dos âmbitos de competência conferidos à União, continuando intacta sua aptidão para legislar sobre os recursos minerais e para dispor sobre a autorização e concessão concernente à pesquisa e ao aproveitamento de tais bens.

6. *É adequada a grandeza escolhida para a base de cálculo prevista na Lei mineira n. 19.976, de 2011, com a natureza jurídica da taxa? Isto é, há compatibilidade entre a base de cálculo indicada na lei (tonelada de mineral ou minério bruto extraído) e o "fato gerador" da taxa (exercício regular do poder de polícia sobre a atividade de pesquisa, lavra, exploração ou aproveitamento de recursos minerários, objetivando o controle, monitoramento e fiscalização de tais atividades)?*

Resposta: Há perfeita adequação entre a hipótese de incidência e a base de cálculo indicados pela Lei mineira n. 19.976/2011. Tendo em vista que o chamado "fato gerador" da TFRM consiste no *"controle, monitoramento e fiscalização da atividade de pesquisa, lavra, exploração ou aproveitamento de recursos minerários"*, a base de cálculo há de indicar critério apto para mensurar a atuação estatal. E a quantidade (tonelada) de minério extraído cumpre muito bem esse papel, pois sendo maior a quantidade de recursos minerários, aumentada é a demanda da atividade fiscalizatória, sendo, por conseguinte, mais significativos os dispêndios do Estado para o desempenho do respectivo poder de polícia.

Percebe-se, ademais, que a quantidade (tonelada) de recursos minerários não é base de cálculo de imposto. Na esteira do que vem sendo decidido pelo Egrégio Supremo Tribunal Federal, a Lei n. 19.976/2011, do Estado de Minas Gerais, toma a quantia de extração minerária como parâmetro para aferição da intensidade da atuação estatal. Não se verifica, por esse motivo, violação ao art. 145, § 2º, do Texto Constitucional.

7. *A taxa prevista na Lei mineira n. 19.976, de 2011, tem a mesma natureza jurídica de um imposto que incide sobre operações, como o ICMS?*

Resposta: De forma alguma. A base de cálculo da TFRM e a do ICMS nada têm em comum.

Como visto, a TFRM instituída pela Lei mineira n. 19.976/2011 toma como base de cálculo a quantia (toneladas) de recursos minerais ou minério bruto extraído, sendo esse um critério para determinar o valor devido a título de remuneração do Estado pelo exercício do poder de polícia. Há, portanto, nítido caráter retributivo, inerente à figura das taxas.

Os impostos, de modo diverso, têm por base de cálculo signo presuntivo de riqueza, sem qualquer relação com a atividade estatal. Assim ocorre com o ICMS, por exemplo, que incide sobre o valor das operações relativas à circulação de mercadorias.

Essas considerações ratificam o que foi exposto na resposta ao quesito anterior: a taxa prevista na Lei n. 19.976/2011, do Estado de Minas Gerais, não tem a mesma base de cálculo de qualquer imposto, muito menos do ICMS.

8. *Confunde-se a taxa prevista na Lei mineira n. 19.976, de 2011, com a Contribuição de Intervenção no Domínio Econômico prevista no art. 149 da Constituição Federal?*

Resposta: Absurda seria qualquer tentativa de qualificar a TFRM, instituída pela Lei mineira n. 19.976/2001, como contribuição de intervenção no domínio econômico.

As contribuições são tributos que se diferenciam dos demais em virtude de sua finalidade. Para essa espécie tributária, o constituinte não indicou as possíveis hipóteses de incidência, conferindo a competência conforme a finalidade pretendida com o gravame. Assim é que as contribuições de intervenção no domínio econômico apresentam por finalidade servir como instrumento de atuação do Estado nessa área, para que cumpram os princípios erigidos nos arts. 170 a 181 da Constituição da República.

A taxa criada pela Lei n. 19.976/2011, porém, não possui tal finalidade interventiva. Ao examinar seu teor, nota-se que o produto da arrecadação não se volta à concretização de medidas para implementar a atividade minerária. O destino dos valores arrecadados é exatamente o custeio do exercício do poder de polícia (art. 19), a ser exercido, nos termos do art. 3º do citado Diploma Legal, por Secretarias, Fundações e Institutos do Estado de Minas Gerais, cuja atuação está voltada ao controle, monitoramento e fiscalização das atividades de pesquisa, lavra, exploração e aproveitamento de recursos minerários.

9. *A taxa prevista na Lei mineira n. 19.976, de 2011, viola o disposto no art. 152 da CF, ao tratar de forma diferenciada o minério objeto de industrialização no Estado? Estaria tal diferenciação compreendida na extrafiscalidade, inclusive em razão da necessidade de reduzir as desigualdades sociais e regionais (art. 3º, III, CF)?*

Resposta: Não entrevejo violação alguma ao art. 152 da Constituição da República. Esse dispositivo erige o "princípio da não discriminação tributária em razão da procedência ou do destino dos bens". Significa que as pessoas tributantes estão impedidas de graduar seus tributos levando em conta a região de origem dos bens ou o local para onde se destinem. Em consonância com esse preceito constitucional, a procedência e o destino são índices inidôneos para efeito de manipulação das alíquotas e da base de cálculo pelos legisladores dos Estados, dos Municípios e do Distrito Federal.

O conteúdo do art. 152 vale como orientação geral, pois sobre ele exercem pressão outras linhas diretivas, igualmente de raízes constitucionais, que condicionam o aparecimento de exceções. A contingência de não ser absoluto, todavia, deixa-o intacto como eminente princípio tributário. E, dentre tais exceções, aparece a possibilidade de o Estado desonerar determinados fatos que considere relevantes para seu desenvolvimento socioeconômico, reduzindo desigualdades sociais e regionais, pois também esse é um valor constitucionalmente assegurado, inserido dentre os princípios fundamentais relacionados no art. 3º, III, da Carta Magna.

10. *O fato da hipótese de incidência da taxa referir-se à atividade de pesquisa, lavra, exploração ou aproveitamento de apenas alguns recursos minerários estaria ferindo o princípio da isonomia ou se trata de faculdade compreendida na competência tributária, inclusive em razão da extrafiscalidade? Atenderia ao disposto no art. 152, I, da Constituição mineira?*

Resposta: Não se tem, em tal prescrição, ofensa ao princípio da isonomia. A tributação recai apenas sobre atividades envolvendo (i) bauxita (metalúrgica ou refratária), (ii) terras-raras e (iii) minerais ou minérios que sejam fonte, primária ou secundária, direta ou indireta, imediata ou mediata, isolada ou conjuntamente com outros elementos químicos, de chumbo, cobre, estanho, ferro, lítio, manganês, níquel, tântalo, titânio, zinco e zircônio, por considerar-se que esses minérios exigem maior controle pelo Poder Público.

O princípio da igualdade não implica a necessidade de as leis tratarem todas as pessoas do mesmo modo: exige-se, isso sim, que deem tratamento idêntico às que se encontrem em situações economicamente iguais, permitindo-se ao legislador desigualar a disciplina aplicável a certos fatos em virtude das peculiaridades de categorias de contribuintes. Por esses motivos, pode a TFRM ser diferençada conforme o tipo de minério, por sua extração depender ele menor atuação estatal.

Ademais, perfeitamente possível que a tributação deixe de atingir determinados recursos minerais, objetivando, desse modo, não onerar sua exploração e, por conseguinte, estimulá-la. Esse tratamento diferençado, ao tomar como critério de *discrimen* a espécie de recurso mineral, não ofende o disposto no art. 152, I, da Constituição do Estado de Minas Gerais, pois a vedação ali posta refere-se à exigência que não seja uniforme no território estadual ou que implique distinção ou preferência em prol de algum Município. Nenhum óbice há, portanto, à eleição de determinados fatos (*in casu*, a exploração dos recursos minerários indicados) para figurarem como objeto da atividade fiscalizatória custeada pela TFRM.

11. *As isenções previstas no art. 7º da Lei mineira n. 19.976, de 2011, violam o princípio da isonomia ou se trata de faculdade compreendida na competência tributária, inclusive em razão da extrafiscalidade? Atenderia ao disposto no art. 152, I, da Constituição mineira?*

Resposta: O mecanismo das isenções é um forte instrumento de extrafiscalidade. Dosando equilibradamente a carga tributária, a autoridade legislativa enfrenta as situações mais agudas, onde vicissitudes da natureza ou problemas econômicos e sociais fizeram quase que desaparecer a capacidade contributiva de certo seguimento geográfico ou social. A par disso, fomenta as grandes iniciativas de interesse público e incrementa a produção, o comércio e o consumo, manejando de modo adequado o recurso jurídico das isenções. São problemas alheios à especulação jurídica, é verdade, mas formam um substrato axiológico que, por tão próximo, não se pode ignorar. A contingência de não levá-los em linha de conta, para a montagem do raciocínio jurídico, não deve conduzir-nos ao absurdo de negá-los, mesmo porque penetram a disciplina normativa e ficam depositados nos textos do direito posto.

Tais esclarecimentos permitem compreender as isenções relacionadas no art. 7º da Lei mineira n. 19.976/2011, concluindo-se que estas não violam o princípio da isonomia. Trata-se de faculdade compreendida na competência tributária, inclusive em razão da extrafiscalidade. Essa ordem de desoneração tributária tem por fundamento o art. 152, I, da Constituição Estadual de Minas Gerais, objetivando estimular o desenvolvimento de determinadas regiões e conferindo tratamento especial a contribuintes em situação econômica menos privilegiada.

12. *A Lei mineira n. 19.976, de 2011, apresenta inconstitucionalidade no que se refere a aspectos relacionados com a vinculação ou destinação das receitas auferidas com a taxa por ela instituída?*

Resposta: Não. As taxas diferenciam-se dos impostos, dentre outros motivos, pelo fato de que o art. 167, IV, da CRFB veda a vinculação da receita dos impostos a órgão, fundo ou despesa, ressalvadas as exceções postas pelo próprio Texto Constitucional. No que concerne às taxas, por sua vez, inexiste tal proibição. Pelo contrário, as taxas caracterizam-se exatamente como contraprestação à atividade estatal, servindo para custeá-la. Por isso, a análise de suas bases de cálculo deverá exibir, forçosamente, a medida da intensidade da participação do Estado.

Em qualquer das hipóteses previstas para a instituição de taxas – prestação de serviço público ou exercício do poder de polícia – o caráter sinalagmático desse tributo haverá de mostrar-se à evidência. O produto de sua arrecadação há de ser destinado a retribuir o desempenho estatal que lhe deu causa. Nesse sentido, andou bem o legislador mineiro, estipulando os órgãos e entidades competentes para o exercício do controle, monitoramento e fiscalização das atividades de pesquisa, lavra, exploração e aproveitamento de recursos minerários (art. 3º), aos quais, em contrapartida, deve ser destinado o produto da arrecadação da respectiva taxa (art. 19).

É meu parecer.

São Paulo, 27 de abril de 2012.

A NÃO INCIDÊNCIA DO IPI SOBRE OPERAÇÕES COM MERCADORIAS FURTADAS OU ROUBADAS NO TRAJETO ENTRE O ESTABELECIMENTO FABRICANTE E O COMPRADOR

José de Castro Meira

Ministro do STJ

I. Introdução. II. O elemento material da hipótese de incidência do IPI. III. O elemento temporal da hipótese de incidência do IPI. IV. O princípio da não cumulatividade. V. O princípio da capacidade contributiva e do não confisco. VI. Conclusão.

I. Introdução

A questão a ser examinada consiste em definir se há, ou não, incidência do IPI sobre produtos que, saídos do estabelecimento industrial, são furtados no caminho para a entrega, antes de serem colocados à disposição do comprador.

No campo do Direito Privado, o furto de mercadorias antes da tradição constitui hipótese típica de *caso fortuito* ou *força maior*, semelhante ao que ocorre com a inutilização ou deterioração da coisa, que impossibilita, total ou parcialmente, o cumprimento da obrigação assumida pelo vendedor.

Na sistemática do Código Civil, o contrato de compra e venda é de natureza obrigacional, e não real, já que apenas cria para o vendedor o dever de alienar o domínio de certo bem móvel e para o comprador o de pagar o preço ajustado. No art. 620 está expresso que "o domínio da coisa não se transfere pelos contratos antes da tradição".

Assim, o contrato de compra e venda de coisas móveis tem eficácia meramente obrigacional. A eficácia real, traduzida na transferência do domínio, depende da prática de outro ato jurídico, a tradição. Antes da entrega da coisa, o comprador pode apenas agir como credor da entrega, mas não como proprietário do bem a ser entregue, que continua na esfera de titularidade do vendedor, até que a tradição se efetive.

Em consequência, os riscos de perecimento da coisa alienada correm sempre por conta do vendedor até que a tradição se concretize, passando ao comprador após este momento. O art. 1.127 do Código Civil bem traduz a conclusão quando enuncia: "até o momento da tradição, os riscos da coisa correm por conta do vendedor e os do preço por conta do comprador".

Nesses termos, havendo furto ou roubo de mercadorias, antes da entrega, os riscos são, em regra, do vendedor, quer tenha ocorrido o evento dentro do estabelecimento (furto ou roubo interno), quer tenha acontecido fora dele, no transcurso entre a saída do estabelecimento e a entrega ao comprador (furto ou roubo externo).

Se o furto ou roubo como casos fortuitos ou de força maior não geram maiores dúvidas no plano do Direito Privado, já o mesmo não ocorre na esfera do Direito Tributário.

Segundo o art. 46, II, do CTN, materializa-se o fato gerador do IPI com a *saída do produto do estabelecimento industrial*, o que inegavelmente ocorre no caso do furto ou roubo externo.

Na esteira desse regramento, questiona-se: a saída do estabelecimento industrial cria a obrigação tributária de pagar o IPI em termos definitivos e irreversíveis, independentemente das ocorrências externas que podem afetar a operação mercantil ensejadora da saída?

Na situação ora examinada, há saída lícita, em tese, geradora da obrigação de pagar o IPI, diferentemente do que ocorreria se as mercadorias tivessem sido furtadas, ou roubadas, de dentro do estabelecimento fabricante. Não se trata, pois, de saída física criminosa – que não tipifica a hipótese de incidência tributária –, mas de saída jurídica embasada em contrato de compra e venda mercantil, cuja entrega tornou-se impossível por fato alheio à vontade dos contratantes.

A questão não é nova no Superior Tribunal de Justiça. No julgamento do Recurso Especial n. 734.403-RS, no qual fiquei vencido, a Segunda Turma decidiu que os fatos ocorridos após a saída do produto do estabelecimento produtor são irrelevantes para fins de incidência do IPI.

Essa orientação fundou-se na constatação de que o fato gerador do IPI é a saída do estabelecimento industrial, de tal modo que eventos ocorridos posteriormente a esse momento não são suscetíveis de impedir, modificar ou extinguir a obrigação tributaria, que já estaria constituída de modo definitivo e irreversível.

Com a devida vênia e as escusas de praxe, não me parece correta a conclusão por quatro razões, examinadas na sequência.

II. O elemento material da hipótese de incidência do IPI

A doutrina é hoje quase unânime em sustentar que o fato gerador do IPI não é a saída do produto do estabelecimento industrial ou a ele equiparado. Este é apenas o elemento temporal da hipótese de incidência, cujo aspecto material consiste na realização de operações que transfiram a propriedade ou posse de produtos industrializados.

Geraldo Ataliba e Cleber Giardino afirmam, com convicção, que a saída do estabelecimento é apenas o elemento temporal da hipótese de incidência do IPI, não se confundindo com seu aspecto material, que são as operações translativas de propriedade e posse de produtos industrializados:

"É, em princípio, hipótese de incidência do IPI o fato de um produto, sendo industrializado, sair de estabelecimento produtor, em razão de um negócio jurídico translativo da posse ou da propriedade do mesmo. Esta definição é jurídica e se despreocupa quer dos ângulos econômicos, do fenômeno subjacente, quer da motivação do legislador ou seus desígnios. Analisemo-la: a) fato = acontecimento localizado no tempo e no espaço, que modifica a realidade das coisas, porque lhe acrescenta (ou suprime) algo nela existente; b) de um produto = produto é a coisa que se obtém como resultado de um processo de produção, processo esse que é real e concreto e se dá no mundo fenomênico, mas que – para efeito jurídico – deve ser legalmente qualificado; c) sendo industrializado = forma enfática de sublinhar que não é qualquer coisa que pode ser considerada produto industrializado, mas só o que, de acordo com a lei, resulta finalmente de uma série de operações mecânicas, físicas e concretas, que caracterizam a industrialização, tal como legalmente qualificada; d) sair = a saída não é a materialidade da hipótese de incidência. É meramente seu aspecto temporal. A saída é o momento qualificado pela lei como de consumação do processo concreto que redunda na obtenção (produção) do produto. É erro lógico e conceitual grave supor que 'saída' seja hipótese de incidência de qualquer tributo. É mero aspecto temporal, quer do ICM (v. Souto Maior Borges, *RDA* 103), quer do IPI; e) do estabelecimento produtor = a essência da materialidade da hipótese de incidência do IPI está na dinâmica, em si, do fato de o produto sair de uma origem juridicamente qualificada: o 'estabelecimento', onde ocorre o processo concreto (conjunto de operações mecânico-físicas) que redundou no produto final; f) em razão de um negócio jurídico = não é toda e qualquer saída que consuma – como o quer a lei – o processo industrial. Não é qualquer saída que faz presumir a conclusão do ciclo econômico, considerado pelo legislador como unidade fática materialmente tributável, mas só a saída de produto que tenha sido objeto de um negócio jurídico".[1]

Eduardo Domingos Bottallo, no mesmo caminho, assim define a regra matriz de incidência do IPI:

"O IPI incide sobre operações jurídicas praticadas com produtos industrializados. Nos termos da Constituição, ele deve ter por hipótese de incidência o fato de alguém industrializar produto e levá-lo para além do estabelecimento produtor, por força da celebração de um negócio jurídico translativo de sua posse ou propriedade.

"(...).

"Voltando ao ponto principal, reafirme-se, conforme já tivermos oportunidade de acenar linhas acima, que não basta ocorrer a industrialização de um produto, para que o IPI seja devido.

"Por igual modo, é insuficiente que o produto industrializado saia do estabelecimento produtor.

"Na verdade a obrigação de pagar IPI se aperfeiçoa apenas quando a saída do produto industrializado seja causada por um negócio jurídico.

"(...).

"Em resumo, o IPI só é devido quando ocorrer o fato de um produto industrializado sair do estabelecimento produtor (estabelecimento industrial ou a ele equiparado), em razão de negócio jurídico real ou ficto, translativo de sua posse ou propriedade."[2]

Leandro Paulsen traz a seguinte observação:

"Vale ressaltar, contudo, que se impõe a saída por força de uma 'operação' com produto industrializado, como visto quando da análise da base econômica, ou seja, por força de um negócio jurídico. As saídas sem tal pressuposto não dão ensejo, a rigor, à incidência do IPI.

"(...).

"José Eduardo Soares de Mello afirma que, no IPI, a obrigação tributária decorre da realização de 'operações' no sentido jurídico (ato de transmissão de propriedade ou posse), relativo a um bem anteriormente elaborado (esforço humano que consistiu numa transformação ou criação de uma nova utilidade). A obrigação consiste num 'dar o produto industrializado', pelo próprio realizador da operação jurídica. Embora este, anteriormente, tenha produzido um bem, consistente em seu trabalho pessoal, sua obrigação principal consiste na entrega desse bem, no oferecimento de algo corpóreo, materializado, que não decorra de encomenda específica do adquirente."[3]

Misabel Derzi, ao rever e atualizar, à luz da CF/1988, a obra de Aliomar Baleeiro, argumentou o seguinte: "A grande maioria dos doutrinadores entende inexistir fato jurídico tributário pela simples saída física

---

1. "Hipótese de incidência do IPI", in *Revista de Direito Tributário* 37/4.

2. *Fundamentos do IPI*, São Paulo, Ed. RT, 2002, pp. 35, 37 e 38.

3. *Impostos Federais, Estaduais e Municipais*, 5ª ed., Porto Alegre, Livraria do Advogado, 2009, pp. 103-104.

dos produtos industrializados (fenômeno que também ocorre no ICMS). A operação que gera a saída do produto industrializado corresponde sempre a ato ou negócio jurídico translativo da posse ou da propriedade (cf. Américo Masset Lacombe, 'Imposto sobre Produtos Industrializados', in *RDT*, vol. 27, p. 28, pp. 117-119; Paulo de Barros Carvalho, 'Imposto sobre Produtos Industrializados', in *Curso de Direito Empresarial*, vol. II, pp. 149-150). Registra. com propriedade, José Roberto Vieira: 'o IPI não só não grava a industrialização, como também não atinge diretamente os produtos industrializados, tributando, na verdade, as operações que têm por objeto produtos advindos de industrialização'".[4]

Rubens Gomes de Sousa assevera que o IPI "(...) passara a ser sobre circulação de mercadorias em fase de produção, guardando identidade com o ICM, só que este, além de abranger a fase de produção, prossegue na fase subsequente de circulação mercantil".[5]

Para Pérsio de Oliveira Lima: "(...) o IPI é um imposto que tem três características principais: a existência de um produto, a saída de um produto do estabelecimento produtor, e que esta saída seja causada por um negócio jurídico".[6]

Como a operação translativa da propriedade ou posse do produto industrializado é um fato complexo tanto no mundo fenomênico quanto na esfera jurídica, cabe à lei escolher um momento preciso no tempo, ao qual se atribui o efeito de constituir a relação jurídico-tributária.

Esse momento, que é o aspecto temporal do fato gerador, *e não o próprio fato gerador*, tanto poderia ser o do *inicio* da *tradição* da coisa quanto o do seu *término*, que ocorre quando a coisa é efetivamente entregue ao comprador.

Alberto Xavier, em artigo doutrinário, traz ilustração importante de direito comparado. Segundo o autor, a opção pelo momento do término da operação foi, por exemplo, adotada pelos países da Comunidade Europeia, que consideram ocorrer o fato gerador do imposto sobre valor agregado (IVA) no momento em que o produto é colocado à disposição do adquirente. Contrariamente, a lei brasileira optou por definir o momento temporal como aquele em que a tradição da coisa se inicia, pela saída da mesma do estabelecimento do vendedor.

A opção da lei brasileira, segundo ele, assenta-se na premissa, nem sempre efetivada no caso concreto, de que a operação iniciada tende a ser concluída, razão porque se justifica a antecipação do nascimento da obrigação tributaria para um momento anterior à consumação definitiva da operação que consubstancia materialmente o fato gerador.

Para melhor elucidação, transcrevo excerto do estudo:

"A opção pelo momento do término da operação foi, por exemplo, adotada pelos países da Comunidade Europeia, que consideram ocorrer o momento temporal do fato gerador do imposto sobre o valor acrescentado (IVA) no momento em que o produto é colocado à disposição do adquirente. Ao invés, a lei brasileira optou por definir o momento temporal como sendo aquele em que a tradição da coisa se inicia, pela saída da mesma do estabelecimento do vendedor.

"Esta opção da lei brasileira assenta na presunção, baseada na experiência, de que, via de regra, uma operação iniciada tende a ser concluída, pelo que se justifica a antecipação do nascimento da obrigação tributária para um momento anterior à consumação definitiva da operação em que o fato gerador consiste.

"Nos sistemas que adotam o momento final da operação, os eventos fortuitos ou de força maior, como fruto ou roubo, ocorridos *medio tempore* entre o momento em que a tradição se iniciou e o momento em que a tra-

---

4. Aliomar Baleeiro, *Direito Tributário*, 11ª ed., Rio de Janeiro, Forense, 2004, p. 340.

5. "O ICM, o ISS, o IPI e a construção civil", in *Revista de Direito Público* 22/291-309.

6. *Revista de Direito Tributário* 7-8/192-193.

dição se deveria concluir impedem a própria constituição da obrigação tributária, uma vez que o fato gerador só ocorrerá com a colocação dos bens à disposição do comprador, fato este tornado impossível pelos casos fortuitos ou de força maior.

"Ao invés, nos sistemas como o brasileiro que adotam como momento temporal do início da operação – a saída do estabelecimento do vendedor – a obrigação tributária constitui-se imediatamente, pelo que os eventos fortuitos ou de força maior ocorridos *medio tempore* entre o inicio e o fim da operação não tem o condão de impedir o nascimento da obrigação tributaria, que já se encontra constituída desde o momento em que a tradição se iniciou.

"Tudo está, pois, em saber se os eventos fortuitos ou de força maior que frustram a conclusão da operação tributável, impossibilitando o cumprimento da obrigação do vendedor e, consequentemente, exonerando o comprador da sua própria obrigação, são totalmente irrelevantes para efeitos tributários (como é orientação tradicional do Fisco), ou se, pelo contrário, podem influenciar de qualquer modo a referida obrigação, atendendo a circunstância de não se ter completado a operação tributável.

"O equívoco da posição do Fisco esta em ter confundido o momento temporal do fato gerador com o próprio fato gerador em si mesmo considerado. A saída do estabelecimento do industrial é, sem duvida, o momento temporal do fato gerador, mas não se confunde com este, posta este último consiste, nos termos da Constituição, em operações translativas de propriedade ou posse de produtos industrializados."[7]

No meu sentir, o equivoco da posição fazendária – que se sagrou vencedora no julgamento em referência – foi o de ter confundido o momento temporal do fato gerador com o próprio fato gerador, que consiste na realização de operações que transfiram a propriedade ou posse de produtos industrializados.

Paulo de Barros Carvalho traduziu, com precisão, esse equívoco comum de confundir o elemento material da hipótese de incidência tributária como o aspecto temporal do fato gerador:

"São muitas as ocasiões em que o legislador assevera que a hipótese de incidência da exação é aquilo que denominamos critério temporal do suposto normativo. Com o emprego de circunlóquios, escolhe um momento, topicamente determinado, para situar, no tempo, a inauguração do vínculo jurídico patrimonial.

"Fixemos a vista nas disposições dos artigos do Código Tributário Nacional e naquele do Decreto-lei n. 406/1968, que transcrevemos acima. Veremos que, a pretexto de mencionarem o fato, separam um instante, ainda que o momento escolhido se contenha na própria exteriorização da ocorrência. Não passa, contudo, de uma unidade de tempo, que se manifesta, ora pela entrada de produtos estrangeiros no território nacional (imposto de importação), ora pela saída (imposto de exportação); já pelo desembaraço aduaneiro, por deixar o produto industrializado o estabelecimento industrial ou equiparado, ou pelo ato de arrematação, tratando-se daqueles apreendidos ou abandonados e levados a leilão (IPI), seja pela saída de mercadorias dos estabelecimentos, seja pela entrada ou fornecimento de alimentação, bebidas e outras mercadorias em restaurantes, bares e estabelecimentos similares."[8]

O sistema nacional, valendo-se da presunção de que o negócio jurídico mercantil será concluído com a entrega da mercadoria ao comprador, antecipou o elemento temporal do fato gerador do IPI para a saída do produto do estabelecimento industrial ou a ele equiparado (art. 46, II, do CTN).

---

7. "O furto e o roubo de produtos face ao IPI", in *Dimensão Jurídica do Tributo*, coord. Edvaldo Brito e Roberto Rosas, São Paulo, Ed. Meio Jurídico, 2003, pp. 103-104.

8. *Curso de Direito Tributário*, São Paulo, Saraiva, 1991, p. 175.

Essa antecipação, todavia, não torna definitiva a ocorrência do fato gerador. A presunção de que o negócio jurídico mercantil será concluído com a entrega do produto ao adquirente não é absoluta, podendo ser ilidida se houver o desfazimento do negócio, seja por furto, roubo ou perecimento da coisa ou, mesmo, por desistência do comprador.

Nesse último caso – desistência do comprador – o Decreto 7.212/2010 (Regulamento do IPI) deixa claro que o imposto não incide, devendo o vendedor creditar-se de valor igual ao do imposto escriturado pela saída, como forma de anular a operação na própria escrita fiscal, como se depreende do seguinte dispositivo:

"Art. 225. A não cumulatividade é efetivada pelo sistema de crédito do imposto relativo a produtos entrados no estabelecimento do contribuinte, para ser abatido do que for devido pelos produtos dele saídos, num mesmo período, conforme estabelecido neste Capítulo.

"§ 1º. *O direito ao crédito é também atribuído para anular o débito do imposto referente a produtos saídos do estabelecimento e a este devolvidos ou retornados*."

A norma em destaque, ao permitir ao vendedor creditar-se do mesmo valor do imposto escriturado por ocasião da saída para anular contabilmente a operação, deixa claro que a saída do produto do estabelecimento não constitui, em definitivo, a obrigação tributária do IPI.

Ora, não há diferença substancial entre o desfazimento do negócio jurídico por desistência do comprador – o que permite a anulação do imposto escriturado na saída – e o furto de mercadoria antes da entrega – caso em que a Fazenda defende a incidência do IPI.

Poder-se-ia argumentar que, no primeiro caso, haverá o retorno do produto ao estabelecimento fabricante, o que possibilitará futura incidência tributária, com o respectivo recolhimento do tributo, não havendo prejuízo ao erário.

O raciocínio é correto, mas não justifica tratamento tributário diferenciado, por tratar-se de argumento extra ou metajurídico. Ontologicamente, não há diferença entre uma hipótese e outra, pois o negócio jurídico subjacente à saída da mercadoria do estabelecimento produtor, nos dois casos, não foi concluído, um por vontade do comprador, e o outro por fatos totalmente alheios à vontade dos contratantes.

Em raciocínio também metajurídico, há muito mais razão em não se tributar operação desfeita por furto da mercadoria, por tratar-se de caso fortuito e alheio à vontade das partes, do que a operação não concluída porque uma das partes resolveu desistir do negócio.

Poder-se-ia argumentar que o desfazimento da operação por desistência do comprador é facilmente apurada pelos agentes fiscais, já que a mercadoria regressa ao estabelecimento industrial, amparada inclusive por nova nota fiscal de entrada, como determina a legislação de regência, enquanto no caso de furto ou roubo de mercadoria o controle fiscal fica prejudicado, o que abriria porta larga para as mais diversas fraudes tributárias.

Esse argumento também não pode justificar o tratamento tributário diferenciado, já que o desfazimento do negócio por desistência do comprador em tudo se equipara ao desfazimento por furto da mercadoria, pois ambos traduzem vicissitudes que podem acometer o negócio mercantil após a celebração do contrato e a saída da mercadoria do estabelecimento industrial.

Em outras palavras, a eventual dificuldade que os agentes fiscais terão para fiscalizar as situações de furto e roubo não justifica o tratamento tributário diferenciado.

Em conclusão: o *aspecto material* da hipótese de incidência do IPI não é a saída da mercadoria do estabelecimento industrial, mas o negócio jurídico translativo da posse ou propriedade de produtos industrializados. Assim, não incide o imposto quando mercadorias são furtadas antes da entrega ao comprador, já que, nesse caso, não se perfectibiliza a tradição como ato jurídico translatício do domínio, desaparecendo o negócio jurídico que rendeu ensejo à saída do produto do estabelecimento fabricante.

Havendo o furto antes da tradição, a saída perde a sua causa jurídica, ressoando ilegítima a incidência do imposto sobre saídas exclusivamente físicas.

O furto da mercadoria tem por efeito frustrar a sua destinação rumo ao consumo. Embora a pretensão do contribuinte tenha sido a de efetuar uma saída em direção ao consumo, realizando o fato gerador, algo que estava fora de sua esfera volitiva ocorreu, impedindo que a destinação fosse alcançada. Houve, assim, uma saída física, já que frustrada a operação e desfeito o negócio jurídico que impulsionava a mercadoria para o consumo, não havendo base de imposição para o IPI.

III. O elemento temporal da hipótese de incidência do IPI

Como visto, a saída do produto do estabelecimento fabricante – *elemento temporal* da hipótese de incidência – não constitui definitivamente a obrigação tributária do IPI, já que casos há, como na desistência do comprador, em que o imposto não incide justamente por desfazimento do negócio jurídico subjacente.

Não há razão que justifique tratamento tributário diferenciado na hipótese de furto ou roubo da mercadoria, pois nesses casos também ocorre o desfazimento do negócio jurídico base.

O aspecto material da hipótese de incidência do IPI, como já afirmado, são as operações que transferem a propriedade ou posse de produtos industrializados, não incidindo o imposto quando tais operações são interrompidas ou frustradas.

O art. 116, II, do CTN, ao tratar do momento de ocorrência do fato gerador, confirma a tese quando enuncia:

"Art. 116. Salvo disposição de lei em contrário, considera-se ocorrido o fato gerador e existentes os seus efeitos:

"II – tratando-se de situação jurídica, desde o momento em que esteja definitivamente constituída, nos termos de direito aplicável."

Não há dúvida, o fato gerador do IPI é uma situação jurídica, já que consubstanciado por meio de operações (jurídicas obviamente) translativas da propriedade ou posse de produtos industrializados.

Consoante a disposição normativa em destaque, quando o fato gerador consistir em situação jurídica, considera-se ocorrido "desde o momento em que esteja definitivamente constituída, nos termos de direito aplicável".

O negócio jurídico translativo da propriedade ou posse de produtos industrializados é uma operação complexa e somente se aperfeiçoa com a tradição, real ou ficta, da mercadoria negociada. Antes da entrega da mercadoria ao comprador, diz-se que a obrigação tributária nascida com a saída do produto do estabelecimento fabricante não é definitiva, mas está sujeita à condição resolutória, especificamente, a ocorrência do negócio jurídico subjacente.

Por tratar-se de condição resolutiva, e não suspensiva, a saída do produto do estabelecimento industrial produz, desde já, os seus efeitos, impondo ao vendedor, por exemplo, a necessidade de emitir nota fiscal de saída para instrumentar a operação de circulação.

Eis o que dispõe o art. 117 do CTN:

"Art. 117. Para os efeitos do inciso II do artigo anterior e salvo disposição de lei em contrário, os atos ou negócios jurídicos condicionais reputam-se perfeitos e acabados:

"I – sendo suspensiva a condição, desde o momento de seu implemento;

"II – *sendo resolutória a condição, desde o momento da prática do ato ou da celebração do negócio.*"

Nos casos em que a entrega do produto é posterior à sua saída do estabelecimento industrial, o fato gerador considera-se ocorrido desde o momento em que deixa a sede do estabelecimento fabricante, mas não é definitivo, já que sujeito a uma condição que pode "resolver", ou extinguir, o vínculo obrigacional tributário nascido de forma antecipada e presumidamente.

Alberto Xavier, com base em fundamentos similares, concluiu que as operações interrompidas, frustradas ou inacabadas não geram a obrigação de pagar o IPI, *verbis*:

"Ora, operações translativas de propriedade ou posse de produtos industrializados são, por definição, operações completadas, concluídas e não operações interrompidas, frustradas, inacabadas.

"Que as operações a que a Constituição se refere são, por natureza, operações concluídas, concretizadas e acabadas, resulta do fato de só no momento em que se concretiza a posse o adquirente fica definitivamente obrigado ao pagamento do preço do produto adquirido, preço esse com cujos recursos o vendedor efetuará o recolhimento do imposto que lançou a débito, e preço esse em cujo valor se inclui o imposto que o adquirente lançará a crédito.

"Que o fato gerador do IPI exige que as operações se tenham concluído e acabado resulta ainda do inciso II do art. 116 do CTN segundo o qual: 'salvo disposição de lei em contrário, considera-se ocorrido o fato gerador e existentes os seus efeitos: (...) II – tratando-se de situação jurídica, *desde* o *momento* em *que esteja definitivamente constituída*, nos termos de direito aplicável'. Ora, nas operações tributáveis pelo IPI, a situação jurídica *não se encontra definitivamente constituída* enquanto a tradição da coisa não se completa pela sua colocação a disposição do adquirente.

"(...).

"O fato de o sistema constitucional brasileiro conceber o fato gerador do IPI como a realização de operações relativas à transferência de propriedade ou posse de bens concluídas e acabadas, ou seja, definitivamente constituídas nos temos do art. 116 do CTN, aliado à circunstancia de a lei ter escolhido, também ao abrigo da ressalva do art. 116, o inicio da operação como momento temporal constitutivo da obrigação tributaria, obriga logicamente o legislador a ditar uma solução para as hipóteses de operações não concluídas, mas em relação as quais a obrigação tributaria já se constituiu (...).

"(...).

"Esta solução consiste em tratar a obrigação tributaria nascida em virtude de um fato gerador não definitivamente constituído como uma *obrigação sujeita à condição resolutiva*, pela qual os seus efeitos são destruídos retroativamente caso a operação, após iniciada, não se venha a constituir definitivamente pela sua interrupção ou frustração *medio tempore*.

"Da mesma forma que a lei constrói certas obrigações tributarias como sujeitas à *condição suspensiva* – como sucede nos casos de suspensão do imposto na saída de um produto para estabelecimento do próprio vendedor – assim também constitui outras situações como obrigações sob *condição resolutiva*, como sucede nos casos em que a obrigação se constitui imediatamente no momento da saída (fato gerador pendente), mas se extingue *de jure* no caso de a operação subjacente, em que o fato gerador consiste, se não tenha completado.

"Exemplo característico de obrigação tributaria sob condição resolutiva é o de devolução ou retorno total ou parcial de produtos tributados em que a lei (Lei n. 4.502/1964, art. 30; art. 150 do RIPI/1998) permite ao estabelecimento industrial *creditar-se do imposto* lançado por ocasião da saída.

"Significa isto que a lei considera que inobstante ter ocorrido a saída do estabelecimento industrial e, por conseguinte, se ter constituído a obrigação tributaria, *ex vi* de fato gerador pendente, a mesma se extingue em razão da devolução da mercadoria pelo comprador, em razão de operação ou não concluída, ou concluída mas desfeita, mas, em qualquer caso, não definitivamente constituída, nos termos do art. 116, II do CTN.

"Ora, se a não ocorrência ou desfazimento de operação completa e acabada em razão da vontade de uma ou de ambas as partes produz a extinção da obrigação tributária, não se vê qualquer razão que conduza a solução diversa caso o evento interruptivo seja um fato alheio à vontade das mesmas, como o caso fortuito ou força maior, de que o furto ou roubo são exemplos.

"Na hipótese de casos fortuitos ou de força maior, ocorridos após a saída do estabelecimento industrial, a situação jurídica não se constitui definitivamente, nos termos do art. 116, II do CTN, não se verificando o requisito essencial a existência do fato gerador do IPI completo e acabado, que é a conclusão da operação pela tradição efetiva da coisa."[9]

Guilherme Cezaroti adota posição similar:

"O art. 116, inciso II, do CTN, quando dispõe 'salvo disposição de lei em contrário, considera-se ocorrido o fato gerador e existentes seus efeitos: (...) II – tratando-se de situação jurídica, desde o momento em que esteja definitivamente constituída, nos termos de direito aplicável', exige que as operações estejam concluídas para a incidência do tributo, o que, no caso do IPI, somente ocorre com a colocação do produto industrializado à disposição do adquirente.

"A saída do produto industrializado do estabelecimento do vendedor é um fato definido pelo art. 105 do CTN, ou seja, o início da ocorrência do fato imponível, mas não é a conclusão da operação exigida pelo art. 116, inciso II, do CTN. Somente com a colocação dos produtos industrializados à disposição do adquirente é que a operação se conclui.

"(...).

"O art. 117 do CTN prevê a possibilidade de fatos imponíveis que expressem negócios jurídicos sujeitos a condições suspensivas ou resolutivas. Negócio jurídico sujeito a condição é aquele cujo efeito é subordinado a evento futuro e incerto, nos termos do art. 114 do Código Civil.

"Quando a condição é suspensiva, o negócio jurídico torna-se perfeito e acabado quando a condição se torna efetiva, isto é, quando se verifica a ocorrência da condição. Isto ocorre, por exemplo, com os produtos remetidos ao estabelecimento industrial, ou equiparado a industrial, a depósitos fechados ou armazéns-gerais (art. 11 do Decreto-lei n. 400/1968; art. 40 do RIPI).

"Se a condição for resolutiva, o negócio jurídico se torna perfeito quando ele é celebrado, ou seja, a obrigação tributária se constitui quando da saída do produto industrializado do estabelecimento do industrial, mas deverá se extinguir se a operação não se completar. A devolução de produtos industrializados tributados é um exemplo disto, quando o estabelecimento industrial poderá se creditar do imposto lançado por conta da saída (art. 30, Lei n. 4.502/1964; art. 150, RIPI).

"Percebe-se que, na hipótese em que houver a devolução total dos produtos industrializados, haverá a extinção do crédito tributário em razão do creditamento do imposto relativo a produtos tributados recebidos em devolução ou retorno, ou seja, a obrigação tributária é extinta em razão da vontade de uma das partes.

"Na hipótese de furto ou roubo dos produtos industrializados após a sua saída do estabelecimento industrial, não ocorre a conclusão da operação exigida, pelo art. 116, II, do CTN, o que autorizaria a extinção da obrigação tributária mediante o creditamento do IPI relativo a estes produtos."[10]

Humberto Ávila, em artigo publicado na Revista Dialética de Direito Tributário, também ostenta a opinião de que a saída do produto do estabelecimento industrial constitui, sob condição resolutória, a obrigação tributária do IPI, que somente se concretiza quando perfectibilizado o negócio jurídico, com a tradição da cosia e a transferência do domínio.

---

9. Ob. cit., pp. 104-106.

10. "O furto e o roubo diante da legislação do IPI", in *Revista Dialética de Direito Tributário* 79/54-55, São Paulo, Dialética, abril/2002.

Cito o seguinte fragmento do texto:

"2.2.4 O art. 116 do mesmo Código prevê que o fato gerador considera-se ocorrido, 'tratando-se de situação jurídica, desde o momento em que esteja definitivamente constituído nos termos do direito aplicável'. Desse modo, se o fato gerador envolver um negócio jurídico, ele somente ocorrerá quando os seus requisitos, de acordo com o Direito Privado, forem concretizados, não antes.

"2.2.5 Ora, considerando que, no plano constitucional, ficou assentado que a União Federal só tem competência para tributar os negócios jurídicos translativos da propriedade de produtos industrializados, indicativos de capacidade econômica e capazes de fazer com que o sujeito passivo seja responsável pela carga tributária gerada na operação que deu causa e possa repassá-la ao consumidor, e se é preciso, de acordo com o Código Tributário Nacional, que o fato ocorrido seja suficiente ao nascimento da obrigação tributária, e o fato gerador, quando envolver um negócio jurídico, somente ocorre quando os seus requisitos legais estiverem presentes, só surgirá o fato gerador do imposto sobre produtos industrializados quando se perfectibilizar o negócio jurídico bilateral e oneroso.

"2.2.6 Como já visto, a transferência de propriedade só ocorre quando o produto for entregue pelo vendedor ao comprador (art. 1.122 do Código Civil, hoje no art. 481 do Novo Código Civil), não antes. Por consequência, de acordo com a parte geral do Código Tributário Nacional, a lei ordinária federal só poderá considerar como momento da ocorrência do fato gerador do produto industrializado o momento da translação da propriedade do bem."[11]

Como visto, sob a ótica do *elemento material* da hipótese de incidência tributária, não incide o IPI quando as mercadorias, saídas do estabelecimento industrial, são furtadas antes da tradição ao comprador, pois, não concluído o negócio jurídico subjacente à circulação física do produto industrial, não ocorre qualquer "operação translatícia da propriedade ou posse de produtos industrializados", justamente o fato gerador da exação.

Igualmente, sob o prisma do *elemento temporal*, também não incide o imposto. O fato gerador do IPI é uma situação jurídica – operação que transfere a propriedade ou posse de produto industrial –, que somente se aperfeiçoa com a tradição do bem negociado ao respectivo comprador. Nesses termos, a saída do produto do estabelecimento fabricante desencadeia a incidência tributária sob condição resolutória do aperfeiçoamento do negócio jurídico subjacente, sem o que a circulação da mercadoria será apenas física, e não jurídica, como exige a legislação de regência.

Também por esse argumento, concluo que o IPI não incide sobre operações com produtos industrializados não concluídas por furto das mercadorias antes da entrega ao comprador.

IV. O princípio da não cumulatividade

Por imposição constitucional, o IPI deve ser seletivo, **não cumulativo** e não poderá incidir sobre produtos industrializados destinados ao exterior. Esses são os **limites mínimos** a serem respeitados pelo legislador infraconstitucional.

Para José Eduardo Soares de Melo, a não cumulatividade é um princípio constitucional dos mais importantes para a ordem econômica e tributária, pois sua supressão causaria sensível abalo nas relações de consumo, na produção de bens e na prestação de serviços, com evidentes reflexos até mesmo nas relações de emprego.

Nesse sentido, veja-se o seguinte fragmento de sua obra:

"No caso da não cumulatividade, a sua supressão abalaria de maneira profunda a estrutura econômica sobre a qual foi

---

11. "IPI. Furto e roubo de mercadoria. Exame da existência de competência e de exercício de competência. Intributabilidade das meras saídas físicas a título de IPI", in *Revista Dialética de Direito Tributário* 171/160, São Paulo, Dialética, dezembro/2009.

organizado o Estado. Constituindo-se num sistema operacional destinado a minimizar o impacto do tributo sobre os preços dos bens e serviços de transportes e de comunicações, a sua eliminação os tornaria artificialmente mais onerosos. Caso fosse suprimida, a cumulatividade tributária geraria um custo artificial indesejável aos preços dos produtos e serviços comercializados. Esses preços estariam totalmente desvinculados da realidade da produção e da comercialização. Isto, evidentemente, oneraria sobremaneira o custo de vida da população. De outra parte, encareceria também o processo produtivo e comercial, reduzindo os investimentos na produção e na comercialização de produtos e serviços, em face do aumento de custos ocasionado por esse artificialismo tributário oriundo da cumulatividade.

"(...).

"A não cumulatividade tributária, de fato, é um princípio jurídico constitucional. É um comando normativo repleto de valores extraídos dos anseios da sociedade constituída e permeado de forte conteúdo axiológico. (...) esse princípio constitucional deve necessariamente ser observado à luz do Direito, não resta dúvida. Assim, tratando-se basicamente de uma operação matemática, como se verá, haveremos de encontrar no interior da Constituição Federal seu conteúdo jurídico."[12]

Como princípio constitucional, fundamental à ordem econômica e tributária, não pode ser desconsiderado pela legislação ordinária ou por interpretações que apequenem a sua real importância.

O atual Regulamento do IPI (Decreto 7.212/2010), no art. 254, IV, impõe o estorno do crédito de entrada relativo aos insumos quando houver furto ou roubo de produtos industrializados.

Eis a redação do dispositivo:

---

12. *A Não Cumulatividade Tributária – ICMS, IPI, ISS, PIS e COFINS*, São Paulo, Dialética, 2004, pp. 100-101.

"Art. 254. Será anulado, mediante estorno na escrita fiscal, o crédito do imposto:

"IV – relativo a matéria-prima, produto intermediário, material de embalagem, e quaisquer outros produtos que hajam sido furtados ou roubados, inutilizados ou deteriorados ou, ainda, empregados em outros produtos que tenham tido a mesma sorte;"

A norma regulamentar disciplina, de maneira muito clara, que o crédito de entrada, relativo às matérias primas, produtos intermediários e material de embalagem utilizados na industrialização devem ser estornados da escrita fiscal sempre que o produto final venha a ser furtado, roubado, inutilizado ou deteriorado.

Se a legislação determina a anulação do crédito de entrada é porque não há o correspondente débito de saída, sob pena de injustificável lesão ao princípio constitucional da não cumulatividade.

A aceitar-se a tese fazendária, será o contribuinte posto em situação "kafkiana": perderá não só a mercadoria e o preço ajustado para o negócio mercantil, como estará obrigado a recolher o imposto sobre operação não concluída e a estornar o crédito de entrada relativo aos insumos utilizados no processo industrial. Nada mais assustador.

A norma regulamentar encontra fundamento de validade no § 3º do art. 25 da Lei n. 4.502/1964, que enuncia o seguinte:

"Art. 25. A importância a recolher será o montante do imposto relativo aos produtos saídos do estabelecimento, em cada mês, diminuído do montante do imposto relativo aos produtos nele entrados, no mesmo período, obedecidas as especificações e normas que o regulamento estabelecer.

"§ 1º. O direito de dedução só é aplicável aos casos em que os produtos entrados se destinem à comercialização, industrialização ou acondicionamento e desde que os mesmos produtos ou os que resultarem do processo industrial sejam tributados na saída do estabelecimento.

"(...).

"§ 3º. O Regulamento disporá sobre a anulação do crédito ou o restabelecimento do débito correspondente ao imposto deduzido, nos casos em que os produtos adquiridos saiam do estabelecimento com isenção do tributo ou os resultantes da industrialização estejam sujeitos à *alíquota zero, não estejam tributados ou gozem de isenção*, ainda que esta seja decorrente de uma operação no mercado interno equiparada a exportação, ressalvados os casos expressamente contemplados em lei" (*Redação dada pela Lei n. 7.798/1989* – original sem grifos).

Segundo o dispositivo, o crédito de entrada relativo aos insumos somente será anulado quando o produto final for isento, não tributado ou sujeito à alíquota zero. Pelo princípio da estrita legalidade, não pode o Regulamento impor o estorno do crédito de entrada fora dessas três situações taxativas.

Como só essas situações – isenção, não tributação e alíquota zero – justificam a anulação do crédito de entrada, faz-se necessário que o furto ou roubo da mercadoria esteja incluído em uma delas, sob pena de indisfarçável ilegalidade do Regulamento.

O furto de mercadorias saídas do estabelecimento industrial não é causa de isenção nem de alíquota zero. Sobra, portanto, a não tributação. Nesses termos, ou se considera o furto uma causa de não tributação do produto final ou o estorno do crédito de entrada é ilegítimo, já que não amparado pela regra do art. 25, § 3º, da Lei n. 4.502/1964.

Hamilton Dias de Souza, por meio de parecer elaborado para o caso de furto de cigarros, examinou com acurácia a questão, *verbis*:

"Note-se, inicialmente (...) que são três os casos em que o crédito deve ser anulado: alíquota zero, isenção ou quando o produto não é tributado, ressalvados os casos expressos em lei. Os três casos guardam uma simetria de razões: evitar distorções na aplicação do princípio da não cumulatividade e, por consequência, uma distorção quanto à capacidade contributiva e ao princípio da igualdade. Entende-se, nesse contexto cerrado, o disposto no art. 174, inciso V, do RIPI/1998 *[idêntica redação do art. 254 do Decreto 7.212/2010, já citado]*.

"De fato, para que tal dispositivo regulamentar esteja realmente amparado no § 3º do art. 25 da Lei n. 4.502/1964 (com as alterações do DL 34/1966 e da Lei n. 7.798) é necessário que o produto resultante da industrialização e que tenha sido objeto de roubo esteja incluído em uma das três situações: seja isento, esteja submetido a uma alíquota zero ou represente um caso de não tributação. Só uma dessas três situações justifica a anulação dos créditos de IPI, fundamentada nessa regra legal. Como é certo que o roubo – assim como as demais hipóteses contidas nesse inciso (furtados, inutilizados e deteriorados) – não está prevista legalmente como isenção ou submissão à alíquota zero, resta o caso de não tributação.

"Portanto, podemos dar como certo que o estorno dos créditos das matérias-primas, produtos intermediários e material de embalagem utilizados em produtos roubados, determinado no inciso V do art. 174 do RIPI/1998 *[e também no art. 254, IV, do RIPI/2010]*, deve-se ao fato do roubo ser um caso de não tributação.

"Ademais, a conclusão de que o estorno de créditos deve ser realizado em caso de roubo do produto industrializado por esse ser um caso de não tributação faz todo sentido dentro do sistema que formam as normas do IPI. Com efeito, guarda coerência com o princípio da não cumulatividade. Na verdade, tal entendimento é uma decorrência da correta aplicação do mesmo.

"(...).

"Ora, não fosse o roubo um caso de não tributação, a obrigação de estornar os créditos obtidos com a entrada de insumos para produção do bem roubado representaria uma brutal cumulatividade. Isso é fácil de perceber por meio de um simples exemplo, no qual tomaremos, para facilitar a compreensão, uma alíquota única de 10% para todos os produtos.

"Suponhamos, então, que, para produção de um determinado produto, foram adquiridos diversos insumos no valor total de $ 700,00, tributados pelo IPI, gerando um crédito no valor de $ 70,00. Na saída do produto industrializado, no valor de $ 1.000,00, ocorre nova incidência do IPI, no valor de $ 100,00. Devido à regra de não cumulatividade e à sistemática de créditos e débitos, tal suposto contribuinte contraporia seu débito de $ 100,00 ao crédito de $ 70,00, gerando um imposto a recolher de $ 30,00. Somando-se esse recolhimento de $ 30,00 ao recolhimento anterior de $ 70,00, realizado pelos fornecedores, teremos um total de $ 100,00, recolhido em toda a cadeia. Perceba-se que tal quantia representa exatamente a aplicação da alíquota de 10% sobre o valor final do produto (10% de $1.000,00 = $ 100,00).

"(...).

"O recolhimento total será, como dito, de $ 70,00 + $ 30,00, chegando a $ 100,00.

"Agora, imaginemos a hipótese de o produto final vir a ser roubado. Incidindo a regra do art. 174, inciso V, do RIPI/1998, os créditos referentes aos insumos adquiridos devem ser estornados. Perdem-se, assim, os créditos no valor de $ 70,00. Caso persistisse a tributação devido a uma saída ocorrida por roubo, haveria nova incidência do IPI, passando a ser devida a quantia de $ 100,00. Como não existiram créditos, dado que estornados, somar-se-iam os recolhimentos de $ 70,00 e de $ 100,00, gerando $ 170,00 de imposto a pagar na cadeia de produção, superando os $ 100,00 que seriam a incidência da alíquota de 10% sobre a base de cálculo $ 1.000,00, do produto final.

"(...).

"Na primeira hipótese não ocorre cumulatividade do imposto, pois, como foi verificado, a somatória da carga tributária em todo o ciclo econômico equivale à aplicação da alíquota na última operação. Já na segunda situação imaginada, está presente uma elevada cumulatividade, já que as incidências foram em cascata, fazendo com que o imposto da operação anterior virasse um custo para o produtor, inserindo-se no valor do produto final e, dessa forma, compondo a base de cálculo do próprio IPI (incidência do IPI sobre ele próprio). Daí a carga tributária de toda a cadeia superar o valor do imposto incidente sobre o último elo da circulação.

"Logo, essa última hipótese geraria a esdrúxula situação em que uma empresa é roubada/furtada, perde os seus bens antes que cheguem à destinação, devendo, não obstante, pagar IPI e ver anulado os créditos dos insumos correspondentes. Além de ser prejudicada com a perda gerada pelo roubo, ela ainda seria quase que punida por uma cumulatividade que não ocorreria sem o roubo.

"(...).

"Pelo exposto até aqui, vê-se que, a toda evidência, o art. 174, inciso V, do RIPI/1998 existe justamente porque o legislador partiu do correto pressuposto que não haverá recolhimento de IPI em casos de roubo, o que seria uma razão, a seu ver, para anular os créditos dos insumos."[13]

A tese fazendária – de que a regra do art. 254, IV, do Decreto 7.212/2010 somente se aplica ao caso de furto ou roubo de mercadorias nas dependências internas do próprio estabelecimento industrial – não encontra amparo nas regras de hermenêutica.

Se procedermos a uma interpretação literal, não há no dispositivo qualquer restrição que permita se inferir que o estorno do crédito somente se opera quando o furto ou roubo ocorre dentro do próprio estabelecimento industrial. A clareza da regra não comporta a interpretação restritiva proposta pela Fazenda.

Ademais, se recorrermos à interpretação sistemática e teleológica da norma, veremos que ela é plenamente compatível com tudo que até aqui foi dito.

13. "Roubo de cigarros – Produto industrializado – Após saída do estabelecimento do industrial: há incidência de IPI? Análise de AI da Souza Cruz" (Parecer), pp. 4-11.

O elemento material da regra matriz de incidência do IPI é a operação translativa de propriedade ou posse de produtos industrializados, que não se aperfeiçoa antes da tradição. Assim, furtadas as mercadorias antes da entrega ao comprador, desaparece o elemento material da norma de tributação, de modo que, não havendo imposto a pagar, deverá ser anulado, proporcionalmente, o crédito de entrada relativos aos insumos empregados na atividade industrial.

Já o elemento temporal da hipótese de incidência é a saída do produto do estabelecimento industrial, quando nasce a obrigação tributária de pagar o IPI sujeita à condição resolutória, especificamente, o aperfeiçoamento do negócio jurídico base que ensejou a circulação física da mercadoria. Concretizada a operação, núcleo material da hipótese de incidência, torna-se definitiva a obrigação tributária. A circulação, que era apenas física, torna-se também jurídica e econômica, justificando a incidência do imposto. O furto do produto antes da entrega interrompe este ciclo, retira a causa jurídica da circulação e impede que a condição resolutória se concretize, extinguindo a obrigação tributária prematuramente nascida com a saída do produto do estabelecimento industrial. Não incidindo o imposto pela saída, deve ser estornado o crédito de entrada escriturado na aquisição dos insumos necessários à industrialização.

Hamilton Dias De Souza, no parecer já citado, rechaçou a tese fazendária – de que o estorno do crédito de entrada somente se aplica ao furto realizado dentro do próprio estabelecimento industrial –, como se observa do seguinte fragmento que transcrevo:

"E deve ser destacado: qualquer roubo, realizado não importa em qual momento e nem tampouco se ele ocorreu dentro ou fora do estabelecimento industrial, pois onde o legislador não distinguiu não cabe ao intérprete fazê-lo (*ubi lex non distinguit nec distinguere debemus*).

"Realmente, a regra determina a anulação do crédito sem fazer qualquer ressalva do local ou do momento em que ocorreu o roubo.

Não há um tratamento diferenciado previsto em lei, no sentido de a anulação só ser exigível quando o roubo ocorrer no interior do estabelecimento do industrial, permitindo a manutenção do crédito se ele se dá no exterior. A regra é clara: houve o roubo, impõe-se o estorno do crédito dos insumos.

"(...).

"Ora, se não cabe uma distinção entre roubos ocorridos dentro ou fora do estabelecimento industrial, para fins de estorno do crédito, também não cabe tal diferenciação quanto à não tributação, eis que é ela o próprio fundamento da validade da regra do estorno. Diferenciar roubos ocorridos dentro e fora do estabelecimento, para pretender gerar diferentes consequências quanto à tributação – não tributação naquela e tributação nessa – fere, portanto, a própria prescrição contida no art. 174, inciso V, dado que tal diferenciação não consta dele.

"(...).

"Entendemos, portanto, que o IPI não incide quando há roubo de produtos industrializados, seja ele realizado dentro ou fora do estabelecimento produtor, pois não ocorre, em tais situações, o fato gerador do IPI, que consiste não na simples saída, mas sim na saída que impulsiona o produto rumo ao consumo, algo que não chegou a se materializar, devido ao roubo."[14]

Alberto Xavier também examinou a questão, como se vê desse trecho de sua obra já citada:

"A solução exigida pelo sistema da lei não pode deixar de ser simétrica à das vendas canceladas por devolução ou retorno das mercadorias, ou seja, a extinção *de jure* com efeitos retroativos da obrigação tributaria já nascida, embora com a precariedade e provisoriedade inerente à pendência da condição resolutiva consistente na consumação da operação tributável.

"A modalidade técnica pela qual se opera a extinção retroativa da obrigação tri-

---

14. Ob. cit., pp. 11, 12, 30 e 31.

butária consiste em, ao invés de se proceder à devolução em dinheiro do imposto devido e recolhido (debitado), se atribuir um crédito de igual valor suscetível de compensação.

"Esta solução encontra-se, aliás, implicitamente reconhecida pelo art. 174, V, do RIPI/1998, segundo o qual será anulado, mediante estorno na escrita fiscal, o crédito do imposto: '(...) V – relativo a matérias-primas, produtos intermediários, material de embalagem e quaisquer outros produtos que hajam sido furtados ou roubados, inutilizados ou deteriorados ou, ainda, empregados em outros produtos que tenham tido a mesma sorte'.

"Com efeito, o estorno dos créditos é consequência lógica da extinção retroativa da obrigação tributária em virtude de a operação tributável não se ter definitivamente constituído.

"É precisamente porque a operação jurídica de transferência de posse ou domínio de produto industrializado não se concluiu, não dando lugar a débito (ou o que é o mesmo, dando lugar a débito, anulado ou compensado por crédito do imposto) que devem ser estornados os créditos relativos à aquisição de *inputs* utilizados na sua produção.

"Note-se que a solução da lei é lógica e racional, pois dá uma disciplina jurídica unitária para todos os eventos fortuitos ou de força maior (inutilizarão, deterioração, furto ou roubo) e quer tais eventos tenham ocorrido no interior do estabelecimento antes da saída ou no exterior do mesmo, a caminho do destinatário.

"Na verdade, em nenhuma dessas hipóteses ocorre uma operação posterior tributada, pelo que os créditos devem ser anulados. Pretender anulação ou estorno dos créditos e simultaneamente exigir o débito por operações de saída não concluídas em virtude de superveniência de caso fortuito ou de força maior seria solução incompatível com o princípio da não cumulatividade, já que ou se exige o débito do imposto e, nesse caso, os créditos devem ser mantidos ou se determina, como faz a lei, o estorno dos créditos, o que envolve necessariamente considerar como também anulado o débito da operação subsequente.

"Veja-se o que se passa com o caso análogo dos produtos devolvidos ou retornados, em relação aos quais a lei determina sempre a anulação retroativa da operação pelo método do crédito do imposto.

"Quanto a estes a lei não ordena o imediato estorno dos créditos dos *inputs*, pois o produto devolvido pode ser objeto de uma nova operação definitivamente completada, caso em que o crédito do imposto será desconsiderado e efetivamente utilizados os créditos dos *inputs*. O estorno dos créditos dos *inputs* apenas ocorrerá quando os bens devolvidos não devam ser objeto de nova saída tributada, ou seja, uma vez constatada 'a impossibilidade de ser dada nova saída ao produto em operação tributável' (art. 174, VI do RIPI/1998 e Parecer Normativo n. 29/1980, item 5).

"A solução que decorre do sistema da lei é, na verdade, aquela que melhor se ajusta, quer a considerações de equidade, quer ao princípio constitucional da não cumulatividade. Com efeito, correndo os riscos da coisa por conta do proprietário, faz sentido que ele arque com o ônus do imposto relativo à aquisição dos insumos quando estes ou o produto acabado forem objeto de inutilização, deterioração, roubo ou furto, pois em tais casos o produtor acaba por desempenhar o papel de consumidor final.

"Mas já não é conforme com a equidade e com o princípio da não cumulatividade fazer incidir sobre o produtor o ônus econômico de um imposto destinado a ser suportado pelo consumidor final e que no caso não pode sê-lo pela inexistência de uma operação de consumo, cujo preço seria a fonte que habilitaria o vendedor ao recolhimento do tributo."[15]

Se a legislação de regência determina o estorno do crédito de entrada relativo aos insumos ingressados no estabelecimento

---

15. Ob. cit., pp. 106-108.

industrial quando o produto final é furtado, não há outra conclusão possível, em respeito à dignidade constitucional do princípio da não cumulatividade, senão a de que não há incidência do imposto pela saída do produto. Do contrário, estaria o produtor obrigado a arcar com o imposto em cascata, o que contraria todo o sistema constitucional tributário.

Para Humberto Ávila é ilegítima a incidência do imposto sobre operações não concluídas por furto e roubo, pois, nesses casos, o imposto deixa de ser sobre o consumo e a carga tributária passa a ser suportada integralmente pelo industrial e não pelo consumidor final, como quer a Constituição.

Eis o seguinte fragmento da obra:

"2.1.4 Se o inciso II do § 3º do art. 153 visa afastar o efeito cumulativo da carga tributária incidente em 'cada operação' relativa a produtos industrializados, desde a sua produção até o seu consumo, claro está que a Constituição não só estabeleceu que a carga tributária devesse ser suportada pelos consumidores finais, como também previu que o imposto só poderá incidir quando efetivamente ocorrerem as operações a eles destinadas. Isso porque, se o imposto incidir também nos casos em que o produto não se destinar ao consumo, o industrial será responsável por uma carga tributária superior àquela incidente na operação que deu causa, fazendo não apenas com que o imposto seja cumulativo, mas que ele também seja suportado economicamente pelo industrial em vez do consumidor.

"2.1.5 Sendo assim, o termo 'operação' só pode conotar o negócio jurídico por meio do qual os produtos industrializados sejam efetivamente destinados ao consumo. Eles só têm, porém, esse destino, quando a sua propriedade é transferida pelo industrial a quem irá revendê-lo ou consumi-lo. Assim, se o imposto incidir mesmo quando o produto não for vendido, a carga tributária agregada pelo industrial irá recair sobre ele, fazendo não só com que o imposto deixe de ser sobre o consumo, como, da mesma forma, que a sua carga seja acumulada durante o ciclo econômico. Mas, se o imposto deixar de ser sobre o consumo e a sua carga for acumulada, não se estará respeitando aquilo mesmo que a Constituição determinou – que o contribuinte seja responsável pela carga tributária incidente na sua própria operação."[16]

A tese fazendária, á toda evidência, viola frontalmente o princípio da não cumulatividade e desnatura a própria vocação constitucional do IPI, que passa de imposto que onera o consumo para imposto que onera a própria atividade industrial.

V. O princípio da capacidade contributiva e do não confisco

A regra matriz de incidência tributária de cada um dos impostos está sempre atrelada a um respectivo signo presuntivo de riqueza, dando aplicabilidade ao princípio constitucional da capacidade contributiva.

Esse princípio, diretamente relacionado com os ideais históricos de justiça e igualdade, ocupa posição preeminente entre os postulados fundamentais da tributação, irradiando os seus efeitos sobre toda a seara fiscal.

Para Ruy Barbosa Nogueira, "o princípio da capacidade contributiva é um conceito econômico e de justiça social, verdadeiro pressuposto da lei tributária".[17]

Misabel Derzi, atualizadora da clássica obra de Aliomar Baleeiro *Limitações Constitucionais ao Poder de Tributar*, anota que "a capacidade contributiva é princípio que serve de critério ou de instrumento à concretização dos direitos fundamentais individuais, quais sejam, a igualdade e o direito de propriedade ou vedação do confisco".[18]

Muitos autores fazem a distinção entre capacidade contributiva e capacidade econô-

---

16. Ob. cit., p. 157.
17. *Curso de Direito Tributário*, 15ª ed., São Paulo, Saraiva, 1999, p. 12.
18. Aliomar Baleeiro, *Limitações Constitucionais ao Poder Tributar*, 7ª ed., Rio de Janeiro, Forense, 1997, p. 689.

mica do contribuinte. As referidas expressões não são equivalentes. A *capacidade contributiva* relaciona-se à específica imposição do ônus tributário. É a dimensão econômica particular da vinculação do contribuinte ao poder tributante, ao Estado, de forma geral.

Por sua vez, a *capacidade econômica* é a exteriorização da potencialidade econômica de uma pessoa em razão de suas rendas, do consumo ou de seu patrimônio, independentemente de vinculação específica com o Poder Tributário. Portanto, tem capacidade econômica todo aquele indivíduo que, ainda que momentaneamente, disponha de alguma riqueza ou de aptidão para obtê-la, ainda que destituído de capacidade contributiva.

Desta feita, entende-se que a capacidade contributiva constitui uma capacidade econômica específica, referindo-se apenas a aptidão do contribuinte de arcar com determinada imposição tributária. Assim, admite-se a possibilidade de uma pessoa ter capacidade econômica, mas não ter condições de contribuir com o Fisco.

A capacidade contributiva pode ser examinada sob a perspectiva objetiva ou subjetiva. A *capacidade contributiva objetiva ou absoluta* é a aptidão genérica para pagar tributos. A *capacidade contributiva subjetiva ou relativa* é a efetiva e concreta capacidade de pagar tributos de cada contribuinte relacionada a uma determinada imposição tributária.

Assim, a capacidade contributiva subjetiva ou relativa é reconhecida quando se opera uma autêntica individualização do tributo, valorando-se as distintas circunstâncias pessoais do contribuinte.

Para o Direito Tributário, somente os fatos que exteriorizam capacidade contributiva, ou seja, *fatos signos presuntivos de riqueza*, para utilizar a nomenclatura de Becker, é que podem ser alcançados pela tributação, sob pena de confisco.

Ensina Dino Jarach: "Todas as situações e todos os fatos aos quais está vinculado o nascimento de uma obrigação impositiva possuem como característica a de apresentar um estado ou um movimento de riqueza; isto se comprova com a análise indutiva do direito positivo e corresponde a um critério financeiro que é próprio do imposto: o Estado exige uma soma de dinheiro em situações que indicam uma capacidade contributiva. É certo que o Estado, por capricho, pelo seu poder de império, poderia exigir impostos com base em qualquer pressuposto de fato, mas o Estado, afortunadamente, não age assim".[19]

No mesmo sentido, Bernardo Ribeiro De Moraes argumenta:

"Ao contrário do que a maioria da doutrina afirma, pode-se dizer que a capacidade econômica não é dado de relevância jurídica, mas que a capacidade contributiva é de relevância, pois a escolha de fatos geradores da obrigação tributária dela depende. Enquanto que o problema econômico é alheio à ciência jurídica, o da capacidade contributiva, constituído em princípio jurídico, deve ser respeitado pelo legislador, sob pena do Poder Judiciário inquinar o imposto de inconstitucional, por não ter um fato gerador da obrigação tributária fundamentado em indício de riqueza.

"(...).

"Daí a vedação constitucional de se utilizar tributo com efeito de confisco, que, sem causa jurídica, trazem a absorção do patrimônio do particular sem pagamento da justa indenização."[20]

A incidência do IPI sobre produtos furtados antes da entrega ao respectivo comprador contraria os primados constitucionais da capacidade contributiva subjetiva e da vedação ao confisco.

Nesse caso, a imposição tributária recai sobre uma realidade que não revela capacidade contributiva ou que não é signo presuntivo de riqueza. Em outras palavras, permitir a incidência fiscal em situações desse jaez é autorizar que o Poder Tributário

---

19. *O Fato Imponível*, Ed. RT, p. 95.
20. "Capacidade contributiva e capacidade econômica à luz da Constituição", *Repertório IOB de Jurisprudência* 17/90, p. 277.

alcance apenas a capacidade econômica do contribuinte, atingindo bens e rendas que não diretamente relacionados à tributação. Trata-se de expropriação indevida e arbitrária, vez que o valor recolhido é subtraído dentre seus bens e não da grandeza econômica eleita como tributável.

Para Roberto de Siqueira Campos:

"No caso de furto de mercadoria, desde que devidamente comprovado, a grandeza econômica simplesmente não existe.

"Exigir pagamento de imposto diante desta circunstância é utilizar o tributo com efeito confiscatório, pois, acaba-se retirando da propriedade do contribuinte, sem causa jurídica que justifique, parcela de seu patrimônio, uma vez que o valor recolhido é subtraído dentre seus bens e não da grandeza econômica eleita como tributável pela legislação.

"Como dizíamos, no caso do furto de mercadorias, não há conexão entre fato econômico tributável, ou seja, a base de cálculo utilizada para se apurar o *quantum debeatur* e definida em lei, com o pressuposto de incidência que gera a exação tributária.

"Inexiste, portanto, capacidade contributiva do contribuinte em relação às mercadorias furtadas.

"(...).

"Os menos avisados talvez tenham tentação em sustentar que tendo o contribuinte 'capacidade econômica' será ele responsável pelo pagamento do imposto, uma vez materializada a situação fática, eleita pelo legislador como fato gerador da obrigação tributária. Em outras palavras, dispondo o contribuinte de uma situação financeira positiva, denotando capacidade econômica, pode e deve pagar imposto em qualquer situação, mesmo que a mercadoria fabricada para venda tenha sido eventualmente furtada.

"(...).

"Ora, se o legislador não pode estabelecer uma alíquota de 20% sobre o valor venal do imóvel porque isto violaria o princípio da capacidade contributiva, o que não deveria ser dito quando a administração tributária exige o pagamento de imposto sobre mercadoria furtada, onde a capacidade contributiva do contribuinte é igual a zero?

"Não há dúvida de que a indústria do cigarro, assim como a maioria das empresas, movimenta cifras elevadas, sinalizando, consequentemente, uma real capacidade econômica.

"Não há dúvida, também, que é o entendimento generalizado que os produtos decorrentes do tabaco são considerados supérfluos, assim como muitos outros, no contexto dos bens disponíveis para o consumo humano.

"É lógico e razoável que bens nessas circunstâncias sejam escolhidos pelo legislador para uma tributação mais onerosa.

"Todavia, não obstante todos esses argumentos, nada, absolutamente nada, justifica a exigência de tributo onde não haja capacidade contributiva do 'sujeito passivo'.

"Cobrar imposto em situação de total ausência de capacidade contributiva equivale a impor ao destinatário a obrigação de retirar parcela de seu patrimônio para entregá-la ao fisco, sem que para tanto haja causa jurídica que dê origem a essa transferência.

"Quando assim se procede, materializa-se o confisco, vedado constitucionalmente ao legislador."[21]

Humberto Ávila, na obra já citada, conclui que a incidência do IPI sobre operação com produtos industrializados furtados antes da entrega ao comprador contraria abertamente os princípios da capacidade contributiva e da neutralidade tributária.

"2.1.12 Sustentar que o imposto sobre produtos industrializados também possa incidir sobre a mera saída física do estabelecimento industrial, sem que ela envolva a transferência da sua propriedade, implica admitir que ele possa recair sobre situações que

---

21. "O furto de produtos industrializados e a legalidade do IPI e do ICMS", in *Revista Dialética de Direito Tributário* 10/70, 72 e 74, São Paulo, Dialética, junho/1996.

não são indicativas de capacidade econômica alguma, a exemplo do que ocorre no caso do deslocamento físico de produtos em razão da força das águas, como numa enchente, ou dos ventos, como num tufão, ou da ação dolosa de terceiros, como no caso de roubo. Desse modo, sustentar que o imposto incida igualmente sobre a simples saída física é aceitar a violação à dimensão objetiva do princípio da capacidade contributiva.

"2.1.13 O princípio da neutralidade tributária, também corolário do princípio da igualdade, proíbe que os entes federados criem desvantagens competitivas injustificadas a contribuintes que exerçam atividades equivalentes. Ele veda, por exemplo, que um contribuinte seja mais onerado quando estiver na mesma situação relativamente ao fato gerador de um imposto, ou não deixe de ser menos onerado ou até desonerado, quando não estiver na mesma situação.

"2.1.14 Arguir que o imposto sobre produtos industrializados possa igualmente incidir tanto no caso de venda como no de roubo, importa consentir que os entes federados possam incluir, no âmbito da mesma regra, quem age voluntariamente e tem como objetivo transferir o ônus tributário para a operação seguinte, e quem é atingido involuntariamente por fato externo ou comportamento alheio e não tem como deslocar a carga tributária para a operação posterior. Tal entendimento implica tratar igualmente dois contribuintes que estão em situação desigual relativamente ao fato gerador do imposto. Portanto, defender que o imposto incida sobre a simples saída física é conformar-se com a ofensa ao princípio da neutralidade da tributação."[22]

O furto de mercadorias, antes da entrega ao comprador, faz desaparecer a grandeza econômica sobre a qual deve incidir o tributo. Em outras palavras, não se concretizando o negócio jurídico, por furto ou roubo da mercadoria negociada, desaparece o elemento signo de capacidade contributiva, de modo que o ônus tributário será absorvido não pela riqueza advinda da própria operação tributada, mas pelo patrimônio e por rendas outras do contribuinte que não se relacionam especificamente com o negócio jurídico que deu causa à tributação, em clara ofensa ao princípio do não confisco.

VI. Conclusão

Por todo o exposto, tem-se que o IPI não incide sobre operações inconclusas em razão de furto ou roubo de mercadorias no trajeto entre o estabelecimento fabricante e o comprador, basicamente, por que:

(*a*) o fato gerador do IPI não é a saída do produto do estabelecimento industrial ou a ele equiparado. Esse é apenas o momento temporal da hipótese de incidência, cujo aspecto material consiste na realização de operações que transfiram a propriedade ou posse de produtos industrializados;

(*b*) a obrigação tributária nascida com a saída do produto do estabelecimento industrial para entrega futura ao comprador, portanto, com tradição diferida no tempo, está sujeita a condição resolutória, não sendo, portanto, definitiva nos termos dos arts. 116, II e 117 do CTN;

(*c*) o furto ou roubo de mercadoria, segundo o art. 254, IV, do Regulamento do IPI de 2010, impõe o estorno do crédito de entrada relativo aos insumos, o que leva à conclusão de que não existe o débito de saída em respeito ao princípio constitucional da não cumulatividade. Do contrário, além da perda da mercadoria – e do preço ajustado para a operação mercantil –, estará o vendedor obrigado a pagar o imposto e a anular o crédito pelas entradas já lançado na escrita fiscal;

(*d*) o furto de mercadorias antes da entrega ao comprador faz desaparecer a grandeza econômica sobre a qual deve incidir o tributo. Em outras palavras, não se concretizando o negócio jurídico, por furto ou roubo da mercadoria negociada, desaparece

22. Ob. cit., pp. 158-159.

o elemento signo presuntivo de capacidade contributiva, de modo que o ônus tributário será absorvido não pela riqueza advinda da própria operação tributada, mas pelo patrimônio e por rendas outras do contribuinte que não se relacionam especificamente com o negócio jurídico que deu causa à tributação, em clara ofensa ao princípio do não confisco.

ANOTAÇÕES SOBRE OS REQUISITOS PARA INSTITUIÇÃO DE TAXAS NO SISTEMA TRIBUTÁRIO BRASILEIRO

FABIANA DEL PADRE TOMÉ

Mestre e Doutora em Direito Tributário pela PUC/SP.
Professora no Curso de Mestrado da PUC/SP.
Professora dos Cursos de Especialização em Direito Tributário
promovidos pela PUC/SP e pelo Instituto Brasileiro
de Estudos Tributários (IBET).
Advogada

1. A repartição constitucional das competências tributárias. 2. Regra-matriz de incidência tributária: 2.1 Tipologia tributária: o binômio "hipótese de incidência/base de cálculo". 3. As regras-matrizes de incidência das taxas. 4. Taxas pela prestação de serviço público específico e divisível. 5. Taxas cobradas em razão do exercício do poder de polícia. 6. Conclusões.

1. A repartição constitucional das competências tributárias

O direito positivo apresenta-se como o conjunto de normas jurídicas válidas em determinadas coordenadas de tempo e de espaço, tendo por finalidade a regulação de condutas intersubjetivas. Toda norma jurídica, simplesmente por integrar o sistema do direito positivo, relaciona-se com a disciplina das condutas entre os sujeitos da interação social, motivo pelo qual seria correto afirmar que todas as normas jurídicas são normas de conduta. Entretanto, não podemos olvidar que o direito positivo regula a sua própria criação, dispondo sobre o modo pelo qual as normas jurídicas que o integram são produzidas.

Essa situação leva-nos a identificar dois tipos de normas compondo o sistema do direito positivo, justificando-se, assim, a diferenciação que se faz entre normas de conduta e normas de estrutura. Denominam-se "normas de conduta" aquelas voltadas direta e imediatamente à regulação dos comportamentos das pessoas, nas relações de intersubjetividade. A designação "normas de estrutura", por sua vez, é atribuída às que são dirigidas indireta e mediatamente às condutas humanas, voltando-se, mais especificamente, à produção e transformação de estruturas deôntico-jurídicas.[1] As normas de estrutura, explica Norberto Bobbio, "são aquelas normas que não prescrevem a conduta que se deve ter ou não ter, mas as condições e

---

1. Paulo de Barros Carvalho, *Direito Tributário: Fundamentos Jurídicos da Incidência*, 7ª ed., São Paulo, Saraiva, 2009, pp. 35-37.

os procedimentos através dos quais emanam normas de conduta válidas".[2]

A distinção entre normas de conduta e de estrutura, portanto, é efetuada conforme o objeto imediato de regulação: caso volte-se imediatamente aos comportamentos intersubjetivos, modalizando-os deonticamente como obrigatórios, proibidos ou permitidos, temos norma de comportamento; se dirigir-se ao modo pelo qual uma norma jurídica é criada, modificada ou extinta, temos norma de estrutura. No primeiro caso, a ordenação do comportamento dá-se em termos decisivos e finais; no segundo, a regulação final da conduta tem caráter mediato, demandando outra norma jurídica para que o comportamento seja regulado de modo decisivo.

Não obstante a discriminação das normas jurídicas em normas de conduta e de estrutura, vale frisar que estas últimas também regulam comportamentos. São normas de produção normativa, que disciplinam o procedimento de regulamentação jurídica, ou seja, dirigem-se aos comportamentos correspondentes à produção, modificação ou extinção de outras normas. Nas palavras de Norberto Bobbio, seu objeto é "o modo de regular um comportamento, ou, mais exatamente, o comportamento que elas regulam é o de produzir regras".[3]

Voltemos nossa atenção a uma das espécies de normas de estrutura: as normas constitucionais de produção normativa tributária, isto é, aquelas que dispõem acerca da criação, modificação ou extinção de tributos. Trata-se da chamada "competência tributária".

No que concerne à definição do conceito de competência tributária, Paulo de Barros Carvalho entende ser "uma parcela entre as prerrogativas legiferantes de que são portadoras as pessoas políticas, consubstanciada na faculdade de legislar para a produção de normas jurídicas sobre tributos".[4] José Eduardo Soares de Melo define-a como "a aptidão para criar tributos, legalmente e de forma abstrata, indicando todos os elementos da hipótese de incidência, compreendendo o aspecto pessoal (sujeitos ativos e passivos), a materialidade, base de cálculo e alíquota",[5] e, Roque Antonio Carrazza, como "a aptidão para criar, in abstracto, tributos".[6] Há, por conseguinte, um consenso no sentido de que a competência tributária consiste na outorga de poderes às pessoas políticas de direito público interno para expedir normas jurídicas tributárias, inovando o ordenamento positivo e criando tributos.

A Constituição da República brasileira é minuciosa ao disciplinar a competência tributária. Como já se manifestava Geraldo Ataliba,[7] "o sistema constitucional brasileiro é o mais rígido de quantos se conhece, além de complexo e extenso. Em matéria tributária tudo foi feito pelo constituinte, que afeiçoou integralmente o sistema, entregando-o pronto e acabado ao legislador ordinário, a quem cabe somente obedecê-lo, em nada podendo contribuir para plasmá-lo". No Brasil, a discriminação das competências tributárias é feita mediante indicação, de forma pormenorizada, do campo tributável atribuído a cada pessoa política. Disso decorre a necessidade de que o legislador infraconstitucional de cada ente político, ao exercer as competências que lhe foram outorgadas, observe com rigor os requisitos constitucionalmente estabelecidos. É que a Carta Magna, ao conferir

---

2. *Teoria do Ordenamento Jurídico*, trad. Maria Celeste Cordeiro Leite dos Santos, 10ª ed., Brasília, UnB, 1997, p. 33.

3. Idem, p. 45.

4. *Curso de Direito Tributário*, 21ª ed., São Paulo, Saraiva, 2009, p. 156.

5. *Curso de Direito Tributário*, São Paulo, Dialética, 1997, p. 84. Embora concordemos com a definição do conceito de competência tributária oferecido por esse autor, ressaltamos que, na esteira dos ensinamentos de Paulo de Barros Carvalho, entendemos que o aspecto pessoal e o quantitativo (base de cálculo e alíquota) são critérios da consequência da regra-matriz de incidência tributária.

6. *Curso de Direito Constitucional Tributário*, 20ª ed., São Paulo, Malheiros Editores, 2004, p. 302.

7. *Sistema Constitucional Tributário Brasileiro*, São Paulo, Ed. RT, 1968, p. 21.

ao legislador a aptidão para criar tributos, impõe que ele o faça dentro de certos limites e observados alguns requisitos.

Isso em tudo se aplica às normas de produção normativa tributária, podendo concluir-se que a competência tributária já nasce limitada, seja de modo direto, por meio de preceitos especificamente endereçados à tributação (repartição constitucional das competências, princípios tributários, imunidades etc.), seja de modo indireto, mediante a existência de direitos que devem ser respeitados (de propriedade, de livre exercício da atividade profissional etc.).

Com efeito, a análise das normas constitucionais de produção normativa tributária mostra-se extremamente útil, pois permite vislumbrar os detalhes que envolvem a criação dos tributos, possibilitando identificar, com precisão, os requisitos necessários para tanto. É que, como assevera Roque Antonio Carrazza, "para as pessoas políticas, a Constituição é a Carta das Competências. Ela indica o que podem, o que não podem e o que devem fazer, inclusive e principalmente em matéria tributária".[8]

Por conseguinte, é a partir das normas que outorgam competência legislativa tributária às pessoas políticas de direito público interno (normas constitucionais de produção normativa tributária) que devemos analisar, em seus pormenores, os requisitos para a instituição e a exigência dos tributos. Dentre elas, destaca-se o art. 145 da Constituição da República, que discrimina as competências tributárias da União, dos Estados, do Distrito Federal e dos Municípios.

É preciso esclarecer que o dispositivo em exame não consiste em regra constitucional direcionada a classificar as espécies tributárias. A diretriz do art. 145 presta-se para relacionar as espécies de tributos que podem ser instituídas por todas as pessoas de direito constitucional interno, observadas,

8. *Curso de Direito Constitucional Tributário*, p. 308.

obviamente, as demais regras de competência veiculadas no Texto Supremo.

Nos termos do art. 145 da Constituição da República, compete à União, aos Estados, ao Distrito Federal e aos Municípios instituírem: (i) impostos; (ii) taxas e (iii) contribuições de melhoria.

Em relação aos impostos, os elementos relevantes para sua fisionomia jurídica encontram-se estipulados no sistema constitucional tributário brasileiro de modo minucioso, nos arts. 153, 155 e 156. Ali estão relacionados os fatos suscetíveis de serem tributados pelas pessoas políticas, delimitando-se as competências dos entes tributantes, remanescendo aberta apenas a faixa de competência tributária da União, em face da possibilidade residual estabelecida no art. 154, I, da Carta Magna.

Ao conferir competência para a instituição de taxas, o constituinte enunciou, desde logo, as suas modalidades. Prescreveu, no art. 145, II, que essa espécie tributária pode ser instituída (i) em razão do exercício do poder de polícia; ou (ii) pela utilização, efetiva ou potencial, de serviços públicos específicos, prestados ao contribuinte ou postos a sua disposição. Assim, se as taxas são vinculadas a uma atuação estatal diretamente referida ao contribuinte, depreende-se, desde logo, que os entes tributantes poderão instituir taxas tão somente nos limites da sua competência administrativa de poder de polícia e prestação de serviços públicos específicos e divisíveis.

A contribuição de melhoria, por sua vez, é tributo passível de ser exigido quando existente obra pública da qual decorra valorização dos imóveis circundantes. Logo, a competência para a instituição desse gravame decorre da competência para a realização da obra pública, podendo esta ser desempenhada pela União, pelos Estados, pelo Distrito Federal ou pelos Municípios.

Como se vê, as espécies tributárias relacionadas no art. 145 da Constituição podem ser instituídas por quaisquer das pessoas políticas, desde que preencham os demais requisitos postos no Texto Constitucional.

Mas não são somente essas as espécies de tributos. A Constituição da República, em seu art. 148, outorga à União a possibilidade de instituir, mediante lei complementar, empréstimos compulsórios para atender a despesas extraordinárias, decorrentes de calamidade pública, de guerra externa ou de sua iminência, ou para realizar investimento público de caráter urgente e de relevante interesse nacional, observado, nessa última hipótese, o princípio da anterioridade. No art. 149, a Lei Maior atribui à União competência para instituir contribuições sociais, de intervenção no domínio econômico ou no interesse das categorias profissionais e econômicas. E, no art. 149-A, introduzido pela Emenda Constitucional n. 39/2002, há autorização para que os Municípios veiculem contribuição para o custeio da iluminação pública. Esses são tributos que o constituinte houve por bem disciplinar em dispositivos diversos, por serem de exclusividade de apenas alguns dos entes tributantes.[9]

2. *Regra-matriz de incidência tributária*

A norma jurídica, unidade irredutível de manifestação do deôntico, é, nos dizeres de Lourival Vilanova, "uma estrutura lógico-sintática de significação".[10] É a significação construída na mente do intérprete, resultante da leitura dos textos do direito positivo, apresentando a forma de um juízo hipotético.

Como, porém, o revestimento verbal das normas jurídicas não obedece a padrão algum, haja vista as peculiaridades de cada idioma e as variadas estruturas gramaticais, necessário se faz reduzir as múltiplas modalidades verbais à estrutura formalizada da linguagem lógica, pois apenas por meio da linguagem formal obtém-se precisão e finura na análise.

Para alcançarmos as formas lógicas, precisamos abstraí-las da linguagem natural que as reveste, desprezando a *matéria* que as cobre, ou seja, as significações determinadas das palavras, e substituindo-as por variáveis lógicas. Uma estrutura formal é composta por variáveis e constantes, símbolos substituíveis por nomes de objetos e símbolos que exercem funções operatórias fixas, respectivamente. Nada diz, porém, de específico.

A estrutura reduzida da norma jurídica é uma proposição condicional, que determina a relação de implicação entre hipótese e consequência: a hipótese descreve os critérios identificadores de um fato e funciona como implicante da consequência; a consequência prescreve o regramento de uma conduta intersubjetiva. O legislador pode combinar uma só hipótese a uma só consequência, várias hipóteses a uma só consequência, várias hipóteses a várias consequências ou uma só hipótese a várias consequências, não lhe sendo permitido, porém, deixar de respeitar a estrutura condicional acima referida.

A norma jurídica, portanto, apresenta uma estrutura lógica específica composta por uma hipótese, também denominada antecedente, suposto, prótase ou descritor, e por uma consequência, que pode igualmente receber o nome de consequente, mandamento, estatuição, apódose ou prescritor. E, para que se configure a "causalidade jurídica", onde a hipótese implica deonticamente a consequência, existem dois operadores chamados functor-de-functor e functor implicacional, perfazendo a seguinte estrutura lógica: D (H → C), onde D é o functor-de-functor, H é a hipótese, → é o functor implicacional e C é a consequência.

Com tais explanações, temos uma visão geral acerca da norma jurídica e de sua estrutura lógica. Em síntese, toda norma jurídica é composta por hipótese e consequência, descrevendo critérios identificadores de um fato de possível ocorrência e prescrevendo condutas intersubjetivas deonticamente modalizadas. Haja vista a homogeneidade sintática das regras do direito positivo, não

---

9. Para outras informações a respeito da classificação das espécies tributárias, consultem-se os comentários aos arts. 4º e 5º do CTN.

10. "Norma jurídica – Proposição jurídica (significação semiótica)", in *Revista de Direito Público* 61/16, São Paulo, Ed. RT.

foge a norma jurídica tributária a essa estrutura formal. No plano sintático, todas as normas jurídicas apresentam similar arquitetura, residindo a distinção entre elas apenas no plano semântico, ou seja, somente quando observados os conteúdos de significação das variáveis lógicas das normas jurídicas é que podemos distinguir a norma jurídica tributária das demais.

No que diz respeito especificamente à norma jurídica tributária, esta se encontra vinculada ao conceito de direito positivo tributário, o qual, por sua vez, consiste no complexo de normas jurídicas válidas que se referem, direta ou indiretamente, ao exercício da tributação (instituição, fiscalização, arrecadação tributária). Esse o motivo por que Paulo de Barros Carvalho, ao analisar o núcleo semântico da norma jurídica tributária, menciona a possibilidade de dividi-las em três classes: "a) normas que estabelecem princípios gerais, demarcadores da virtualidade legislativa no campo tributário; b) normas que estipulam a incidência do tributo, descrevendo os aspectos de eventos de possível ocorrência e prescrevendo os elementos da obrigação tributária (sujeitos e modo de determinação do objeto da prestação). (...) E, por fim, c) normas que fixam outras providências administrativas para a operatividade do tributo, tais como as de lançamento, recolhimento, configuração de deveres instrumentais e as relativas à fiscalização".[11]

Observa ainda Paulo de Barros Carvalho que, enquanto são numerosas as normas que estabelecem princípios gerais e que fixam providências administrativas para a operatividade do tributo, poucas são as que estipulam a incidência tributária. Assim, considerando a diversidade semântica apresentada pela expressão "norma jurídica tributária", esse autor, com o propósito de afastar possíveis confusões terminológicas, sugere que se designe "norma tributária em sentido estrito" à norma impositiva tributária, também conhecida como regra-matriz de incidência, e "norma tributária em sentido amplo" a todas as demais.[12]

Conciliando a terminologia acima proposta com os requisitos necessários à configuração do tributo, podemos definir "norma jurídica tributária em sentido estrito" como a norma cuja hipótese conota um fato lícito de possível ocorrência, prescrevendo, em sua consequência, uma relação jurídica que obriga um sujeito de direito a entregar certa quantia em dinheiro a outro sujeito de direito. É a chamada "norma-padrão de incidência" ou "regra-matriz de incidência".

Como norma jurídica que é, a regra-matriz de incidência tributária apresenta uma hipótese à qual se conjuga uma consequência por meio do operador deôntico neutro (functor-de-functor). Sua construção é efetuada pelo intérprete, que parte dos estímulos sensoriais do texto legislado, para construir a significação de cada enunciado prescritivo isoladamente e, só então, agrupar tais significações de forma a produzir a norma jurídica.

A regra-matriz de incidência, por disciplinar a incidência tributária, tem sido estudada em seus pormenores. E, dessa apurada análise resultou a conclusão de existirem, na hipótese e na consequência normativa, critérios que permitem o reconhecimento do fato jurídico tributário e da relação jurídica tributária, respectivamente. Na hipótese encontramos os critérios material, espacial e temporal, enquanto na consequência nos deparamos com os aspectos pessoal e quantitativo.

Passemos, então, à análise dos critérios que compõem a regra-matriz de incidência tributária, deixando claro, porém, que quando separamos aspectos diversos na hipótese e na consequência, fazemo-lo por meio da abstração lógica, pois tanto uma como outra, sendo entes jurídicos, apresentam a integridade conceptual inerente a todas as categorias ju-

---

11. *Direito Tributário: Fundamentos Jurídicos da Incidência*, pp. 78-79.

12. *Curso de Direito Tributário*, p. 167 e *Direito Tributário: Fundamentos Jurídicos da Incidência*, p. 79.

rídicas, não podendo ser divididos em partes sem que se fira o seu todo.

O critério material, núcleo da hipótese da norma jurídica tributária em sentido estrito, faz referência ao comportamento de um sujeito de direito, representado por um verbo pessoal e de predicação incompleta, bem como por seu complemento. Esse comportamento humano pode abranger tanto as atividades refletidas, representadas por verbos que exprimem ação, como por aquelas espontâneas, indicadas por verbos de estado. Há ainda, como salienta José Eduardo Soares de Melo, a necessidade de que o verbo e complemento integrantes do critério material indiquem um comportamento que ostente sinais de riqueza, ou seja, "determinados negócios jurídicos, estados, situações, serviços e obras públicas, dispostos na constituição, que representem fenômeno revelador de riqueza".[13]

O critério espacial, também integrante da hipótese normativa tributária, oferece as coordenadas de espaço necessárias para que ocorra o evento tributário. Em outras palavras, indica o local em que o comportamento previsto no critério material deve se dar para que se repute consumada a materialidade tributária.

Quanto ao critério temporal, consiste nas indicações contidas na hipótese da regra-matriz de incidência tributária, fornecendo elementos para precisar o instante em que se considera ocorrido o evento tributário.

No que concerne ao critério pessoal, este integra o consequente da regra-matriz de incidência, permitindo a identificação dos sujeitos da relação jurídica ali prescrita. Indica quem é o sujeito portador do direito subjetivo de exigir o tributo (sujeito ativo) e a quem será cometido o dever jurídico de saldá-lo (sujeito passivo).

O critério quantitativo, por fim, possibilita determinar o conteúdo da prestação objeto da relação jurídica tributária, ou seja, a importância devida pelo sujeito passivo tributário. Para tanto, indica dois conceitos que devem ser conjugados: a base de cálculo e a alíquota. A base de cálculo consiste na descrição de uma unidade de referência que permita a mensuração do fato tributário, podendo, em vista disso, confirmar, infirmar ou afirmar o critério material da hipótese de incidência. Já a alíquota, mostra-se como um critério para a aferição da quantia devida pelo sujeito passivo tributário, sendo conceituada por Aires Barreto como "o indicador da proporção a ser tomada da base de cálculo".[14]

Apresentados os critérios da regra-matriz de incidência tributária, cuida salientar que não faz sentido atribuir maior importância a qualquer um deles. Todos são igualmente imprescindíveis para a configuração da norma jurídica tributária em sentido estrito. Para os fins deste estudo, porém, voltaremos nossa atenção, de modo especial, para a base de cálculo e seu relacionamento com a hipótese de incidência. O cotejo de tais aspectos mostra-se de grande valia para o estudo da espécie tributária denominada "taxa", pois presta-se, dentre outras finalidades, para certificar a ocorrência (ou não) da regular instituição desse tributo.

2.1 Tipologia tributária: o binômio "hipótese de incidência/base de cálculo"

Na hipótese da regra-matriz de incidência tributária, comumente denominada "fato gerador" encontramos os critérios material, espacial e temporal, enquanto na consequência nos deparamos com os aspectos pessoal e quantitativo, delimitadores da obrigação tributária que será instaurada.

O § 2º do art. 145 da Constituição dá destaque à base de cálculo, elemento do critério quantitativo. Vale lembrar que, enquanto a hipótese de incidência tributária descreve abstratamente atuação estatal ou fato do particular suscetível de ser tributado, a base

---

13. *Curso de Direito Tributário*, p. 158.

14. *Base de Cálculo, Alíquota e Princípios Constitucionais*, 2ª ed., São Paulo, Max Limonad, 1998, p. 58.

de cálculo mensura a intensidade daquela conduta praticada pela Administração ou pelo contribuinte, conforme o caso, prestando-se para estipular o quantum devido a título de tributo.

Diante de tal situação, Paulo de Barros Carvalho[15] anota a inaptidão da hipótese para, sozinha, dizer qualquer coisa de definitiva sobre a estrutura intrínseca do evento a ser colhido pela incidência. Assim, para identificar os verdadeiros contornos do fato tributável (tipologia tributária), é preciso consultar a base de cálculo: daí falar-se no binômio "hipótese de incidência/base de cálculo".

Entrevendo a relevância da base de cálculo, já asseverava Alfredo Augusto Becker,[16] acerca da norma instituidora do tributo: "O núcleo é a base de cálculo e confere o gênero jurídico ao tributo". Não há como ignorar a importância dessa grandeza que dimensiona o fato, mensurando-o para efeitos de tributação.

Partindo de tais considerações, Paulo de Barros Carvalho[17] conclui serem três as funções da base de cálculo: (a) função mensuradora, por competir-lhe medir as proporções reais do fato; (b) função objetiva, em virtude de compor a específica determinação do débito; e (c) função comparativa, por confirmar, infirmar ou afirmar o correto elemento material do antecedente normativo.

A base de cálculo, na qualidade de grandeza instituída na consequência da regra-matriz de incidência tributária, destina-se, primordialmente, a dimensionar o comportamento inserto no núcleo do fato jurídico. Posto isso, e considerando que os fatos suscetíveis de tributação pelos impostos são os não vinculados à atuação estatal, ao passo que as taxas decorrem exatamente de atuação estatal diretamente referida ao contribuinte, esses dois tributos não podem apresentar o mesmo tipo de base de cálculo. Tratando-se de imposto, a base de cálculo há de medir o fato presuntivo de riqueza praticado pelo contribuinte. Sendo taxa, sua base de cálculo deve corresponder à medida da atuação estatal (exercício do poder de polícia ou prestação de serviço público específico e divisível).

Atento a tais particularidades, o constituinte enunciou, expressamente, ser a base de cálculo elemento imprescindível para distinguir impostos de taxas. Prescreveu, no art. 145, § 2º, do Texto Maior, que "as taxas não poderão ter base de cálculo própria de impostos". A mensagem constitucional não deixa dúvidas de que é imprescindível examinar a base de cálculo para que se possa ingressar na intimidade estrutural da figura tributária. Por conseguinte, tratando-se de taxa, a base de cálculo há de representar a medida da atuação estatal que deu ensejo à instituição do gravame, não podendo esse tributo ser calculado com suporte nos sinais de riqueza ostentados pelo particular, visto que bases de cálculo desse jaez são típicas de impostos.

Queremos concluir que, como nas taxas a materialidade da hipótese de incidência consiste na descrição de atividade estatal dirigida ao contribuinte, sua base de cálculo há de ser sempre o custo daquela atuação.

A despeito disso, a jurisprudência tem admitido a instituição de taxas que tomem por critérios de aferição valores alheios à atividade estatal. Por essa linha de raciocínio, como a aferição do valor da atuação estatal exige cálculos complexos, poderiam ser tomados diversos aspectos do ato do Estado ou do particular, que servissem como parâmetros para determinar seu valor. É o que o Supremo Tribunal Federal decidiu em relação à Taxa de Fiscalização e Controle de Serviços Públicos Delegados, instituída pela Lei n. 11.073/1997, em favor da Agência Estadual de Regulação dos Serviços Públicos Delegados do Rio Grande do Sul – AGERGS. Sua constitucionalidade foi reconhecida pelo egrégio Supremo Tribunal Federal, por ocasião do julgamento da ADI n. 1.948-RS, nos seguintes termos: "(1) Ação Direta de Inconstitucionalidade. (2) Art. 1º, II, da Lei n. 11.073, de 30.12.1997, que acrescentou

---

15. *Curso de Direito Tributário*, passim.
16. *Teoria Geral do Direito Tributário*, São Paulo, Saraiva, 1963, p. 338.
17. *Curso de Direito Tributário*, passim.

os §§ 7º e 8º ao art. 6º da Lei n. 8.109, de 1985, do Estado do Rio Grande do Sul; art. 1º, VI, da Lei n. 11.073, de 1997, que inseriu o inciso IX na Tabela de Incidência da Lei n. 8.109, de 1985; Decreto estadual n. 39.228, de 29.12.1998, que regulamentou a incidência da taxa impugnada. (3) Alegada violação aos arts. 145, II e 145, § 2º, da Constituição. (4) *Taxa de Fiscalização e Controle de Serviços Públicos Delegados, instituída a favor da Agência Estadual de Regulação dos Serviços Públicos Delegados do Rio Grande do Sul AGERGS, autarquia estadual.* (5) *O faturamento, no caso, é apenas critério para a incidência da taxa, não havendo incidência sobre o faturamento. Precedente (RE 177.835, Rel. Min. Carlos Velloso).* (6) Improcedência da ação direta quanto aos dispositivos legais e não conhecimento quanto ao Decreto n. 39.228, de 1988"[18] (grifei).

Semelhante foi a orientação jurisprudencial adotada por essa Colenda Corte, ao julgar o Recurso Extraordinário n. 177.835-1, em que se examinava a constitucionalidade da taxa de fiscalização dos mercados de títulos e valores mobiliários, concluindo: "A variação da taxa de fiscalização, em função do patrimônio líquido da empresa, não significa seja dito patrimônio sua base de cálculo" (Rel. Min. Carlos Velloso, *DJ* 25.5.2001).

Não obstante tais julgados, entendemos que, como a taxa pressupõe a prestação, efetiva ou potencial, de serviços públicos ou o exercício do poder de polícia, direta e especificamente dirigidos ao contribuinte, sua base de cálculo deverá exibir, forçosamente, a medida da intensidade da participação do Estado.

3. As regras-matrizes de incidência das taxas

Taxas são tributos que se caracterizam por apresentarem, na hipótese da norma, a descrição de um fato revelador de uma atividade estatal, direta e especificamente dirigida ao contribuinte. Nessa espécie tributária, o antecedente normativo descreve, conotativamente, uma atividade do Estado diretamente relacionada ao contribuinte, implicando, no consequente, a obrigação de pagar o valor do tributo em virtude de ter recebido alguma prestação, efetiva ou potencial, ou, ainda, ser lhe for exercido o poder de polícia.

Convém registrar, desde logo, que para o exercício dessa competência tributária é imprescindível a existência de competência administrativa. As taxas podem ser instituídas pela União, pelos Estados, pelo Distrito Federal e pelos Municípios, conforme desempenhem a atividade que sirva de pressuposto para sua exigência. Isso significa que a repartição das competências para a instituição de taxas decorre da atribuição de competências administrativas. Para que haja tributação por meio de taxas é necessária a edição de duas leis: (i) uma de natureza administrativa, regulando o exercício do poder de polícia ou a prestação do serviço público; e (ii) outra, de índole tributária, qualificando essas atuações estatais, que, uma vez realizadas, dará ensejo à obrigação de pagar essa modalidade de tributo.

Além disso, considerando que a base de cálculo é a perspectiva dimensível da hipótese de incidência tributária, a norma que institua taxa não pode indicar base de cálculo própria de imposto. Tal assertiva, além de constar no já citado art. 145, § 2º, da Constituição, também está enunciada no Código Tributário Nacional:

"Art. 77. As taxas cobradas pela União, pelos Estados, pelo Distrito Federal ou pelos Municípios, no âmbito de suas respectivas atribuições, têm como fato gerador o exercício regular do poder de polícia, ou a utilização, efetiva ou potencial, de serviço público específico e divisível, prestado ao contribuinte ou posto à sua disposição.

"Parágrafo único. A taxa não pode ter base de cálculo ou fato gerador idênticos aos que correspondam a imposto, nem ser calculada em função do capital das empresas."

---

18. Tribunal Pleno, Rel. Min. Gilmar Mendes, j. 4.9.2002, *DJ* 7.2.2003, p. 20 (destaquei).

O critério quantitativo da regra-matriz de incidência deve ser apto para medir a atuação estatal, não podendo pautar-se por critérios que representem fatos signo-presuntivos de riqueza do contribuinte.

Nesse sentido, veja-se a seguinte decisão do Superior Tribunal de Justiça: "*Tributário. Taxa de localização e funcionamento. Base de cálculo*. O número de empregados do contribuinte, evidentemente, nada tem a ver com a atividade estatal, resultante do poder de polícia, remunerada pela taxa de localização e funcionamento, de modo que, eleito como base de cálculo do tributo, contraria o disposto no art. 77, *caput*, do Código Tributário Nacional. Recurso Especial conhecido e provido".[19]

Do art. 77 do CTN, acima transcrito, também se depreende serem duas as espécies de taxas: (i) cobradas pela prestação de serviços públicos específicos e divisíveis; e (ii) exigidas em razão do exercício de poder de polícia.

Construindo a regra-matriz de incidência tributária, temos:

(i) *Taxa pela prestação de serviço público específico e divisível*:

Hipótese:

• critério material: prestar serviço público específico e divisível;

• critério espacial: limites do âmbito de validade territorial da lei, ou, se houver especificação, área ou local indicado como apto para a ocorrência do fato jurídico tributário;

• critério temporal: momento em que se considera prestado o serviço.

Consequência:

• critério quantitativo: base de cálculo: custo da atuação estatal; alíquota: fração ou valor monetário que represente parcela do custo da atuação estatal;

• critério pessoal: ativo: pessoa política que exerceu a competência administrativa;

passivo: quem beneficiou-se do serviço público.

(ii) *Taxa pelo exercício do poder de polícia*:

Hipótese:

• critério material: exercer poder de polícia;

• critério espacial: limites do âmbito de validade territorial da lei, ou, se houver especificação, área ou local indicado como apto para a ocorrência do fato jurídico tributário;

• critério temporal: momento em que se considera exercido o poder de polícia.

Consequência:

• critério quantitativo: base de cálculo: custo da atuação estatal; alíquota: fração ou valor monetário que represente parcela do custo da atuação estatal;

• critério pessoal: ativo: pessoa política que exerceu a competência administrativa; passivo: quem deu ensejo ao exercício do poder de polícia.

A disciplina jurídica dessas exações é veiculada nos arts. 78 e 79 do Código Tributário Nacional, a seguir comentados.

4. Taxas pela prestação de serviço público específico e divisível

Segundo definição de Celso Antônio Bandeira de Mello "serviço público é toda atividade de oferecimento de utilidade ou comodidade material fruível diretamente pelos administrados, prestado pelo Estado ou por quem lhe faça as vezes, sob um regime de Direito Público – portanto, consagrador de prerrogativas de supremacia e de restrições especiais – instituído pelo Estado em favor dos interesses que houver definido como próprios no sistema normativo".[20] *Não é qualquer serviço público, porém, que autoriza a instituição e exigência de taxas. Nos termos do art. 145, II, da Constituição da República*,

---

19. REsp 97.102-BA, 2ª T., Rel. Min. Ari Pargendler, *DJ* 29.6.1998, p. 140.

20. *Curso de Direito Administrativo*, 17ª ed., São Paulo, Malheiros Editores, 2004, p. 399.

tem-se imprescindível que o serviço apresente os caracteres de divisibilidade e de *especificidade*. Assim, para ensejar a cobrança da taxa, o serviço público deve: (i) integrar as atribuições da pessoa política que exige a taxa, (ii) ser específico; e (iii) ser divisível.

O art. 79 do Código Tributário Nacional dispõe, explicitamente, acerca dos requisitos necessários para que o serviço público seja remunerável por taxa. Confira-se:

"Art. 79. Os serviços públicos a que se refere o art. 77 consideram-se:

"I – utilizados pelo contribuinte:

"a) efetivamente, quando por ele usufruídos a qualquer título;

"b) potencialmente, quando, sendo de utilização compulsória, sejam postos à sua disposição mediante atividade administrativa em efetivo funcionamento;

"II – específicos, quando possam ser destacados em unidades autônomas de intervenção, de utilidade ou de necessidade públicas;

"III – divisíveis, quando suscetíveis de utilização, separadamente, por parte de cada um dos seus usuários."

Nos termos desse dispositivo, a *especificidade* diz respeito à possibilidade do serviço ser destacado em unidade autônoma de intervenção, de utilidade ou necessidade pública: trata-se do serviço suscetível de fruição individual. Quanto à divisibilidade, esta existe quando o serviço é passível de utilização, separadamente, por parte de cada um dos seus usuários. Consiste em um desdobramento da especificidade, exigindo que o serviço refira-se a uma pessoa ou a um número determinado de pessoas.

Esses dois caracteres têm sido objeto de apreciação pelos Tribunais brasileiros, em reiteradas oportunidades, tendo o Supremo Tribunal Federal pacificado o entendimento de que serviços públicos inespecíficos e indivisíveis não podem ser remunerados por taxas: "*Tributário. TIP – Taxa de iluminação pública. Município de Belo Horizonte. Inconstitucionalidade*. A orientação do Supremo Tribunal Federal é no sentido de que a Taxa de Iluminação Pública é inconstitucional, uma vez que seu fato gerador tem caráter inespecífico e indivisível. Agravo regimental conhecido, mas ao qual se nega provimento".[21]

Entendemos que, ainda que a Constituição da República, no art. 145, II, não fizesse expressa menção a tais caracteres, seriam eles necessários em virtude do próprio conceito de taxa, definido como "tributo cuja hipótese de incidência consiste na descrição de atividade estatal diretamente vinculada ao contribuinte, enquanto o pagamento do valor prescrito no consequente representará a contraparte devida ao Estado, pelo administrado, a quem o Poder Público voltou sua atenção". A referibilidade direta do serviço público ao particular implica sua especificidade e consequente divisibilidade, permitindo, individualização no oferecimento do serviço e na forma como é prestado.

Essa especificidade e divisibilidade do serviço público decorre, também, do chamado "princípio da retributividade", segundo o qual o pagamento da taxa pelo sujeito passivo deve corresponder à retribuição pecuniária pelo reconhecimento do serviço público utilizado. Eis uma consequência da caracterização da taxa como "tributo diretamente vinculado à atuação estatal".

Além disso, o art. 79, I, do Código Tributário Nacional alude à possibilidade de a taxa ser cobrada (i) quando o serviço for efetivamente usufruído pelo contribuinte, ou, (ii) tratando-se de serviço de utilização compulsória, quando posto à sua disposição mediante atividade administrativa em efetivo funcionamento.

No que diz respeito à cobrança pelo serviço público "potencialmente usufruído" pelo contribuinte, é preciso enfatizar que não basta que um serviço esteja à disposição do contribuinte. Para que a taxa de serviço possa ser exigida, a utilização do serviço deve ser

---

21. AI 479.587 AgR-MG, 2ª T., Rel. Min. Joaquim Barbosa, *DJ* 20.3.2009.

compulsória, ou seja, obrigatória, por imperativo legal. Essa obrigatoriedade nasce de um valor ou interesse público prestigiado pela Constituição.

Tão só quando presentes esses requisitos o ente prestador do serviço público estará credenciado para exigir, daqueles que usufruíram dessa prestação, o pagamento de taxa. Simetricamente, estando ausente qualquer desses caracteres (utilização efetiva ou potencial, especificidade e divisibilidade), comprometida ficará a cobrança da prestação pecuniária sobre que discorremos.

5. Taxas cobradas em razão do exercício do poder de polícia

Considera-se "poder de polícia" a atividade da Administração Pública que, limitando ou disciplinando direito, interesse ou liberdade, regula a prática de ato ou abstenção de fato, em razão de interesse público. Essa condição para a instituição de taxas é muito bem explicada por Paulo de Barros Carvalho:[22] "Tendo o Poder Público a missão de garantir a segurança, o bem-estar, a paz e a ordem coletiva, é-lhe atribuído poder de vigilância, que o autoriza a controlar a liberdade dos indivíduos para proteger os interesses da sociedade. Objetivando proteger tais interesses, o funcionamento de algumas atividades requer autorização administrativa, o que implica controle e fiscalização. E é exatamente o exercício desse poder de polícia, inspecionando e fiscalizando os particulares em nome do bem comum, que abre espaço à remuneração por meio de taxa de polícia".

O assunto vem disciplinado no art. 78 do Código Tributário Nacional, com o seguinte teor:

"Art. 78. Considera-se poder de polícia atividade da administração pública que, limitando ou disciplinando direito, interesse ou liberdade, regula a prática de ato ou abstenção de fato, em razão de interesse público concernente à segurança, à higiene, à ordem, aos costumes, à disciplina da produção e do mercado, ao exercício de atividades econômicas dependentes de concessão ou autorização do Poder Público, à tranquilidade pública ou ao respeito à propriedade e aos direitos individuais coletivos.

"Parágrafo único. Considera-se regular o exercício do poder de polícia quando desempenhado pelo órgão competente nos limites da lei aplicável, com observância do processo legal e, tratando-se de atividade que a lei tenha como discricionária, sem abuso ou desvio de poder."

Diversamente do que ocorre com as taxas pela fruição de serviços públicos, as quais podem ser cobradas pela utilização efetiva ou potencial, as taxas pelo exercício do poder de polícia só podem ser exigidas quando efetivamente praticada a atividade estatal consistente na fiscalização e controle das atividades dos particulares que possam, de alguma forma, prejudicar interesses da coletividade. É o que se depreende dos julgados do Supremo Tribunal Federal:

"Taxa de licença de localização, funcionamento e instalação. Cobrança pela municipalidade. O aresto recorrido, à falta de comprovação da existência de órgão específico encarregado de exercer o poder de polícia no município recorrente, afastou a cobrança anual da taxa questionada. Incabível discutir, em sede extraordinária, se houve a efetiva atuação dos órgãos fiscalizadores da Administração Pública Municipal. O afirmado pelo acórdão repousa na prova dos autos e no direito local, que não podem ser revistos em recurso extraordinário, ante as Súmulas 279 e 280 do STF. Agravo regimental desprovido".[23]

"Direito Constitucional, Tributário e Administrativo. Taxa de localização e funcionamento. Art. 145, II, da Constituição Federal. Fiscalização. Poder de polícia. Súmula

---

22. *Direito Tributário, Linguagem e Método*, São Paulo, Noeses, 2008.

23. AI 258.907 AgR-SP, 1ª T., Rel. Min. Ilmar Galvão, *DJ* 6.10.2000, p. 84.

279. 1. A União, os Estados, o Distrito Federal e os Municípios poderão instituir taxas, em razão do exercício do poder de polícia ou pela utilização, efetiva ou potencial, de serviços públicos específicos e divisíveis, prestados ao contribuinte ou postos a sua disposição. É o que estatui a Constituição Federal, no art. 145 e seu inciso II, focalizados no RE. 2. Interpretando essa norma, assim como as que a precederam, seja na Constituição anterior, seja no Código Tributário Nacional, a jurisprudência do STF firmou-se no sentido de que só o exercício efetivo, por órgão administrativo, do poder de polícia, na primeira hipótese, ou a prestação de serviços, efetiva ou potencial, pelo Poder Público, ao contribuinte, na segunda hipótese, é que legitimam a cobrança de taxas, como a de que se trata neste Recurso: taxa de localização e funcionamento. 3. No caso, o acórdão extraordinariamente recorrido negou ter havido efetivo exercício do poder de polícia, mediante atuação de órgãos administrativos do Município, assim como qualquer prestação de serviços, efetiva ou potencial, pelo Poder Público, ao contribuinte, que justificasse a imposição da taxa em questão. 4. As assertivas do acórdão repousaram na interpretação das provas dos autos ou do direito local, que não pode ser revista, por esta Corte, em RE (Súmulas 279 e 280). 5. Precedentes. 6. RE não conhecido."[24]

É claro que, para o exercício do poder de polícia, o ente público deve possuir competência administrativa, além de verificar a necessidade de limitação da liberdade individual para fins de proteger direitos coletivos, como bem leciona Lúcia Valle Figueiredo:[25] "As limitações à liberdade e à propriedade somente irão se justificar se e na medida em que os direitos coletivos e difusos – também enumerados pelo texto constitucional, bem como o interesse público primário – postulem".

24. RE 140.278-CE, 1ª T., Rel. Min. Sydney Sanches, *DJ* 22.11.1996, p. 45.703.

25. *Curso de Direito Administrativo*, 3ª ed., São Paulo, Malheiros Editores, 1998, p. 251.

O parágrafo único do art. 78 não deixa dúvidas a respeito do assunto. Esse dispositivo enaltece que, para ter-se regular exercício do poder de polícia, é imprescindível observância à competência administrativa, posta por lei, e nos estritos limites da previsão constitucional. Além disso, o exercício do poder de polícia deve dar-se com respeito aos direitos individuais, sendo feito mediante devido processo legal.

6. Conclusões

Conforme enuncia o art. 80 do Código Tributário Nacional, e, como já anotamos em comentários ao art. 145 da Constituição da República, as taxas podem ser instituídas pela União, pelos Estados, pelo Distrito Federal e pelos Municípios, conforme desempenhem a atividade que sirva de pressuposto para sua exigência. Desse modo, para que haja tributação por meio de taxas, é imprescindível a edição de uma lei administrativa, que regule o exercício do poder de polícia ou a prestação do serviço público, nos termos da competência administrativa posta constitucionalmente. Existente o regular exercício do poder de polícia ou a prestação do serviço público específico e divisível, tem cabimento a edição e aplicação de outra norma, de índole tributária, para fins de instituição e cobrança de taxas.

Examinados os arquétipos das possíveis regras-matrizes de incidência das taxas, identificamos duas espécies: (i) as taxas pela prestação de serviço público específico e divisível; e (ii) as taxas pelo exercício do poder de polícia. Em ambos os casos, sua base de cálculo há de medir a atuação estatal, sendo inconcebível que se adote elemento quantitativo próprio de imposto, ou seja, que tome signo presuntivo de riqueza do contribuinte.

As taxas pelo exercício do poder de polícia são suscetíveis de serem exigidas nas hipóteses de efetiva prestação do serviço público específico e divisível, assim como nas situações em que, sendo compulsória sua utilização, o serviço seja posto à disposição do contribuinte (serviço "potencialmente usufruído"). As taxas pelo exercício do poder de polícia, diversamente, só tem cabimento quando a atuação estatal for concretamente desempenhada.

LA TEORÍA FORMAL DEL DERECHO COMO PRIMERA ETAPA EN EL VIAJE DE LA TEORIA COMUNICACIONAL DEL DERECHO[*]

Félix Francisco Sánchez Díaz

La Teoría Comunicacional del Derecho, que es la propuesta que el profesor Gregorio Robles ha hecho para una teoría del derecho que resulte útil a los juristas, no es una novata en el mundo de las exploraciones teórico-jurídicas. Como propuesta de investigación teórica del Derecho ha dado grandes pasos, desde las iniciales exploraciones realizadas en la colección de artículos del autor reunidos bajo el título *Epistemología y Derecho* (Madrid, Pirámide, 1982) pasando por el atrevido ensayo *Las Reglas de los Juegos y las Reglas del Derecho* (ed. Facultad de Derecho de Palma de Mallorca, 1984; objeto en 2011 – Ed. Noeses, Sao Paulo – de una reciente traducción y edición en Brasil, uno de los países en los que la Teoría Comunicacional del Derecho está teniendo una gran acogida), hasta la obra fundacional *Introducción a la Teoría del Derecho* (Madrid, Debate, 1988), cuya contraportada ya contenía la referencia a una "teoría comunicacional del Derecho", y en la que el profesor Robles se introduce en la crítica de las corrientes históricas del pensamiento jurídico, para construir el basamento epistemológico de su propia propuesta. Existe toda una plétora de artículos en revistas especializadas y de otros libros escritos por el autor, los cuales podrían considerarse retrospectivamente, bien como complementarios, bien como preparatorios de la gran obra cuyo comentario se aborda en esta recensión. Es imposible, por razones de todo orden, hacer la relación completa de los mismos, pero merecen mención especial al menos dos de ellos: su *Sociología del Derecho*, aparecida por primera vez en 1996 (Madrid, Civitas), y que es al mismo tiempo un programa de investigaciones sociológico-jurídicas y una justificación epistemológica de una de las principales tesis del enfoque comunicacional del derecho: la separación y el paralelismo metodológico entre teoría y sociología del derecho; y el ensayo titulado *Pluralismo Jurídico y Relaciones Intersistémicas – Ensayo de Teoría Comunicacional del Derecho* (Cizur Menor, Navarra, Thomson-Reuters, Civitas, 2007), que anticipa parte del nuevo contenido del libro objeto de este comentario.

El lector tiene ahora a su disposición la cuarta edición de este primer (y por el momento único) volumen de la *Teoría del Derecho* de Gregorio Robles, obra cuya primera edición apareció hace ya catorce años (una *Teoría del Derecho* editada en 1998 con 376 páginas) y que ha ido haciéndose más extensa y completa con el correr de los años y de las ediciones. Así, tras una segunda edición

---

[*] Recensión de la obra de Gregorio Robles titulada *Teoría del Derecho. Fundamentos de Teoría Comunicacional del Derecho*, volumen I, 4ª edición, Cizur Menor (Navarra), Civitas, Thomson-Reuters, 2012.

que sólo variaba respecto de la primera en ciertas correcciones de erratas y en una puesta al día de la bibliografía, en 2010 se produjo una primera e importante ampliación de los contenidos, que supuso al mismo tiempo un aumento de la extensión del libro a 864 páginas, es decir, más del doble de su extensión inicial. La cuarta edición supone también una importante ampliación en los contenidos del texto, si bien no del fuste y tamaño de la habida en la edición de 2010, y asimismo un nuevo aumento de la extensión del volumen, que alcanza ahora las 960 páginas.

Estamos, no cabe duda, ante un *opus magnum*, ante una obra esencial en la bibliografía del autor. Además de esencial, es una obra singular: no es un tratado de teoría del derecho, ni un manual de teoría del derecho. Es un texto híbrido, un mixto entre manual y tratado, un libro que puede ser útil a la vez al profesional del derecho, al investigador, al docente y al estudiante. Esta complejidad del formato obliga al profesor Robles a iniciarlo con un prólogo complejo, dividido en varias partes: una guía de uso del libro como manual adaptado al "Plan Bolonia", titulada "¿Cómo usar este libro?" y, tras los cuatro prólogos generales encadenados de las sucesivas ediciones, dos prólogos más, dedicados respectivamente a estudiantes y profesores.

Pero esta organización aparentemente complicada del libro, producto de lo que podría llamarse su "polifuncionalidad", se vuelve simplicidad, que no simpleza, cuando el lector se va adentrando en los veintitrés capítulos que componen el cuerpo de la obra. En ellos podrá apreciarse – o, mejor aún, casi no se notará, aunque esté ahí – el enorme esfuerzo hecho por el autor por verter ideas complejas en un lenguaje lo más sencillo posible.

Conviene comenzar mostrando la evolución de los contenidos de esa obra, antes de hacer una exposición de los mismos que, más que sumaria, tendrá necesariamente que ser panorámica. Ello permitirá, al mismo tiempo, hacer una presentación de conjunto de la obra y dar cuenta de su unidad sistemática.

La primera edición de la *Teoría del Derecho* albergaba doce capítulos, que trataban, en un orden que a primera vista no es visible, a menos que tengamos presente la conquista de Jericó, una imagen bíblica que el autor usa para explicarnos su modo de exposición, los temas esenciales de la Teoría formal del Derecho: el concepto de Derecho, el de ordenamiento jurídico, el de decisión jurídica, el de sistema jurídico, el de norma jurídica, la idea de jerarquía de competencias y de normas, el concepto de acción jurídica, el trascendental concepto de validez jurídica, y las notas de coactividad y de positividad del Derecho. Todo ello en el marco, que asume también la forma de dos capítulos del libro, de la concepción del derecho como texto, y de la teoría del derecho como una teoría *comunicacional*, ideas con las que quien haya leído la restante obra del profesor Robles ya estará familiarizado.

Tras el paso por la segunda edición que, según hemos dicho, fue un mero ejercicio de actualización y corrección de erratas de la primera, la tercera edición incorpora al texto nuevos y fundamentales contenidos, organizados en siete nuevos capítulos (del trece al diecinueve) en los que se hace un estudio de algunos *conceptos jurídicos fundamentales*, tales como los de poder y deber jurídico, derecho subjetivo, situación jurídica, relación jurídica, tanto en general como en sus acepciones de relaciones jurídicas interpersonales e intersistémicas, y se introduce un concepto que cierra el círculo de la exploración formal del derecho como sistema comunicacional, y al que volveremos, dado su carácter central y al mismo tiempo seminal, más adelante: se trata del concepto de *ámbito jurídico*.

Llegamos por fin a la cuarta edición. En ella el autor completa la tarea de ampliación que se había propuesto hacer sobre las ediciones primera y segunda, y que sólo había dejado inacabada por haber sido urgido a un nuevo lanzamiento editorial de su obra en 2010. El mismo contiene cuatro nuevos capítulos (del veinte al veintitrés) dedicados a explorar las relaciones interordinales (entre derecho, moral, usos sociales y religión), y el concepto de persona (con dos capítulos en los que hace un interesantísimo repaso a la historia del concepto y propone un re-análisis del mismo a la luz de los postulados de la teoría comunicacional del derecho). Además, como tributo a su ensayo de 1983, y al mismo tiempo como reivindicación de su valor teórico, dedica un capítulo al juego como orden normativo y a su analogía con el derecho.

Todos estos contenidos exhiben una potente unidad teórica. Conforman tanto el basamento epistemológico como los cimientos conceptuales de una Teoría comunicacional del derecho. Esta se caracteriza por no pretender ser otra cosa que *una* perspectiva o vista sobre el poliédrico fenómeno jurídico, centrada en su aspecto lingüístico o comunicacional. No se trata, obviamente, de una perspectiva anecdótica, circunstancial o tangencial de lo jurídico, sino que se dirige, por razones tan obvias que el autor considera innecesario desarrollarlas (basta a este respecto una mera exposición de la *evidencia del derecho* como fenómeno comunicacional), al centro mismo de las preocupaciones tanto teóricas como prácticas de los juristas y es en consecuencia una perspectiva práctica, pragmática, esto es: la de una teoría del derecho que aspira a ser útil a los juristas.

Un filósofo sustancialista, ontologista, hablaría sin tapujos de una "naturaleza comunicacional del derecho", y ello al lector meramente interesado en darse un barniz teórico no le resultaría de ningún modo inapropiado o discutible. Ahora bien, no nos hallamos ante una obra dirigida a obtener un mero "barniz" teórico sobre el derecho. El texto al que se enfrenta el lector es, ciertamente, un texto ameno y comprensible, pero también es considerablemente extenso, no tanto porque los capítulos que lo conforman sean prolijos (que no lo son, en absoluto), sino porque es un repaso panorámico por todas las cuestiones centrales de una teoría formal del derecho. Y, por otra parte, es un texto profundo, en el que se aspira a alcanzar un conocimiento "radical", esto es, en busca de la raíz, del último porqué de los aspectos más formales del fenómeno jurídico. Se procurará no traicionar ese espíritu radical de la obra en este comentario. En consecuencia, se renunciará a atajos sustancialistas para referirse a los conceptos últimos de la teoría del derecho.

Este volumen primero de la Teoría del Derecho busca abordar de forma panorámica los principales problemas de lo que Robles denomina una teoría "formal" o "pura" del derecho, que es una de las partes en que se divide la Teoría comunicacional del derecho. Aquí se intenta explicar el derecho como fenómeno comunicacional, centrándose en las conexiones o relaciones entre conceptos que, por estar presentes en todo caso o instancia referible con el término "derecho", pueden ser consideradas como conceptos generales, con la máxima generalidad, y también como conceptos *universales*, en el sentido de que están presentes siempre que hablamos de "derecho".

A continuación se hará una exposición sumaria de las ideas fundamentales que permean esta *Teoría del Derecho*. Ello servirá al mismo tiempo para que el lector no familiarizado adquiera una visión de conjunto de la teoría comunicacional del derecho.

La teoría del derecho es concebida como *análisis del lenguaje de los juristas*, donde el concepto central es el de *texto*. Texto es cualquier realidad susceptible de interpretación y, desde los postulados de la hermenéutica filosófica, la realidad *in toto* es interpretable, de manera que el conocimiento no es en el fondo otra cosa que un proceso interpretativo. Esto es aún más acusado tratándose de fenómenos que, como el derecho, se manifiestan primariamente a través de textos escritos.

El lenguaje es, en efecto, la forma de manifestación primaria del derecho. Esta afirmación no debe, sin embargo, ser entendida en términos ontológicos, sino como simple constatación de una evidencia y como un punto de partida para la investigación del derecho. Como toda buena filosofía, la teoría comunicacional del derecho parte de lo evidente en un viaje cuyo destino es formular problemas teóricos y, en la medida de lo posible, esclarecerlos.

El texto caracterizador del fenómeno jurídico es el *ordenamiento*. Este es un concepto de totalidad, que hace referencia a una realidad compleja y condicionada históricamente. Los textos tienen una historia, y por tanto están dominados por notas de temporalidad, ocasionalidad e imperfección. El ordenamiento jurídico como tipo textual está asimismo condicionado por sus notas de ser un texto "práctico" o "regulativo", fundado sobre *decisiones* y generador de *instituciones*.

Los ordenamientos se originan en *decisiones*. Estas son una parte más del poliédrico fenómeno jurídico, pero a la teoría comunicacional del derecho le interesan exclusivamente en cuanto *actos de habla*. Lo que se propone esta teoría, una vez esclarecido el concepto, es proceder a un análisis de las reglas universales de la *decisión jurídica*. Ello ha de ser objeto de una *teoría de la decisión jurídica*, materia ésta que rebasa el ámbito de este primer volumen de la Teoría del Derecho de Gregorio Robles, centrado en los aspectos formales y conceptuales de la teoría del derecho. La teoría formal del derecho desgrana así el concepto genérico de "decisión jurídica" en los conceptos más específicos de decisión extrasistémica e intrasistémica, y por otra parte conecta el concepto de decisión jurídica con el de norma jurídica y con el de autoridad jurídica.

Los ordenamientos jurídicos son susceptibles de conocimiento, el cual se alcanza por medio de la *ciencia jurídica*. Esta es una ciencia *constructiva* y *práctica*, es decir, una ciencia productora de *normas jurídicas*, que no se limita a describir su objeto de conocimiento, sino que lo construye, y además es una ciencia directamente conectada con la orientación de la acción humana.

A través de la ciencia jurídica se depura el texto ordinamental de imperfecciones, lagunas e inconsistencias. El resultado es un nuevo texto que al mismo tiempo refleja aquél y lo enriquece. Se trata del *sistema*, con el que el ordenamiento mantiene una compleja relación comunicacional, hermenéutica, característicamente descrita por Robles como la *espiral hermenéutica* de que habla Gadamer en *Verdad y Método*. Las proposiciones mínimas del texto sistemático son las *normas jurídicas*. La teoría formal del derecho emprende, con respecto a las mismas, un análisis conceptual y propone una tipología.

Como concepto, el de norma jurídica se encuadra sistemáticamente en el concepto más genérico de *directiva*, que a su vez hace alusión a determinados usos del lenguaje o actos de habla. En tanto que especie del género directiva, la norma jurídica es la directiva característica del texto jurídico sistémico. Este es complejo y heterogéneo, y por ello es preciso analizar sus proposiciones integrantes en su complejidad y heterogeneidad. Para ello, Robles las distingue y clasifica recurriendo a un doble criterio lingüístico y funcional: la relación entre norma y acción (y así distingue entre normas directas e indirectas de la acción), y la contextura lingüística de las proposiciones, en particular, la presencia en las mismas de los verbos modales "ser", "tener que", "deber" y "poder". Robles recurre a términos de fuerte connotación filosófica en su caracterización de los tipos de normas jurídicas. Así, las normas que regulan la acción de forma indirecta, estableciendo sus prerrequisitos (subjetivos, temporales, espaciales), son formulables mediante el verbo "ser", y por ello son normas *ónticas*. Las que regulan directamente la acción pueden establecer deberes u obligaciones, formulables mediante el verbo "deber", y son normas *deónticas*; o bien confieren poderes, derechos subjetivos o autorizaciones, siendo formulables mediante el verbo "poder", y son normas *potestativas*; o, por último, definen directamente los procedimientos en que la acción jurídica consiste, siendo formulables mediante el verbo "tener que", y son normas *técnicas* o *procedimentales*. Todavía afina Robles el análisis de las normas deónticas en su aspecto funcional, distinguiendo entre normas deónticas de conducta, de decisión y de ejecución.

Lo hasta aquí expuesto nos enfrenta a un fenómeno de gran complejidad, imposible de reducir a un concepto sustancialista, en el que domine una esencia o sustancia caracterizadora del ser del derecho, y que presenta notas de dinamismo y heterogeneidad. Esta, podría decirse, es la tesis de la teoría comunicacional del derecho, y el mensaje que permea toda la obra: cualquier tipo de reduccionismo es erróneo, peor aún, inviable cuando uno se enfrenta al fenómeno jurídico. Por otra parte, y precisamente debido a la gran complejidad de dicho fenómeno. ningún tipo de sincretismo, ya sea metodológico o conceptual, es un atajo que permita hallar respuestas correctas, no digamos ya acabadas y dadas de una vez y para siempre, en la senda del conocimiento del derecho.

El tercer concepto fundamental, que junto con los de ordenamiento y sistema es la piedra de toque para la comprensión teórica del derecho, es el de *acción*. En torno a la acción se organiza el cuerpo de los textos jurídicos, y éstos son producto de acciones (actos de habla). La acción rodea todo lo jurídico, bien como fuente de la que mana, bien como materia sobre la que versa el mensaje del derecho. Robles presenta un concepto comunicacional de acción, considerándola como la genuina forma de comunicación, y definiéndola como el significado unitario otorgado a un conjunto de movimientos físico – psíquicos. El lenguaje, que es fenoménicamente la manifestación primaria de todo lo jurídico, es producto de una clase específica de actos: los actos de habla.

Dicho esto, Robles analiza la acción únicamente en el sentido que interesa a una teoría cuyo objeto es el derecho como fenómeno comunicacional, es decir, como *acción jurídica* o acción regulada por el derecho, vista desde el punto de vista interno del derecho. Y, en este sentido, la acción es *texto*. Esta es una afirmación que vale con carácter general, *mutatis mutandis*, para toda acción y no sólo para la acción jurídica, pues toda acción es el resultado de la interpretación que hacemos de determinados movimientos y, en este específico sentido, no se identifica con dichos movimientos, aunque sin éstos no habría acción. Los movimientos físico-psíquicos son el origen de la acción, pero lo que los convierte en acción propiamente dicha es la interpretación que de ellos hacemos. Y la interpretación, toda interpretación, sigue *reglas*, las cuales, si son lo bastante precisas – y en el derecho suelen serlo – constituyen, crean la acción. Una vez creadas las acciones por medio de reglas, otras reglas pueden guiar su valoración hasta el punto de presentar determinadas acciones como debidas, prohibidas o autorizadas. En síntesis, Robles presenta el derecho como un conjunto de mensajes, establecidos *ex conventione*, que crean acciones (procedimientos) y guían la actividad de valoración de aquéllas.

Hay una parte de esta obra en la que el autor hace un repaso sobre cuatro conceptos que han dominado el debate de la teoría del derecho durante el siglo XX: son los conceptos de *validez, eficacia, positividad* y *coactividad*. Y los resultados de dicho repaso sorprenderán a quien no conozca el pensamiento del catedrático de la UIB, e incluso también a aquellos que creen conocerlo.

El análisis de la validez jurídica que Robles hace en esta *Teoría del Derecho* es característicamente *comunicacional*. Con ello se quiere decir que no va a buscar la esencia de la validez, para fijarla de modo definitivo como concepto, sino que va a partir de cero, tomando "validez" por lo que primariamente es, o si se prefiere, atendiendo a la pura apariencia exterior, a la palabra, al término. Robles intenta, pues, en primer lugar, situar el término "validez" en el contexto del cuerpo de mensajes jurídicos y de los usos que recibe en la totalidad textual "ordenamiento/sistema" jurídico. Se preocupa, pues, antes por esclarecer los múltiples (aunque conectados) significados del término "validez", que por construir un cuerpo teórico homogéneo alrededor de un concepto presuntamente unitario. Ello le permitirá armar la estructura básica de una teoría que conecte los distintos posibles significados, valiéndose de una diferenciación terminológica que permita expresar su complejidad significativa, como primer paso para construir una teoría formal, esto es, un entramado conceptual que sea útil en la resolución de problemas jurídicos cruciales. Históricamente, estos problemas han recibido un tratamiento parcial e insatisfactorio, como resultado de un estrechamiento de las miras teóricas debido a los intentos continuos de los filósofos del derecho de dar al término "validez" un significado unitario.

Dice Robles que "válido" significa "lo que vale", pero también "lo que debe valer", juicios ambos que parten de la comparación con un modelo. Así inaugura un complejo análisis en el que encuentran su lugar teórico adecuado tanto la validez ideal de los iusnaturalistas, la justificación de la norma si bien despojada de toda sustancialidad trascendental, como la validez positiva del acto (también del acto de normar) como cualidad conferida al mismo por normas jurídicas positivas, pero más en un sentido comunicacional que iuspositivista al uso o sociologista. El acto válido es de este modo la referencia de la norma válida; la norma válida es una parte del texto jurídico construida según las reglas sintácticas, semánticas y pragmáticas que gobiernan el *uso jurídico del lenguaje*. Pero el uso jurídico del lenguaje apunta en dos direcciones diferentes bajo la misma etiqueta de "validez": *pertenencia* de la norma al sistema jurídico, o del acto al ámbito jurídico, y validez como *valiosidad* del acto, es decir, la cualidad que hace merecer un juicio jurídico favorable a la norma, en cuyo caso debe ser obedecida, o al acto, en cuyo caso debe de ser premiado o no sancionado ni anulado. La valiosidad del acto o de la norma puede erigirse en condición de su *pertenencia* al ámbito jurídico, siempre y cuando exista una norma en el sistema jurídico que así lo establezca. De este modo, el juicio de valiosidad del acto o de la norma se inserta en el proceso de determinación de la pertenencia de uno u otra al ámbito jurídico. Y lo decisivo es la conclusión respecto a la pertenencia, pues de ella dependerá, bien que el acto se coordine con otros actos contemplados por el sistema jurídico, bien que la norma sea tenida en cuenta en el proceso de toma de decisiones jurídicas.

En referencia a la distinción esbozada en el párrafo anterior, Robles distingue una validez *formal* de una validez *material*, como acepciones diferentes, si bien conectadas, del término "validez". Pero lo más importante es que ambas acepciones son "validas", aunque evidentemente no significan exactamente lo mismo. Sí significan – ambas – la pertenencia del acto o de la norma a un ámbito jurídico determinado. Pero se trata de una pertenencia determinada por diferentes razones, todas ellas contenidas, acogidas o abarcadas por el texto jurídico. Así, el profesor Robles llega a demostrar lo que debería ser obvio: que la validez jurídica *es jurídica*. Que las razones para predicarla son internas a la totalidad textual "ordenamiento – sistema", y no pertenecen a esferas de justificación ajenas dicho entramado textual. Pero, sobre todo, que el derecho es un artificio humano capaz de amalgamar elementos heterogéneos, como lo son las razones del actuar y la formalización o formulación de tipos de acción, en un complejo textual – normativo en el que es posible recurrir a fórmulas que estandarizan el proceso de toma de decisiones, pero en el que, si el caso lo requiere, es posible también recurrir a la ponderación propia del pensamiento práctico cuando la acción se encuentra en una encrucijada.

Validez formal y validez material se combinan para dar nacimiento al concepto de *validez plena*. A decir verdad, la validez plena no puede ser otra cosa que la plena inserción del acto o de la norma en el ámbito jurídico de referencia, dado que son indudables o bien están perfectamente contrastadas tanto su validez formal (es decir, su correspondencia con las normas procedimentales existentes) como su validez material (es decir, la valiosidad de la norma o del acto decidida conforme a las normas del sistema jurídico). La deficiencia en una u otra modalidades de validez jurídica convierte a la norma o al acto en *inválidos*, pero Robles se encarga de recordarnos que, si la validez es pertenencia, la invalidez no implica necesariamente expulsión del ámbito jurídico, puesto que los sistemas jurídicos suelen contener mecanismos de *presunción de validez*, que deciden la pertenencia de normas o actos al ámbito jurídico en tanto no sean anulados en virtud de una decisión expresa, tomada por un órgano instituido al efecto.

Respecto a los conceptos de *positividad* y *eficacia*, la tesis que mantiene el autor es que ambos son conceptos propios de un enfoque sociológico del derecho, y por lo tanto ajenos a las preocupaciones de la teoría del derecho. Respecto a la *coactividad*, nota que es costumbre generalizada atribuir al derecho, Robles la incorpora al texto jurídico como una particularidad más del sistema comunicacional que aquel constituye: la coactividad jurídica *se manifiesta* en la existencia de *normas de ejecución*. La fuerza no es, pues, un agregado fáctico sin el cual el texto jurídico se desnaturaliza, sino una parte más del complejo de contenidos abarcados por la totalidad textual ordenamiento – sistema.

Poderes y *deberes* jurídicos son también objeto de estudio en el libro. El autor parte de un análisis de los usos de estos términos, tanto en el lenguaje coloquial como en el lenguaje jurídico (que incluye a la propia filosofía jurídica como manifestación de esta modalidad de uso del lenguaje), y tanto en la actualidad como en la historia, para ir desvelando la red de conceptos expresados a través de aquellos términos. De nuevo, no es importante encontrar un significado unitario de "poder" o de "deber", sino identificar los diversos conceptos significados y tratar de establecer las relaciones internas existentes entre ellos. De esta labor de elucidación resulta la solución de paradojas conceptuales como la del juez prevaricador: éste hace uso de un poder (entendido como posibilidad de acción, tanto lícita como ilícita, conferida por una norma óntica, la que establece su *competencia*) para realizar una acción ilícita, es decir, contraria a lo establecido en una norma deóntica. El deber jurídico es caracterizado comunicacionalmente: un deber es jurídico cuando viene expresado por una norma jurídica. No es que no exista un modo específico de entender la vinculación que el deber jurídico supone, por contraste con la vinculación que supone el deber moral. Es tan sólo que esta diferencia se expresa en la forma de órdenes normativos diferentes, y sólo éste es un criterio cierto que permite identificar el deber jurídico frente al deber moral. No, por consiguiente, mediante propiedades inmanentes a la materia objeto del deber ni tampoco mediante el recurso a la sanción como indicio de conducta debida. La existencia de los deberes jurídicos sin sanción habla en contra de ello.

Es en este punto de la obra en el que el autor introduce el fundamental concepto de *ámbito jurídico*. Este es definido como un espacio virtual que encierra los procesos de comunicación que tienen como eje la dualidad ordenamiento/sistema jurídico. No se trata, en sentido estricto, de una novedad en la obra teórica del profesor Robles. Ya en *Las Reglas de los Juegos y las Reglas del Derecho* había acuñado el término "ámbito ôntico-práctico", con el que hacía referencia a un conjunto de reglas organizadoras (en el sentido más amplio) de la acción, creadas convencionalmente. En su Discurso de ingreso en la Real Academia de Ciencias Morales y Políticas (recientemente publicado por la editorial Fontamara, México, 2012) avanzó una definición de "ámbito jurídico", que mantiene en esta obra, como conjunto de procesos comunicativos que tienen como referencia directa a un ordenamiento jurídico determinado (p. 17). Dichos procesos pueden ser interpretados desde diversas perspectivas: económica, sociológica, moral o jurídica. Desde la perspectiva del derecho, los diversos procesos comunicativos (sociales, si se quiere) son leídos de conformidad con el marco de interpretación que el derecho es, entre otras cosas, quedando integrados en su ámbito, esto es: en el ámbito jurídico o ámbito de "lo jurídico".

El concepto de ámbito jurídico no sólo cierra el círculo conceptual de una teoría comunicacional del derecho, sino que es la refutación misma en forma de concepto de las tentativas positivista y sociologista del explicar el derecho. Mediante este concepto, la Teoría comunicacional del derecho deja claro que es una explicación del *punto de vista jurídico* sobre el mundo. El derecho es, en una de sus múltiples facetas, una perspectiva interpretativa del mundo social. El mundo social es leído por el derecho *jurídicamente*. No tan sólo no hace falta, sino que es erróneo integrar teóricamente las perspectivas sociológica y jurídica, pues son dos sistemas interpretativos del mundo social paralelos e incomunicables entre sí. El que también sea posible una sociología del derecho no coloca a esta disciplina en una posición de prioridad epistemológica respecto de la teoría del derecho. En el mundo del conocimiento, podría decirse, no existen las jerarquías entre disciplinas, sino una pluralidad de perspectivas que sólo son fructíferas si colaboran entre sí.

Sentado el marco interpretativo, la *teoría del derecho* del profesor Robles se lanza a un análisis conceptual de los procesos comunicativos enmarcados en el ámbito de lo jurídico: en particular, el libro profundiza en los conceptos de situación jurídica y relación jurídica, que serán basales para la posterior delimitación conceptual de uno de los conceptos "estrella" del derecho: el de derecho subjetivo. Del concepto de *situación jurídica*, calificado irónicamente por Robles como uno de los "conceptos-cenicienta" de la filosofía del derecho, se expone su doble intoxicación, tanto filosófica como política, en una pretendida lucha de prestigios entre aquél y el concepto de "derecho subjetivo", que históricamente obtuvo una victoria que condenó al ostracismo al primero. Un concepto polémico, rodeado de una amplia zona de vaguedad, y que ha sido tratado por la teoría del derecho de un modo demasiado restringido, especialmente en vista del amplio uso que del mismo hace la profesión jurídica, para referirse al régimen jurídico aplicable a un determinado concepto o porción del ámbito jurídico. Mucho mayor desarrollo recibe el concepto de *relación jurídica*. Fiel al método de análisis que sigue a lo largo de la obra, Robles explora las posibles acepciones del término "relación", y hace un repaso histórico del tratamiento que el pensamiento jurídico ha hecho del término, básicamente limitado a las relaciones jurídicas interpersonales. Entre una concepción "amplísima" de la relación jurídica, que aludiría a todas las conexiones existentes entre los elementos de un ámbito jurídico, y la concepción "estricta" que ha dominado históricamente, el profesor Robles se queda con un "significado intermedio", que abarque las relaciones jurídicas más importantes y aquellas otras que, mereciéndolo, no han recibido un tratamiento suficiente por la Teoría del Derecho. Así, el libro se extenderá sobre las relaciones jurídicas *intersubjetivas*, las relaciones jurídicas entre ordenamientos o *intersistémicas*, y las relaciones jurídicas entre órdenes normativos o *interordinales*. Todas ellas son fenómenos comunicacionales, pues están constituidas por el Derecho, y éste es un fenómeno comunicacional.

El análisis conceptual propio de la teoría comunicacional del derecho alcanza uno de sus puntos culminantes en la exposición que el libro dedica al *derecho subjetivo*. De él dirá Robles que se trata de un concepto con un significado técnico-jurídico y con una larga historia doctrinal pero que, por su carácter general, merece ser objeto de la teoría del derecho. Además, ha sido pasto de los movimientos ideológicos que constantemente sacuden el mundo del derecho, y ello ha redundado en perjuicio de la claridad conceptual. En el libro se emprende una vez más un repaso a la historia de los usos del término "derecho subjetivo", que a la fuerza ha de ser un repaso de la historia de las concepciones doctrinales y teóricas que sobre el mismo ha habido, comenzando por el nacimiento del término en la Baja Edad Media, su evolución durante el período iusnaturalista, su reformulación con la irrupción del positivismo psicologista en el pensamiento jurídico decimonónico, las conocidas teorías de la voluntad y del interés que sentaron las bases del concepto doctrinal más extendido de derecho subjetivo, el eclecticismo entre ambas teorías de Jellinek, las críticas marxistas y nazis contra el derecho subjetivo, las críticas del normativismo kelseniano y de los realismos jurídicos escandinavo y norteamericano, la revisión por el segundo Kelsen y por Alf Ross de una inicial posición negadora del concepto, y los recientes intentos de autores como Eugen Bucher o Joseph Aicher de construir un concepto formal de derecho subjetivo, bien sobre la base de la delegación normativa (Bucher), bien sobre la separación entre el permiso propio, propia de una perspectiva teleológica, y la exclusión ajena, propia de una perspectiva formal (Aicher), o de otros, como Ulrich Preuss, de configurar el concepto de derecho subjetivo a partir de un análisis sociológico, con fuerte influencia de postulados marxistas.

Frente a la sucesión de posiciones teóricas e ideológicas sobre el derecho subjetivo que, invariablemente, tratan de reducirlo a un concepto unitario, simple, la Teoría comunicacional del derecho se propone expresamente hacerse eco de la realidad del uso del término por los juristas. Su perspectiva, respecto del derecho subjetivo, como respecto de cualquier elemento del derecho, es triple: formal, teorizadora de la dogmática del concepto, y teorizadora sobre la decisión relativa a derechos subjetivos. Esta obra sólo aspira a perfilar la primera de las tres perspectivas, procediendo en consecuencia a una disección formal de los significados que resultan de los propios usos que el término "derecho subjetivo" recibe. La función primaria del derecho subjetivo es la de atribución de ciertos *títulos* a ciertos sujetos. La teoría formal del derecho desgrana esta función, revelando que hay normas *ónticas* encargadas de determinar quiénes son sujetos jurídicos y quiénes de entre ellos son titulares de un derecho subjetivo concreto y determinado. En segundo lugar, los derechos subjetivos acotan los *poderes* que tienen los sujetos titulares sobre los bienes que les corresponden. "Poderes" es un término que, en este contexto, tiene una doble acepción: por un lado, indica las acciones que son *jurídicamente posibles* al titular de un derecho subjetivo en cuanto titular de un derecho subjetivo, ya sean lícitas o ilícitas; dichas acciones quedan constituidas por normas ónticas. Por otro lado, indica las acciones que son *lícitas* o están autorizadas por el ordenamiento jurídico, autorización que viene dada por normas *deónticas* del tipo de las potestativas. De este modo, el análisis formal revela que, tras lo que parece un término al que debería corresponder un concepto unitario, simple, se esconde una compleja red conceptual que implica normas jurídicas de muy diversa estructura y función, y que actúan conectadas entre sí, mostrando una vez más que no es la norma, sino el complejo textual ordenamiento – sistema la referencia de toda conceptuación jurídica.

El de las *relaciones jurídicas intersistémicas* es otro de los capítulos de esta obra que han de dar que hablar – y, sobre todo, qué pensar – tras su lectura. En realidad, las tesis que en él se vierten ya fueron publicadas hace unos años por el autor en *Pluralismo Jurídico y Relaciones Intersistémicas* (Ed. Civitas, 2007). En la *Teoría del Derecho* aparecen, en apretada síntesis, las ideas expuestas más largamente en aquella obra, y que podrían resumirse de la manera más telegráfica diciendo algo que, si no se acompaña de suficiente reflexión, parecerá una obviedad: estas relaciones entre sistemas jurídicos o *intersistémicas* son *relaciones intertextuales* y, por consiguiente, participan de las características que son inherentes a las relaciones entre textos, a las cuales habrá que añadir algunas que son específicas de las relaciones entre textos *jurídicos*. Todo muy obvio, es verdad, pero, como punto de vista para esclarecer las relaciones entre ordenamientos jurídicos, es de una novedad deslumbradora. Nunca antes que se sepa se había enfocado el problema de las relaciones entre el derecho internacional y los derechos estatales, el de las relaciones recíprocas entre los derechos de los estados singulares, y no digamos el tema de las relaciones entre el ordenamiento jurídico comunitario y el de los Estados Miembros de la Unión Europea adoptando un punto de vista tan ajeno a la aparente solemnidad de la temática. Para ello, Robles se vale de la teoría comunicacional, y con todo atrevimiento sostiene: 1) que los ordenamientos jurídicos son ellos mismos en cuanto textos *perspectivas* sobre lo jurídico; 2) que cada ordenamiento jurídico tiene su propia perspectiva respecto a la cuestión de su relación con otros ordenamientos y, en consecuencia, el *monismo internacionalista* que es propio del Derecho Internacional Público no tiene por qué ser compartido por otras perspectivas jurídicas ordinamentales; 3) que el planteamiento de una cuestión jurídica cualquiera no tiene sentido a menos que se haga en el marco de un complejo textual ordenamiento/sistema concreto y determinado (*principio de relatividad sistémica*); 4) que, como ocurre en cualquier otro texto, en los ordenamientos jurídicos aparecen *recepciones* textuales y *remisiones* a otros ordenamientos; y 5) que, cualquiera que sea la técnica específicamente jurídica empleada para producir la incorporación de un texto de otro ordenamiento en el propio (el efecto directo de las normas de Derecho comunitario europeo, la remisión a normas e instituciones de derecho extranjero por las normas de conflicto del Derecho Internacional Privado), toda integración de texto ajeno en el propio texto jurídico entraña la transformación de ambos: del receptor, pero especialmente del recibido. A la luz de la Teoría comunicacional del derecho, Robles reanaliza formalmente las técnicas de integración jurídica propias del Derecho de la Unión Europea (principios de efecto directo y de primacía del Derecho comunitario, y el mecanismo del reenvío prejudicial, caracterizado como la institucionalización de un *diálogo* entre jueces) y la norma de conflicto como técnica de remisión característica del Derecho Internacional Privado: a la luz de este análisis, ésta se despoja de su vieja vestidura de norma deóntica y aparece como una norma indirecta de la acción que tiene por función señalar las fuentes del derecho aplicable. Asimismo se examina los controles a los que se sujeta la aplicación del derecho extranjero (la calificación, el orden público, el fraude de ley, las cuestiones de constitucionalidad y/o legalidad, o la cláusula de vinculación más estrecha) para ilustrar el modo en que la incorporación del nuevo texto jurídico puede estar acompañada de su propia *transformación*.

El siguiente conjunto de relaciones jurídicas que demanda la atención del profesor Robles en este libro es el de las *relaciones interordinales*, esto es, las que median entre derecho, moral, usos sociales y religión. Se trata de un tema de vastas proporciones, al que se le da en esta obra un tratamiento coherente con los postulados de la Teoría comunicacional del derecho. De algún modo, el lector tendrá al mismo tiempo la sensación de estar ante una exposición enteramente nueva, por su orientación general, y ante una defensa de la coexistencia de los diversos órdenes normativos, frente a la tentación que asalta siempre al teórico de la modernidad de afirmar que los nuevos órdenes fagocitan y vuelven obsoletos los antiguos. Gracias a la idea del perspectivismo textual, que ya hemos visto aplicada a las relaciones intersistémicas con resultados sorprendentes, los distintos órdenes normativos son considerados por el autor como diversas *perspectivas* sobre lo humano, dominadas por un criterio rector o una finalidad última específica de cada una de ellas: así, la perspectiva de los ordenamientos jurídicos está dominada por la meta de la paz social; la de la moral autónoma atiende como criterio a la intención del sujeto; la de la religión, por la idea de la obediencia a Dios; y la de los usos sociales, por el criterio de las formas externas como expresión del respeto hacia los demás. Robles admite la existencia de conflictos entre perspectivas y niega que exista un árbitro que pueda dirimirlos. Es el individuo, sujeto pasible de dichos conflictos, el que tendrá que arreglárselas para resolverlos como buenamente pueda.

Los dos tipos de relaciones que más interés ofrecen son los que se dan entre la moral y el derecho y entre la religión y el derecho. Mucho más el primer tipo que el segundo. En la obra se encontrará un análisis minucioso de los distintos tipos de orden moral que existen (individual o privada, filosófica o crítica, religiosa, social, y moral del Derecho) así como un repaso de las formas en que el derecho como complejo textual se relaciona con aquéllos subórdenes de la moral. Queda claro, por un lado, que se acepta la existencia de concomitancias entre los distintos órdenes normativos, las cuales son tratadas por Robles con ayuda de la idea de intertextualidad, y, por otro lado, que se trata de órdenes normativos netamente diferenciados gracias a su perspectiva específica, lo que no impide la comunicación – que, a veces, toma la forma de conflicto – entre ellos. El autor habla metafóricamente de una "moral del derecho", en referencia a la recepción en el texto jurídico de contenidos propios de la moral autónoma, y además defiende la posibilidad de hacer un análisis trans-perspectivista de los órdenes normativos (un análisis moral del derecho, o un análisis jurídico de la economía, o un análisis económico del derecho, por poner algunos ejemplos). Ahora bien, ello no hace del derecho un capítulo de la ética (como tampoco es el derecho un capítulo de la economía, ni la economía un capítulo del derecho), ni lo convierte tampoco en un orden necesariamente conforme con alguna moralidad racional o religiosa. La justicia es, en este aspecto, un valor que carece de un contenido unívoco.

El último e importantísimo concepto jurídico fundamental del que se ocupa este primer volumen de la *Teoría del Derecho* de Gregorio Robles es el de *persona*. El autor declara su método de investigación desde el comienzo mismo del capítulo 22, dedicado a su estudio junto con el capítulo 23. Dicho método consiste, como ya hemos visto al repasar otras partes del libro, en 1) exponer el uso del lenguaje actual; 2) investigar los orígenes del término "persona" y sus variadas acepciones, tanto en el lenguaje común como, muy principalmente, en la historia del pensamiento jurídico; 3) como resultado de estas investigaciones previas, se hallará una fuerte conexión entre los términos "persona" e "imputación", que será necesario investigar; 4) por otro lado, la historia del término nos enfrenta a tres acepciones o significados principales de "persona", que es necesario elucidar: se trata del significado filosófico, teológico y jurídico; hecha la "historia efectual" del término persona, la teoría comunicacional del derecho afronta su análisis desde tres niveles, el de la teoría formal, el de la teoría de la dogmática jurídica y el de la teoría de la decisión jurídica, y por eso resulta necesario mostrar cómo se trabaja con este término desde cada uno de dichos niveles de análisis, que, por ser cada uno de ellos una perspectiva diferenciada de la teoría del derecho, conduce a resultados diferentes, si bien no contradictorios, sino, muy por el contrario, complementarios entre sí.

Este análisis del término "persona", de sus diversos significados y de sus conexiones con otros términos, en especial con los de "sujeto" e "imputación" desvela, en primer lugar, que estamos una vez más ante productos de la realidad convencional que el derecho es, es decir, que su existencia y su uso se explican, no por su referencia a esencias intangibles a las que el derecho haya de atenerse, sino por razones de orden pragmático; en segundo lugar, que el término "persona" y sus términos conexos desempeñan un papel característico en aquellos fenómenos que reciben por el autor el nombre de "ámbitos jurídicos": el de señalar un centro de imputación de normas y de acciones, el de designar y diferenciar al mismo tiempo a los distintos jugadores del juego del derecho al tiempo que destinatarios de los mensajes jurídicos; y, en tercer lugar, que la imputación y la personificación son "técnicas" propias del ámbito jurídico, al tiempo que resultado y fuente de decisiones jurídicas. Hay mucho más que descubrir en esta fecundísima parte del libro, y por ello se invita al lector a abordar su lectura.

Hasta aquí la obra y sus contenidos. El panorama de las teorías del derecho publicadas en español hoy en día es amplísimo, lo cual es muestra de salud en una disciplina maltratada por los planes de estudio universitarios. Las razones para "elegir" la obra aquí recensionada frente a las numerosas alternativas disponibles las debe hallar el lector en el interés que suscite la propuesta teórica que contiene. Dicho interés es indudable en el caso de la Teoría del Derecho de Gregorio Robles, por varias razones: primera, la potencia del planteamiento epistemológico que anima la obra; segunda, la capacidad, digna de todo elogio, de la Teoría comunicacional del derecho de construir sobre la tradición iusfilosófica, en lugar de arrumbarla para ofrecer un planteamiento presuntamente nuevo; y tercera, la capacidad, demostrada en esta obra, de la Teoría comunicacional del derecho de formalizar conceptualmente una realidad poliédrica, sin que el enfoque formalista niegue la necesidad de teorizar adecuadamente la interpretación del derecho, la propia ciencia jurídica, y los procesos de decisión jurídica. Muy por el contrario, todos estos componentes necesarios de una teoría del derecho que lo sea cabalmente hallan acomodo conceptual en la teoría formal del derecho contenida en este primer volumen de la *Teoría del Derecho* del profesor Robles, a cuya lectura y estudio quien escribe esta recensión no puede por menos de animar a todo aquel que tenga un sincero interés teórico por el derecho.

Únicamente resta animar al profesor Robles para que continúe su viaje teórico y nos ofrezca en un futuro próximo el resultado de su exploración de la teoría de la dogmática jurídica y de la teoría de la decisión jurídica, que son las dos etapas que aún aguardan en el viaje emprendido por la Teoría comunicacional del Derecho.

Las Palmas de Gran Canaria.

A NORMA JURÍDICA DE CONSTRUÇÃO E O ATIVISMO JUDICIAL: ANÁLISE DOS CONCEITOS E SUA RELAÇÃO COM A SEGURANÇA JURÍDICA EM MATÉRIA TRIBUTÁRIA

ROSANA OLEINIK

Doutoranda e Mestre em Direito Tributário pela PUC/SP.
Especialista em Direito Tributário pela PUC-COGEAE.
Palestrante e Professora Seminarista dos Cursos de Especialização em Direito Tributário do IBET. Membro do Grupo de Estudos de Filosofia e Teoria Geral do Direito de Paulo de Barros Carvalho. Assistente da cadeira de Lógica Deôntico-Jurídica do Mestrado da PUC/SP. Membro do Conselho Municipal de Tributos de São Bernardo do Campo.
Advogada

1. A contextualização do tema. 2. O direito como sistema. 3. Que significa a completude do sistema. 4. O problema da "lacuna". 5. O conceito de norma de construção. 6. A norma de construção fere o princípio da segurança jurídica e da repartição de poderes?

1. A contextualização do tema

O Supremo Tribunal Federal, no cenário contemporâneo, ocupa posição preeminente em debates que visam analisar o desempenho de suas funções constitucionais. Em geral, críticas são tecidas no sentido de existência de uma espécie de exacerbação do poder conferido pelo constituinte à Corte, que reiteradamente estaria exercendo a atividade precípua do Poder Legislativo. Do ponto de vista tributário, às opiniões negativas se somam críticas a supostos argumentos presentes em julgados, que teriam sua fundamentação apoiada em razões de ordem econômica. O panorama é tido pelos juristas como qualificador de "ativismo judicial", que iria de encontro aos princípios que informam a República Federativa do Brasil, dentre eles a divisão de poderes e a segurança jurídica.

Partimos das seguintes questões: (i) A Corte Suprema ao inovar o ordenamento jurídico emitindo norma geral e abstrata, em sede de controle concentrado, que infirme texto de lei positivado pelo Poder Legislativo, ou que tenha por finalidade preencher suposta lacuna sistêmica, estaria praticando o denominado "ativismo judicial", considerado como exacerbação de Poder ou, pelo contrário, exerceria uma competência atribuída pela

Constituição Federal? Haveria um critério jurídico que permitisse discernir o exercício regular da competência de um suposto abuso? (ii) Quais os impactos dessas decisões no Sistema Tributário Nacional?

As indagações tomam corpo e se revestem de maior importância, ao verificarmos que os poderes concedidos a esse órgão foram ampliados pelas técnicas de eficácia da norma geral e abstrata, por ele produzidas, consubstanciadas na possibilidade de edição de súmula vinculante, na repercussão geral e modulação de efeitos de seus julgados. Tais inovações romperam com paradigmas clássicos de aplicação do direito brasileiro, como o livre convencimento dos juízes e a repartição das funções primordiais dos Poderes, com competências constitucionais bem definidas.

Para enfrentar o problema, elegemos o conceito de "norma jurídica de construção", tomado na acepção de Lourival Vilanova, precursor do Constructivsmo Lógico-Semântico, que considera essa prática do Poder Judiciário, como uma característica da estrutura lógica do sistema jurídico, que por necessidade de completar-se autorizaria o ato inovador de criação legislativa[1] praticado pela Corte Suprema. Tratar-se-ia de uma habilitação ou competência conferida ao Judiciário, dentro de um determinado sistema. Porém, não de uma regra em branco, como veremos oportunamente.

2. O direito como sistema

Os termos "direito" e "sistema" como a maioria das palavras padece do vício da ambiguidade, vaguidade e porosidade.[2] Quando conjugados numa mesma ideia a polissemia tende a aumentar. Afinal, o que seria "sistema do direito"? Para resolver essa questão, temos que precisar o uso que fazemos das palavras.

Primeiramente, o termo "sistema", se analisado, do ponto de vista exclusivamente lógico, encontrar-se-ia na região ôntica dos objetos ideais, conforme classificação de Edmund Husserl.[3] Nesse espaço, teríamos apenas objetos irreais, sem existência no tempo e no espaço, neutros de valor e que não são localizados na experiência. Seu conhecimento seria possível pela intelecção e o método de aproximação, o racional-dedutivo. Como exemplo, poderíamos citar um sistema matemático ou nomológico (composto apenas de proposições lógicas).

Mas, esse não é o sentido atribuível ao termo "sistema" quando estudamos a linguagem jurídica. Esse conceito se amplia, por tratar-se de um objeto cultural, que está na experiência, possui valiosidade e encontra-se no tempo e no espaço. Estaremos diante de um sistema nomoempírico prescritivo, cujas proposições (nomo) se voltam para a linguagem da experiência com a finalidade de regulá-la. Para conhecê-lo o ato gnosiológico é o da compreensão e o método é o empírico-dialético (o sujeito cognoscente parte dos fatos para as normas e delas retorna aos fatos, num movimento dialético). Esse tipo de sistema, por encontrar-se no empírico e estar delimitado historicamente (tempo e espaço), admite contradições, contrariedades e subcontrariedades.[4] O ser sistema no direito positivo significa a existência de proposições que se relacionam e se voltam para um fim. Essa é a única exigência.

---

3. Conforme lições de Paulo de Barros Carvalho em *Direito Tributário, Linguagem e Método*, 4ª ed., São Paulo, Noeses, 2011, pp. 15-18.

4. Na contrariedade uma conduta não pode ser ao mesmo tempo obrigatória e proibida [-(Op.Vp)]. Na contradição não pode ser obrigatório seu cumprimento e ao mesmo tempo permitido o seu descumprimento [-(Op.P-p)], ou ainda, por outro ângulo, proibida a realização da conduta e simultaneamente permitida [-(Vp.Pp)]. Pela subcontrariedade ou estará permitido cumprir uma conduta, ou então, estará permitido não cumpri-la (Pp v P-p).

---

1. A necessidade e o ato de criação legislativa podem ser conferidos em *Estruturas Lógicas e o Sistema do Direito Positivo*, 3ª ed., São Paulo, Noeses, 2005, capítulos IX a XIII.

2. Na ambiguidade há objetos distintos que podem denotar um mesmo termo. Na vaguidade, não há como definir o exato campo de aplicação do termo. A porosidade refere-se à variação dos termos em virtude do contexto histórico no qual encontram-se inseridos.

Ser sistema é mais do que ser um conjunto, uma classe, porque implica *relações* entre seus elementos, que se voltam para uma referência comum.[5] É a forma lógica mais aprimorada e existe independentemente de seus elementos se contradizerem, exigindo apenas um mínimo de harmonia. Tal afirmação está corroborada nas lições de Lourival Vilanova, para quem somente haverá contradição *no mesmo sistema* e nunca entre sistemas diferentes.[6]

Portanto, podemos falar em sistema na linguagem do direito positivo e, ainda, com a mesma propriedade em sistema na Ciência do Direito, o que destaca a bivalência da proposição "sistema do direito".[7]

O sistema da Ciência do Direito tem por função descrever criticamente seu objeto, o direito positivo. Também se constitui de proposições voltadas para a linguagem da experiência (o direito positivo), contudo, como toda a ciência, possui como característica a busca pela precisão no discurso e, por isso, é regida conforme princípios lógicos que tendem a evitar as contradições, contrariedades e subcontrariedades. Podemos destacar, dentre outros, o princípio da identidade,[8] da não contradição[9] e do terceiro excluído.[10]

Os dois sistemas de linguagem, direito positivo e Ciência do Direito, apesar de constituírem dois corpos distintos, não se encontram isolados, mas em constante diálogo. O direito posto é uma linguagem do tipo técnica, que é composta pela linguagem ordinária, mas se aproveita de termos da Ciência do Direito para elaborar seu discurso.

A Ciência do Direito, por outro lado, analisa criticamente o direito posto, que é seu objeto de estudos. Como se percebe há um diálogo que se estabelece entre os textos presentes nos distintos planos, não uma contaminação.

O dialogismo também ocorre entre textos de direito tributário e de outros ramos do ordenamento. Para se definir o critério material da regra-matriz de incidência do IPTU devemos saber o que é "propriedade" e "território urbano", conceitos que provêm do direito civil, constitucional e administrativo. O mesmo se dá com a norma de competência das contribuições de intervenção no domínio econômico, que exigem a destinação do produto arrecadado como elemento que a integra.

3. Que significa a completude do sistema

Sendo o direito um sistema de linguagem podemos aplicar em sua análise as categorias da Semiótica e dividi-lo em três planos: (i) sintático;[11] (ii) semântico[12] e (iii) pragmático.[13]

Do ponto de vista Lógico ou sintático, podemos afirmar que há uma completude no sistema. Para cada questão que se coloca ao aplicador, em nosso caso, o Supremo Tribunal Federal, em controle concentrado, será construída norma geral e abstrata que em seu consequente trará uma previsão obrigando, permitindo ou proibindo determinada conduta. Nosso sistema veda a negativa de prestação jurisdicional.[14]

---

5. Conforme lições de Aurora Tomazini de Carvalho, *Curso de Teoria Geral do Direito: o Constructivismo Lógico-Semântico*, São Paulo, Noeses, 2009, p. 115.

6. *As Estruturas Lógicas e o Sistema do Direito Positivo*, p. 174.

7. Paulo de Barros Carvalho, *Curso de Direito Tributário*, 22ª ed., São Paulo, Saraiva, 2010, p. 173.

8. Toda proposição implica a si mesma (p→p).

9. Nenhuma proposição pode ser verdadeira e falsa ao mesmo tempo -(p . –p).

10. Toda proposição é verdadeira ou falsa, inexistindo uma terceira opção (p v –p).

11. O plano sintático da linguagem estuda a relação dos signos entre si. Em se tratando de linguagem jurídica seu objeto de análise é a relação lógica existente entre as normas jurídicas, consideradas essas como signos, unidades do sistema que prescrevem condutas.

12. O plano semântico estuda a relação entre o signo e seu significado. Na linguagem jurídica entre a norma e a conduta por ela regulada.

13. A pragmática é o campo de atualização da linguagem e nos reporta a relação do signo com seus usuários, que tendem a ampliar ou modificar seu significado ao longo da história.

14. Art. 4º da Lei de Introdução às Normas do Direito Brasileiro: "*Quando a lei for omissa, o juiz*

Semanticamente, o mesmo não ocorre. O sistema é completível. Isso quer dizer que seria desprovido de razoabilidade esperar que houvessem enunciados capazes de fundamentar normas gerais e abstratas com tamanho poder de ductilidade, abrangendo situações não previstas à época da enunciação. O mundo da revolução tecnológica, também trouxe profundas marcas na cultura, no contexto em que atua o aplicador do direito. Novos problemas surgiram e surgem com uma velocidade muito maior, que não foram previstos pelo legislador.

Não queremos afirmar, com isso, que o sentido é extraído do texto, mas sua utilização é feita de certa maneira, que comporta ou não determinadas significações. Enquanto não ocorrer a inserção dos enunciados jurídicos e suas interpretações (normas jurídicas) na contemporaneidade, o que é feito pela pragmática, podemos afirmar que há uma lacuna de texto e de norma para os intérpretes, justamente, porque inexistiu uma construção de sentido que tomasse determinado(s) suporte(s) físico(s) para solucionar um novo caso.

Logo, o sistema é incompleto sob a óptica da existência de enunciados e interpretações normativas que diretamente refiram-se a elementos dessa mudança. Isto é, num primeiro momento, não ocorreu a construção de uma norma geral e abstrata que pudesse servir de fundamento de validade para regular a conduta.

Contudo, o sistema porta valores, consubstanciados em princípios e o Magistrado, na ausência de enunciados diretos que se refiram à conduta, atualiza o direito com base nesses princípios.

Vejamos um exemplo.[15] A decisão judicial considerou o "Kindle", espécie de suporte que permite o carregamento e leitura de livros eletrônicos, imune, de acordo com o art. 150, inciso VI, alínea "d" da Constituição da República, impedindo a Receita Federal de exigir os tributos aduaneiros.

Obviamente, que no momento da edição da Carta Magna inexistia, ou não havia sido aprimorada, a tecnologia que permitiria, vinte anos depois, a existência de um leitor eletrônico de jornais, revistas e livros. Por isso, no texto constitucional, a imunidade é concedida apenas aos livros, jornais, periódicos e papéis destinados à sua impressão.

Tomado o texto constitucional e mesmo a Lei 10.753/2003 que instituiu a Política Nacional do Livro, em primeira análise semântica, verificamos que um "Kindle" não é um livro, jornal ou periódico, nem por equiparação. Mas, enquanto suporte físico, que permite a veiculação e leitura das informações, poderia ser associado ao papel de forma livre e direta?

Entendemos que não. Para que essa associação seja feita, é necessário interpretar o texto constitucional de forma a atribuir-lhe o valor que é fundamento imunizante do papel que servirá de mídia para veicular as informações contidas em livros e periódicos. Qual o valor presente no art. 150, VI, "d", do Texto Maior? A resposta foi dada pelo Poder Judiciário, que ao fundamentar sua decisão, manifestou-se pela equiparação do "Kindle" ao papel, e, portanto, concedendo-lhe a imunidade, como forma de garantir a liberdade de expressão e pensamento (art. 5º, incisos VI e IX, art. 6º e Capítulo III, Seção I e II, todos da Constituição Federal).

Dessa maneira, consideramos que o sistema completou-se pela atividade do juiz. Havia uma lacuna em termos de norma geral e abstrata que equiparasse o suporte eletrônico ao papel, mas não havia lacuna de valores, o que permitiu o julgamento.

Lourival Vilanova, ao tratar do assunto, confirma a completude sintática, mas a necessidade de completamento semântico do sistema, pois nem tudo do universo poderá

---

decidirá o caso de acordo com a analogia, os costumes e os princípios gerais do direito".

15. Tribunal Regional Federal da 3ª Região, 22ª Vara Federal, Processo 2009.61.00.025856-1.

estar como termo-de-referência do sistema normativo.[16]

Portanto, concluímos que pode haver, num primeiro momento interpretativo e de forma mais imediata, uma suposta lacuna de texto para o intérprete, que possibilite a criação de normas gerais e abstratas capazes de fundamentar normas individuais e concretas, mas nunca a ausência de valores. Ressaltamos que os valores estão presentes no ordenamento na forma de princípios e também são construídos pelo sujeito a partir de um enunciado ou vários deles. A diferença residiria na facilidade e grau de imediatismo do texto que possibilita a construção normativa. No primeiro caso, o valor é realizado pela norma, na segunda hipótese o valor é que possibilita a construção normativa, para posteriormente ser concretizado. Assim, do ponto de vista semântico, o sistema é completível.

4. O problema da "lacuna"

Quando examinamos a irradiação semântica do termo "lacuna", verificamos no dicionário,[17] como reconhecidas as seguintes significações: 1. espaço vazio, real ou imaginário; falha, falta; 2. pequena depressão ou cavidade; 3 cavidade intercelular; 4. buraco; 5. perda de substância de um tecido, qualquer que seja a causa.

Portanto, a noção de espaço vazio poderia bem explicar de forma generalizante a expressão "lacuna".

Em termos filosóficos podemos imaginar o mundo e seu conhecimento como uma grande lacuna. Não há a possibilidade de fusão entre as mentes que permita o conhecimento. São necessários o ato de fala e a respectiva construção de sentido pelo destinatário, para que exista uma compreensão.[18] A existência do "eu" depende do "alter", que coexistem, mas não formam uma única entidade Esse espaço que nos torna indivíduos e que nos separa dos demais é um hiato, uma lacuna.

Em termos de existência e conhecimento não há a possibilidade de acesso direto aos objetos, eles e os próprios sujeitos cognoscentes se formam por intermédio da linguagem. Qual o motivo que nos leva a adjudicar sentidos a partir de sistema de referência que nos dão suporte, senão a existência de um vazio a ser preenchido? Qual seria a necessidade de construção se já houvesse algo edificado?

A verdade não pode ser considerada, dentro de nossas premissas, como a correspondência entre o que dizemos e uma suposta realidade, mas é uma construção lógico-semântica, em nome da qual falamos. A inexistência de um fato puro, de uma verdade absoluta, tão cara para o avanço das ciências, que se especializaram como sistemas, denota nada mais do que o vale, a lacuna filosófica a que nos referimos.

Transportando essa digressão de cunho filosófico para a incidência do direito, veremos que o legislador positiva um enunciado prescritivo, inovando o sistema. O aplicador da norma, que já se encontra dentro do ordenamento, analisa o enunciado e os fatos sociais, fazendo uma tradução de parcelas desses acontecimentos para o direito, construindo fatos jurídicos. Portanto, se há a linguagem do direito e sua recriação quando

16. Nas palavras do Professor Vilanova: "O direito positivo, dos possíveis conteúdos (fatos, fins, valores) seleciona somente alguns, isto mesmo segundo o processo tipificador (...). Os conteúdos, sem os quais a conduta, como forma de interação inexistira, são incontáveis e mutáveis. O fluxo do acontecer histórico elimina uns e acrescenta outros, com escassa ou às vezes nenhuma margem de previsibilidade. Mal o direito é posto para responder a um estado-de-coisas e, muitas vezes, já fica inadequado" (*As Estruturas Lógicas e o Sistema do Direito Positivo*, p. 197).

17. *Dicionário Houaiss da Língua Portuguesa*, Rio de Janeiro, Objetiva, 2009.

18. Nesse sentido João Maurício Adeodato: "Os seres humanos comunicam-se porque não conseguem perceber o mundo dos eventos de forma homogênea e porque não conseguem transmitir diretamente suas generalizações mentais a outros seres humanos. Daí o duplo solipsismo: o da espécie humana, com seus matizes de nações, comunidades e times de futebol, e o de cada indivíduo diante dos demais dentro da mesma espécie humana" (*Uma Teoria Retórica da Norma Jurídica e do Direito Subjetivo*, São Paulo, Noeses, 2011, p. 36).

aplicada, podemos imaginar que existe um hiato (o nada) entre ambas. Não se trata de uma continuidade, mas da emissão de uma mensagem pelo legislador, que é recepcionada e construída pelo aplicador. Nesse momento o destinatário sofre constrições textuais, que advêm da própria linguagem e do contexto em que é utilizada.

Logo, a lacuna é inerente ao processo de conhecimento dos textos, construção e aplicação da norma jurídica, porque há um abismo a ser transposto pelo intérprete entre texto e norma.

Esse modo de compreender a lacuna é diferente da teoria tradicional, que em regra a define como ausência de norma ou texto, dividindo a interpretação do direito em momento declaratório e integrativo. No primeiro, se extrairia o sentido e o alcance do texto, e na sua impossibilidade, haveria a exegese integrativa, no qual se completaria o sistema.

Também é ligeiramente diferente da ideia de que a lacuna seria algo somente individualizado, no qual cada sujeito, potencialmente encontraria um vazio em seu próprio sistema. Primeiramente, a hermenêutica reconhece que a construção não é algo solipsista, no qual um sujeito atribui do vácuo o sentido da norma jurídica. Ele parte de sistemas de referências, de vivências históricas que são compartilhadas, o que faz possível, inclusive a comunicação. Portanto, a probabilidade da identificação da lacuna tender a ser generalizante existe e ocorre na prática, como vemos nas decisões de nossos Tribunais, que são colegiados.

Como já dissemos, o texto é o ponto de partida da interpretação e o sentido de lacuna que nos interessa é a que propicia a norma de construção exarada pelo Supremo Tribunal Federal. Não é o reconhecimento individualizado da ausência de texto, mas uma fraqueza pragmática e uma anemia semântica, que traz a dúvida aos intérpretes, não uma pessoa em si, mas a um colegiado, que se constitui como autoridade competente responsável por terminar os litígios e, em alguns casos completar o sistema de várias maneiras, dentre elas, emitindo norma geral e abstrata, como um ato de legislar.

5. O conceito de norma de construção

Partimos da premissa que o sistema jurídico possui completude sintática, isto é, para cada questão que se lhe apresenta, sob o ponto de vista lógico, sempre haverá a correspondente decisão exarada pela autoridade competente, a qual denominamos norma jurídica em sentido estrito.[19] Esta prescrição normativa pode ser geral e abstrata, nos casos de decisões proferidas pelo Supremo Tribunal Federal, em controle concentrado de constitucionalidade, no âmbito de sua competência e, normas individuais e concretas, para os demais casos decididos.[20]

A estrutura lógica da norma geral e abstrata e da norma individual e concreta é dual,[21] tratando-se de juízo hipotético-condicional, composto de uma hipótese que implica, por imputação deôntica, uma consequência, consubstanciada numa relação jurídica entre dois ou mais sujeitos em torno de uma obrigação. A diferença entre ambas encontra-se no grau de abstração ou concretude.

Assim sendo, no antecedente da norma geral e abstrata apresentam-se critérios para o reconhecimento de fatos, que ocorridos, segundo as exigências da linguagem das provas, implicam na previsão de uma relação jurídica, em seu consequente. Por outro lado, na norma individual e concreta, os critérios de previsão presentes na norma geral e abstrata já foram completamente preenchidos, aspectos do fato já foram identificados, provados e

---

19. A completude lógica é uma exigência da própria linguagem do direito positivo, conforme disposto no art. 126 do Código de Processo Civil e seu corresponde do Código Tributário Nacional, art. 108.

20. Há ainda a possibilidade de edição, pelo Poder Judiciário de normas gerais e concretas e individuais e abstratas, que por um recorte metodológico, deixamos de utilizar nesse trecho da exposição.

21. Estamos nos referindo apenas à dualidade apresentada na norma primária, que se repete na norma secundária.

qualificados como jurídicos e, no consequente da norma surge relação entre sujeitos conhecidos, em torno de uma obrigação também delimitada e que constitui, sob o ponto de vista lógico, uma permissão de conduta (Pp), uma proibição de conduta (Vp) ou um comportamento obrigatório (Op).

Ressalvamos que a imputação deôntica ou vínculo lógico que une proposição antecedente, ou hipótese, e proposição consequente é de ordem valorativa, sendo ato de vontade e de decisão tomado pela autoridade competente. Na atividade de enunciação praticada pelo Poder Legislativo, a seleção das proposições tem alto grau de liberdade, mas, internamente, no sistema do direito positivo, há opções semânticas consideradas pela comunidade jurídica[22] como possíveis e outras, que estariam supostamente em choque com as disposições que o ordenamento apresenta.

Meditando sobre o completamento do sistema do direito e sua necessidade para oferecer respostas às questões aparentemente não tratadas pelo plexo normativo, Lourival Vilanova aponta a existência de uma norma de competência no sistema denominada "*norma de construção*". Sua finalidade é autorizar o Poder Judiciário a completá-lo, sem que isso signifique necessariamente "decisionismo" ou "ativismo judicial", tomados no sentido de exacerbação de poder ou seu uso em desconformidade com critérios jurídicos. Releva o Mestre do Constructivismo Lógico-Semântico: "A construção jurisprudencial de certos tipos normativos para satisfazer a situações sobrevenientes é processo de criação de novas normas, é materialmente ato de criação legislativa (ainda que realizado por órgãos cuja função constitucional precípua é julgar), aplicando normas de habilitação, existentes no ordenamento total, para produzir normas gerais novas, que funcionarão como fundamento (premissa maior) das normas individuais em que se concretiza as sentenças nos casos não previstos no sistema".[23]

De acordo com a norma de construção, o juiz julga sem lei e mesmo contra a lei, desde que haja no sistema norma que o habilite a fazê-lo (competência). O termo "sem lei" não é equivalente à ausência de enunciados, pois o fundamento de validade da norma de construção será sempre um princípio, como veremos adiante. Na inexistência de tal permissão, estaríamos diante de uma ilicitude.[24] Não se trata *de regra em branco*. O julgador deve levar em consideração valores presentes no ordenamento jurídico, para que sua decisão não esteja contaminada por critérios extrajurídicos. Preleciona o Mestre Lourival: "Imaginemos tribunais e juízes decidindo os litígios ao acaso, sem direito escrito algum – a não ser o *minimum* de direito, a regra constitucional que os pusessem como tribunais e juízes, e distribuindo-lhes competência não a demarcassem, fosse regra em branco, para o julgador preencher a seu individual juízo – dizemos, sem direito escrito algum, sem vinculação à interpretação uniforme, ou decisão uniforme, sem precedentes de julgamento, pois teríamos a incerteza, a imprevisão do comportamento judiciário, e os dois grandes riscos: o erro judiciário e a injustiça".[25]

---

22. Por comunidade jurídica entendemos o conjunto de pessoas que têm o direito como profissão e que de alguma forma foram treinadas em sua linguagem. Segundo Norman Malcolm: Quando Wittgenstein diz que seguir uma regra é uma prática, penso que ele quer significar que as ações de uma pessoa não podem estar de acordo com uma regra, *ao menos que elas estejam de acordo com o modo de agir que é demonstrado no comportamento de todos que tenham o mesmo treinamento. Isto significa que seguir uma regra implica no conceito de uma comunidade de seguidores de uma mesma regra* (*Nothing is hidden: Wittgeinstein's criticism of his early thought*, Cambridge, Basil Blackwell, 1989, p. 156 – trad. livre, grifamos).

23. *Estruturas Lógicas e o Sistema de Direito Positivo*, p. 257.

24. Nosso sistema veicula tal norma de competência pelo princípio da vedação ao "non liquet" (arts. 4º da Lei de Introdução às Normas do Direito Brasileiro, 126 do Código de Processo Civil e 108 do Código Tributário Nacional). Poderíamos pensar que o juiz, na falta de disposição expressa, simplesmente julgaria pela improcedência, para cumprir com o referido princípio, porém, esse entendimento não condiz com o aspecto pragmático da linguagem jurídica, comprometendo-se sua inserção na contemporaneidade histórica.

25. "O poder de julgar e a norma", in *Escritos Jurídicos e Filosóficos*, vol. I, São Paulo, Axis Mvndi/IBET, 2003, p. 358.

Portanto, a norma de construção é norma de competência presente em nosso ordenamento, que atribui ao Poder Judiciário criar norma geral e abstrata que incidirá sobre os fatos, em casos de inexistência de enunciados prescritivos que possibilitem, de forma mais imediata, a construção de uma norma jurídica em sentido estrito, ou que afaste a aplicação de outras tantas.

Um exemplo bastante polêmico e que nos oferece uma primeira proximidade prática do conceito de norma de construção foi a decisão[26] que permitiu a união estável entre pessoas do mesmo sexo, apesar do disposto no art. 226, § 3º da Constituição da República.[27]

Nesse caso específico em nome de princípios considerados pelo Ministro Celso de Mello como implícitos na Constituição Federal, a exemplo do afeto, da busca da felicidade e outros como a proteção às minorias, foi reconhecida a possibilidade de união entre pessoas do mesmo sexo, apesar da própria Constituição Federal, *de forma expressa*, no § 3º, do art. 226, e outros artigos do Código Civil[28] utilizar-se dos termos "homem" e "mulher".

Segundo a interpretação efetuada pelo Supremo Tribunal Federal, existia uma demanda social pela extensão da proteção jurídica concedida às famílias constituídas por homem e mulher, àquelas formadas por pessoas do mesmo sexo e, para que isso fosse viável, construiu norma geral e abstrata em confronto com disposição expressa constitucional e legal.

O Estado não tinha competência para constituir união estável entre pessoas do mesmo sexo, nem o matrimônio, e passou a tê-lo, não em virtude de lei criada pelo Poder Legislativo ou Emenda Constitucional, mas em virtude da norma de construção emanada pelo Supremo Tribunal Federal. O colegiado levou em consideração a lacuna presente no ordenamento (não havia texto expresso de norma geral e abstrata referindo-se diretamente a autorização da união, o que dificultava tal construção normativa, gerando dúvidas sobre sua possibilidade). Também observou a ineficácia técnico-sintática representada pelo § 3º, art. 226, da Constituição da República e art. 1.723 do Código Civil, que impediam que

---

26. STF, RE 477.554, AgR-MG – Minas Gerais (Agravo no Recurso Extraordinário) Rel. Min. Celso de Mello, j. 16.8.2011, 2ª Turma. A Ementa encontra-se assim enunciada:
"1 – União civil entre pessoas do mesmo sexo – Alta relevância social e jurídico-constitucional da questão pertinente às uniões homoafetivas – Legitimidade constitucional do reconhecimento e qualificação da união estável homoafetiva como entidade familiar: posição consagrada na jurisprudência do Supremo Tribunal Federal (ADPF 132-RJ e ADI 4.277-DF) – O afeto como valor jurídico impregnado de natureza constitucional: a valorização desse novo paradigma como núcleo conformador do conceito de família – O direito à busca da felicidade, verdadeiro postulado constitucional implícito e expressão de uma ideia-força que deriva do princípio da essencial dignidade da pessoa humana – Alguns precedentes do Supremo Tribunal Federal e da Suprema Corte Americana sobre o direito fundamental à busca da felicidade – Princípios de *yogyakartha* (2006): direito de qualquer pessoa de constituir família, independentemente de sua orientação sexual ou identidade de gênero – Direito do companheiro na união estável homoafetiva à percepção do benefício por morte de seu parceiro, desde que observados os requisitos do art. 1.723 do Código Civil – *O art. 226, § 3º da Lei Fundamental constitui típica norma de inclusão* – A função contramajoritária do Supremo Tribunal Federal no Estado Democrático de Direito – A proteção das minorias analisada na perspectiva de uma concepção material de democracia constitucional – O dever constitucional do Estado de impedir (e, até mesmo, de punir) 'qualquer discriminação atentatória dos direitos e liberdades fundamentais' (CF, art. 5º, XLI) – A força normativa dos princípios constitucionais e o fortalecimento da jurisdição constitucional: elementos que compõem o marco doutrinário que confere suporte teórico ao neoconstitucionalismo – Recurso de agravo improvido. Ninguém pode ser privado de seus direitos em razão de sua orientação sexual".

27. Constituição da República, art. 226. "A família, base da sociedade, tem especial proteção do Estado. (...). § 3º. *Para efeito de proteção do Estado é reconhecida a união estável entre homem e mulher como entidade familiar*, devendo a lei facilitar a conversão em casamento".

28. "Art. 1.723. É reconhecida como entidade familiar a união estável entre o *homem e a mulher*, configurada na convivência pública, contínua e duradoura e estabelecida como o objetivo de constituição de família."

princípios como a proteção à família fossem estendidos às pessoas do mesmo sexo e, ao ponderar a necessidade de estender a proteção conferida pelo sistema às famílias, emitiu norma, completando o sistema.

Note-se que a meditação do julgador para dar fundamento de validade à sua decisão foi profunda, apoiando-a em princípios como o da felicidade e do afeto, cuja literalidade na Carta Magna é praticamente inexistente. Atuou e decidiu fundamentado em valores, que com exceção da proteção às minorias, são de difícil visualização no Texto Constitucional. Isso não quer dizer que inexista fundamento de validade na decisão do Tribunal. A argumentação expendida excedeu nos ornamentos retóricos, com a utilização de supostos princípios constitucionais, como a felicidade, o afeto e a "Yogyakartha". Bastava um atilado olhar pragmático para a sociedade contemporânea, para concluir-se que o conceito de "família" modificou-se profundamente e a proteção que lhe confere a Carta Magna deve ser inserida nesse contexto.

Em termos lógicos não houve a incidência da norma geral e abstrata àquela construída pelo Supremo Tribunal. Em termos deônticos não houve a subalternação a uma proposição normativa anterior de competência. Sob a óptica semântica, o sistema relacionava os suportes físicos "homem" e "mulher" ao biológico, sem nenhuma diferenciação.

Reside justamente nesse ponto, a norma de construção, que é a competência que possui o Poder Judiciário de construir norma geral e abstrata, inovando o sistema, ou afastar existente, para atualizar o texto à história, às circunstâncias, premiando o aspecto pragmático da linguagem jurídica.

Essa visão é profundamente diferente do que se costuma, de forma crítica, denominar-se "ativismo judicial". O juiz não está decidindo sem texto ou por razões estranhas ao direito. Simplesmente, há uma modificação na expectativa lógico-semântica que os operadores do sistema possuem. Isto é, no processo de incidência, afasta-se norma geral e abstrata e o Poder Judiciário, em ato de criação legislativa, insere outra em seu lugar, por atender aos novos valores que adentram ao sistema, nos antecedentes das normas individuais e concretas formuladas pelas partes, que ingressam com pedidos de proteção jurisdicional a seus direitos. Outros textos servirão de fundamento de validade para a norma de construção, para não imobilizar o direito, a espera que o Legislativo, sempre tão heterogêneo e, muitas vezes, distante dos interesses sociais crie a norma geral e abstrata, por intermédio do devido processo legislativo.

Portanto, um elemento que deve agregar-se ao conceito de "norma de construção" é que ela não prescinde do texto normativo em sentido estrito. Evidente que não somente a significação dos textos, mas sua importância no processo interpretativo estão atrelados ao contexto histórico. Houve momentos na história, em que o enunciado prescritivo assumiu importância capital, criminalizando-se, inclusive, a função interpretativa.[29] Contudo, na fase que se inicia com o giro-linguístico e se acentua com o pós-giro-linguístico-hermenêutico, a norma jurídica, enquanto produto, é considerada fruto de interpretação, isto é, o próprio sujeito, com seu sistema de referência (experiência de vida), seu treinamento jurídico e seus aspectos subjetivos é que

---

29. "A Lei da Boa Razão, de 18.8.1769, que trazia entre seus objetivos o de precaver 'com sábias providências as interpretações abusivas que ofendem a majestade das leis, desautorizam a reputação dos magistrados e têm perplexa a justiça dos litigantes', continha inúmeras normas sobre interpretação, como, por exemplo, o § 7º: 'porquanto a experiência tem mostrado que as sobreditas interpretações dos advogados consistem ordinariamente em raciocínios frívolos, e ordenados mais a implicar com sofismas as verdadeiras disposições das leis, do que a demonstrar por elas a justiça das partes: Mando que todos os advogados que cometerem os referidos atentados, e forem neles convencidos de dolo, sejam nos autos, a que se juntarem os assentos, multados, pela primeira vez em 50$000 réis para as despesas da Relação, e em seis meses de suspensão, pela segunda vez em privação dos graus, que tiverem na Universidade; e pela terceira vez em cinco anos de degredo para Angola, se fizerem assinar clandestinamente suas alegações por diferentes pessoas" (Ricardo Lobo Torres, *Normas de Interpretação e Integração do Direito Tributário*, São Paulo, Renovar, 2006, pp. 5 e 6).

atribui sentido aos símbolos que compõem os enunciados prescritivos, construindo juízos hipotéticos-condicionais, capazes de regular condutas intersubjetivas.[30] O texto se torna mais dúctil, flexível, seu grau de importância diminui, mas ainda, é o ponto de partida, para se reconhecer o fundamento de validade de uma construção normativa.

Nesse trabalho, consideramos a mutabilidade histórica da importância do texto para o processo interpretativo, e que acarreta maior ou menor discricionariedade ao julgador. Porém, estamos firmes com as premissas de Lourival Vilanova,[31] para quem: "Sentença sem norma prévia é arbítrio judicial, possivelmente justa, ou possivelmente injusta. Imprevisivelmente justa ou imprevisivelmente injusta. Ali, há regras gerais, provinda de leis (*statues*), de princípios gerais do sistema, que condensam implícitas normas a serem tiradas pela construção jurisprudencial, ou firmes precedentes. E o precedente jurisprudencial não é sentença, que se foi, válida para o caso concreto, historicamente perempto. O que sobre-resta da sentença é o núcleo normativo geral, o princípio da qual aquela sentença foi aplicação".

Assim, a norma de construção é criação legislativa do Poder Judiciário, porém, não é *necessariamente* sinônimo de arbítrio ou "ativismo judicial", no sentido de excesso ou usurpação de uso de poderes. É uma competência conferida ao Colegiado do Supremo Tribunal Federal, que não pode esquivar-se a solucionar o caso, seja em virtude do reconhecimento de lacunas ou pela ineficácia técnica ou semântica das normas existentes no sistema. Completa-o, mas sempre com base em texto prescritivo, que, dependendo do contexto histórico, revelar-se-á de maior ou menor importância.

Dessa forma, a norma de construção, por tratar-se de norma geral e abstrata que completa o sistema, atua como norma de revisão sistêmica, inserindo-o na contemporaneidade. O que estava obsoleto e que era incompatível com a dinâmica e historicidade dos valores é atualizado com o exercício dessa competência.[32]

Vejamos a questão da progressividade do ITCMD, imposto de competência estadual, conforme art. 155, I, da Constituição da República, cujos critérios materiais das regras-matrizes são (i) a transmissão *causa mortis* de quaisquer bens e direitos e (ii) a transmissão gratuita, por ato *intervivos*, isto é, a doação de quaisquer bens e direitos. Não existe previsão constitucional para a progressividade em valor do bem ser contemplada, conforme disposto em legislação já aplicada por alguns Estados. Somente há a previsão de competência do Senado Federal para estabelecer alíquotas máximas, por meio de Resolução (art. 155, § 1º, inciso IV). Contudo, está em trâmite no Supremo Tribunal Federal o Recurso Extraordinário 562.045, que teve seu julgamento suspenso em virtude de pedido de vista do Ministro Marco Aurélio. Caso ocorra a procedência do Recurso e já reconhecida a repercussão geral, teremos um exemplo claro do exercício da competência da norma de construção, que será válida. Note-se que 6 (seis) Ministros já julgaram pela constitucionalidade.[33] E o fundamento de validade dessa construção estará baseada na justiça social, ou outro princípio constitucional, que serão sopesados na aplicação da norma de construção. Portanto, haverá uma revisão sistêmica, que inserirá mais um elemento ao tributo em questão, qual seja, a progressividade de alíquota.

---

30. "Interpretar é atribuir valores aos símbolos, isto é, adjudicar-lhes significações e, por meio dessas, referências aos objetos" (Paulo de Barros Carvalho, *Direito Tributário Linguagem e Método*, p. 181).

31. *O Poder de Julgar e a Norma*, pp. 364-365.

32. Citamos como exemplo o Mandado de Injunção 943, no qual se discute a proporcionalidade do aviso prévio (CF, art. 7º, inciso XXI), requerendo-se que o STF estabeleça a proporcionalidade ao tempo de serviço prevista no dispositivo constitucional.

33. Eros Grau, Menezes Direito, Cármen Lúcia, Joaquim Barbosa, Ayres Britto e Ellen Gracie.

Isso significa dizer que o Tribunal Constitucional somente estaria limitado pelos princípios constitucionais, podendo julgar e, nesse sentido (i) constituir, criar, norma geral e abstrata contraditória à positivada pelo Poder Legislativo; (ii) completar semanticamente o sistema, inserindo ou removendo ineficácia técnico-sintática do sistema. Todas essas funções constituem-se como uma forma de rever o sistema.

6. A norma de construção fere o princípio da segurança jurídica e da repartição de poderes?

Os princípios jurídicos podem significar norma-valor, norma-limite objetivo, valor ou limite objetivo.[34] Optamos pelo emprego do termo como "norma-valor" e "norma-limite objetivo". Primeiro, por compreendermos ser o direito somente composto por normas prescritivas de conduta que são construídas a partir dos enunciados positivados.

Outra razão, pela qual optamos pelo emprego da voz "princípios" sempre como norma, seja norma-valor ou norma-limite objetivo é a premissa fundamentada na Semiótica, segundo a qual, não há construção de sentido no direito posto, inclusive da norma de construção, sem que exista um suporte físico.

Se assim o é, o princípio da segurança jurídica será construído pelo exegeta a partir de várias estruturas normativas, como as que concedem as garantias e os direitos individuais do art. 5º da Carta Magna, o que reforça nossa escolha pela significação de "princípio" como norma-valor e norma-limite objetivo.

O princípio, enquanto norma-valor traz consigo a marca da extrema subjetividade, encontrando-se, de forma implícita, no contexto do ordenamento jurídico. Por ser valor é indefinível, variando, com muita amplitude

seu conteúdo semântico. Assim se constitui o princípio da segurança jurídica que pode ser construído, tomando-se como base os enunciados do art. 150 da Carta Magna, entre tantas outras possibilidades. Está no contexto dos utentes da linguagem jurídica a ideia de que cabe ao direito realizar o valor "segurança jurídica", constituindo papel do intérprete, ao construir a norma pautar-se por esse valor supremo.

A título de ilustração, citamos trecho de julgado do Superior Tribunal de Justiça,[35] Relator Ministro Luiz Fux, que relaciona, no caso concreto, a segurança jurídica à prescrição. Nas breves palavras do julgador: "O conflito caracterizador da lide deve estabilizar-se após o decurso de determinado tempo sem promoção da parte interessada pela via da prescrição, impondo *segurança jurídica* aos litigantes, *uma vez que a prescrição indefinida afronta aos princípios informadores do sistema tributário*".

Em outro julgado do mesmo Tribunal,[36] relatado pelo Ministro Benedito Gonçalves, equipara-se a segurança jurídica à autoridade da coisa julgada. Assim afirma o Magistrado: "A violação a dispositivo de lei que propicia o manejo da ação rescisória, fundado no art. 485, V, do CPC, pressupõe que a norma legal tenha sido ofendida na sua literalidade pela decisão rescindenda, ou seja, é aquela teratológica que consubstancia desprezo do sistema de normas pelo julgado rescindendo. Desse modo, impede-se a utilização da ação rescisória para, por via transversa, perpetuar a discussão sobre a matéria que foi decidida, de forma definitiva, por esta Corte Superior, fazendo com que prevaleça, por isso, *a segurança jurídica representada pelo respeito à coisa julgada*".

---

34. Conforme Fabiana Del Padre Tomé, *Contribuições para a Seguridade Social à Luz da Constituição Federal*, 1ª ed., 3ª tir., Curitiba, Juruá, 2004, p. 125.

35. Agravo Regimental no Agravo de Instrumento 2009/0072772-1, 1ª Turma, publicado em 7.6.2010. O objeto da lide é a prescrição de ação de execução fiscal. Os destaques não constam do original.

36. Ação Rescisória 2009/0133141-5, julgado publicado em 21.5.2010, cujo assunto é ação rescisória sobre decisão transitada em julgado cuja matéria é a legitimidade de adicional de contribuição destinada ao INCRA. Destaques não contidos no original.

Por esse prisma, a norma-valor "segurança jurídica" ganha objetividade e conteúdo semântico, no primeiro caso, na análise da prescrição e no segundo, na intangibilidade da coisa julgada. Seu conteúdo semântico será amplo e construído com um grau maior de subjetividade, se comparado aos princípios que em si não são valores, mas tendem a realizá-los em sua finalidade e possuem enunciados que a eles se referem de forma mais direta.

Na norma de construção, a importância dos princípios fica patente, pois o Poder Judiciário a enuncia sempre justificando sua necessidade como forma de realização de uma estimativa, como vimos nos exemplos dados com relação à progressividade do ITCMD e da proporcionalidade do aviso prévio, ainda em julgamento pelo STF, ou no acórdão que reconheceu a possibilidade de união estável entre pessoas do mesmo sexo.

Concluímos que o chamado "ativismo judicial", muitas vezes utilizado como uma crítica ao Supremo Tribunal Federal, no sentido de exacerbação de poderes, constitui-se em competência atribuída pelo próprio legislador constituinte. Não atenta, portanto, contra a repartição de poderes, estabelecida como cláusula pétrea em nosso sistema constitucional (art. 60, § 4º, III). Sua função pragmática seria a de atualizar o sistema à contemporaneidade.

Isto é, a partir de textos positivados, mais precisamente princípios, o Supremo Tribunal Federal teria a habilitação constitucional de legislar, criando norma geral e abstrata contrária à outra norma geral e abstrata positivada pelo legislador, que pede revisão.

Sua função precípua em controle concentrado seria de revisão sistêmica e ao reexaminar o fundamento constitucional de validade das normas, pode retirar sua aplicação, ou ainda, criar outra norma geral e abstrata, em plena atividade legislativa.

Essa criação normativa não seria arbitrária, mas necessariamente, estaria atrelada a um texto que veicularia princípios e a partir deles, o Supremo Tribunal Federal emitiria uma norma de construção para completar o sistema.

Portanto, a norma de construção, competência do Supremo Tribunal Federal para completar o ordenamento jurídico não pode ser tida, por si só, como "ativismo judicial", no sentido de abuso de poder ou, simplesmente de utilização de critérios extrajurídicos que fundamentem uma decisão. Tampouco fere os princípios da segurança jurídica ou da repartição de poderes. Pelo contrário, deve pautar-se nessas estimativas e em outras para realizar a finalidade que lhe é atribuída pelo ordenamento.

O QUE É VERDADE NO DIREITO TRIBUTÁRIO?

TATIANA AGUIAR

Professora e Doutoranda em Direito Tributário.
Advogada

Introdução. I – Definições de verdade. II – Teorias sobre a verdade. III – Teorias sobre o conhecimento da verdade. IV – A verdade retórica. V – O que é verdade no Direito Tributário? Conclusão.

Introdução

A busca pela verdade é, talvez, uma das mais fortes molas propulsoras da curiosidade humana desde que o mundo é mundo. Do mais culto ao mais ignorante, a ânsia por conhecer a verdade sobre as coisas, as pessoas, os discursos alimenta o ser humano e faz com que ele crie meios, mecanismos, métodos e teorias sobre esse supremo mistério.

Foi impulsionada pelo imenso interesse que gira em torno do presente tema, pelas muitas teorias criadas na tentativa de alcançar a verdade e principalmente pelo relevo dado a ela no âmbito do Direito, a ponto de todos os participantes do discurso jurídico falarem em nome dela, que decidimos nos debruçar sobre o presente assunto.

Para tanto, no item I estudaremos algumas definições de verdade, começando pela origem grega deste vocábulo. No item II exporemos as muitas teorias criadas em torno da verdade, começando pela escola escolástica até chegar a pragmática contemporânea. No item III veremos as teorias sobre o conhecimento da verdade, em que analisaremos as possibilidades de conhecê-la ou não.

No item IV discutiremos sobre a verdade retórica. Bem poderíamos ter inserido as ideias defendidas neste item, como uma das teorias sobre a verdade ou sobre o conhecimento desta, porém, decidimos dar-lhe um lugar de destaque, justamente por ser este o nosso entendimento sobre a verdade, dentro e fora do Direito, a nossa verdade. E finalmente, concluiremos apresentando as influências de tais teorias filosóficas no Direito Tributário e a criação das diversas correntes doutrinárias que visam explicar a verdade no âmbito jurídico, até chegar ao que nós entendemos ser (a) verdade no Direito.

Ao final, se perceberá que a escolha do título acima, não passa de um jogo de linguagem com essa ansiosa busca pela verdade e ao mesmo tempo de um mecanismo retórico (aqui no sentido de arte persuasiva) para instigar o interesse do leitor, como se ao ler este curto excerto, ele finalmente pudesse descobrir "o mais precioso segredo da vida: a verdade".

I – Definições de verdade

Em grego, *Aletheia* significa verdade no sentido de descobrimento do ser, o oposto de *Lethe*, que consiste no esquecimento. Daí porque para os filósofos gregos a verdade era idêntica a realidade e esta idêntica a permanência, no sentido de ser sempre.

Assim, na Grécia antiga, pensava-se algo como verdadeiro se e somente se fosse imutável. Por outro lado, algo mutável não era necessariamente falso, mas aparentemente verdadeiro.

Entendia-se a verdade como o descobrimento do que a coisa é, antes de ter sido, ou seja, da sua essência e, como tal, a verdade era estática ou, em outras palavras, verdadeiro era o que era permanente no ser.

Já para os hebreus, na época clássica, a verdade era sinônimo de confiança, de segurança. Assim, a verdade não era sua realidade frente às aparências, mas a sua fidelidade frente à sua infidelidade. O verdadeiro era o que era fiel, por isso, Deus era o único verdadeiro para tal povo. Sob essa ótica, a verdade não era estática.

Para Aristóteles: *"Dizer o que é que não é, ou do que não é que é, é o falso; dizer o que é que é e do que não é que não é, é o verdadeiro"*.[1] Por expressar pensamentos desse jaez, atribui-se a Aristóteles a concepção semântica da verdade, no sentido de apontar a verdade na proposição ou de considerar a verdade como propriedade de certos enunciados. Por tal razão, é que se pode dizer que ele foi um dos precursores da teoria da verdade por correspondência, sobre a qual falaremos adiante.

Tal posição dá ensejo à ideia de verdade literal ou nominal, segundo a qual a verdade está na forma, como os símbolos estão agrupados ou separados. Sob esse raciocínio, a verdade dependeria exclusivamente dos signos em si próprios.

A verdade não se confunde com a crença. Guibourg, Ghigliani e Guarinoni em sua obra *Introducción al Conocimiento Científico*, sob um enfoque lógico, estabelece quatro estágios para a crença, os quais vão de mera conjectura – uma vez que inverificável ou ainda não verificada, passando pela suspeita – fundada em indícios não veementes, pela probabilidade, quando se tem elementos capazes de levar à certificação de algo, até chegar a certeza, a qual se alcança em um estado psicológico de firme adesão, em que não há espaço para dúvida. Mas, ainda assim, a certeza não se confunde com a veracidade de um fato, pois, para tais doutrinadores, a veracidade de uma crença só pode ser "atestada" se suficientemente justificada por meio de provas.[2]

II – Teorias sobre a verdade

Para a Escola Escolástica, verdade é a adequação, a concordância ou a conveniência do intelecto com a coisa. Ela distingue a verdade lógica, da verdade ontológica, considerando a primeira como a verdade do conhecimento e a segunda como a verdade da coisa ou a verdade transcendental.

Defende-se a verdade por correspondência entre a proposição construída e a realidade para a qual aquela se volta. Mais, busca-se identidade entre o objeto e o que se diz sobre ele.

Esquecem os defensores da verdade por correspondência, que o "real" é infinito e irrepetível por meio da linguagem. Não há construção linguística, por mais detalhista que seja o orador, capaz de reconstruir o objeto falado. Portanto, só temos acesso ao que nos é inteligível e a nossa inteligência limita-se a nossa capacidade linguística, como já dizia Wittgenstein. Assim, impossível é a correspondência entre a linguagem e ao que esteja fora dela.

---

[1] Met. I, 7, 1011 b 26-8, *apud* Celeste Leite dos Santos, *Persuasão e Verdade – O Sistema Legal em Fermentação*, São Paulo, Cultural Paulista Editora, 1995, p. 30.

[2] *Introducción al Conocimiento Científico*, p. 94.

Dando um passo adiante (aos que os enxergam como estágio mais evoluído), os fenomenalistas, por acreditarem que o homem só tem acesso às manifestações das coisas, nunca às coisas-em-si, defendem que a única verdade possível é aquela que reflete o real, sem se confundir com este mesmo.

Tal teoria esquece, também, que mesmo a manifestação só é acessível pela linguagem. Logo, não há verdade na manifestação em si.

Para Tomás de Aquino, o verdadeiro está principalmente na inteligência e secundariamente nas coisas. Assim como a doutrina aristotélica, segundo a qual a verdade está no pensamento ou na linguagem, não no ser ou na coisa.

Além de igualmente diferenciar a verdade lógica da ideológica Aquino entende que a verdade lógica não vive sem a verdade ontológica, já que deve haver conformidade das coisas com a inteligência, por conseguinte, as coisas devem ser inteligíveis para que possam ser declaradas como verdadeiras.

Para o idealismo moderno de Kant, Leibniz e Hegel, a verdade é a verdade lógica, a qual se funda em leis formais. Sendo assim, a verdade poderia ser descoberta independentemente do ser transcendente que imponha à consciência a sua adequação com ele.

Nesse diapasão, é que surge a ideia da verdade por coerência, a qual estabelece por premissa que a realidade compõe um todo coerente, formado por proposições que, para serem verdadeiras, não podem se contradizerem entre si.

Em um certo sentido, a verdade por coerência é defensável, sob o ponto de vista da relação entre as proposições e o sistema que essas tomam por referência. Porém, a nosso ver, essa teoria cuida apenas de um âmbito da questão, o espacial.

Para Leibniz, somente as verdades de razão são universais e necessárias. Já Kant, também considerado fenomenalista, só considera possível se conhecer a verdade transcendental. Isto porque as coisas em si, se existirem são inacessíveis.

Porém, deve-se ressaltar que para Kant transcendental não é "o que está além da experiência", mas sim "o que antecede a experiência (*a priori*), mesmo não se destinando a outra coisa senão a possibilitar o simples conhecimento empírico".[3] Neste sentido, a verdade transcendental está no fenômeno (a aparência do objeto) o que antecede ao *noumenon* (o objeto do conhecimento intelectual puro).

Por sua vez, Hegel busca a verdade absoluta ou a verdade filosófica, a qual alcança o último nível da escala que começa com a verdade formal, alcançada quando se reduz ao princípio da não contradição; passa pela histórica, que se identifica com a existência singular de uma coisa e chega à absoluta, que se dá quando se opera uma síntese do formal, com o concreto e do formal com o histórico.

Husserl retoma a ideia escolástica ao defender a verdade como ideia correspondente à forma do ato, quer dizer, a ideia de adequação absoluta como tal.

Por outro lado, Heidegger nega que a verdade seja primariamente a adequação do intelecto com a coisa, voltando para a ideia grega de que a verdade é o descobrimento. Todavia, para que a verdade seja *aletheia* é preciso que o homem seja "Dasein" – *sendo aí*.

Assim, este filósofo alemão afirma: "A verdade é um elemento da existência, que encobre o ser no estado de degradação (*Verfall*) e descobre no estado de autenticidade. Mas a verdade como descobrimento/desvelamento pode dar-se somente com o fenômeno do estar no mundo".[4]

É de se ressaltar, porém, que, para Heidegger, o desvelamento não está no desvelar,

---

3. In Nicola Abbagnano, *Dicionário de Filosofia*, p. 1.159.

4. In *Ser e Tempo*, § 44, apud J. Ferrater Mora, *Diccionário de Filosofia*, t. IV(Q-Z), trad. Maria Estela Gonçalves e outras, São Paulo, Loyola, 2001.

mas no desvelado. Da mesma forma que a verdade só será verdadeira quando for descoberta como tal. Portanto, o ser da verdade está intimamente relacionado com a ideia de existência.

Também na contemporaneidade, a Escola Pragmática vem defender que não é a verdade de um juízo que assegura sua verificabilidade, mas sim a sua verificabilidade que garante a verdade. Ademais, a verdade confunde-se com utilidade, isto é, só será verdadeiro, o que tiver utilidade prática para quem o afirma. Nessa linha de raciocínio, a verdade deixa de ser um valor teórico e passa a ser um modo de aferir a utilidade de algo.

Para Wittgenstein, a verdade ou falsidade das coisas está no acordo ou no desacordo de seu sentido com a realidade. Portanto, para conhecer se a figura é verdadeira ou falsa, deve-se compará-la com a realidade. Porém, não há figura verdadeira *a priori*, pois isto só seria possível, se no pensamento mesmo, se pudesse reconhecer a sua verdade.

Ainda sob um viés pragmático, diz-se que só se chega à verdade *epistemológica*, ideia que está em consonância com a teoria da conformidade ou da adequação. Consiste na conformidade entre o conhecimento e a situação objetiva. Pinto Ferreira entende que para que tal verdade seja alcançada deve ser medida pela sua funcionalidade e práxis que a confirme.

III – Teorias sobre o conhecimento da verdade

Em apertada síntese, duas são as teorias que cuidam do caminho, ou não, para se chegar a verdade:

De um lado, o Ceticismo nega a possibilidade de se chegar à certeza, de conhecer a verdade, dada a impossibilidade de se saber se as coisas são como parecem. Dentro dessa linha, existem distintos níveis de ceticismo.

O ceticismo pirrônico ou extremo, o qual se funda em três argumentos básicos: erros do sentido – nem tudo é como se apresenta; erros da inteligência – posições humanas são contraditórias e mutáveis ao longo do tempo; argumento do dialelo – o valor do nosso saber depende do valor de nossa inteligência, porém é por essa última que deveríamos estabelecer esse valor.

Portanto, o Ceticismo absoluto parte da premissa que o sujeito é incapaz de apreender o objeto, por conseguinte, impossível é a demonstração de algo inapreensível.

Ocorre que se nos mantivermos fiéis à ideia de que se só se chega à "realidade" por meio da linguagem, concluímos que o pirronismo se contradiz ao afirmar a impossibilidade do conhecimento, pois esta afirmação já é uma manifestação do conhecimento.

Já o ceticismo relativo, iniciado por Carnéades de Cirene, apesar de afirmar a impossibilidade de se decidir sobre a verdade ou falsidade das coisas, considera legítimo o uso de critérios de credibilidade puramente subjetivos.[5]

Sob um outro viés, o Dogmatismo só reconhece a verdade construída dentro dos limites fundados em dogmas, tais como o princípio da identidade (uma coisa não pode ser ao mesmo tempo, verdadeira e falsa); da não contradição (uma coisa é verdadeira ou não é); e do terceiro excluído. Portanto, se uma proposição obedece a tais princípios, é verdadeira. Caso contrário, é falsa.

IV – A verdade retórica

Entendemos a retórica não como mero ornamento capaz de "florear" o discurso e fortalecer a capacidade de persuasão do orador, mas sim como um instrumento para situar o ser humano de modo mais adequado no mundo.[6]

No dizer de João Maurício Adeodato: *"A retórica é método, no sentido de con-*

---

5. In Nicolas Abbagnano, *Dicionário de Filosofia*, p. 151.
6. *A Retórica Constitucional*, pp. 17 e 18.

dição humana para agir no mundo; é uma metodologia, como coordenação de estratégias para agir nesse mundo e obter efeitos desejados; e é uma metódica, enquanto análise tentativamente neutra e desinteressada dessas realidades em que vivemos".[7]

A retórica se coloca em posição diametralmente oposta à ontologia. Essas duas correntes filosóficas são reconstruções das oposições travadas na Grécia antiga por Parmênides, de um lado, e Heráclito, de outro. Para o primeiro, ontológico, o conhecimento é imanente e imutável. Já o segundo, retórico, acredita que a única certeza inafastável é a da eterna mudança e a da transcendentalidade do conhecimento.

Para a ontologia, a linguagem é mero instrumento para a descoberta da verdade. Esta existe em si mesma, para uns, ou revela-se em sua aparência, para outros.

Já para os retóricos, a crença na existência de uma verdade é a grande ilusão dos humanos, a linguagem não é o meio, é o fim, ou melhor, é a única forma de contato com o mundo circundante, uma vez que este é construído pela própria linguagem.

Sobre este tema, Adeodato afirma: "(...) *verdade e justiça únicas, corretas, são ilusões altamente funcionais e que os acordos precários da linguagem não apenas constituem a máxima garantia possível, eles são os únicos. Além de serem temporários, autodefinidos e circunstanciais, referentes a promessas que são frequentemente descumpridas em suas tentativas de controlar o futuro, esses acordos são tudo o que pode ser chamado de racionalidade jurídica*".[8]

Assim, podemos dizer que a retórica tem como premissa básica o princípio da autorreferência do discurso, ou seja, a linguagem não tem outro fundamento externo, senão a si própria.

Por tal razão, dizemos que a verdade retórica é linguística e, como tal, circunstancial e mutável, tanto quanto a linguagem.

Em sendo a verdade fruto de um ato comunicativo, a sua formação se dá no âmbito do discurso, em que orador e ouvinte, integrantes de um dado sistema de referência, dono de um código próprio compartilhado pelos seus componentes, chegam a um consenso acerca de um determinado evento, considerando-o um fato verdadeiro.

Com isso, não se quer dizer que a verdade seja subjetiva, no sentido de ser singular a cada indivíduo. Na verdade, o maior ou menor grau de "realidade" ou verdade de um relato está intimamente relacionado com a aquiescência/concordância do maior número de seres humanos integrantes de um mesmo sistema, em relação àquele ou, em outras palavras, a veracidade de um fato é dado no âmbito do controle público da linguagem.

Para bem compreender o que vem a ser a verdade retórica, há que se relevar a importância do sistema de referência em que o discurso se desenvolve. Tal sistema serve de circunscrição espaço-temporal de construção da verdade.

Utilizando-se de uma das expressões cunhadas por Leônidas Hegenberg e bem utilizada por Fabiana Del Padre Tomé, cada sistema de referência tem o seu "saber de", o qual se distingue dos demais sistemas e o torna singular. Tal singularidade permite que um só evento possa ser alvo de distintas interpretações e, por conseguinte, base para construção de diversos fatos.[9]

Ainda no dizer desta doutrinadora cuiabana: "*Não havendo sistema de referência, o conhecimento é desconhecimento, pois sem a indicação do modelo dentro do qual*

---

7. Idem, p. 6.
8. *Uma Teoria Retórica da Norma Jurídica e do Direito Subjetivo*, p. 17.

9. Utilizamo-nos aqui da distinção entre evento, como sendo meros acontecimentos despidos de qualquer relato linguístico e fatos, que são relatos sobre tal evento. Partindo da premissa que a realidade é construída pela linguagem, os eventos são inatingíveis. Só temos acesso aos fatos.

determinada proposição se aloja, não há como examinar a sua veracidade".[10]

Como bem diz o já citado autor pernambucano: *"A linguagem transforma em 'realidade' fantasmas, bruxas, previsões do futuro e meteorologia; faz de Plutão um planeta ou não, cria quasares pulsando e buracos negros; a linguagem jurídica faz de uma ação crime ou não e de um* audiobook *um CD de músicas, mesmo que este não contenha qualquer nota musical com o fito de provocar a incidência tributária. A linguagem faz tudo em seus acordos, imposições, falácias"*.[11]

Sob essa ótica, a verdade de um fato se constrói por meio de um relato o qual, por refletir a crença da maioria de uma comunidade, se denomina como relato vencedor. Nesse molde, a invencibilidade momentânea do discurso o torna verdadeiro.

Todavia, como se disse acima, o consenso obtido dentro de um sistema de referência se transmuda com o tempo, em virtude de incontáveis fatores: sociais, econômicos, políticos e jurídicos.

Em outras palavras, o êxito de um discurso vincula-se também a circunstâncias de tempo e de espaço, onde ele foi construído.

Destarte, a verdade retórica é sinônimo da verdade por consenso, bastante criticada pelos ferrenhos defensores do princípio da segurança jurídica. A respeito destas críticas, a professora Fabiana Tomé assim se posiciona: *"Não obstante argumentos no sentido de que a adoção dessa corrente filosófica (verdade por consenso) acarretaria grande insegurança, por transformar a convicção comunitária da verdade em critério de certeza, entendemos que, sendo visto o consenso, base para identificação da verdade, como algo constituído pelo sistema em que se insere, essa teoria é perfeitamente aplicável. Isso porque o próprio sistema estabelece o que é consenso, como e quando se opera, eliminando instabilidades na determinação da verdade consensual"*.[12]

Apesar de concordar com as palavras desta jovem doutrinadora, no que diz respeito à aplicabilidade da teoria comentada, não vejo como a instabilidade do sistema possa ser eliminada, isto seria um ideal e como tal, por essência, inalcançável. Todos os seus mecanismos se prestam, tal como um termostato, a tentar manter constante as condições "normais" do referido sistema. Porém, diferentemente dos sistemas elétricos regulados por tal aparelho, o sistema linguístico tem por matéria-prima básica as palavras, que são substancialmente polissêmicas, ambíguas e vagas.

Assim sendo, muda o sistema, mudam os participantes, mudam as circunstâncias, mudam os pontos de intersecção que geram o consenso, tudo isso leva à superposição de relatos, passando este último a ser o vencedor e, por conseguinte, o temporariamente verdadeiro.

V – O que é verdade no Direito Tributário?

No âmbito jurídico, a verdade ganha grande relevo. Teorias aplicáveis em outros âmbitos passam a ser defendidas, neste meio, fervorosamente. Estamos falando, por exemplo, da distinção entre verdade material e verdade formal. Não satisfeitos em estabelecer um rol de diferenças entre elas, há quem defenda a existência de um habitat ideal para cada uma delas.

Verdade material seria aquela que revela a efetiva correspondência entre o fato, enquanto relato linguístico e o evento, a que aquele se refere. Já a verdade formal seria aquela verificada dentro de um determinado sistema, em observância às regras deste último e que não se confunde com a verdade real.

---

10. In *A Prova no Direito Tributário*, p. 9.
11. Idem, p. 19.
12. Ibidem, p. 14.

No âmbito do direito tributário, ramo que nos é mais familiar, é comum encontrar quem afirme que o processo administrativo tributário busca a verdade material, enquanto que o judicial se satisfaz com a verdade formal.

Ora, para quem enxerga o mundo por meio da linguagem, não existe outra verdade que não seja a formal. O processo administrativo tributário, a despeito de contar com uma instrução probatória mais alargada, não se desvencilha do discurso, e como não poderia deixar de ser, é neste âmbito que o fato jurídico tributário é construído e o julgador decide por autuar ou não o contribuinte, conforme se convença ou não dos fatos demonstrados pelos participantes daquela relação jurídica, mediante as provas produzidas naquele espaço.

Portanto, nas provas, através das contraposições das partes, busca-se a certeza do julgador, traduzida nos fatos comprovados.

Será verdadeiro, portanto, o fato passível de comprovação. Porém, há de se ter em mente que, em sendo a verdade retórica linguística, esta somente é observável dentro de um sistema de referência, o qual estabelece inclusive os critérios de prova, isto é, quais os mecanismos aceitáveis dentro dos seus limites capazes de demonstrar a veracidade de um fato.

Nesse diapasão, precisas são as palavras de Fabiana Tomé: *"No âmbito jurídico, a propriedade de tal assertiva (a verdade é criada pelo ser humano no interior de determinado sistema) é facilmente verificada. O sistema do direito positivo indica os momentos em que os fatos podem ser constituídos mediante produção probatória, impõe prazos para a apresentação de defesas e recursos (tempestividade), além de estabelecer o instante em que as decisões se tornam mutáveis (coisa julgada). Com determinações desse jaez, fornece os limites dentro dos quais a verdade será produzida, prescrevendo sejam tomadas como verídicas as situações verificadas no átimo e forma legais, independentemente de suas relações com o mundo das coisas"*.[13]

Aliás, essa independência entre o mundo jurídico e o mundo das coisas é, talvez, o ponto do direito mais incompreendido pelos leigos. Os "alienígenas" do mundo normado (jurídico) não aceitam com tranquilidade as ficções jurídicas, tais como a "a ninguém é dado ignorar a lei", mormente num país que produz normas incessantemente; não admite que alguém confesse um homicídio, mas não possa ser condenado porque o corpo não foi encontrado, dentre outras idiossincrasias do sistema legal.

É nesse sentido que Francesco Carnelutti aduz: *"Isso significa que o confessor declara não para que o juiz conheça o fato declarado e aplique a norma tão somente se o fato é certo, senão para que determine o fato tal como foi declarado e aplique a norma prescindindo da verdade"*.[14]

E Fabiana Tomé arremata: *"Provar, de fato, não quer dizer demonstrar a verdade dos fatos discutidos, e sim determinar ou fixar formalmente os mesmos fatos mediante procedimentos determinados"*.[15]

Ao falarmos em verdade no âmbito jurídico, não estamos ignorando que a sua função de linguagem preponderante é a prescritiva, em que os seus códigos são "válido" e "não válido", diferentemente da função descritiva, que qualifica suas proposições como verdadeira e falsa.

Assim o fazemos, por entender que os enunciados prescritivos se expressam em conformidade com os enunciados descritivos sobre os quais se voltam. Logo, a validade de uma norma individual e concreta deve estar para a veracidade do evento por ela relatado.

A professora Fabiana Tomé defende que a verdade seja metafísica, uma vez que é insusceptível de apreciação pelo método

---

13. Idem, p. 15.
14. *Tratado de las Pruebas Judiciales*, p. 4, *apud* Fabiana Del Padre Tomé, ob. cit.
15. Idem, p. 34.

das experiências. Por conseguinte, considera ser impossível se dizer quem está falando a verdade, ainda que todos falem em nome dela.

Dentro de uma visão retórica da verdade, pensamos que tal problema resolve-se pelo consenso. Isto porque, acreditamos que as verdades se constroem dentro de um dado sistema e a partir das regras estabelecidas mediante consenso. Estas é que dirão o que é verdade naquelas circunstâncias.

Até porque, se é em nome da verdade que todos os participantes do discurso jurídico se manifestam e defendem os seus argumentos, a verdade passa a ser um pressuposto lógico da comunicação. Em face das múltiplas verdades apresentadas, o Direito determina qual o caminho para se chegar à verdade, entendendo-se como tal aquela que o próprio sistema estabelece como prevalecente.

Daí porque o professor Paulo de Barros afirma: *"para o alcance da verdade jurídica, necessário se faz o abandono da linguagem ordinária e a observância de uma forma especial. Impõe-se a utilização de um procedimento específico para a constituição do fato jurídico"*.[16]

No nosso ordenamento jurídico-constitucional, dentre outras regras materiais e procedimentais, temos por premissa que ao Supremo Tribunal Federal ou ao Superior Tribunal de Justiça (quando em razão da matéria, as regras processuais não permitem que o processo vá além) cabem a última palavra sobre toda e qualquer pendenga judicial. Logo, são tais Cortes as donas da "verdade jurídica", quer as aceitemos, individualmente, ou não.

Todavia, ainda na toada das ideias defendidas acima, mesmo os senhores da verdade "absoluta", por a construírem no âmbito linguístico, podem alterá-las, ao longo do tempo. Mudam-se as circunstâncias, mudam-se as verdades, ainda que os suportes físicos, com base nos quais aquela foi construída, permaneça intacto.

No âmbito do Direito Tributário, inúmeras são as demonstrações dessa mudança de posicionamento das Cortes Superioras Brasileiras, ou em outras palavras, dessa alteração do que venha a ser verdade para elas, como, por exemplo, quanto ao direito ou não ao crédito de IPI quando da aquisição de insumos tributados com alíquota zero.

Conclusão

Não se pretende aqui fazer qualquer juízo de valor em relação a essa constatação. Não nos cabe, pelo menos não neste momento, enquanto participantes de uma comunidade linguística, nos revoltarmos contra as regras que dirigem este sistema. Como tudo na vida, há vantagens e desvantagens neste formato em que a poucos é dado o poder de dizer a "verdade".

É inerente ao mesmo sistema a abertura à mudança semântica, desde que dentro dos limites por ele próprio impostos. Por isso é que não entendemos ser uma lesão ao tão aclamado princípio da segurança jurídica, se é que ele existe, a transmutação dos sentidos e, em consequência, a criação de novas normas jurídicas, que se sobrepõem às verdades/normas inicialmente construídas, quer isto nos favoreça ou não.

Por tais considerações, é que a nossa conclusão não poderia ser outra, senão a de que o que venha a ser verdade no Direito Tributário dependerá da linha filosófica que se crer. No nosso caso, enquanto entusiasta da teoria retórica, não cremos em verdades absolutas, nem dentro nem fora do Direito. A verdade será sempre consensual, linguística e temporal.

---

16. *Curso de Direito Tributário*, p. 357.

ESTUDOS & COMENTÁRIOS

PRINCÍPIOS E REGRAS: ANÁLISE SISTÊMICA À LUZ DO CONSTRUTIVISMO LÓGICO-SEMÂNTICO

André Cardoso Berçot[*]

Mestrando em Direito Tributário pela Universidade de São Paulo – USP.
Professor de Direito Tributário na Faculdade de Direito do Guarujá (UNIESP).
Graduado em Direito e Pós-graduado em Mercado Financeiro
e Banking pela Universidade Católica de Santos – UNISANTOS.
Advogado

1. Breves considerações propedêuticas e metodológicas. 2. Construção do sistema jurídico: 2.1 Conhecimento, linguagem e interpretação dos textos jurídicos; 2.2 O percurso gerador de sentido dos textos jurídicos; 2.3 O Construtivismo Lógico-Semântico e a construção dos sistemas jurídicos; 2.4 Sistema jurídico ideológico, sistema jurídico concreto e sistema jurídico real. 3. Elementos do sistema do direito positivo: 3.1 Enunciados do direito positivo e normas jurídicas; 3.2 Princípios e regras sob a ótica do Construtivismo Lógico-Semântico; 3.3 Preponderância de princípios ou de regras: uma discussão vazia. Conclusão. Referências bibliográficas.

Resumo: O presente artigo visa enfrentar a questão da preponderância dos princípios ou das regras à luz do Construtivismo Lógico-Semântico. O objetivo deste trabalho é verificar, sob um enfoque eminentemente construtivista, se têm sustentação as bases teóricas da corrente doutrinária que prega que, em caso de conflito, os princípios devem preponderar sobre as regras de mesma hierarquia. Busca-se, também, averiguar o rigor científico da corrente contrária que, ensinando justamente o oposto, preleciona que, em caso de conflito entre princípios e regras de mesmo nível hierárquico, as últimas devem prevalecer. O tema é tratado exclusivamente sob a ótica do Construtivismo Lógico-Semântico, corrente filosófica que autoriza cada intérprete a criar seu próprio sistema jurídico a partir da conjugação das unidades normativas construídas com base nos enunciados do direito positivo. Como parte desta peculiar forma teórica de enxergar a questão, este artigo busca lançar novas luzes sob o embate entre princípios e regras, desenvolvendo noções próprias acerca do sistema jurídico, subdividindo-o em sistema jurídico ideológico, sistema jurídico concreto e sistema jurídico real.

[*] E-mail: *acbercot@gmail.com*.

Palavras-chave: Princípios. Regras. Conflito entre princípios e regras. Construtivismo Lógico-Semântico. Múltiplos sistemas jurídicos.

1. Breves considerações propedêuticas e metodológicas

Interpretar os textos do direito posto é sempre tarefa árdua e que exige do hermeneuta enorme esforço de contextualização. De um simples enunciado, múltiplos conteúdos normativos podem ser construídos e, a partir da conjugação das unidades normativas, o intérprete cria seu próprio sistema jurídico. Compreender a mensagem legislada em sua totalidade demanda, pois, percorrer longo e tormentoso caminho. Esta dificuldade parece ainda maior quando consideramos que, diante da ampla liberdade interpretativa que têm os hermeneutas, cada um pode partir de premissas muito diferentes e, por consequência, erigir sistemas jurídicos substancialmente distintos: uns com base na preeminência de princípios; outros, na preponderância de regras.

A discussão sobre a prevalência de princípios ou de regras tem suscitado intensos e profícuos debates científicos. Se, de um lado, as doutrinas brasileiras, tradicionalmente, sustentam a superioridade dos princípios em relação às regras, é forçoso reconhecer, de outro, que, em função de importantes trabalhos acadêmicos de estrangeiros, vem ganhando força na doutrina pátria a corrente que preconiza deverem as regras, em caso de conflito com princípios, preponderar sobre estes últimos.

Este artigo tem pretensão humilde: verificar as bases teóricas e a sustentabilidade da tese que preconiza a superioridade dos princípios em relação às regras, bem como da teoria contrária, que preleciona que, em caso de conflito, as regras devem prevalecer sobre os princípios de mesmo nível hierárquico.

O método empregado para atingir o objetivo deste artigo é o empírico-dialético, por meio do qual, à luz do Construtivismo Lógico-Semântico, busca-se tratar o tema sob o enfoque eminentemente linguístico. Assim, as ideias centrais aqui tratadas são construídas a partir de premissas sólidas e estão baseadas em um referencial filosófico consagrado.

Desde a teoria dos objetos e regiões ônticas de Edmund Husserl sabe-se que a cada região ôntica corresponde um ato gnosiológico e um método específico. Longe de ser fenômeno natural, ideal ou metafísico, o Direito está inserido na região ôntica dos objetos culturais. Nesta região os objetos são reais, têm existência espaço-temporal, estão na experiência e, além disso, são valiosos, positiva ou negativamente. Para os objetos dessa região ôntica, o ato gnosiológico apropriado é a compreensão; e o método, o empírico-dialético.[1]

Por empirismo entende-se a sabedoria adquirida por meio da experiência, da percepção sensorial (visão, audição, tato, paladar e olfato) e, por que não dizer, dos valores, positivo ou negativo, atribuídos pelo sujeito cognoscente aos fatos concretos experimentados. A dialética, por sua vez, é a arte de argumentar pelo questionamento interativo, ou seja, é um método de diálogo travado comutativamente entre tese e antítese, até que deste embate erga-se a síntese, admitida esta como "valor verdadeiro", ao menos até que novas teses e antíteses questionem sua credibilidade.

Destarte, é lídimo afirmar que o método empírico-dialético garante ao cientista do Direito uma aproximação do seu objeto cognoscitivo por meio da compreensão das normas jurídicas (direito posto) mediante interpretações que devem ser submetidas às contradições e contraposições da dialética. O conhecimento e o saber apresentam-se, neste contexto, como frutos do ir e vir dessas propostas interpretativas.

Superadas estas breves considerações metodológicas, esclarecemos ao leitor que

---

1. Paulo de Barros Carvalho, *Direito Tributário, Linguagem e Método*, 4ª ed., São Paulo, Noeses, 2011, pp. 15-18.

para atingir nosso objetivo, optamos por dividir o presente artigo em dois grandes tópicos. No primeiro, intitulado "Construção do Sistema Jurídico", buscamos estabelecer as premissas básicas do Construtivismo Lógico-Semântico e, além disso, tratamos do percurso gerador de sentido das normas jurídicas e de como este percurso impacta na formação dos sistemas jurídicos. Por toda a dificuldade que enseja, para enfrentar o tema da preeminência dos princípios ou das regras, tivemos de criar uma teoria que subdivide os sistemas jurídicos em: (i) *sistema jurídico ideológico*; (ii) *sistema jurídico concreto*; e (iii) *sistema jurídico real*.

No segundo grande tópico, denominado "Elementos do Sistema do Direito Positivo", mergulhamos nas profundezas do tema cuidando da essência do sistema jurídico brasileiro. Buscamos estabelecer as diferenças entre os enunciados e as normas, entre os princípios e as regras e esclarecer de que maneira isso tudo reflete na construção, na mente do intérprete, do seu próprio sistema jurídico. Além disso, neste segundo tópico discutimos especificamente as bases teóricas da tese que prega a preponderância dos princípios sobre as regras de mesma hierarquia em caso de conflito e da tese contrária que, ensinando justamente o oposto, preconiza que, em caso de conflito entre princípios e regras de mesmo nível hierárquico, as últimas devem prevalecer. Não é demais lembrar que toda esta discussão é pautada pelos cânones do Construtivismo Lógico-Semântico e pela multiplicidade de sistemas jurídicos.

2. Construção do sistema jurídico

2.1 Conhecimento, linguagem e interpretação dos textos jurídicos

Em sua origem, a teoria do conhecimento tinha por foco a relação entre o ser cognoscente e o objeto cognoscitivo. Tal relação podia ser estudada a partir do objeto (ontologia), do sujeito (gnosiologia) ou da relação entre ambos (fenomenologia).[2] A linguagem, neste contexto, era mero instrumento de conexão entre sujeito e objeto. Diante desta linha de raciocínio, era coerente concluir que eventual proposição linguística formulada pelo ser cognoscente deveria ser considerada verdadeira se, e somente se, correspondesse integralmente à realidade do objeto referido. Perceptível, pois, o caráter secundário que tinha a linguagem na teoria do conhecimento. Ela representava apenas o elo necessário para conectar o sujeito a seu objeto de estudo. Nada mais.

Com o advento da filosofia da linguagem, cujo marco é a obra de Ludwig Wittgenstein (*Tractatus Logico-Philosophicus*, publicado em 1921, na Áustria), o conhecimento passou a ser visto como produto do confronto intelectual entre linguagens, isto é, como produto das relações entre uma e outra significação.

Basta olharmos para um dicionário qualquer, por exemplo, para percebermos a coerência deste raciocínio. É que, ao tomarmos contato com os dicionários, construímos o conhecimento não em função de uma relação entre sujeito e objeto, mas sim por meio de uma relação entre linguagens, entre significações.[3] Se procurarmos num dicionário de língua portuguesa a palavra *casa*, por exemplo, encontraremos não uma casa feita de tijolos e cimento, mas outras palavras cujas significações remetem nossa mente à imagem do objeto *casa*. Assim, se o conhecimento fosse mesmo fruto da relação entre sujeito e objeto, não seria possível construir conhecimento a partir da leitura de um dicionário, onde o ser cognoscente só encontra relações entre palavras.

Com base nas sólidas proposições de Wittgenstein, o movimento conhecido como *giro-linguístico* foi responsável por romper a tradicional forma de conceber a linguagem como mero instrumento do conhecimento,

---

2. Fabiana Del Padre Tomé, *A Prova no Direito Tributário*, São Paulo, Noeses, 2005, p. 1.

3. Idem, ibidem, p. 2.

elevando-a ao patamar de criadora tanto da realidade, como do próprio ser cognoscente; gênese, portanto, do conhecimento. Assim, de acordo com os novos padrões interpretativos, adotados após o giro-linguístico, o sujeito do conhecimento não *extrai* ou *descobre* o sentido que se achava oculto no texto. Ele o *constrói* em função de sua ideologia e, principalmente, dentro dos limites de seu mundo, vale dizer, do universo de sua linguagem.

Neste contexto, é lícito afirmar que a palavra precede o objeto, criando-o na mente do ser cognoscente. Com isto não pretendemos negar a existência física dos objetos em ambiente desprovido de linguagem, mas apenas demonstrar que somente por meio da linguagem é que podemos ter acesso às coisas existentes no mundo, compreendendo-as e criando, assim, nossa própria realidade. Importante esclarecer que ao afirmamos que a linguagem cria o objeto, estamos nos referindo ao *objeto ideológico*, à construção mental acerca do objeto, e não ao *objeto físico*.

Um singelo constructo pode ajudar a esclarecer nossa premissa. É óbvio que uma melancia existe sem linguagem, afinal basta que uma semente seja jogada na terra para que, em propícias condições climáticas, a fruta brote do chão. Ninguém precisa expedir proposições linguísticas acerca da fruta para que ela exista fisicamente. Entretanto, a existência física da fruta não é suficiente para que a conheçamos. É imprescindível que sejamos capazes de expedir enunciados a respeito da melancia para que possamos conhecê-la. A imagem mental que temos da melancia (fruta suculenta e saborosa para uns e não tão agradável para outros) só se forma em nossa mente por meio de linguagem. Não podemos pensar em uma melancia sem fazer uso de linguagem, vez que sem esta o próprio ato de pensar é impossível. É neste sentido que dizemos que a linguagem cria o objeto.

Partindo desta concepção, alertamos o leitor para o fato de que, neste trabalho, entendemos conhecimento como algo que só é possível de ser atingido a partir de construções linguísticas. Não há conhecimento onde não houver linguagem, sendo certo que, se por meio desta não pudermos descrever um objeto, é porque não o conhecemos. Daí a procedência da afirmação "nada existe onde faltam palavras".[4]

Neste contexto, não é difícil perceber a importância da interpretação. Se é mesmo a partir de proposições linguísticas que construímos conhecimento, é inegável a fundamental relevância da interpretação neste constante embate de enunciações (proposições e refutações) cujo resultado é o saber. Interpretar as múltiplas proposições que podem ser feitas acerca de um objeto é, em última análise, construir conhecimento.

É importante lembrar que o ato de interpretar é subjetivo. Cada um, ao travar contato com o objeto cognoscitivo por meio de suas percepções sensoriais (visão, audição, olfato, paladar e tato), interpreta-o de maneira própria e única. É por isso, aliás, que temos opiniões divergentes sobre um mesmo objeto. Um desembargador, por exemplo, pode proferir decisão substancialmente diferente daquela produzida por seus pares diante de um mesmo processo judicial, como sói acontecer nos recursos que sobem ao tribunal e são julgados pelo colegiado.

É justamente esta liberdade interpretativa que autoriza cada um a criar seu próprio sistema jurídico. Com base nos mesmos enunciados linguísticos (dispositivos legais) cada jurista, cada aplicador, cada intérprete, enfim, constrói seu sistema jurídico. Todos são livres para interpretar leis e construir normas a partir dos textos do direito positivo. O limite da interpretação, se é que existe um, está apenas nos horizontes da cultura de cada um, ou seja, no próprio universo linguístico do hermeneuta. Apesar de cada um poder atribuir o sentido que quiser aos textos normativos, o modo como fazemos isso é comum a todos, conforme explanação contida no próximo subtópico.

---

4. José Souto Maior Borges, *Ciência Feliz*, São Paulo, Quartier Latin, 2007, p. 123.

2.2 O percurso gerador de sentido dos textos jurídicos

Após esta breve análise sobre a relação entre conhecimento, linguagem e interpretação, feita no subtópico anterior, algumas dúvidas poderiam surgir: se somos nós que atribuímos sentido aos objetos através de um processo interpretativo eminentemente linguístico, forma e conteúdo seriam aspectos distintos, completamente desconectados? A forma de um objeto não diz nada sobre seu conteúdo? Afirmar que podemos atribuir o sentido (conteúdo) que quisermos aos objetos (formas), não seria abrir espaço para interpretações esdrúxulas do direito posto?

Paulo de Barros Carvalho ensina que "forma e conteúdo longe de serem aspectos separáveis a ponto de um preterir o outro, são dimensões de um objeto incindível".[5] O ilustre professor explica que não há outra maneira de travar contato com o objeto senão pela forma e que é justamente interpretando a forma que atribuímos conteúdo (significação) ao objeto.

Nessa medida, para conhecer o objeto *direito positivo*, necessariamente precisamos tomar contato com sua forma, isto é, com as leis. Deste contato exsurgirá uma interpretação, cuja finalidade é a outorga de conteúdo, a construção de sentido dos textos jurídicos. Percebe-se, então, que a forma diz muito sobre o conteúdo de um objeto, afinal ela será o alicerce, o ponto de partida de todo o processo de construção de sentido. Mesmo com a ampla liberdade interpretativa que tem o exegeta, eventual proposição linguística que este venha a formular terá, necessariamente, que dizer algo pertinente ao objeto estudado, sob pena de nada dizer. Eis a imbricação entre forma e conteúdo.

Lancemos luzes, neste momento, para o processo interpretativo do direito posto. O aclamado professor Paulo de Barros Carvalho chama de *percurso gerador de sentido*[6] o processo por meio do qual o intérprete atribui valor (conteúdo) aos signos que compõem os enunciados do direito positivo (forma). Este processo, segundo o autor, é composto por quatro planos (S1, S2, S3 e S4) claramente distintos. Vejamos, então, cada um destes planos.

No primeiro plano interpretativo (S1), o hermeneuta se depara com o texto bruto, isto é, o conjunto de enunciados plasmados no suporte físico. Neste primeiro momento, onde se busca uma análise sintática dos enunciados, o intérprete vê um conjunto de signos, um verdadeiro aglomerado de palavras impressas em um pedaço de papel. Estes signos formam estruturas frásicas que se organizam na forma de texto, cabendo ao exegeta, *a priori*, a sua leitura. Automaticamente, ao ler o texto normativo, o hermeneuta passa a lhe atribuir um valor e à medida que um conteúdo lógico vai se formando em sua mente, ele evolui para a segunda etapa do processo interpretativo.

A transição de S1 para S2 fica evidente quando o foco da proposta exegética sai do plano físico e adentra o plano imaterial. São intangíveis as construções linguísticas feitas na mente do intérprete. Neste segundo momento (S2), portanto, o intérprete ingressa efetivamente no plano do conteúdo, da atribuição de significações aos signos e, assim, constrói proposições acerca do objeto (texto do direito positivo). Estas significações, contudo, apesar de assumirem a forma proposicional, carecem, ainda, de sentido deôntico e, por isso, não são suficientes para a compreensão da mensagem legislada.

Em S3 o exegeta formula as primeiras proposições deonticamente organizadas. O hermeneuta conjuga os enunciados, estejam ou não no mesmo plano hierárquico, obtendo como produto uma norma jurídica, dotada de um antecedente, onde se põe uma situação fática de possível ocorrência no mundo

---

5. Paulo de Barros Carvalho, *Direito Tributário, Linguagem e Método*, 4ª ed., São Paulo, Noeses, 2011, p. 183.

6. Paulo de Barros Carvalho, *Curso de Direito Tributário*, 20ª ed., São Paulo, Saraiva, 2008, pp. 126-127.

fenomênico, ligado a um consequente, por força da imputação deôntica neutra (não modalizada). Eis a fórmula hipotético-condicional, reveladora do conteúdo prescritivo: H → C (que se lê: dada a hipótese, deve-ser a consequência).

No quarto e último plano interpretativo (S4), o intérprete organiza as normas construídas em S3 de forma escalonada, estabelecendo os vínculos de coordenação e subordinação entre as unidades construídas. É que as normas não existem de forma isolada; pelo contrário, só são possíveis dentro de um sistema, devendo o intérprete, então, fazer um esforço de contextualização. Completado o percurso, terá o intérprete a mensagem legislada completa, com visão sistêmica do objeto (direito posto).

2.3 O Construtivismo Lógico-Semântico e a construção dos sistemas jurídicos

Toda a filosofia que expusemos até aqui, desde a formação linguística do objeto, do ser e do conhecimento, até o percurso gerador de sentido, faz parte do Construtivismo Lógico-Semântico, Escola do Direito que tem no movimento giro-linguístico, na Semiótica, na Teoria dos Valores e em uma postura analítica suas ferramentas básicas.[7]

Inegavelmente, assumir uma postura construtivista em relação ao Direito significa admitir que, ao menos em termos interpretativos, o Direito não é único. Isto é, apesar de as normas jurídicas terem uma estrutura formal sempre igual (como veremos mais adiante), a interpretação dos textos do direito positivo varia conforme o intérprete. Eis, reciprocamente, o fechamento sintático e a abertura semântica do sistema jurídico a que se referem Paulo de Barros Carvalho e seus seguidores.

Criticando as premissas do Construtivismo, alguém poderia lembrar que a pragmática, campo da Semiótica que estuda o uso da linguagem, impõe sentidos mínimos para as palavras, isto é, significações de base, sem as quais nem uma simples conversa seria possível. Se as palavras têm, então, uma significação de base, determinada pelo uso corrente da linguagem (pragmática), como sustentar a tese de que o intérprete é livre para construir seu próprio sistema jurídico por meio da adjudicação de sentido aos textos normativos? Será que a existência de acepções mínimas para cada palavra não faz ruir esta teoria? Estamos certos de que a resposta é negativa.

O fato de as palavras terem significações de base jamais poderia reduzir toda a complexidade interpretativa gerada por suas significações contextuais.[8] A linguagem é tão rica que mesmo palavras que aparentemente têm definição precisa, a depender do contexto em que estão inseridas, tornam-se vagas. Assim, a significação mínima das palavras serve de alicerce para o processo de construção de sentido, mas é inútil para delimitar-lhe os contornos. O texto da lei, portanto, está longe de ser um limite objetivo à interpretação; é, antes, o estopim de um longo processo racional que tem por resultado a construção, na mente do intérprete, da norma jurídica e, em última análise, de seu próprio sistema jurídico.

A esta altura, não parece restar dúvida quanto ao acerto da afirmação de que cada um, aos poucos, cria seu próprio sistema jurídico, interpretando leis e construindo normas. Falta, no entanto, esclarecer o campo de irradiação semântica com que utilizamos, neste trabalho, a expressão *sistema jurídico*.

De forma bastante objetiva, sem fazer longas incursões na teoria dos sistemas, até por não ser este o objetivo de nossa pesquisa, esclarecemos ao leitor que concebemos *sistema* como um conjunto de elementos que, de forma lógica e encadeada, relacionam-se

---

7. Aurora Tomazini de Carvalho, *Curso de Teoria Geral do Direito: o Construtivismo Lógico-Semântico*, 2ª ed., São Paulo, Noeses, 2010, p. 82.

8. Sobre significação de base e significação contextual, v. Luis Alberto Warat, *O Direito e sua Linguagem*, Porto Alegre, Sergio Antonio Fabris, 1995, p. 65.

entre si, visando a uma finalidade específica.[9] O qualitativo *jurídico*, por sua vez, denota que o sistema do qual estamos tratando diz respeito ao Direito.

Ocorre que desde as clássicas lições de Kelsen, sabemos que o direito positivo não se confunde com a Ciência do Direito. Na verdade, cada um é um sistema diferente.[10] Logo, sendo coerente com o conceito delimitado acima, tomamos o direito positivo como um sistema porque entre seus elementos (enunciados prescritivos) há um mínimo de relação lógica que os conecta um ao outro, de forma que todos, em conjunto, visam a um referencial comum, a uma finalidade específica: traçar as regras que disciplinam as condutas intersubjetivas.

A Ciência do Direito também é um sistema, mas com elementos e objetivos diferentes daqueles do sistema do direito positivo. Enxergamos a Dogmática Jurídica como um sistema porque seus elementos (proposições descritivas acerca do direito positivo) são sempre organizados de forma lógica e encadeada, de maneira que, em conjunto, visam a interpretar o direito positivo.

Diante destas concepções, alertamos o leitor para o fato de que, no curso deste trabalho, a expressão *sistema jurídico* será utilizada de forma genérica, fazendo referência tanto ao *sistema do direito positivo*, quanto ao *sistema da Ciência do Direito*.

---

9. Aurora Tomazini de Carvalho, *Curso de Teoria Geral do Direito: o Constructivismo Lógico-Semântico*, 2ª ed., São Paulo, Noeses, 2010, p. 122.

10. Paulo de Barros Carvalho ensina que o sistema do direito positivo é um sistema nomoempírico prescritivo, vertido em linguagem técnica, onde a racionalidade humana é empregada com objetivos diretivos. Por outro lado, o sistema da Ciência do Direito, apesar de ser também nomoempírico, é teorético ou declarativo, vertido em linguagem eminentemente científica e com finalidade descritiva do direito positivo. Assim, fica claro que, na visão do aclamado autor, a Ciência do Direito é uma linguagem de sobrenível em relação à linguagem do direito positivo, da mesma maneira que esta é metalinguagem da linguagem social (Paulo de Barros Carvalho, *Direito Tributário, Linguagem e Método*, 4ª ed., São Paulo, Noeses, 2011, p. 219).

Quando necessário, para evitar ambiguidades, faremos a distinção textualmente.

Ora, se é correto afirmar que o intérprete tem liberdade para construir seu próprio sistema jurídico adjudicando sentido ao produto legislado, temos de aceitar a coexistência de múltiplos sistemas jurídicos distintos, vez que a cada hermeneuta é dada a oportunidade de construir um sistema particular consoante sua ideologia, impregnado, portanto, dos valores que lhe são mais caros. Mas será que existe um sistema jurídico mais correto do que os outros? Que torna determinada interpretação preeminente em relação à outra? Responder a estas perguntas exige uma análise mais detida sobre os sistemas jurídicos.

2.4 Sistema jurídico ideológico, sistema jurídico concreto e sistema jurídico real

Antes de respondermos as questões que encerram o subtópico anterior, cumpre-nos esclarecer algo que será crucial para alcançarmos nosso desiderato. Trata-se dos três tipos diferentes de sistemas jurídicos que concebemos especialmente para tornar claro o nosso ponto de vista neste artigo. São eles: (i) sistema jurídico ideológico; (ii) sistema jurídico concreto; e (iii) sistema jurídico real.

Alertamos o leitor para o fato de que utilizaremos o Direito Tributário como pano de fundo para a explicação de cada um destes tipos de sistemas jurídicos. Nada impede, entretanto, que as noções teóricas que virão a seguir possam ser aplicadas a outros ramos do Direito.

Chamamos de *ideológicos* aqueles sistemas jurídicos construídos, em regra, pelo contribuinte ou pelo fisco (desde que este último não atue como julgador) na busca, respectivamente, da defesa de interesses pessoais ou institucionais. Estes sistemas são construídos com base em preferências, isto é, com ênfase nos valores que, momentaneamente, são mais convenientes ao contribuinte ou ao fisco. Nessa medida, os sistemas ideológicos se consubstanciam em interpretações muito subjetivas e partidárias acerca do objeto interpretado. Logo, estes sistemas são muito propensos a inconsistências lógicas, falhas que, identificadas, ferem de morte a proposta exegética.

Fisco e contribuinte criam seus próprios sistemas jurídicos ideológicos a partir da interpretação dos enunciados do direito positivo, acrescida, se for o caso, da interpretação de outros objetos, como: autos de infração, decisões administrativas ou judiciais, contratos, notas fiscais, entre outros. Na verdade, não é difícil perceber que qualquer decisão juridicamente relevante tomada pelo fisco ou pelo contribuinte pressupõe um processo interpretativo e, em última análise, a construção de um sistema jurídico ideológico que dê supedâneo à decisão.

Um exemplo pode ajudar a esclarecer o que são e como surgem os sistemas ideológicos. Imaginemos que um contribuinte pratique um negócio jurídico qualquer, julgando-o como elisivo (lícito) à luz de sua própria interpretação dos enunciados do direito positivo. Por outro lado, suponhamos que o fisco, discordando da interpretação construída pelo contribuinte, interprete o negócio jurídico por este praticado como sendo evasivo (ilícito) segundo as regras do direito posto. Neste momento, estará armado o conflito entre sistemas jurídicos ideológicos.

Claramente, no exemplo acima, há dois sistemas ideológicos distintos: o construído pelo contribuinte que, de forma parcial (partidária), interpretou os enunciados positivados no ordenamento jurídico de maneira a favorecer a si próprio com a não incidência (ou com a incidência menos gravosa) do tributo; e o construído pelo fisco que, sendo parcial para o lado contrário, considerou evasivo o negócio praticado pelo contribuinte, diante de uma leitura bastante diferente do direito posto.

Indo adiante com o mesmo exemplo, imaginemos que o fisco, atuando agora não como mero interessado, mas como agente competente para a expedição de norma individual e concreta, venha a desconsiderar o negócio praticado pelo contribuinte, alegando tratar-se de negócio evasivo (ilícito) e que imponha, por consequência, tributação que alcance a capacidade contributiva que, supostamente, o contribuinte teria escondido. Neste momento, com a materialização de uma norma individual e concreta (lançamento de ofício) produzida e expedida por agente competente, terá surgido o que chamamos de *sistema jurídico concreto*.

O adjetivo *concreto* demonstra que este sistema jurídico de fato trará mudança palpável, significativa, para o mundo do Direito. É que sistema concreto tem o condão de criar, modificar ou extinguir direito, capacidade que os sistemas jurídicos ideológicos não têm.

Insistindo no exemplo, é certo que o contribuinte ficará insatisfeito com a desconsideração do negócio jurídico praticado e, rechaçando a imposição tributária que lhe foi feita, acusará a autoridade administrativa de mal interpretar o direito posto e o negócio celebrado. O contribuinte fatalmente aduzirá que seu descontentamento é motivado e amparado por lei. Eis novo sistema jurídico ideológico, construído agora, não só com base no direito posto, como antes, mas também com base na decisão administrativa que desconsiderou o negócio praticado e no lançamento de ofício que constituiu o crédito tributário que o fisco julgou devido.

Nesta situação, é provável que o contribuinte se insurja contra o lançamento tributário que julga incorreto e busque, no Poder Judiciário, sua invalidação, momento em que, em respeito ao contraditório, será dada ao fisco a oportunidade de defender o lançamento. Eis, mais uma vez, claro conflito entre sistemas jurídicos ideológicos.

Para solucionar a lide, o juiz constrói seu próprio sistema jurídico interpretando não só o direito positivo, como a decisão de desconsideração do negócio, o ato de lançamento, as alegações das partes e outras provas quaisquer, exteriorizando, ao fim, decisão judicial capaz de criar, modificar ou extinguir direito (sistema jurídico concreto, novamente).

Inconfundível com os dois tipos de sistemas expostos até aqui, optamos por chamar de *real* o sistema jurídico construído pelo cientista do Direito. Exteriorizado nas doutrinas, nas obras e artigos científicos, este sistema jurídico contempla proposta interpretativa do direito posto feita com alto grau de coesão interna do discurso, isto é, com elevado nível de rigor científico nas proposições formuladas. Por isso, a tendência é que reflita leitura imparcial do sistema do direito positivo, não havendo no sistema jurídico real nenhum espaço para inconsistências de ordem lógica.

O verdadeiro jurista, ao menos em tese, expõe sua leitura do direito posto sem permitir que suas preferências restem imiscuídas na proposta exegética. Nestes termos, o sistema jurídico real não é construído com base nas prioridades do intérprete, mas corresponde, efetivamente, à interpretação do direito tal como posto, considerado como um todo, um bloco harmônico visto sob o prisma sistêmico, livre de falhas lógicas e de eventuais supremacias valorativas que por vezes camuflam interesses particulares dos hermeneutas ideológicos.

Justamente por isso, o sistema jurídico real tende, no decorrer do tempo, a gerar maior adesão da comunidade científica. É que se uma proposta interpretativa aponta para um sentido, enquanto outra aponta em sentido oposto, é a própria comunidade científica que deve assinalar qual delas tem maior rigor científico, afastando, peremptoriamente, a exegese problemática.

Desta forma, os sistemas jurídicos reais, à medida que são postos à prova, vão, aos poucos, sendo ou glorificados, hipótese em que se tornam interpretações consagradas do direito posto, ou rejeitados, caso em que seus autores, se não aderirem às propostas de maior rigor científico, ficarão cada vez mais isolados com suas teorias, restando-lhes, por consequência, a descrença.

Por amor à didática, propomos ao leitor um simples quadro comparativo, cujo intuito é evidenciar as diferenças entre os três tipos de sistemas jurídicos referidos:

QUADRO COMPARATIVO ENTRE OS SISTEMAS JURÍDICOS			
	SISTEMA JURÍDICO IDEOLÓGICO	SISTEMA JURÍDICO CONCRETO	SISTEMA JURÍDICO REAL
QUEM CONSTRÓI?	O interessado (contribuinte ou fisco, desde que este último não atue como julgador)	O julgador (agente habilitado para introduzir normas individuais e concretas no sistema do direito positivo)	O cientista do Direito (normalmente, um doutrinador, um escritor renomado)
QUANDO CONSTRÓI?	Antes de cada decisão juridicamente relevante a ser tomada	No momento da expedição da norma individual e concreta	Quando da elaboração de produção científica
COMO CONSTRÓI?	Interpretando o direito posto e, se for o caso, a linguagem produzida por outros objetos	Interpretando o direito positivo, além das alegações das partes, das provas, etc.	Interpretando os enunciados do direito positivo e fazendo análise crítica de outras obras
PARA QUE CONSTRÓI?	Para defender interesses pessoais (contribuinte) ou institucionais (fisco)	Para solucionar o conflito entre sistemas ideológicos	Para descrever e orientar a interpretação do direito positivo
COMO SE EXTERIORIZA?	Por meio de alegações nas petições, recursos, entre outros	Por meio de um veículo introdutor de normas (sentença, decisão administrativa, entre outros)	Com a publicação de doutrinas, artigos científicos, entre outros
TENDÊNCIA	Parcialidade (maior possibilidade de haver inconsistências lógicas)	Imparcialidade (menor possibilidade de haver inconsistências lógicas)	Imparcialidade (nenhuma possibilidade de haver inconsistências lógicas)

Munidos de todos estes substratos lógicos, podemos, agora sim, propor respostas às questões que encerraram o subtópico anterior. Afinal, será que existe um sistema jurídico mais correto do que os outros? Que torna determinada interpretação preeminente em relação à outra?

De forma bastante objetiva e direta, entendemos que o que faz um sistema jurídico prevalecer sobre outro é a lógica interna do discurso. Uma interpretação livre de ambiguidades, contradições e contrariedades certamente deve se sobrepor a outra proposta interpretativa que contenha algum destes vícios.

Nessa medida, em caso de eventual conflito entre *sistemas jurídicos reais*, a exegese que há de preponderar sobre as demais deve ser aquela cujas proposições linguísticas tenham passado incólumes por todos os planos interpretativos, conferindo ao sistema do direito positivo uma interpretação que garanta a máxima efetividade de seus enunciados, sem incorrer em nenhuma falha de ordem lógica.

Como decorrência dos argumentos apresentados, estamos convencidos também de que diante do embate entre um *sistema jurídico ideológico*, um *sistema jurídico concreto* e um *sistema jurídico real*, este último deve preponderar, desde que, é claro, realmente tenha sido formulado com todo o rigor científico.

Para avançarmos em direção ao cerne do presente trabalho, precisamos perquirir como funciona o sistema do direito positivo, quais são e de que forma se relacionam seus elementos básicos. Este é o assunto do próximo tópico.

3. Elementos do sistema do direito positivo

3.1 Enunciados do direito positivo e normas jurídicas

Todo aquele que se propuser a conhecer o Direito por meio de uma aproximação mais séria terá de travar contato com uma teoria da norma jurídica. O direito positivo, fenômeno que se manifesta, invariavelmente, por meio de linguagem, é composto por uma série de enunciados escritos em linguagem técnica com função prescritiva. Basta tomar contato com estes enunciados para que o ser cognoscente se veja em um emaranhado de dúvidas: enunciados do direito positivo e normas jurídicas são a mesma coisa? Princípios são normas jurídicas? Qual é a diferença entre princípios e regras? Para que servem as regras dentro do sistema do direito positivo? Procuraremos solucionar estas e outras dúvidas no decorrer deste tópico.

Comecemos nossa investigação pela distinção entre enunciados do direito positivo e normas jurídicas. Tomando por base os ensinamentos do eminente professor Paulo de Barros Carvalho, entendemos que a expressão norma jurídica, quando usada em sentido amplo, abrange tanto o enunciado do direito positivo, aquele plasmado em um suporte físico e que vulgarmente chamamos de lei, como a significação atribuída pelo intérprete a este enunciado. Por sua vez, norma jurídica em sentido estrito alude tão somente à composição das significações que, a partir do contato com o direito posto, são, de forma articulada, construídas na mente do hermeneuta, perfazendo sentido deôntico completo.[11]

A partir desta breve noção já somos capazes de delimitar a diferença básica entre enunciado e norma. O primeiro é material, é físico, só existe atrelado a um suporte físico (um pedaço de papel, por exemplo). Já a norma é imaterial, não tem existência física, sendo criada na mente de cada intérprete. Assim, ateando fogo ao papel em que o enunciado está escrito, destruímos o enunciado, mas não a norma jurídica.

É fácil perceber, então, que não precisa haver correspondência biunívoca entre enunciado e norma. Isto é, partindo-se do mesmo

---

11. Paulo de Barros Carvalho, *Direito Tributário, Linguagem e Método*, 4ª ed., São Paulo, Noeses, 2011, p. 128.

enunciado, pode-se construir uma, nenhuma ou várias normas, assim como uma norma jurídica pode ser construída a partir de um ou de vários enunciados.

Um exemplo que elucida bem a disjunção entre enunciado e norma é a declaração de inconstitucionalidade parcial sem redução de texto. O Supremo Tribunal Federal, ao fazer o exame de constitucionalidade das leis, investiga os vários sentidos possíveis de serem atribuídos a cada dispositivo legal, declarando, sem mexer no texto, a inconstitucionalidade daqueles que são incompatíveis com a Constituição Federal. O texto da lei (enunciado) fica mantido, mas as normas jurídicas construídas a partir dele, e que são incompatíveis com a Constituição Federal, são declaradas nulas.[12]

Outra noção importante é a de que as normas jurídicas pressupõem sentido deôntico completo, o que só é possível alcançar quando, a partir dos enunciados do direito posto, o intérprete puder saturar de sentido todos os critérios que compõem a estrutura formal mínima, sem a qual a mensagem legislada não pode ser corretamente compreendida. Esta estrutura mínima é representada pela fórmula: D[f → (S R S')], pela qual "deve ser que, dado o fato F, então se instale a relação jurídica R entre os sujeitos S e S'". A inobservância deste esquema mínimo impede que haja sentido deôntico completo. Sem este *quantum* mínimo de informação, portanto, não há norma jurídica, mas tão somente enunciados.

Desta maneira, considerando o percurso gerador de sentido estudado anteriormente, é lícito afirmar que, respectivamente, nos planos interpretativos S1 e S2 há apenas enunciados e proposições ainda não deonticamente organizadas acerca do direito posto. As normas jurídicas (em sentido estrito) só aparecem a partir do plano S3. É que somente a partir de S3 o intérprete percebe a relação

implicacional (H → C) que caracteriza as normas jurídicas.[13]

Com isto fica claro que as normas jurídicas (em sentido estrito) são frutos de nossa subjetividade, são criações de cada intérprete, pelo que se diferenciam sobremaneira dos enunciados do direito positivo. Ao contrário das primeiras, estes últimos são iguais para todos, não oscilam conforme as variações interpretativas ou preferências valorativas de cada sujeito.

A ampla possibilidade que cada operador do Direito tem para construir seu próprio sistema jurídico gera inúmeras dificuldades práticas, sendo muito comum haver divergências em que, partindo dos mesmos enunciados, intérpretes diferentes constroem normas e sistemas jurídicos diversos. Este problema ganha ainda mais complexidade com as distorções interpretativas que dão supereficácia aos princípios constitucionais, ignorando, às vezes por pura conveniência, a força normativa das regras de mesmo nível hierárquico. Mas esta é uma questão a ser enfrentada no próximo subtópico.

3.2 Princípios e regras sob a ótica do Construtivismo Lógico-Semântico

Qualquer pesquisador que se proponha a realizar um trabalho com pretensão científica, independentemente da área do conhecimento, deve assumir posições claras e livres de falhas lógicas. Assim, guardando coerência com as premissas estabelecidas até aqui, buscaremos, neste subtópico, expor aquela que consideramos ser a melhor forma de conceber os princípios e as regras constitucionais.

Tradicionalmente, a doutrina brasileira sustenta que os princípios são mandamentos nucleares, vigas mestras do "edifício" jurídico e que, por isso, consubstanciam vetores interpretativos cujos efeitos prescritivos devem se

---

12. Humberto Ávila, *Teoria dos Princípios – Da Definição à Aplicação dos Princípios Jurídicos*, 12ª ed., São Paulo, Malheiros Editores, 2011, pp. 30-31.

13. Aurora Tomazini de Carvalho, *Curso de Teoria Geral do Direito: o Construtivismo Lógico-Semântico*, 2ª ed., São Paulo, Noeses, 2010, p. 279.

fazer sentir sobre todas as outras normas do sistema. Neste contexto, os princípios assumem caráter estruturante do sistema jurídico, no que lhe conferem a tônica e o sentido harmônico. São, pois, cláusulas genéricas e com alto grau de abstração.[14]

Como decorrência destas características, os doutrinadores brasileiros costumam sustentar que os princípios devem iluminar a compreensão das regras e, quando forem com estas incompatíveis, devem a elas se sobrepor. Eis a superioridade dos princípios em relação às regras, defendida por parte significativa da doutrina pátria.

Em contrapartida, entre nós há os que defendem que em caso de conflito entre princípios e regras de mesma hierarquia devem prevalecer as regras, já que estas, diferentemente dos princípios, denotam "efetiva decisão, positivada pelo constituinte, que manifesta expressamente como pretende seja tratada uma situação específica, sem deixá-la ao arbítrio do legislador ordinário, nem ao sopesamento de valores constitucionais".[15] Para os defensores desta corrente, as regras representam a objetivação dos princípios, devendo prevalecer sobre eles justamente por serem cláusulas mais objetivas, mais específicas.

Apesar do altíssimo grau de cientificidade desta última corrente, ela ainda não é dominante, sendo a hegemonia dos princípios, por enquanto, uma realidade. Não seria exagero reconhecer que o Brasil vive hoje o que o arguto professor Humberto Ávila chama de *Estado Principiológico*.[16]

No mesmo sentido, o aclamado professor Paulo Ayres Barreto, com a clareza que lhe é característica, assinala que "a preeminência dos princípios em relação a outros conteúdos normativos – não merecedores desse atributo –, difundida por parcela significativa da doutrina, gerou, como resultado, uma propensão dos operadores do direito a alçar à condição de princípio prescrições que distam de merecer esse qualificativo".[17] O referido autor explica que existe um verdadeiro processo de deterioração da expressão, já que vêm sendo chamadas de princípios proposições que sequer guardam consonância com o direito posto.

O referido processo de deterioração também não escapou da perspicácia do professor Paulo de Barros Carvalho que, em conferência proferida no IV Congresso Nacional de Estudos Tributários, citou, como exemplo desta degradação, o "princípio da salvabilidade do crédito tributário", sustentado pela Fazenda no âmbito do Tribunal de Impostos e Taxas de São Paulo.[18]

Diante deste favoritismo quase que absoluto dos princípios em detrimento das regras de mesma hierarquia, fisco e contribuinte, na esperança de vencerem eventual lide tributária, constroem seus sistemas jurídicos ideológicos, erigindo-os, invariavelmente, sobre princípios tributários consagrados pela doutrina. Fazem isto imaginando que o sistema jurídico concreto, que será construído pelo julgador no momento da expedição da norma individual e concreta, terá maiores chances de acolher seus argumentos.[19]

É importante salientar, contudo, que esta hegemonia dos princípios em relação às regras permite a construção de sistemas jurídicos carregados de subjetivismos, o que, paradoxalmente, pode conduzir a injustiças. Atentos a este fato, doutrinadores do mundo todo vêm buscando trabalhar melhor e mais profundamente questões como: que é princípio? Que é regra? Qual deve prevalecer

---

14. Estes são conceitos clássicos da doutrina, difundidos por Celso Antônio Bandeira de Mello, Geraldo Ataliba, Roque Antonio Carrazza, entre outros grandes nomes do Direito brasileiro.

15. Paulo Ayres Barreto, *Elisão Tributária: Limites Normativos*, São Paulo, USP, 2008, p. 97.

16. Humberto Ávila, *Teoria dos Princípios – Da Definição à Aplicação dos Princípios Jurídicos*, 12ª ed., São Paulo, Malheiros Editores, 2011, p. 23.

17. Paulo Ayres Barreto, *Elisão Tributária: Limites Normativos*, São Paulo, USP, 2008, p. 91.

18. Idem, ibidem, p. 91.

19. Sobre *sistemas jurídicos ideológicos* e *sistemas jurídicos concretos*, v. item 2.4 deste artigo.

em caso de conflito? Sustenta-se, em termos científicos, a afirmação de que os princípios devem sempre preponderar sobre as regras de mesma hierarquia?

Em estudo profundo sobre o tema, tomando como referências os trabalhos de Ronald Dworkin, Robert Alexy, Josef Esser, Karl Larenz e Claus-Wilhelm Canaris, o professor Humberto Ávila explica os critérios usualmente empregados para distinguir princípios de regras. São eles:

"*Em primeiro lugar*, há o critério do *caráter hipotético-condicional*, que se fundamenta no fato de as regras possuírem uma hipótese e uma consequência que predeterminam a decisão, sendo aplicadas ao modo *se, então*, enquanto os princípios apenas indicam o fundamento a ser utilizado pelo aplicador para futuramente encontrar a regra para o caso concreto. Dworkin afirma: 'Se os fatos estipulados por uma regra ocorrem, então ou a regra é válida, em cujo caso a resposta que ela fornece deve ser aceita, ou ela não é, em cujo caso ela em nada contribui para a decisão'. Caminho não muito diverso também é seguido por Alexy quando define as regras como normas cujas premissas são, ou não, diretamente preenchidas.

"*Em segundo lugar*, há o critério do *modo final de aplicação*, que se sustenta no fato de as regras serem aplicadas de modo absoluto *tudo ou nada*, ao passo que os princípios são aplicados de modo gradual *mais ou menos*.

"*Em terceiro lugar*, o critério do *relacionamento normativo*, que se fundamenta na ideia de a antinomia entre as regras consubstanciar verdadeiro conflito, solucionável com a declaração de invalidade de uma das regras ou com a criação de uma exceção, ao passo que o relacionamento entre os princípios consiste num imbricamento, solucionável mediante ponderação que atribua uma dimensão de peso a cada um deles.

"*Em quarto lugar*, há o critério do *fundamento axiológico*, que considera os princípios, ao contrário das regras, como fundamentos axiológicos para a decisão a ser tomada"[20] (grifos do autor).

Na sequência, em análise detida e minuciosa, o professor gaúcho critica os três primeiros critérios, demonstrando a fragilidade deles, sempre evidenciando que, a depender de um maior ou menor esforço argumentativo, o hermeneuta pode interpretar o mesmo dispositivo ora como princípio, ora como regra.

Esta conclusão, a nosso sentir, serve para demonstrar o acerto da filosofia do Construtivismo Lógico-Semântico. Ora, já que partimos do pressuposto de que as normas (em sentido estrito) são construídas a partir da interpretação dos enunciados do direito positivo e que, conjugando as unidades normativas construídas, o exegeta cria seu próprio sistema jurídico, não faria sentido, agora, defendermos soluções pré-concebidas, em que, antes mesmo do ato hermenêutico, determinado enunciado do direito posto devesse ser tido como princípio ou como regra.

Com isso queremos dizer que, ao menos sob a ótica construtivista, não há como afirmar, *a priori*, que o dispositivo "X" ou "Y" contém um princípio ou uma regra, afinal, os enunciados não têm um sentido imanente. Aliás, neste sentido é a lição do culto professor Cristiano Carvalho, para quem "a classificação de normas em subespécies 'princípios' e 'regras' é doutrinária e arbitrária, ou seja, é construção do jurista".[21] Portanto, somente depois que o intérprete construir seu sistema jurídico por inteiro é que poderemos, analisando-o, dizer quais enunciados veicularam princípios e quais veicularam regras.

Assim, não podemos retirar do fisco, nem do contribuinte, a liberdade de construírem seus próprios sistemas ideológicos. Da mesma forma, seria inaceitável cercear o direito do julgador de construir o sistema

---

20. Humberto Ávila, *Teoria dos Princípios – Da Definição à Aplicação dos Princípios Jurídicos*, 12ª ed., São Paulo, Malheiros Editores, 2011, p. 39.

21. Cristiano Carvalho, *Teoria da Decisão Tributária*, São Paulo, Saraiva, 2013, p. 298.

jurídico concreto. E por razões ainda mais óbvias, não podemos tolher do jurista o direito de construir o sistema jurídico real.[22] Não há como impor a nenhum destes intérpretes que sigam este ou aquele caminho. Afinal, como preconizamos desde o início deste trabalho, cada exegeta é livre para fazer a interpretação que quiser acerca dos enunciados do direito positivo e, em última análise, para construir seu próprio sistema jurídico.

A esta altura já deve ter ficado claro que, sob a ótica do Construtivismo Lógico-Semântico, não se sustenta a discussão sobre a preeminência dos princípios ou das regras de mesma hierarquia em caso de conflito. Isto porque, na verdade, o conflito não se dá entre princípios e regras, mas sim entre sistemas jurídicos inteiros. Deste modo, temos para nós que discutir em termos abstratos se devem prevalecer os princípios ou as regras beira a sandice, vez que aos intérpretes damos o direito de partirem de premissas muito diferentes.

Não é outra a conclusão da ilustre professora Aurora Tomazini de Carvalho, que, à luz do Construtivismo Lógico-Semântico, após chamar de utópica a discussão sobre a aplicação preponderante de princípios ou de regras, explica que "(...) querer discutir a sobreposição de regras é ingressar no campo da ideologia do intérprete. Cada sujeito constrói seu sistema jurídico (S4), estruturando e sobrepondo normas de acordo com seus referenciais. E, é assim, segundo a valoração de cada um, que as normas jurídicas são aplicadas".[23]

É de extrema relevância assentar, no entanto, que não estamos aqui pregando que os princípios e as regras e, em última instância, os sistemas jurídicos, devam ter aplicações desmedidas, sem parâmetros, ou absolutamente condicionadas ao alvedrio do hermeneuta. Longe disso, temos para nós, que há sim uma forma lógica de solucionar os impasses entre sistemas jurídicos. E, assim como expusemos anteriormente, deve sempre prevalecer a interpretação mais rigorosa em termos científicos, que, na prática, revela-se como o sistema jurídico que melhor compagina todos os enunciados do direito positivo, atribuindo-lhes máxima eficácia, sem incorrer em falhas lógicas.

3.3 Preponderância de princípios ou de regras: uma discussão vazia

Diante dos argumentos até aqui expostos, esperamos ter deixado claro que quando ilustres professores como Celso Antônio Bandeira de Mello e Roque Antonio Carrazza (apenas para citar dois exemplos) ensinam que os princípios devem prevalecer sobre as regras de mesma hierarquia na hipótese de com elas conflitarem, fazem isso com base não em uma análise puramente teórica e estática do direito posto, mas sim com fundamento em suas respectivas interpretações do ordenamento jurídico como um todo, isto é, com base nos sistemas jurídicos que criaram.

Do mesmo modo, quando grandes mestres como Paulo Ayres Barreto e Humberto Ávila – para citar autores com o mesmo rigor científico dos anteriores – assinalam que as regras devem prevalecer sobre os princípios de mesma hierarquia quando com estes conflitarem, fazem isso com fundamento em suas próprias leituras dos enunciados do direito positivo, leituras estas que refletem a criação de todo um sistema jurídico.

Nestes termos, não há certo ou errado nesta discussão. É impossível comparar sistemas jurídicos erigidos sob premissas tão diferentes. É nítido que o sistema jurídico criado por Bandeira de Mello e por Roque Carrazza é diferente daquele criado por Ayres Barreto e Humberto Ávila. Não se trata apenas da preponderância de princípios ou de regras, mas da forma como os sistemas jurídicos são concebidos por cada hermeneuta.

---

22. Sobre *sistemas jurídicos ideológicos*, *concretos* e *reais*, v. item 2.4 deste artigo.

23. Aurora Tomazini de Carvalho, *Curso de Teoria Geral do Direito: o Construtivismo Lógico-Semântico*, 2ª ed., São Paulo, Noeses, 2010, p. 505.

É por isso que chamamos esta discussão de *vazia*, ao menos sob a ótica construtivista. Os integrantes de uma corrente de pensamento dificilmente abandonarão seus argumentos para concordar com os que pensam de maneira diversa, de forma que todo o esforço científico-doutrinário acerca da prevalência de princípios ou de regras deveria ser canalizado para uma discussão anterior e muito maior, qual seja a criação dos sistemas jurídicos.

Conclusão

• Proposições gerais

1. O conhecimento é fruto da relação entre linguagens e não da relação entre o ser cognoscente e o objeto cognoscitivo, de forma que sem linguagem é impossível construir conhecimento. O Direito é um fenômeno que se manifesta invariavelmente por meio de linguagem, de modo que para conhecê-lo temos, necessariamente, que interpretar o direito posto.

2. Todo intérprete é livre para atribuir sentido (conteúdo) aos signos que compõem os enunciados do direito positivo. As normas jurídicas (em sentido estrito) são construídas pelo hermeneuta a partir da interpretação dos enunciados do direito positivo e, conjugando as unidades normativas construídas, o intérprete cria seu próprio sistema jurídico.

3. Os *sistemas jurídicos ideológicos* são construídos, em regra, pelo contribuinte ou pelo fisco (desde que este último não atue como julgador) na busca, respectivamente, da defesa de interesses pessoais ou institucionais. Trata-se de sistema jurídico construído com base nos valores que, momentaneamente, são mais convenientes ao interprete, sendo, por isso, interpretações subjetivas e partidárias acerca do objeto interpretado. Logo, estes sistemas são muito propensos a inconsistências lógicas, falhas que, identificadas, ferem de morte a proposta exegética.

4. Os *sistemas jurídicos concretos* são construídos pelo julgador (agente habilitado a introduzir normas individuais e concretas no sistema do direito positivo), com o único objetivo de solucionar conflitos entre *sistemas jurídicos ideológicos*. Os sistemas concretos tendem a ser imparciais tendo, por isso, menor possibilidade de incorrer em falhas lógicas quando comparados aos *sistemas jurídicos ideológicos*.

5. O *sistema jurídico real* é construído pelos cientistas do Direito. Exteriorizado nas doutrinas, nas obras e artigos científicos, o sistema real contempla proposta interpretativa do direito posto feita com alto grau de coesão interna do discurso. Por isso, a tendência é que reflita leitura imparcial do sistema do direito positivo, não havendo nenhum espaço para inconsistências de ordem lógica.

6. Se houver conflito entre *sistemas jurídicos reais* é a própria comunidade científica que deve assinalar qual delas tem maior rigor científico, afastando, peremptoriamente, a exegese problemática.

7. Diante do embate entre um *sistema jurídico ideológico*, um *sistema jurídico concreto* e um *sistema jurídico real*, este último deve preponderar, desde que, é claro, realmente tenha sido formulado com todo o rigor científico.

• Proposições específicas

8. Sob a ótica do Construtivismo Lógico-Semântico, não há como afirmar, *a priori*, que o dispositivo "X" ou "Y" contém um princípio ou uma regra. Somente depois que o intérprete construir seu sistema jurídico por inteiro é que poderemos, analisando-o, dizer quais enunciados veicularam princípios e quais veicularam regras.

9. À luz do Construtivismo Lógico-Semântico, não se sustenta a discussão sobre a preeminência dos princípios ou das regras de mesma hierarquia em caso de conflito, vez que os conflitos não se dão entre princípios e regras, mas sim entre sistemas jurídicos inteiros. Discutir em termos abstratos se devem prevalecer os princípios ou as regras beira a

sandice, vez que os intérpretes são livres para partirem de premissas muito diferentes.

10. Sob a ótica construtivista são *vazias* as discussões teóricas sobre a preponderância de princípios ou de regras. Todo o esforço doutrinário e científico acerca do tema deveria ser canalizado para uma discussão anterior e muito maior: a criação do sistema jurídico.

Referências bibliográficas

ÁVILA, Humberto. *Teoria dos Princípios – Da Definição à Aplicação dos Princípios Jurídicos*. 12ª ed. São Paulo: Malheiros Editores, 2011.

BARRETO, Paulo Ayres. *Elisão Tributária: Limites Normativos*. São Paulo: USP, 2008.

BORGES, José Souto Maior. *Ciência Feliz*. São Paulo: Quartier Latin, 2007.

CARVALHO, Aurora Tomazini de. *Curso de Teoria Geral do Direito: o Constructivismo Lógico-Semântico*. 2ª ed., rev. e ampl. São Paulo: Noeses, 2010.

CARVALHO, Cristiano. *Teoria da Decisão Tributária*. São Paulo: Saraiva, 2013.

CARVALHO, Paulo de Barros. *Direito Tributário, Linguagem e Método*. 4ª ed., rev. e ampl. São Paulo: Noeses, 2011.

_____. *Curso de Direito Tributário*. 20ª ed. São Paulo: Saraiva, 2008.

TOMÉ, Fabiana Del Padre. *A Prova no Direito Tributário*. São Paulo: Noeses, 2005.

WARAT, Luis Alberto. *O Direito e sua Linguagem*. Porto Alegre: Sergio Antonio Fabris, 1995.

ESTUDOS & COMENTÁRIOS

ISS SOBRE AS PRESTAÇÕES DE SERVIÇOS PROVENIENTES DO EXTERIOR: ENTRE COMPETITIVIDADE INTERNACIONAL E OS LIMITES DA COMPETÊNCIA TRIBUTÁRIA

Caio Augusto Takano

Mestrando em Direito Econômico, Financeiro e Tributário pela Universidade de São Paulo – USP. Especialista em Direito Tributário pelo IBET. Professor-Assistente no Curso de Especialização em Direito Tributário do IBDT. Advogado em São Paulo

1. Introdução. 2. Direito Tributário Internacional e suas implicações no exercício da competência impositiva. 3. A otimização da competitividade internacional e a relevância da adoção do "princípio do destino" na tributação de serviços. 4. Sistema tributário brasileiro e a discriminação de competências tributárias. 5. Limites constitucionais à instituição do ISS sobre serviços prestados no exterior. 6. A materialidade prevista no art. 1º, § 1º, da Lei Complementar n. 116/2003 e sua incompatibilidade com o ordenamento jurídico. 7. Conclusão.

1. Introdução

Desde a introdução da Lei Complementar n. 116/2003, muito se tem discutido sobre a possibilidade de o ISS incidir sobre serviços que sejam prestados integralmente no exterior ou cuja prestação nele tenham se iniciado (art. 1º, § 1º). O tema tem suscitado bastante controvérsia e intensos debates. Na doutrina, há fortes manifestações tanto no sentido da constitucionalidade[1] quanto da inconstitucionalidade[2] dessa incidência "extraterritorial"; enquanto que ainda não há qualquer posicionamento nos tribunais superiores sobre esta questão.[3]

A rigor, há inúmeros argumentos que justificariam a incidência do ISS sobre

---

1. Por todos, cf. Luís Eduardo Schoueri, "ISS sobre a importação de serviços do exterior", *Revista Dialética de Direito Tributário*, n. 100, São Paulo, Dialética, 2004.

2. Por todos, cf. Simone Duarte Costa, *ISS – A Lei Complementar 116/2003 e a Incidência na Importação*, São Paulo, Quartier Latin, 2007.

3. Merece menção, contudo, o precedente aberto no julgamento, em sede da Apelação Cível n. 0155480-98.2005.8.26.0000 no Tribunal de Justiça do Estado de São Paulo, no qual reconheceram a não incidência do ISS sobre a prestação de serviços prestados inteiramente no exterior. Cf. TJSP, Apelação Cível n. 0155480-98.2005.8.26.0000, 14ª Câmara de Direito Público, Rel. Des. Gonçalves Rostey, j. 14.7.2011, *DJe* 22.9.2011.

serviços "provenientes do exterior", dentre os quais citamos: (i) necessidade de maior competitividade no âmbito internacional; (ii) adoção do "princípio de destino" no consumo de bens e serviços, como fazem os demais países desenvolvidos; (iii) a carência de recursos financeiros dos municípios, entre outros. É dizer: a análise da questão não deve se restringir a considerações sobre aspectos estruturais e lógicos de um determinado sistema jurídico, mas ter especial preocupação com as consequências – jurídicas e econômicas – que as normas que o compõem causam.

Contudo, não se deve olvidar os traços típicos de cada ordenamento jurídico. No sistema tributário brasileiro, os limites para a instituição de tributos já se encontram definidos na própria Constituição Federal, por intermédio de regras objetivas, não sendo possível cogitar na possibilidade de existirem regras de incidência tributária (postas por leis ordinárias) que contrariem seus dispositivos. Como sempre enfatizou Geraldo Ataliba, a tributação implica invasão do Estado na esfera da propriedade e da liberdade dos cidadãos, razão pela qual apenas nas estritas hipóteses previstas no Texto Maior, em que ele, cidadão, consente com o ingresso do Estado na esfera daqueles seus direitos fundamentais, é que o Estado poderá exigir tributos.[4]

Evidencia-se, dessarte, a existência de uma forte tensão entre competitividade internacional e os limites interpretativos das normas constitucionais de competência tributária circunscrevendo a questão. Qual deverá prevalecer? Sob quais condições? Como conciliar, a um só tempo, desenvolvimento e garantias constitucionais do contribuinte?

Estamos convencidos de que as respostas dessas imbricadas questões devem ser buscadas dentro de nosso direito positivo, nomeadamente na Constituição Federal, uma vez que trata da investigação do exercício da competência tributária dos municípios. Contudo, tal assertiva exige preliminarmente a análise da influência do Direito Internacional Público em nosso direito interno, bem como a forma pela qual as políticas econômicas interferem no exercício do poder de tributar.

Sob tais perspectivas, o presente artigo visa a contribuir com o estudo da compatibilidade do art. 1º, § 1º, da Lei Complementar n. 116/2003 com nosso sistema tributário, perquirindo sobre a existência de fundamentos jurídicos suficientes para justificar a "extraterritorialidade" do Imposto sobre Serviços.

2. Direito Tributário Internacional e suas implicações no exercício da competência impositiva

A primeira questão que deve ser enfrentada é se existe um regime jurídico de Direito Tributário Internacional, ainda que costumeiro, que possa justificar a imposição da adoção de práticas tributárias amplamente aceitas e seguidas pelos entes transnacionais. Este tema ganha especial relevância ao estudo, no tocante à verificação de uma possível *obrigatoriedade* de adoção do "princípio de destino"[5] para a tributação de serviços, considerando que tal princípio é amplamente aceito e recomendado internacionalmente, por países de tradição jurídica reconhecida, por exemplo, na Europa e na América Latina.[6]

Um primeiro posicionamento possível é aquele manifestado, *verbi gratia*, por Reuven Avi-Yonah, no sentido de que existiria um regime jurídico de Direito Tributário Internacional, composto pela extensa rede de tratados internacionais em matéria tributária, composta por mais de dois mil tratados em convergência tanto em relação à sua norma-

---

4. Cf. Geraldo Ataliba, *República e Constituição*, 3ª ed., São Paulo, Malheiros Editores, 2011, pp. 126-127.

5. Em síntese, a tributação dos serviços segundo o regime de destino busca a neutralidade nas importações, pois todos os serviços consumidos em determinado mercado consumidor ficarão sujeitos à mesma carga tributária, independentemente da origem de sua fonte de produção. Cf. Luís Eduardo Schoueri, "ISS sobre a importação de serviços do exterior", *Revista Dialética de Direito Tributário*, n. 100, São Paulo, Dialética, 2004, p. 39.

6. Idem, pp. 40-43.

tividade quanto à sua linguagem, formando uma rede de instrumentos normativos coerentes. Para este autor, a consequência da existência de tal regime é a impossibilidade de um país adotar as regras de Direito Tributário Internacional unicamente de acordo com a sua vontade e a obrigação de atuar dentro do contexto daquele regime.[7]

Em outras palavras, a instituição de normas tributárias cujos efeitos tenham repercussão internacional, que podem afetar a jurisdição de outros países para instituir tributos, como é o caso da tributação dos serviços na origem ou no destino, não se trataria de mera questão de conveniência do direito interno de um país, mas antes deveriam observar o regime tributário internacional vigente, ainda que costumeiro, mas largamente aceito pela comunidade internacional.

Caso cada país pudesse instituir quaisquer regras tributárias como lhe conviesse, resultaria em uma demasiada e indesejável complexidade do Direito Tributário Internacional, implicando também elevados custos de conformidade para que uma empresa transnacional obedeça a lei tributária das várias nações em que atua. Daí porque Yariv Brauner afirmar que o maior benefício da existência de um regime jurídico de Direito Tributário Internacional é eficiência, porquanto dessa harmonização implicar-se-ia diversos resultados positivos, principalmente: (i) a redução das diferenças entre os diversos sistemas jurídicos e do potencial arbítrio que distorce decisões empresariais; e (ii) a redução dos custos de conformidade e de execução das leis tributárias.[8]

De outro lado, a existência de um regime jurídico de Direito Tributário Internacional igualmente enfrenta fortes questionamentos. Neste sentido, David Rosenbloom aduz que tal regime seria "imaginário", porquanto o que se observa "no mundo real", a despeito de eventuais semelhanças nos termos e redações dos tratados internacionais celebrados, é a existência de diferentes leis tributárias, de vários países, e que se diferem significativamente uma das outras.[9]

Este posicionamento estaria, a nosso ver, mais próximo da realidade jurídica internacional. Reconhecemos que uma harmonização internacional, no tocante à legislação tributária, deve ser uma diretriz a ser buscada pelos diversos países e que, efetivamente, o costume internacional influencia as decisões legislativas e de política fiscal de um determinado Estado. Contudo, limitam-se a fatores de decisão dos Estados soberanos que, dentro dos limites de sua jurisdição,[10] poderão moldar sua legislação tributária dentro dos limites de sua Constituição. A instituição de regras que concorram com aqueles fatores inegavelmente implicará relevantes consequências econômicas e políticas, mas, ainda assim, será decisão do legislador de cada Estado se irá instituir tais regras e em que medida realizará aqueles objetivos, consciente dos efeitos – positivos ou negativos – que sua decisão ensejará.

Assim, a larga adoção e recomendação de práticas e regras jurídicas internacionais não significam, juridicamente, a *obrigatoriedade* de sua observância pelos demais Estados. Poderão adotá-las ou não, tratando-se de decisão de cunho eminentemente político.

Portanto, não parece haver qualquer obrigatoriedade de o Brasil adotar o princípio do destino, pelo fato de sua larga aceitação e

---

7. Cf. Reuven Avi-Yonah, *International Tax as International Law*, New York, Cambridge University Press, 2007, pp. 1-5.

8. Cf. Yariv Brauner, "An international tax regime in crystallization", *56 Tax Law Review* (2003), disponível em *http://scholarship.law.ufl.edu/facultypub/9*, pp. 263-264 (acesso 25.6.2013).

9. Cf. H. David. Rosenbloom, "International Tax Arbitrage and the International Tax System, David R. Tillinghast Lecture on International Taxation", *Tax Law Review*, n. 53, New York, New York University School of Law, 1998, p. 137.

10. E aqui é importante enfatizar que tratados internacionais poderão limitar a jurisdição do Estado. Eis a precisa lição de Luís Eduardo Schoueri, para quem aqueles instrumentos normativos têm como principal função instituir regras de autolimitação de duas soberanias fiscais. Cf. Luís Eduardo Schoueri, *Direito Tributário*, 2ª ed., São Paulo, Saraiva, 2012, pp. 93-100.

recomendação pelas nações desenvolvidas. Ao revés, a questão deverá ser tratada à luz de nosso sistema jurídico e nos limites permitidos pela Constituição Federal.

A questão que se põe agora é: não sendo *obrigatório*, é *desejável* a adoção do princípio do destino para a tributação dos serviços em nosso sistema jurídico? Em que medida ele deve ser adotado e sob quais condições? O enfrentamento dessas indagações exige algumas considerações, as quais passaremos a tecer.

3. A otimização da competitividade internacional e a relevância da adoção do "princípio do destino" na tributação de serviços

O cenário econômico mundial tem sofrido profundas transformações ao longo das últimas décadas, em decorrência da crescente e elevada internacionalização da economia de um grande número de países e o consequente aumento dos fluxos financeiros e comerciais internacionais. Diante deste contexto, o Brasil não mais poderia – e nem deveria – manter sua política de reserva de mercado, mas, ao revés, deveria ter como escopo a otimização e a melhoria de seus fluxos comerciais com o restante do mundo.[11] A competitividade internacional torna-se importante instrumento de desenvolvimento econômico para as diversas nações, envolvidas em um processo contínuo e crescente de integração de mercados, em bases mundiais.

Diante de tal constatação, Luís Eduardo Schoueri critica a visão centrada unicamente no direito interno, sem levar em conta esse contexto econômico atual: "Em tal cenário, um Estado não pode mais acreditar que, devido a sua soberania, pode moldar sua legislação em função exclusiva da vontade política de seu Parlamento, sem atentar para as contingências da intensa competição internacional e, especialmente, das exigências do Direito Internacional".[12]

A finalidade de se buscar um mercado competitivo em âmbito internacional imporia restrições para a fixação ao exercício da soberania estatal, implicando limites à fixação de bases tributárias.[13] Costumes internacionais e outras fontes do Direito Internacional Público deveriam ser observados pelas nações que desejem uma crescente integração com o mercado internacional, sob pena de prejudicar sua competitividade internacional.

Questão importante para o tema proposto é se, conquanto não obrigatório, seria interessante (ou desejável) a adoção do princípio do destino na tributação de serviços transnacionais. Com efeito, basta imaginar os danosos efeitos da adoção isolada pelo Brasil do princípio de origem na tributação sobre o consumo de serviços, na contramão do mundo, cujos países de maior competitividade internacional adotam, de forma praticamente unânime, o "princípio do destino".

Visa o referido princípio à neutralidade da importação e à desoneração da exportação dos serviços. Sua adoção implica, a um só tempo, um incentivo às exportações de um determinado país, porquanto elimina a carga tributária no país de origem, e um desestímulo a concorrência fiscal predatória, mitigando os impactos de medidas tributárias adotadas unilateralmente pelos países exportadores de serviços.

Conforme aponta Luís Eduardo Schoueri, duas são as virtudes da adoção do princípio do destino: (i) contribui para evitar a guerra fiscal entre Estados, porquanto o valor dos serviços exportados permaneceria indiferente perante a alíquota interna; e (ii) em termos concorrenciais, confere maior peso ao mer-

---

11. Cf. Ricardo Faro e Fátima Faro, *Curso de Comércio Exterior: Visão e Experiência Brasileira*, 2ª ed., São Paulo, Atlas, 2010, pp. 4-8.

12. Cf. Luís Eduardo Schoueri, "O princípio do não retrocesso como nova perspectiva à denúncia de acordos de bitributação", *Revista Direito Tributário Atual*, n. 29, São Paulo, Dialética, 2013, p. 241.

13. Cf. Luís Eduardo Schoueri, "Tributação Internacional", *Revista de Direito Tributário*, n. 111, São Paulo, Malheiros Editores, 2010, p. 141.

cado consumidor, igualando a carga tributária dos produtos e serviços lá consumidos, promovendo a neutralidade na importação.[14]

Portanto, a não adoção do princípio de destino equivaleria a conferir um duplo incentivo à importação de serviços, porquanto no Brasil se estaria adotando o princípio da origem, tributando os serviços no local da fonte de sua produção, enquanto os demais países estariam adotando o princípio do destino, desonerando suas exportações. Daí se torna bastante perceptível o prejuízo que tal política causaria à economia nacional.

Nada obstante, disso não resulta nossa concordância com a sua automática adoção pelo sistema tributário brasileiro. Há de se balizar as fundamentações expostas com os limites à tributação que, em nosso sistema tributário, estão plasmados na Constituição Federal por intermédio de regras objetivas, que representam a vontade popular e de seu consentimento para que o Estado ingresse na esfera de seu patrimônio.[15]

O desenvolvimento nacional consta expressamente como diretriz fundamental da República Federativa do Brasil, como dispõe o art. 3º do texto constitucional. Medidas aptas a alcançá-lo, como o aumento da competitividade internacional e dos fluxos comerciais, devem ser realizadas na maior intensidade possível. Nada obstante, deverá aquela diretriz ser cotejada conjuntamente com as demais prescrições da Constituição Federal.

Por mais nobre e desejável que seja a busca por maior competitividade no mercado internacional, ignorar tais limites implicaria consentir com violações a garantias do contribuinte (que em nosso sistema são cláusula pétreas, em função do que prescreve o art. 60, § 4º, inc. IV, da CF) e injustificada mitigação a contenções estabelecidas no plano constitucional. Não pode ela prevalecer sobre essas normas limitadoras de nossa lei fundamental, em nenhuma hipótese, mas antes com ela se harmonizar.

Em síntese: a otimização da competitividade internacional é desejável e fundamental para o desenvolvimento econômico da nação, e, por tal razão, deve ser buscada ao máximo possível pelo Estado, mas desde que dentro das balizas constitucionais, que representam limites intransponíveis do consentimento do povo à tributação.

Cumpre, agora, analisar os exatos contornos de tais limites.

4. Sistema tributário brasileiro e a discriminação de competências tributárias

Se, de um lado, parece incontestável a existência de fortes motivos que justificariam a incidência do ISS sobre serviços prestados no exterior, de outro, limites há para a atuação estatal impositiva dentro de nosso modelo adotado de Constituição Federal e que, em razão de sua primazia e em respeito ao Estado de Direito, não poderão ser ignorados. É certo que o poder tributário decorre da soberania fiscal, contudo, já advertia Ruy Barbosa Nogueira que este poder "não é arbitrário, mas juridicizado a partir da Constituição".[16] Se assim é, na própria Carta Política encontraremos os limites do exercício da competência impositiva.

A estruturação do sistema constitucional tributário brasileiro possui como traço característico a rigidez.[17] O legislador constituinte tratou exaustiva e minudentemente a matéria tributária na Constituição Federal, demarcando de forma precisa a parcela de competência dos entes políticos para legislar em matéria tributária e, especificamente, para

---

14. Cf. Luís Eduardo Schoueri, "ISS sobre a importação de serviços do exterior", *Revista Dialética de Direito Tributário*, n. 100, São Paulo, Dialética, 2004, p. 40.

15. Cf. Geraldo Ataliba, *República e Constituição*, 3ª ed., São Paulo, Malheiros Editores, 2011, p. 127.

16. Cf. Ruy Barbosa Nogueira, *Curso de Direito Tributário*, 6ª ed., São Paulo, Saraiva, 1986, p. 141.

17. Sobre a rigidez de nosso sistema tributário pátrio, cf. Humberto Ávila, *Sistema Constitucional Tributário*, 4ª ed., São Paulo, Saraiva, 2010, pp. 109 e ss.

instituir tributos. Trata-se de peculiaridade de nossa Constituição e de nosso sistema jurídico tributário que deverá sempre ser levada em consideração pelo intérprete do direito.[18]

A rígida discriminação de competência impositiva configura, pois, o principal traço distintivo do sistema tributário insculpido em nosso ordenamento jurídico pátrio em relação a outros sistemas,[19] bem como um aspecto fundamental da própria disciplina jurídica de nosso modelo de federalismo.[20] Essa rigidez constitucional possui como aspecto positivo a repartição de competências tributárias e, como aspecto negativo, a inibição dos demais entes federativos pela referida outorga. Em outras palavras, é decorrência dessa rigidez a outorga de competência tributária legislativa, que busca: (i) evitar a bitributação; (ii) assegurar a autonomia financeira; e (iii) evitar conflitos de competência.[21]

Na demarcação das competências tributárias, o legislador constituinte indicou com precisão os aspectos possíveis das regras-matrizes de incidência dos tributos, isto é, o delineou, de forma hialina e precisa, as balizas que deverão ser observadas por todos os entes federativos no exercício de sua competência impositiva, é dizer, seus limites máximos.[22] Nesse sentido, de grande pertinência são as lições de Paulo Ayres Barreto: "De certa forma, é possível identificar, na Constituição Federal, uma série de prescrições que conformam círculos concêntricos, definidores do último e efetivo limite, nesse plano, para a instituição e cobrança de tributos. (...) A partir deste círculo, formar-se-iam sucessivos círculos concêntricos, em contínuas reduções, até a efetiva definição do espectro possível de atuação".[23]

Com efeito, as normas de competência tributária sofrem inúmeros cortes antes de se definir o exato campo em que poderá haver a instituição de tributos, pela lei ordinária. É que as normas jurídicas instituidoras de tributos deverão observar: (i) os limites semânticos impostos pela norma de competência constitucional; (ii) os limites semânticos das definições realizadas em lei complementar; (iii) os princípios jurídicos informadores do sistema tributário; a (iv) as normas de imunidade tributária.

Tais considerações deverão estar sempre em mente daqueles que se propõem a interpretar qualquer tema relacionado à competência tributária dos entes políticos.

Consectário natural do que foi exposto é que no próprio texto constitucional encontraremos os exatos limites para o seu exercício.[24] Em relação a alguns impostos, o legislador constituinte foi bastante minucioso em sua disciplina, fixando de forma precisa seus contornos essenciais, tal como ocorre no ICMS. O mesmo não fez, contudo, em relação a outros impostos, nos quais se limitou a enunciar conceitos para delimitar suas materialidades possíveis, bem como prescrever uma ou outra regra específica em sua disciplina.

Esta última situação é a que ocorre em relação ao ISS, no qual, de forma bem concisa, limitou-se o legislador constituinte a delimitar o âmbito de competência dos municípios mediante a utilização do signo "serviços de qualquer natureza" para definir o pressuposto da norma de incidência

---

18. Cf. Geraldo Ataliba, *Sistema Constitucional Tributário Brasileiro*, São Paulo, Ed. RT, 1968, p. 18.

19. Cf. Paulo Ayres Barreto, *Imposto de Renda e Preços de Transferência*, São Paulo, Dialética, 2001, p. 143.

20. Cf. Ruy Barbosa Nogueira, *Curso de Direito Tributário*, 6ª ed., São Paulo, Saraiva, 1986, p. 138.

21. Cf. Geraldo Ataliba, *Sistema Constitucional Tributário Brasileiro*, São Paulo, Ed. RT, 1968, p. 35.

22. Cf. Roque Antonio Carrazza, *Curso de Direito Constitucional Tributário*, 26ª ed., São Paulo, Malheiros Editores, 2010, p. 524.

23. Cf. Paulo Ayres Barreto, *Elisão Tributaria: Limites Normativos*, Tese apresentada ao concurso a Livre-Docência do Departamento de Direito Econômico e Financeiro – área de Direito Tributário – da Faculdade de Direito da USP, São Paulo, 2008, p. 202.

24. Em sentido contrário, cf. Luís Eduardo Schoueri, "A lei complementar e a repartição de competências tributárias", in Alcides Jorge Costa (*et al.*), *Sistema Tributário Nacional e a Estabilidade da Federação Brasileira, IX Congresso Nacional de Estudos Tributários*, São Paulo, Noeses, 2012, pp. 679-702.

tributária (art. 156, inc. III). Demais disso, apenas segregou determinados assuntos para receberem disciplina por lei complementar, em virtude de sua importância ao interesse nacional e a manutenção e harmonia do pacto federativo (art. 156, § 3º).

Contudo, disto não se infirma a característica da rigidez constitucional. Mesmo em relação ao ISS, estamos convencidos de que é em âmbito constitucional que identificaremos os precisos lindes à construção da regra-matriz de incidência tributária deste imposto, ou, como prefere Roque Carrazza, identificaremos os aspectos possíveis da norma padrão de incidência.[25] Sobre isto, Cléber Giardino é enfático: "os limites das faculdades impositivas de cada qual *[pessoas exercentes de poderes tributário]*, assim, só podem estar, rigorosa e definitivamente, dispostos no texto constitucional".[26]

Se assim é, podemos afirmar ser plenamente possível identificar os contornos típicos e os limites à competência tributária por intermédio de uma interpretação eminentemente constitucional. É dizer: ainda que sem contornos nítidos, o tributo é prefinido em sede constitucional.[27]

Portanto, parece ser inevitável a conclusão, a qual chegou Geraldo Ataliba, já em 1968, de que nenhum arbítrio e restrita esfera de discrição foram outorgados ao legislador ordinário, ao exercer a competência que lhe foi constitucionalmente assegurada para instituir tributos.[28] A criação da norma de incidência pelo legislador ordinário, bem como a sua interpretação pelo intérprete do direito, há de obedecer inexoravelmente às balizas constitucionais, isto é, os limites impostos já na própria Constituição.

Tal tarefa somente será possível mediante o esforço hermenêutico para precisar os limites semânticos da expressão "serviços de qualquer natureza", em especial o signo "serviço", levando-se em consideração os demais lindes normativos para a construção da regra-matriz de incidência, impostos por regras e princípios positivados em nosso sistema constitucional tributário.

5. Limites constitucionais à *instituição do ISS sobre serviços prestados no exterior*

Em relação ao tema proposto – a constitucionalidade do art. 1º, § 1º, da LC n. 116/2003 que instituiu a incidência do ISS sobre a importação de serviços –, a análise dos signos utilizados na regra de competência tributária assume fundamental importância. É que do exame das materialidades insculpidas no plano constitucional que poderemos verificar a procedência daquela incidência.

Não é por outra razão que Marco Aurélio Greco e Sérgio André Rocha afirmaram, ao enfrentar o tema, que "o cerne da discussão aqui é definir se o núcleo da materialidade do ISS seria 'serviços' ou a atividade de 'prestação de serviços'".[29]

Com efeito, se o signo utilizado pela Constituição se referir a uma única materialidade – prestação de serviços –, então no próprio texto constitucional devemos encontrar fundamentos para justificar uma eventual extraterritorialidade de sua incidência, uma vez que o contribuinte possível (prestador

---

25. Cf. Roque Antonio Carrazza, *Curso de Direito Constitucional Tributário*, 26ª ed., São Paulo, Malheiros Editores, 2010, p. 524.

26. Cf. Cléber Giardino, "ISS – Competência municipal", *Revista de Direito Tributário*, n. 32, São Paulo, Ed. RT, 1985, p. 221.

27. Neste sentido a célebre frase de Aires Barreto: "Facilmente informe, mas já insculpido nos seus traços ligeiros, o tributo se prefine da Constituição mesma. Obviamente, não se têm os contornos nítidos da hipótese de incidência, reservados à lei ordinária. Não obstante, cinzelada está a sua prefiguração, inscrita pela indicação da síntese do critério material, ou pela eleição dos contribuintes possíveis" (cf. Aires Fernandino Barreto, *Base de Cálculo, Alíquota e Princípios Constitucionais*, 2ª ed., São Paulo, Max Limonad, 1998, p. 34).

28. Cf. Geraldo Ataliba, *Sistema Constitucional Tributário Brasileiro*, São Paulo, Ed. RT, 1968, p. 18.

29. Cf. Victor Uckmar (*et al.*), *Manual de Direito Tributário Internacional*, São Paulo, Dialética, 2012, p. 440.

de serviços), no caso de serviços prestados no exterior, localiza-se fora dos limites da jurisdição municipal. No entanto, se o signo constitucional se referir unicamente ao complemento da ação (serviços), sem fazer restrição a qualquer ação específica, isto é, permitindo que a ação humana seja tanto "prestar" quanto "adquirir"/"pagar" serviços, então desde logo a lei complementar poderá exigir o pagamento do ISS pelo tomador de serviço aqui residente, pelo serviço prestado integralmente no exterior, sem, com isso, ultrapassar a "moldura" da norma constitucional, porquanto estaria apenas definindo (delimitando) o "fato gerador" do ISS, com fundamento no art. 146, inc. III, da Carta Magna.

Portanto, a questão há de ser analisada a partir da interpretação do signo constitucional utilizado, isto é, à luz do conceito de serviço. Em valioso esforço hermenêutico, Aires Barreto, após identificar a existência de um conceito constitucional de "serviço", concluiu que o serviço tributável é "toda a prestação de esforço humano a terceiros, com conteúdo econômico, em caráter negocial, sob regime de direito privado, mas sem subordinação, tendente à obtenção e um bem material ou imaterial".[30]

Daí assistir razão a José Eduardo Soares de Melo, ao aduzir que, em decorrência do conceito de serviços, a ação tributável necessariamente haverá de ser a *prestação de serviços*, porquanto apenas esta abrange os elementos imprescindíveis à configuração de serviço.[31]

Se assim é, não parece haver liberdade ao legislador complementar – e muito menos ao ordinário – para escolher entre prestador e tomador de serviços para ocupar o polo passivo da obrigação tributária, como contribuinte do imposto, podendo ser qualificado como contribuinte apenas aquele que a Constituição preveja como sujeito possível de realizar a ação descrita, no caso, o prestador do serviço. Isto implicará relevantes consequências, as quais iremos analisar oportunamente.

Há quem afirme que o complemento "de qualquer natureza" evidenciaria que o conceito de serviço do ISS seria diferente do conceito de serviço de outros tributos, em que não esteja associado àquele elemento, como ocorre no ICMS e no PIS e na COFINS-importação. Sob esta perspectiva, "serviços de qualquer natureza" seria um conceito mais amplo e abrangente que meramente "serviços".[32] A nosso ver, não assiste razão a esta corrente, porquanto o complemento "de qualquer natureza", desde a introdução do ISS pela EC n. 18/1965, justificou-se para apontar uma primazia dos municípios para a tributação de serviços, salvo aqueles casos específicos (e delimitados) em que a Constituição expressamente conferiu tal competência a outro ente federativo. Ademais, conferir tamanha amplitude ao conceito de serviço implicaria um deletério aumento de conflitos de competência, situação que buscou evitar ao máximo o legislador constituinte, a exemplo do art. 146, inc. I, da CF ou da própria discriminação de competências tributárias aos entes políticos por intermédio de regras.

Outra perspectiva possível seria aquela que, aceitando a existência de um conceito constitucional de serviço, não haveria óbices para que este fosse aquele positivado no Código de Defesa do Consumidor, em seu art. 3º, § 2º.[33] A incompatibilidade desse conceito em matéria de discriminação de competências tributárias pode ser examinada por dois ângulos distintos: (i) esse conceito foi positivado

---

30. Cf. Aires Fernandino Barreto, *Curso de Direito Tributário Municipal*, São Paulo, Saraiva, 2009, p. 317.

31. Cf. José Eduardo Soares de Melo, *ISS – Aspectos Teóricos e Práticos*, 3ª ed., São Paulo, Dialética, 2003, p. 37. No mesmo sentido, Cf. Paulo de Barros Carvalho, *Direito Tributário: Linguagem e Método*, 3ª ed., São Paulo, Noeses, 2009, p. 766; cf. Marçal Justen Filho, *O Imposto sobre Serviços na Constituição*, São Paulo, Ed. RT, p. 188.

32. Neste sentido, cf. Alberto Macedo, "ISS e PIS-COFINS importação – Critérios especial e pessoal na prestação internacional de serviços", *Revista Dialética de Direito Tributário*, n. 187, São Paulo, Dialética, 2011, pp. 12-16.

33. "Art. 3º. (...). § 2º. Serviço é qualquer atividade fornecida no mercado de consumo, mediante remuneração, inclusive as de natureza bancária, financeira, de crédito e securitária, salvo as decorrentes das relações de caráter trabalhista."

visando a proteger a parte hipossuficiente (consumidor) de uma relação jurídica desequilibrada, razão pela qual justifica-se um caráter ampliativo da conceituação de serviços, ao contrário das regras de competência tributárias, que necessitam uma delimitação restritiva para proteger a parte hipossuficiente da relação jurídico-tributária (contribuinte); (ii) a abertura proporcionada por este conceito é nitidamente contrária à rígida discriminação de competências tributárias, porquanto envolve, a um só tempo, competências reservadas aos Municípios (prestação de serviços), aos Estados (prestação de serviços de transporte intermunicipal e interestadual) e à União (operações – "serviços" – de natureza bancária, financeira, de crédito e securitária), violando regras jurídicas objetivas do texto constitucional.

Portanto, uma interpretação que leve em conta o sistema tributário brasileiro, tal como positivado em nossa Constituição, impõe reconhecer que a materialidade possível para a instituição do Imposto sobre Serviços **é**, exclusivamente, a prestação de serviço, entendido em sua acepção do direito civil, incorporada pela Constituição de 1988.

Prosseguindo-se com a análise proposta, importa verificar em que coordenadas espaciais a ocorrência de uma prestação de serviços implica efeitos tributários no Brasil.

Muita discussão ensejou o art. 3º da LC n. 116/2003 ao estabelecer que se considera prestado o serviço no local do "estabelecimento prestador". Consignamos, desde logo, que nos filiamos às lições de Aires Barreto, para quem o serviço é prestado no momento da consumação do serviço ("no átimo da produção dos efeitos que lhe são próprios"), daí porque o Município que poderá exigir o ISS deverá ser aquele em que estiver situado o local onde o serviço for produzido, executado ou consumado.[34]

Note-se que há uma íntima ligação entre o momento em que o serviço é prestado e o sujeito ativo da obrigação tributária. Daí o acerto de Cléber Giardino ao afirmar que a Constituição Federal utilizou simultaneamente os critérios *ratione materiae* e *ratione loci* na atribuição de competência aos municípios.[35]

A questão que ora se apresenta, de maior relevo ao estudo, é: um serviço que seja efetivamente prestado fora dos limites territoriais de qualquer município poderá sofrer a incidência do ISS?

Embora, como ensina Luís Eduardo Schoueri, o Direito Internacional Público não impeça que um Estado contemple em seu antecedente normativo (*jurisdition to prescribe*) circunstância que ultrapasse o seu âmbito territorial,[36] disto não parece decorrer qualquer obrigação de um Estado para que o faça. A questão deverá ser analisada eminentemente em consideração aos ordenamentos jurídicos de cada país. A nosso ver, somente poderá, no caso, incidir o ISS sobre eventos que se realizem integralmente no exterior se houver permissão constitucional para tanto.

Uma análise sistemática de nosso sistema constitucional tributário evidencia que tal possibilidade, contudo, não é admitida. Neste sentido, de grande valia são as precisas lições de Cléber Giardino: "Não há dúvida, portanto, que, para efeito de atribuição de competência aos Municípios (também aos Estados) a Constituição de vale, simultaneamente, de critérios *ratione materiae* e de critério *ratione loci*; daí se conclui que as faculdades municipais (e estaduais), tributárias ou de qualquer outra ordem, só poderão ser validamente exercidas quando, pertinentes às matérias constitucionalmente referidas, sejam aplicadas *tendo por fundamento situações ocorridas, ou a ocorrer no interior*

---

34. Cf. Aires Barreto, *ISS na Constituição e na Lei*, 3ª ed., São Paulo, Dialética, 2009, p. 322.

35. Cf. Cléber Giardino, "ISS – Competência municipal", *Revista de Direito Tributário*, n. 32, São Paulo, Ed. RT, 1985, p. 219.

36. Cf. Luís Eduardo Schoueri, "Princípios no direito tributário internacional: territorialidade, fonte e universalidade", in Roberto Ferraz (coord.), *Princípios e Limites da Tributação*, vol. II, São Paulo, Quartier Latin, 2005, p. 330.

do espaço territorial de cada uma dessas pessoas. Não havendo exceção expressa na Constituição – eventualmente, permissiva de eficácia extraterritorial dessa legislação – qualquer exorbitância ao rígido perímetro estabelecido significará inconstitucionalidade da lei ou do ato de sua aplicação, conforme o caso, caracterizada *invasão ou usurpação de competência alheia*"[37] (grifos no original).

A esta regra, somente há de cogitar exceções que estejam previstas de forma expressa.[38] É o que ocorre no Imposto de Renda, em que o próprio texto constitucional instituiu o princípio da universalidade como princípio específico informador daquele imposto,[39] ou no ICMS sobre a circulação de bens ou mercadorias provenientes do exterior.[40] Como se vê, as exceções à "territorialidade pura"[41] são plenamente identificáveis já em exegese constitucional.

Não é outro o entendimento de José Eduardo Soares de Melo, para quem são "específicas, excepcionais e limitadas as previsões de incidências tributárias relativamente a fatos, estados, negócios, e situações ocorridas no exterior, ou dela decorrentes, como é o caso do Imposto de Renda, ICMS e Impostos de Importação".[42] É dizer, sempre que o legislador tributário quis que determinado tributo alcançasse situações ocorridas fora do território nacional, o fez por intermédio de introdução, por emenda constitucional, de regra expressa que permitisse tal incidência.

Portanto, a construção do critério espacial da regra-matriz de incidência do ISS, em plena convergência com o arquétipo constitucionalmente possível, deverá observar o âmbito territorial do município que pretende instituir o tributo, sob pena de contrariar a lei fundamental.

Cabe consignar que a aplicação da teoria das causas fornece dados relevantes ao estudo, fortalecendo os argumentos espostos. É que, sendo a justificação (causa) dos impostos a necessidade financeira geral do Estado, para que este possa cumprir seus fins coletivos, aplicando-se sua arrecadação para *cobrir os gastos gerais da coletividade* (a que pertence), e sendo a capacidade contributiva o critério escolhido para autorizar o Estado a ingressar no patrimônio de seus cidadãos,[43] parece que sobre uma ótica de justiça tributária também não se justifica a tributação do ISS sobre serviços prestados no exterior, à míngua de expressa autorização constitucional, porquanto aquele que manifesta capacidade contributiva (contribuinte) se localiza em país diverso daquele que exige o tributo, de modo que o contribuinte colaboraria com gastos gerais de uma coletividade a que não pertence.

Também a partir do sujeito passivo da obrigação tributária não escapa de críticas a incidência do ISS sobre serviços prestados no exterior. É forçoso reconhecer, a partir do que foi exposto, que apenas o prestador

---

37. Cf. Cléber Giardino, "ISS – Competência municipal", *Revista de Direito Tributário*, n. 32, São Paulo, Ed. RT, 1985, p. 219.

38. Cf. José Eduardo Soares Melo, *ISS – Aspectos Teóricos e Práticos*, 3ª ed., São Paulo, Dialética, 2003, p. 159.

39. Sobre o princípio da universalidade no Imposto sobre a Renda, cf. Paulo Ayres Barreto, *Imposto de Renda e Preços de Transferência*, São Paulo, Dialética, 2001, pp. 61 e ss.

40. O art. 155, § 2º, inc. IX, alínea "a" da Constituição Federal prevê a incidência do ICMS também sobre "a entrada de bem ou mercadoria importados do exterior por pessoa física ou jurídica, ainda que não seja contribuinte habitual do imposto, qualquer que seja a sua finalidade, assim como sobre o serviço prestado no exterior, cabendo o imposto ao Estado onde estiver situado o domicílio ou o estabelecimento do destinatário da mercadoria, bem ou serviço". Sobre o assunto, cf. Caio Augusto Takano, "A competência do ICMS na importação à luz da teoria das causas", in *Revista de Direito Tributário Atual*, n. 26, São Paulo, Dialética, 2011, pp. 188-206.

41. Sobre o princípio da territorialidade, sua evolução semântica e a distinção entre este e a "territorialidade pura", cf. Luís Eduardo Schoueri, "Princípios no direito tributário internacional: territorialidade, fonte e universalidade", in Roberto Ferraz (coord.), *Princípios e Limites da Tributação*, vol. II, São Paulo, Quartier Latin, 2005.

42. Cf. José Eduardo Soares Melo, *ISS – Aspectos Teóricos e Práticos*, 3ª ed., São Paulo, Dialética, 2003, p. 160.

43. Cf. Luís Eduardo Schoueri, *Normas Tributárias Indutoras e Intervenção Econômica*, Rio de Janeiro, Forense, 2005, pp. 164-165.

do serviço, residente no Brasil, pode ocupar o polo passivo da obrigação tributária. Com efeito, Geraldo Ataliba já observara que o critério pessoal possui uma relação íntima e indissociável com o critério material da hipótese normativa,[44] razão pela qual, ao analisar a materialidade desenhada no texto constitucional, já seria possível identificar a pessoa constitucionalmente posta como destinado a suportar a relação jurídica (o "destinatário legal tributário", na construção de Hector Villegas[45]).

Se o critério material é "prestar serviços", então o sujeito passivo deverá ser necessariamente aquele que é apto para realizar a ação, ou seja, o prestador do serviço. Nega-se, pois, a possibilidade do contribuinte do ISS ser, em qualquer hipótese, o tomador de serviço.[46]

O tomador do serviço poderá, no entanto, ocupar o polo passivo da relação jurídica tributária, não como contribuinte, mas como responsável tributário, em uma relação jurídica de cunho administrativo no interesse da administração tributária (substituição).[47] A assertiva é importante, pois, se o tomador poderá apenas figurar como responsável, é logicamente necessário que o contribuinte realize a materialidade descrita na hipótese normativa para que a obrigação tributária exista. É dizer: o prestador de serviço deverá realizar um serviço tributável pelo ISS para que exista uma obrigação tributária pela qual o tomador poderá ser responsabilizado.

O simples fato de outrem "tomar" ou "pagar" o serviço não autoriza o legislador complementar a exigir o recolhimento de tributo cujo liame obrigacional sequer poderia ter nascido para o próprio contribuinte, em razão de extravasar os limites da regra de competência constitucional.

Assim, não escapa de críticas a posição doutrinária que justifica a possibilidade de o tomador de serviço ser "responsável tributário" (ainda que *sui generis*) pelo recolhimento do ISS sobre os serviços prestados integralmente no exterior, a despeito de o prestador de serviço, destinatário constitucional tributário, não ser alcançado pela jurisdição de qualquer município, por questões de soberania.[48]

Eis os limites da competência tributária do Imposto sobre Serviços (ISS). Poderá o legislador complementar conferir contornos mais precisos à figura insculpida em sede constitucional, mas nunca a alargar. Somente dentro dos estritos limites permitidos pela Constituição Federal é que se poderá buscar o aumento da competitividade internacional e perseguir outros fins, por mais nobres que sejam. Dentro dessa perspectiva, cumpre analisar a constitucionalidade do art. 1º, § 1º, da Lei Complementar n. 116/2003.

6. A materialidade prevista no art. 1º, § 1º, da Lei Complementar n. 116/2003 e sua incompatibilidade com o ordenamento jurídico

Traçado o arcabouço teórico necessário para enfrentar o tema proposto neste estudo, o momento é oportuno para analisar o alcance semântico do enunciado prescritivo do art. 1º, § 1º, da Lei Complementar n. 116/2003, verificando a sua compatibilidade com as

---

44. Cf. Geraldo Ataliba, *Hipótese de Incidência Tributária*, 6ª ed., São Paulo, Malheiros Editores, 2009, p. 107.

45. Hector Villegas o define, de forma bastante feliz, como: "a pessoa que se encontra na situação concreta escolhida pela lei como hipótese de incidência, e que deve sofrer, por via legal, o peso econômico da prestação tributária, que é a consequência de sua configuração" (cf. Hector Villegas, "Destinatário legal tributário", *Revista de Direito Público*, n. 30, São Paulo, Ed. RT, 1974, p. 274).

46. Em sentido contrário, cf. Luís Eduardo Schoueri, "ISS sobre a importação de serviços do exterior", *Revista Dialética de Direito Tributário*, n. 100, São Paulo, Dialética, 2004, p. 47.

47. Cf. Paulo Ayres Barreto, *Imposto de Renda e Preços de Transferência*, São Paulo, Dialética, 2001, p. 87.

48. Em sentido contrário, cf. Fernando Aurelio Zilveti, "A LC n. 116/2003 do ISS em face dos princípios de direito tributário", in Roberto Ferraz (org.), *Princípios e Limites da Tributação*, São Paulo, Quartier Latin, 2005, p. 550.

exigências e peculiaridades de nosso sistema tributário pátrio, cuja característica principal é a sua rigidez e a demarcação da competência tributária impositiva dos entes federativos já em plano constitucional. É importante recordar que, conforme visto, não há uma *obrigatoriedade* para a incidência do ISS sobre serviços prestados no exterior, e, embora seja desejável, em termos de otimização da competitividade internacional, à míngua de regra expressa, tal incidência não coaduna com as limitações decorrentes da materialidade possível do Imposto sobre Serviços.

Prescreve o referido dispositivo, *in fine*, que o ISS incidirá sobre a prestação de serviços iniciados no exterior, mas que, logicamente, tenham sido concluídos no país. Nada obstante a redação deste dispositivo seja ambígua e tenha recebido justas críticas de Aires Barreto,[49] primando-se pela coerência do legislador complementar, é possível inferir que se no dispositivo em questão são diferenciados aqueles iniciados no exterior daqueles prestados no exterior, logicamente, a primeira figura não poderá se confundir com a segunda figura. E se os serviços iniciados no exterior não se confundem com aqueles prestados no exterior, então tais serviços, conquanto iniciados no exterior, devem ser concluídos (prestados) no Brasil.

Ou seja, a prestação do serviço se dará em território nacional em sua inteireza. Oportuna a advertência de Aires Barreto, nesse sentido: "Por isso mesmo, o serviço ou é prestado aqui ou é prestado no exterior, não há como desdobrá-lo; o ISS incidirá ou não, a depender da inteireza do fato; tendo-se perfeito o fato, cabe indagar onde se aperfeiçoou, onde se deu sua efetiva consecução. (...) O serviço há de ser prestado no território brasileiro para que seja legítima a exigência de ISS sobre uma prestação integralmente considerada; se prestada no exterior, em sua inteireza, não é alcançado pelo ISS, sendo ilegítima exigência desse imposto que sobre ele se faça".[50]

Assim, neste ponto, não merece reparos a Lei Complementar n. 116/2003, porquanto o legislador complementar (nacional) agiu dentro dos limites impostos pela Constituição Federal. Com efeito, vimos ao analisar o critério material possível do ISS que a ação prevista pelo constituinte é a efetiva prestação de serviço, e, ao investigar o critério temporal possível, que apenas a partir da conclusão do serviço é que se torna possível exigir o recolhimento do imposto. Isso porque, vale repetir, apenas com a sua conclusão que há "prestação de serviço", ocorrendo o evento previsto na hipótese normativa.

Se a segunda figura do art. 1º, § 1º, da Lei Complementar n. 116/2003 está em consonância com o sistema tributário brasileiro, o mesmo não ocorre com a primeira figura daquele dispositivo. Preceitua esta que o ISS incidirá sobre "*serviços provenientes do exterior do País*", sendo que os denominados "serviços provenientes do exterior" são aqueles cuja prestação se dê integralmente no exterior (se iniciam e se concluem em território alienígena), mas que os resultados sejam usufruídos em território nacional.[51]

É que tal hipótese, como demonstrado, ultrapassa os limites semânticos da regra de competência constitucional. Com efeito, a análise da regra-matriz de incidência possível do ISS demonstra a impossibilidade de existir uma exação com as feições desenhadas pela Lei Complementar n. 116/2003. Não há a possibilidade de elencar a ação "tomar/pagar serviços" no critério material da regra-matriz de incidência tributária, porquanto a materialidade possível do ISS é unicamente a "prestação de serviços"; a territorialidade impõe que o critério espacial seja algum lugar dentro do âmbito territorial do município e, neste ponto,

---

49. Cf. Aires Barreto, "ISS – Não incidência sobre a importação de serviços", *Revista Dialética de Direito Tributário*, n. 201, São Paulo, Dialética, 2012, p. 24.

50. Idem, ibidem.

51. Cf. Luís Eduardo Schoueri, "ISS sobre a importação de serviços do exterior", *Revista Dialética de Direito Tributário*, n. 100, São Paulo, Dialética, 2004, p. 45.

cumpre destacar a ausência de qualquer regra de exceção constitucional, como ocorre no IR e no ICMS; e a esdrúxula hipótese do tomador de serviço ser contribuinte – ou até mesmo responsável tributário – do ISS em razão de serviços prestados integralmente no exterior foge dos lindes constitucionais do critério pessoal possível.

Se a materialidade deste imposto, por imposição constitucional deverá ser, conforme demonstrado, "prestar serviços", então somente nascerá o direito subjetivo de um município exigir o pagamento do ISS a partir do momento em que um prestador de serviço realizar o evento descrito (fato) na hipótese da norma abstrata editada pelo município e que invariavelmente será a prestação de um serviço.

E isso bastaria? Ou seja, a pergunta que se impõe, fundamental para a conclusão do presente estudo, é se toda a prestação de serviço é tributável pelo ISS. Estamos convencidos de que não, sendo tributadas apenas aquelas que ocorrerem em algum ponto do território do município em que este possa exercer sua soberania, isto é, dentro de sua jurisdição. É dizer: somente os serviços prestados no Brasil e, consequentemente, dentro do território de um município brasileiro, é que poderão ser tributados pelo ISS.

Irretorquíveis as lições de Aires Barreto nesse sentido: "Serviços prestados no exterior do País não podem ser aqui devidos. Esse imposto incide no local da prestação e, no caso, essa concretização ocorre fora dos lindes nacionais".[52]

Não olvidamos a importância de o Estado brasileiro adotar medidas tributárias que permitam, dentro do contexto internacional, otimizar a competitividade da economia brasileira e proporcionar maior desenvolvimento econômico, que impliquem um sistema tributário competitivo capaz de atrair investimentos estrangeiros, nem as demais razões econômicas e políticas que demonstram a necessidade e a conveniência da tributação com base no "principio do destino".[53] Nada obstante, estamos convictos que não cabe ao legislador complementar tomar tais decisões, mas unicamente ao legislador constituinte, original ou derivado, porquanto representante direto da vontade e da soberania popular. A questão é, portanto, eminentemente constitucional e é na Constituição Federal que deveremos buscar os parâmetros possíveis para a tributação pelo ISS.

De igual sorte, o argumento de que a incidência sobre a prestação de serviços prestados integralmente no exterior estaria justificada (e até mesmo imposta) a partir da assinatura do *General Agreement on Trade in Services – GATS*, acordo internacional que visa a estabelecer uma estrutura multilateral de princípios e regras para o comércio internacional de serviços, não guarda respaldo em nosso sistema tributário positivo.

Nos termos do acordo celebrado, configurariam serviços internacionais: (i) prestação transnacional de serviços, isto é, que ultrapasse as fronteiras do território de um membro, alcançando o território de outro; (ii) prestação de serviços dentro do território de um membro a consumidores estrangeiros, não-residentes daquele país; (iii) prestação de serviços no território de outro membro, por intermédio de presença comercial – i.e., estabelecimentos permanentes –, como por exemplo filiais, sucursais, subsidiárias, etc.; e (iv) prestação de serviços em território de outros membros, por intermédio de pessoa natural, não-residente desse território.[54]

---

52. Cf. Aires Barreto, *ISS na Constituição e na Lei*, 3ª ed., São Paulo, Dialética, 2009, p. 330.

53. Sobre esta aproximação, cf. Luís Eduardo Schoueri, "ISS sobre a importação de serviços do exterior", *Revista Dialética de Direito Tributário*, n. 100, São Paulo, Dialética, 2004.

54. Prescreve o art. 1º, (2) da parte 1 daquele acordo, no original: "For the purposes of this Agreement, trade in services is defined as the supply of a service: (a) from the territory of one Member into the territory of any other Member; (b) in the territory of one Member to the service consumer of any other Member; (c) by a service supplier of one Member, through commercial presence in the territory of any other Member; (d) by

Como observa Alberto Macedo, as modalidades (ii) e (iii) supracitadas não caracterizam, rigorosamente, importação de serviços em nosso direito positivo.[55] Com efeito, nenhuma relevância foi conferida pela Constituição à qualificação ao consumidor dos serviços, razão pela qual a prestação de serviços a consumidores estrangeiros dentro do Brasil é considerada prestada integralmente no Brasil para fins de incidência do ISS. De outro lado, o estabelecimento permanente, detentor de capacidade tributária, realiza o serviço integralmente no país, submetendo-se igualmente à incidência do imposto.

Nada obstante, é inegável que a incorporação dessa definição em nosso sistema tributário, ainda que apenas da modalidade transnacional (i) e por intermédio de pessoa física no exterior (iv), implicaria alargamento do conceito constitucional de serviço abrangendo serviços prestados integralmente no exterior.

Daí porque, inexistindo a obrigatoriedade de se adotar regras e costumes internacionais amplamente aceitos pelas nações desenvolvidas (decorrência da inexistência de um Direito Tributário Internacional) e verificada a sua incompatibilidade com os enunciados prescritivos constitucionais, a nosso ver, o referido acordo não é capaz de fundamentar a incidência do ISS-importação.

Se há a necessidade de as normas tributárias dos municípios se adequarem a tais regras, de modo a compatibilizar suas políticas fiscais com as dos demais países signatários daquele acordo, a permissão de tributação sobre serviços prestados integralmente no exterior, mediante a ampliação do conceito

a service supplier of one Member, through presence of natural persons of a Member in the territory of any other Member".

55. Cf. Alberto Macedo, "ISS e PIS-COFINS importação – Critérios especial e pessoal na prestação internacional de serviços", *Revista Dialética de Direito Tributário*, n. 187, São Paulo, Dialética, 2011, p. 27. Contudo, cumpre notar que para o referido autor, a ênfase da contradição é na definição conferida pela própria Lei Complementar n. 116/2003.

constitucional de serviço, inexoravelmente deverá ser feita mediante *emenda constitucional* e não por lei complementar.

A Lei Complementar n. 116/2003 não é instrumento jurídico idôneo para inovar no espectro de competência tributária constitucionalmente delimitada. Como adverte Paulo Ayres Barreto, a lei complementar apenas introduz comandos normativos que conferem um novo nível de detalhamento à percussão tributária, cujos contornos foram traçados no texto constitucional, que, a um só tempo, afirma e a circunscreve, limitando o espectro de atuação do legislador ordinário.[56]

Não restam dúvidas, pois, que o legislador complementar, sob o pretexto de dirimir conflitos de competência e definir o "fato gerador" do imposto sobre serviços, cujo arquétipo está prefinido no texto constitucional, instituiu nova hipótese de incidência para o ISS, incidente sobre a contratação de serviços por tomadores ou intermediários, à míngua de autorização constitucional.[57] Ao fazer isso, naturalmente violou a rígida discriminação de competência constitucional, bem como a regra de competência residual (art. 154, inc. I, da CF), cuja titularidade é exclusiva da União.[58]

Ademais, violou o princípio da territorialidade, critério informador na repartição das competências tributárias.[59] Como observa

56. Cf. Paulo Ayres Barreto, *Elisão Tributária: Limites Normativos*, Tese apresentada ao concurso a Livre-Docência do Departamento de Direito Econômico e Financeiro – área de Direito Tributário – da Faculdade de Direito da USP, 2008, p. 206. Em sentido contrário, defendendo a possibilidade de a lei complementar conceituar os "tipos" constitucionais, cf. Luís Eduardo Schoueri, "A lei complementar e a repartição de competências tributárias", in Alcides Jorge Costa (*et al.*), *Sistema Tributário Nacional e a Estabilidade da Federação Brasileira, IX Congresso Nacional de Estudos Tributários*, São Paulo, Noeses, 2012, pp. 679-701.

57. Cf. Simone Duarte Costa, *ISS – A Lei Complementar 116/2003 e a Incidência na Importação*, São Paulo, Quartier Latin, 2007, pp. 152-153.

58. Idem, pp. 153-154.

59. Com efeito, a atribuição de competência, em nosso sistema constitucional tributário, é privativa, ou

Simone Rodrigues Costa, esta violação não se limita ao âmbito de territorialidade externa, como também da interna. Eis suas precisas críticas: "(...) violou duplamente o princípio da territorialidade das leis, amplamente resguardado pela Constituição brasileira: (i) ao estabelecer a incidência sobre fato jurídico tributário realizado em território estrangeiro e (ii) estabelecer que o ISS é devido não no local da efetiva prestação de serviço, mas no local do estabelecimento ou domicílio do tomador ou intermediário do serviço".[60]

Também notou a referida autora que essa incidência, a que pretendeu a LC n. 116/2003 instituir sem observar os limites impostos pelo Texto Maior, implica um desrespeito à soberania entre municípios da Federação, de um lado, e à soberania dos países estrangeiros, Estados de Direito que integram a ordem jurídica internacional de outro.[61]

Portanto, a nosso ver, é evidente a inconstitucionalidade do art. 1º, § 1º, da Lei Complementar n. 116/2003. Daí porque as conclusões de Geraldo Ataliba e Cléber Giardino, ao debruçarem sobre o tema sob a vigência da Constituição de 1967, permanecem plenamente válidas também sob a égide da Constituição novel e sintetizam o pensamento neste estudo empreendido: "(...)

---

como quer Geraldo Ataliba, é "exclusiva". Nas incisivas palavras do saudoso mestre: "Quem diz privativa, diz exclusiva, quer dizer: excludente de todas as demais pessoas; que priva de seu uso todas as demais pessoas. A exclusividade de competência de uma pessoa implica proibição peremptória, *erga omnes*, para exploração desse campo" (cf. Geraldo Ataliba, *Sistema Constitucional Tributário Brasileiro*, São Paulo, Ed. RT, 1968, p. 106). Disto decorre a territorialidade como marca ínsita da competência tributária. Onde houver a competência de um ente político, inexistirá para o outro. Daí o acerto de Cléber Giardino ao afirmar que a Constituição se valeu dos critérios em razão da matéria e de território.

60. Cf. Simone Duarte Costa, *ISS – A Lei Complementar 116/2003 e a Incidência na Importação*, São Paulo, Quartier Latin, 2007, p. 147.

61. Cf. Simone Rodrigues Costa Barreto, "O ISS na prestação de serviços provenientes do exterior", in Eurico Marcos Diniz de Santi, *Tributação e Desenvolvimento: Homenagem ao Professor Aires Barreto*, São Paulo, Quartier Latin, 2011, p. 744.

se a prestação do serviço se der no exterior, esse fato não poderá ser alcançado pela lei do Município".[62]

7. Conclusão

Qualquer tema concernente à competência tributária, em nosso sistema jurídico, deverá ser analisado à luz das regras insculpidas no bojo da Constituição Federal. De um lado, parece não existir um regime de Direito Tributário Internacional que obrigue a adoção, por um determinado Estado soberano, de institutos amplamente aceitos e recomendados pelas nações desenvolvidas; de outro, há limites intransponíveis ao poder de tributar – verdadeiras garantias individuais do contribuinte –, que não podem ser ignorados, ainda que por motivações de ordem políticas e econômicas que busquem concretizar o desenvolvimento nacional.

A discriminação de competências tributárias foi realizada pelo legislador constituinte mediante trabalho minudente, pelo qual positivou conceitos determinados para delimitar o espectro de atuação estatal. Em relação ao ISS, utilizou conceito de "serviço" determinado e já conhecido em nosso Direito Civil no momento da promulgação da Constituição, consistente em "toda a prestação de esforço humano a terceiros, com conteúdo econômico, em caráter negocial, sob regime de direito privado, mas sem subordinação, tendente à obtenção e um bem material ou imaterial".

Em decorrência disso, na conformação do aspecto material da hipótese de incidência tributária, a este signo apenas poderá ser ligado o verbo "prestar", e não "pagar" ou "tomar", uma vez que apenas a "prestação de serviços" abrange os elementos imprescindíveis à configuração de serviço. O complemento "de qualquer natureza" não pode servir como pretexto para se alargar a materialidade

62. Cf. Geraldo Ataliba e Cléber Giardino, "Territorialidade da lei tributária estadual", *Revista de Direito tributário*, n. 40, São Paulo, Ed. RT, 1987, pp. 44-53.

constitucional do ISS, mas antes deve ser com ela harmonizado.

À míngua de expressa autorização constitucional para uma "extraterritorialidade" do Imposto sobre Serviços, somente os serviços que aqui forem prestados é que poderão ser tributados. A efetiva prestação de serviço em território nacional é condição inafastável para que surja a pretensão tributária dos Municípios. Outrossim, não há como falar em responsabilidade tributária se não ocorrer o fato jurídico tributário.

O art. 1º, § 1º, da Lei Complementar n. 116/2003 trata de duas figuras distintas: em sua segunda figura, prevê a incidência do ISS sobre os serviços cuja prestação tenha se iniciado no exterior, mas que foi concluída no país, ou seja, nesta hipótese o fato jurídico tributário será realizado (o serviço será prestado) dentro dos limites territoriais de um município. Não extravasa, pois, os limites impostos pela Constituição Federal.

O mesmo não ocorre em relação a sua primeira figura, com a previsão de incidência do ISS sobre os serviços cuja prestação tenha se dado integralmente no exterior, ainda que o resultado seja aproveitado no país, ou neste se encontre o tomador. Tal incidência não guarda consonância com o sistema jurídico pátrio, porquanto extravasa os limites da competência tributária e contraria diversos princípios e regras constitucionais, tais quais: (i) as hirtas regras de repartição de competência tributária e a regra da competência residual da União, prescritas no bojo da Constituição; (ii) a territorialidade da competência tributária dos municípios para instituir o ISS; e (iii) a soberania dos países estrangeiros. É de hialina clareza, portanto, a inconstitucionalidade da primeira figura do § 1º do art. 1º da Lei Complementar n. 116/2003.

ESTUDOS & COMENTÁRIOS

A CLASSIFICAÇÃO DOS TRIBUTOS SEGUNDO OS CRITÉRIOS CONSTITUCIONAIS

Lucas Matheus Molina

Graduado pelas Faculdades Integradas Antônio Eufrásio de Toledo
e Discente de Pós-Gradução do Instituto Brasileiro
de Estudos Tributários – IBET.
Advogado

1. Introdução. 2. Da atividade de classificação. 3. Do conceito de tributo. 4. Da classificação dos tributos: 4.1 Impostos; 4.2 Taxas: 4.2.1 Taxas e tarifas: diferenciação; 4.3 Contribuição de melhoria; 4.4 Contribuições; 4.5 Empréstimo compulsório. 5. Das espécies tributárias. Conclusão.

Resumo: Trata-se, em síntese, de trabalho de cunho científico com o propósito de determinar os critérios de classificação das espécies tributárias, de forma a distribuí-las em classes cujos componentes se submetam a um mesmo regime jurídico. Para tanto, após identificar os tributos previstos no corpo da Constituição Federal, o ensaio indica o tratamento jurídico conferido a cada um deles para, então, eleger os fatores de discrímen constitucionalmente relevantes que devem servir de base para uma classificação funcional.

Palavras-chave: 1. Tributo. 2. Classificação. 3. Espécies tributárias. 4. Sistema Tributário Constitucional.

1. Introdução

Tema dos mais polêmicos no Direito Tributário diz respeito à classificação das espécies de tributo. De fato, a doutrina se dissipa em inúmeras correntes a respeito da matéria cada qual atrelada a suas premissas e, por consequência, com ordenações próprias.

Nesse contexto, diante do farto campo de discussões que tanto a doutrina quanto a jurisprudência nos proporcionam nesta seara, buscou-se com o presente trabalho eleger uma classificação que fosse suficiente para ordenar funcionalmente todas as espécies de exações previstas na Constituição da República.

Para tanto, num primeiro momento, conceituou-se a atividade de classificação jurídica, com o que se pretendeu, além de traçar uma definição do objeto do presente trabalho, desmistificar a concepção clássica de que as classificações não podem se pautar em mais de um fator de discrímen ao mesmo tempo sem ofensa à lógica.

Em seguida, perseguiu-se o objetivo de elaborar uma definição crítica do conceito de "tributo", principalmente com a exteriorização das impropriedades encontradas na definição utilizada pelo Código Tributário Nacional. Com isso, pretendeu-se, ainda, traçar um conceito mais consistente para o instituto em apreço.

Adiante, já devidamente conceituados os vocábulos que se encontram no cerne do presente trabalho, de maneira concisa traçou-se um paralelo entre as duas correntes mais defendidas no que se refere às espécies tributárias – tripartida e quinária. Nesse momento, buscaram-se argumentos para a defesa da segunda corrente como aquela que melhor se adequa ao ordenamento constitucional vigente.

Por fim, após identificadas as espécies tributárias, foram tecidos alguns comentários acerca de cada uma delas, de forma a demonstrar a peculiaridade de umas em relação às outras, com o fito de reforçar que todas as exações que se submetem a regimes jurídicos diversos merecem ser alocadas em grupo próprio de espécie tributária.

2. Da atividade de classificação

Classificar significa dividir em classes. Essa divisão, no entanto, deve ser suficiente para alocar o objeto classificado em diferentes grupos que comunguem de uma mesma característica. Vale dizer, o referido agrupamento deve se dar de tal modo que os objetos que compõem cada um dos grupos guardem características comuns uns aos outros que os diferenciem dos objetos que compõem os demais grupos.

Assim, é de se notar que para classificar um objeto é necessário que primeiro se eleja um critério de discrímen a partir do qual serão criados tantos grupos quantos forem possíveis identificar. Nesse contexto, os grupos são as classes do objeto ou, nas palavras de S. K. Langer, a *"coleção de todos aqueles e somente aqueles termos aos quais um certo conceito seja aplicável"* (1967, p. 116); e o fator de discriminação o ponto de partida para a criação destas classes, as quais devem necessariamente estar relacionadas com as características observadas no objeto.

Portanto, é de se admitir que as classes não são realidades físicas, mas fruto do psiquismo humano, intangíveis, invisíveis, enfim, inventadas para satisfazer a necessidade de aglomeração dos objetos de forma ordenada. Segundo Tárek Moyses Moussalem, *"a classe (...) é construção intelectiva"* (2009, p. 604).

Já formadas as classes de acordo com as características do objeto, mediante esforço intelectivo a que se referiu o mencionado autor, faz-se uma divisão que os direciona para uma ou outra classe conforme preencham as caraterísticas de um ou outro grupo. Esses grupos são chamados de espécies do objeto.

A propósito, vale transcrever as palavras de Paulo Ayres Barreto sobre a matéria: "Classificar é distribuir em classes, de acordo com um método ou critério previamente estabelecido. Compõem uma mesma classe os elementos que satisfaçam o critério eleito. Como predica Lourival Vilanova, 'um conjunto não se constitui sem critério de pertinência'. É a partir da fixação desse critério que se afere a compatibilidade entre os elementos que conformam a classe" (2006, p. 49).

Diante do que se expôs, é de se concluir que um mesmo objeto pode ser alvo de inúmeras classificações completamente diferentes, todas corretas. A título de ilustração, suponha-se uma caixa com quatro bolas brancas e quatro bolas azuis, duas pequenas, uma grande e uma intermediária de cada cor.

Se nos propusermos a classificá-las de acordo com o critério de discrímen "cor", poderemos observar dois grupos: (a) as bolas brancas; e (b) as bolas azuis, ambos compostos por quatro bolas cada, uma grande, uma intermediária e duas pequenas. Há, pois, de acordo com essa classificação duas espécies de bolas: as azuis e as brancas.

Por outro lado, caso o fator de discrímen eleito seja o tamanho das bolas, haverá três grupos: (a) o grupo das bolas pequenas, nas quais estarão duas brancas e duas azuis; (b) o grupo das bolas intermediárias, constituído por uma bola branca e outra azul; e (c) o grupo das bolas grandes, composto por uma bola branca e uma azul. Diante dessa nova classificação, observam-se três espécies de bolas: pequenas, médias e grandes, sejam elas brancas ou azuis.

Nesse aspecto é de se notar que, embora as classificações apontem para um número diverso de espécies, ambas estão corretas, já que são suficientes para organizar as bolas em diferentes grupos de acordo com as características de cada uma delas. Não há, portanto, uma classificação mais correta que a outra.

O que se pode verificar são classificações que, embora corretas, são inúteis e, portanto, não merecem ser estudadas. Nesse contexto, impende trazer à baila os ensinamentos de Eduardo García Mayenez sobre o tema: "(...) posible sería, aun cuando enteramente ocioso, dividir los libros de una biblioteca atendiendo al color de sus tejuelos, o formar grupos de normas de acuerdo con el número de palabras de su expresión verbal. Las clasificaciones tienen únicamente valor cuando responden a exigencias de orden práctico o necesidades sistemáticas" (1971, p. 78).

No mundo jurídico, as classificações seguem a mesma lógica, ou seja, os institutos são agrupados em espécies de acordo com as características neles identificadas. Ocorre que, diante das inúmeras características que um instituto jurídico pode ostentar, cabe ao jurista eleger uma ou mais peculiaridades que sejam relevantes e possam alocar as diversas espécies do instituto em grupos que sejam divididos de forma funcional.

A propósito, importante salientar que no campo das classificações jurídicas, tanto mais adequada (útil) será uma classificação quanto mais for apta a isolar as espécies do instituto em grupos que se submetam ao mesmo regime de regulamentação.

Assim, para que se construa uma divisão jurídica completa e adequada de um instituto jurídico, é imprescindível que o jurista se valha de tantos critérios quantos forem necessários para agrupá-los em diferentes classes, de forma a alocá-los em grupos submetidos ao mesmo regime jurídico.

Ademais, impõe-se registrar que, ao contrário do que muitos sustentam, é possível que se classifiquem objetos em função de mais de um critério de discriminação sem que se incorra em ofensa à lógica. Aliás, há casos, tal como ocorre com a classificação dos tributos como adiante se demonstrará, que a eleição de mais de um critério é até necessária.

Contudo, para classificar um instituto com base em mais de um fator de discrímen é indispensável que o jurista observe os diferentes grupos que deles exsurgem de forma contextualizada para que a classificação proposta não seja incoerente. Paulo Ayres Barreto propõe como solução para as classificações de objetos com mais de um critério de pertinência a divisão por etapas.

"Ao pretender-se dividir tributos em diferentes classes, tem-se, necessariamente, que: (i) eleger um único fundamento para divisão, em cada etapa do processo classificatório; (ii) as classes identificadas em cada etapa desse processo devem esgotar a classe superior; e (iii) as sucessivas operações de divisão devem ser feitas por etapas, de forma gradual" (2006, p. 74).

Não concordamos, porém, com a assertiva, vez que basta uma análise contextualizada de todas as características eleitas como critério de pertinência para que a classificação não incorra em ofensa à lógica. A título de ilustração, tome-se por base uma classificação que utiliza o critério "condição a" como fator de discriminação. Todos os objetos que satisfaçam a "condição a" se enquadram em uma classe; todos os que não satisfaçam enquadram-se em outra classe. Note-se que a divisão com base em apenas um fator relevante é clara.

Criam-se dois grupos bem definidos: grupo "a"; e grupo "não-a", ou seja, a classe dos objetos que satisfazem a "condição a" e a dos que não satisfazem. Por outro lado, ao se eleger um segundo fator de discrímen, por exemplo, a "condição b", pode ocorrer de haver dois objetos que igualmente satisfaçam a condição "a" e que, no entanto, enquadram-se em grupos distintos.

É que a combinação de grupos, nessa nova classificação, ramifica-se não mais em duas classes, mas em quatro, ou seja, grupo "a"; grupo "ab"; grupo "não-a não-b"; e grupo "b". Nesse contexto, é de se notar que para pertencer ao grupo "a", por exemplo, bastaria que o objeto satisfizesse a condição "a". Por outro lado, todos os componentes do grupo "ab", embora satisfaçam a condição "a" não se enquadram naquela classe.

A princípio, portanto, seria possível identificar uma contradição nos critérios de classificação. Tal contradição, no entanto, não suporta uma análise mais acurada e profunda dos critérios adotados como fator de discrímen. É que, no exemplo mencionado, o grupo "ab" é especial em relação ao grupo "a", já que, além da "condição a" exige também o cumprimento da "condição b".

Assim, fica fácil perceber que o grupo "a" diz respeito apenas aos objetos que satisfaçam a condição "a" e, ao mesmo tempo, não satisfaçam a condição "b". Portanto, as classes, que aparentemente não se excluíam, são, na verdade, excludentes entre si, desde que se lhes analise de forma contextualizada a que há pouco se referiu. Não se incorreria, portanto, na chamada "falácia da divisão cruzada" a que se referiu Paulo Ayres Barreto (2006, p. 52).

Ou seja, embora para pertencer ao grupo "a" bastasse satisfazer a condição "a", cria-se, a partir da análise do grupo "ab" uma nova condição para aquele primeiro grupo, ou seja, que o objeto não satisfaça a "condição b". Desse modo, perfeitamente possível que se eleja mais de um critério para a classificação de um instituto jurídico sem que se incorra em contradição.

3. Do conceito de tributo

Com efeito, o art. 3º do Código Tributário Nacional, ao trazer o conceito de tributo, relata que este "é toda prestação pecuniária compulsória, em moeda ou cujo valor nela se possa exprimir, que não constitua sanção de ato ilícito, instituída por lei e cobrada mediante atividade administrativa plenamente vinculada".

Contudo, suas disposições, embora sirvam de base para um bom conceito de tributo, são dignas de críticas, uma vez que eivadas de improbridades. De início, cumpre relatar que a conceituação dos institutos jurídicos não é tarefa voltada ao legislador, mas aos juristas, pois a descrição do direito é tarefa da doutrina. Assim, o dispositivo legal em comento incide, de cara, em equívoco, já no que diz respeito a sua própria finalidade.

Nesse sentido, destaque-se a proficiência de Geraldo Ataliba: "Evidentemente, não é função de lei nenhuma formular conceitos teóricos. O art. 3º do CTN é mero *precepto didactico*, como o qualificaria o eminente mestre espanhol Sainz de Bujanda. Por outro lado, o conceito de tributo é constitucional. Nenhuma lei pode alarga-lo, reduzi-lo ou modifica-lo. É que ele é conceito-chave para demarcação das competências legislativas do 'regime tributário', conjunto de princípios e regras constitucionais de proteção do contribuinte contra o chamado 'poder tributário', exercido, nas respectivas faixas delimitadas de competências, por União, Estados e Municípios. Daí o despropósito dessa 'definição' legal, cuja admissão é perigosa, por potencialmente danosa aos direitos constitucionais dos contribuintes" (2012, pp. 32-33).

Não bastasse isso, é certo que o dispositivo legal em comento descreve tributo como "toda prestação". Ora, se o artigo se propôs a definir o conceito de um instituto jurídico, é óbvio que todas as circunstâncias que se amoldem aos requisitos nele prescritos se enquadrarão ao conceito. A palavra "toda" é, pois, dispensável e denota atecnia.

Da mesma forma, a expressão subsequente "prestação pecuniária compulsória, em moeda ou cujo valor nela se possa exprimir" expressa redundância e dá margem para intepretações errôneas. É que não se pode imaginar algo que seja pecuniário e que, por outro lado, não tenha seu valor expresso em moeda. O legislador parece, pois, não saber o significado das palavras que usa.

De outro lado, a expressão pode dar margem para a sustentação de que os tributos possam ser cobrados *in natura* ou *in labore*, já que tanto os bens quanto os serviços podem ser mensurados em pecúnia. Contudo, sabe-se que a assertiva não é verdadeira, uma vez que o que se pretendeu foi ressaltar justamente a ideia contrária, ou seja, que os tributos devem ser cobrados em pecúnia.

A respeito da inconsistência da expressão utilizada pelo legislador na conceituação de tributo menciona Paulo de Barros Carvalho: "A linguagem natural de que falamos fica bem evidenciada nessa estipulação, prescindível e redundante, em que o político, despreocupado com o rigor, comete dois erros grosseiros: primeiro, ao repetir o caráter pecuniário da prestação. Se já dissera que se trata de uma prestação pecuniária, para que insistir com a locução 'em moeda'? Segundo, ao agregar a cláusula 'ou cujo valor nela se possa exprimir', pois com isso ampliou exageradamente o âmbito das prestações tributárias. Note-se que quase todos os bens são suscetíveis de avaliação pecuniária, principalmente o trabalho humano que ganharia a possibilidade jurídica de formar o substrato da relação de natureza fiscal" (2012, p. 57).

Aliás, importante mencionar que a necessidade de que os tributos sejam cobrados em pecúnia se observa da própria Constituição Federal, que no título em que trata do Sistema Tributário Nacional, deixa estreme de dúvidas que a atividade tributária estatal serve como meio de arrecadação de fundos para o custeio de suas despesas. Os tributos, pois, necessariamente devem ser pagos em dinheiro.

Por outro lado, o artigo faz alusão à compulsoriedade dos tributos como elemento de especificação. Ora, toda obrigação é compulsória, uma vez que confere ao credor poderes para compelir o devedor a observá-la. Assim, esta não é uma característica única dos tributos e, portanto, não o diferencia das demais formas de obrigações.

O que, de fato, diferencia os tributos das demais obrigações é o seu ponto de origem compulsório. Vale dizer, as prestações tributárias nascem independentemente da vontade de seu devedor, já que a anuência deste é indiferente. Esta, pois, a verdadeira intenção do legislador quando tratou da "prestação compulsória".

Por fim, o dispositivo menciona que os tributos são cobrados "mediante atividade administrativa plenamente vinculada". Contudo, esta expressão acaba por excluir as exações parafiscais do conceito proposto pelo Código, as quais não são cobradas sequer pela Administração, mas por entidades dedicadas a atividades de interesse público.

Da mesma forma, não se levaria em conta os tributos sujeitos a lançamento por homologação, os quais são declarados e pagos diretamente pelo contribuinte sem qualquer cobrança prévia por parte do Fisco, a quem incumbe tão somente homologar o valor recolhido pelo indivíduo. Ou seja, há tributos que não são *cobrados mediante atividade administrativa*.

Assim, é de se reconhecer que a conceituação legal de tributo está eivada de inúmeras impropriedades que não se coadunam com o que se espera de um conceito juridicamente consistente. Portanto, para aniquilar tais impropriedades o vocábulo tributo deve ser entendido apenas como *uma prestação pecuniária indisponível de natureza não sancionatória instituída por lei, devida ao Estado ou a entidades paraestatais que se dediquem a atividades de interesse público.*

4. Da classificação dos tributos

Tecidas considerações a respeito da atividade classificatória e devidamente conceituado o vocábulo "tributo", resta eleger os critérios que servirão de ponto de partida para a classificação das espécies tributárias para, em seguida, conduzir cada uma das exações existentes a um grupo próprio.

Com efeito, a classificação dos tributos, por ser uma classificação jurídica, deve se dar de tal forma que sejam eles distribuídos em espécies de acordo com o regime jurídico a que serão submetidos. Assim, deve-se eleger o(s) fator(es) que se entenda pertinente(s) para formar grupos que aglomerem tributos que detenham um mesmo tratamento constitucional.

Nesse contexto, no que diz respeito aos critérios da classificação das espécies tributárias, importante mencionar que a divisão mais clássica dos tributos (tripartida) entende que único fator de discrímen relevante é a hipótese de incidência da exação (ou base de cálculo, para alguns), ou seja, parte-se exclusivamente da análise intranormativa do tributo.

Por essa classificação, é possível identificar três tipos de tributos, uma vez que um dos dois grupos formados é compreendido por duas subclasses: (a) os vinculados, que se subdividem em (a1) diretamente vinculados e (a2) indiretamente vinculados; e (b) os não vinculados. Os dois primeiros contemplam em suas hipóteses de incidência uma atividade estatal, que, direta ou indiretamente, está relacionada com o contribuinte. Os últimos, por outro lado, incidem sobre a atividade do contribuinte, independentemente de qualquer atividade do Estado.

Segundo Paulo de Barros Carvalho, os tributos vinculados a uma prestação estatal diretamente relacionada ao contribuinte são as taxas; aqueles apenas indiretamente relacionados se amoldam ao conceito de contribuição de melhoria; e os não vinculados ao conceito de impostos.

Assim, de acordo com o mencionado autor, o critério de classificação teria exaurido as figuras tributárias descritas no art. 145 da Constituição Federal e no art. 5º do Código Tributário Nacional. A propósito, calha transcrever as palavras por ele proferidas em seu livro *Direito Tributário, Linguagem e Método*: "Será imposto (tributo não vinculado) quando apresentar na hipótese de incidência, confirmada pela base de cálculo, fato alheio a qualquer atuação do Poder Público. Estarmos diante de taxa (tributo diretamente vinculado) se o antecedente normativo mencionar fato revelador de atividade estatal, direta e especificamente dirigida ao contribuinte, exibindo, na correspondente base de cálculo, a medida da intensidade da participação do Estado. E, por fim, reconhecemos contribuição de melhoria (tributo indiretamente vinculado) na norma jurídica tributária que ostentar, no suposto, um efeito da atividade do ente público, qual seja, valorização imobiliária decorrente de obra pública mensurando-a na base de cálculo" (2011, p. 407).

Contudo, com o devido respeito que o cauto jurista merece, a classificação mencionada, embora correta, não é suficiente para dividir as naturezas tributárias de forma a isolá-las em grupos que se submetam às mesmas regras de regulamentação. Recorde-se o que já foi dito a respeito de classificações mais adequadas (úteis) e menos adequadas.

No campo das classificações jurídicas, tanto mais adequada será uma classificação quanto mais for apta a isolar as espécies de um instituto jurídico em grupos que se submetam ao mesmo regime de regulamentação.

Na proposta acima analisada, é imperioso concluir que as contribuições sociais e os empréstimos compulsórios (exações expressamente previstas na Constituição) não são espécies tributárias autônomas. Portanto, ora serão considerados impostos, ora taxas, a depender de estarem ou não vinculados à atuação estatal.

Ocorre que a classificação que coloca dois tributos submetidos a regimes jurídicos diversos em uma mesma classe ou, ao revés, coloca dois tributos submetidos ao mesmo regime jurídico em classes diversas, não se afigura a classificação juridicamente mais adequada.

Conforme já se salientou, a classificação jurídica será tanto mais útil quanto melhor discriminar os institutos submetidos ao mesmo regime de outros que se submetem a regime diverso. Assim, a classificação mencionada, embora de grande valia e verdadeira em suas premissas e conclusões, não é, isoladamente, a mais útil para o Direito.

Desse modo, a classificação de acordo com o critério material de incidência exclusivamente não é suficiente para dividir os tributos em grupos que se submetam cada um ao seu regime jurídico próprio. Por esse motivo, entendemos que além do critério hipótese de incidência-base de cálculo, outros dois devem ser agregados à classificação: a destinação e a restituição do tributo.

A esse respeito, vale mencionar que, embora o art. 4º do Código Tributário Nacional seja expresso no que diz respeito à indiferença da destinação da arrecadação do tributo para a sua classificação, não há como isolar todas as formas de exações previstas na Constituição sem que se utilize este critério.

Ademais, como já se sustentou alhures, a tarefa de dividir um instituto jurídico em classes pressupõe a escolha de um fator de discriminação, a partir do qual serão criados tantos grupos quantos forem possíveis identificar. Nada impede, pois, que o jurista escolha como um dos critérios classificatórios justamente a destinação legal do tributo.

Conforme já esposado, não há classificações erradas, de modo que é plenamente possível que se eleja a destinação da arrecadação dos tributos como fator de discrímen para classificá-los, embora este não tenha sido o fator escolhido pelo legislador.

Ademais, para evitar a colocação de tributos totalmente discrepantes numa mesma classe de exação, entendemos ser necessário que a classificação se paute também pela destinação do produto arrecadado com os tributos.

Caso contrário, a prevalecer exclusivamente o critério legal de classificação, algumas contribuições sociais, tais como aquela incidente sobre a folha de pagamentos, por exemplo, comporiam o mesmo grupo dos impostos, embora deles se distanciem em muito no que diz respeito ao regime jurídico constitucional.

A propósito, confiram-se as palavras de Luciano Amaro, reproduzidas por Márcio Severo Marques em sua obra sobre a matéria:

"Se classificar é preciso, e se a destinação integra o regime jurídico específico do tributo (ou seja, é um dado juridicizado), não se pode negar que se trata de um critério (jurídico) hábil à especificação do tributo, ou seja, idôneo para particularizar uma espécie tributária, distinta de outras" (2000, p. 221).

Ademais, é de se frisar que o art. 167, IV, da Constituição Federal faz referência expressa à impossibilidade de vinculação da receita proveniente dos impostos. Assim, o próprio constituinte elegeu a destinação do produto da arrecadação como fator discriminatório relevante, pois previu expressamente que os impostos são tributos cuja arrecadação não é predestinada.

O art. 4º, II, do Código Tributário Nacional, portanto, não foi recepcionado pela Constituição da República de 1988. Sobre a matéria, Paulo Ayres Barreto bem destacou que *"relativamente à destinação do produto estamos convencidos de que, à luz da Constituição Federal de 1988 não é mais possível afirmar-se a sua irrelevância"* (2006, p. 62).

Desse modo, de acordo com o critério de classificação que entendemos mais funcional, a destinação da arrecadação dos tributos, ao lado da hipótese de incidência e de sua restituibilidade, é sim fator relevante para determinar a natureza jurídica de cada uma das exações, a despeito do que dispõe o art. 4º do Código Tributário Nacional.

Nesse contexto, diante dos três critérios classificatórios que se nos afiguram pertinentes para uma divisão que contemple todos os tributos previstos na Constituição de forma ordenada e funcional (exações divididas de acordo com o regime jurídico a que se submetem), é possível identificar cinco espécies tributárias: (a) impostos; (b) taxas; (c) contribuição de melhoria; (d) contribuições; (e) empréstimos compulsórios, com a observação de que estas duas últimas exações dividem-se em vinculadas ou não vinculadas.

4.1 Impostos

Com efeito, os impostos são exações que, ao mesmo tempo, tenham a hipótese de incidência desvinculada de qualquer ação estatal; não tenham destinação pré-determinada em lei; e não sejam restituíveis.

Por consequência, infere-se que essa espécie de tributo se sujeita a um regime jurídico próprio e com finalidade peculiar, ou seja, a arrecadação de recursos para o custeio das despesas gerais do Estado de forma indistinta. Portanto, diante da estrutura constitucional desta espécie tributária, qualquer lei que institua imposto com destinação predestinada e que não se subsuma a estrutura das contribuições ou empréstimos compulsórios (conforme adiante se esmiuçará), estarão eivados da pecha de inconstitucionalidade.

Importante, porém, destacar que a análise para se aferir a alegada inconstitucionalidade não pode nunca partir do *nomen juris* utilizado pelo legislador na criação do tributo, pois é plenamente possível que se crie uma "contribuição", por exemplo, sob o título de "imposto". Nessa hipótese, a prévia destinação do produto de arrecadação não invalida o tributo, pois este se submeterá ao regime jurídico das contribuições, em que pese receba o nome de "imposto" pelo legislador.

É indispensável, no entanto, que na hipótese aventada, estejam presentes todos os elementos constituidores de uma contribuição (adiante abordados), sem o que a exação também não se amoldará a esta espécie tributária e, portanto, também estará eivada de inconstitucionalidade.

Por ouro lado, também é característica dos impostos a vinculação da hipótese de incidência. Vale dizer, nem todas as atividades podem ser objeto da tributação mediante essa espécie tributária, mas apenas e tão somente aquelas atividades desempenhadas pelos próprios contribuintes.

A propósito, destacou Alfredo Augusto Becker que "*a regra jurídica tributária que tiver escolhido para base de cálculo* um fato lícito *qualquer (não consistente em serviço estatal ou coisa estatal), terá criado um imposto*" (2010, p. 405). Vale ressaltar que o mencionado autor é adepto da teoria segundo a qual todos os tributos desvinculados detêm natureza jurídica de imposto e todos os vinculados, natureza jurídica de taxa.

Por outro lado, conforme já se expôs, não perfilhamos desta tese. De qualquer forma, a desvinculação da hipótese de incidência, sem dúvidas, é uma característica dos impostos, embora, a nosso ver, não lhe seja exclusiva, além de não ser a única pertinente para a atividade classificatória.

Diante disso, não é possível a criação de um imposto que incida sobre uma atividade estatal (prestação jurisdicional, por exemplo). Com efeito, este tipo de atividade (prestação estatal) somente pode ser tributada mediante tributos vinculados, razão pela qual, caso sejam oneradas por impostos, estes não se amoldarão ao sistema tributário constitucional e, portanto, serão impassíveis de cobrança. No entanto, há que se ter em mente novamente que a simples rotulação de um tributo pelo legislador como "imposto" não lhe empresta tal característica.

Portanto, se um tributo intitulado "imposto" recair sobre uma atividade estatal, mas cumprir todos os requisitos estruturais de uma "taxa", por exemplo, não será considerado inconstitucional. Ao contrário, o tributo apenas não se amoldará à classe dos "impostos", mas a das taxas, em que pese o nome recebido pelo legislador. Há que se ficar atento, portanto, a tais peculiaridades.

Por fim, os impostos não são "restituíveis". Com efeito, se houver instituição de "imposto" com previsão de restituição posterior, ou ele se enquadrará ao conceito de outra espécie tributária (empréstimo compulsório), caso cumpra os respectivos requisitos ou será inconstitucional e, dessa forma, também impassível de cobrança. Estas, pois, as características identificadoras de um imposto.

4.2 Taxas

As taxas, por sua vez, sejam elas de polícia ou de prestação de serviço, são tributos cuja hipótese de incidência está vinculada diretamente à prestação de um serviço estatal divisível e referível ao contribuinte ou à disponibilidade deste serviço e, ao mesmo tempo devem ter destinação pré-determinada em lei sem ser serem restituíveis.

Com efeito, ao contrário dos impostos, as taxas apenas podem ser instituídas sobre prestações estatais diretamente auferíveis pelos contribuintes. Vale dizer, não será possível a instituição de uma taxa sobre um serviço prestado pelo particular, sob pena de inconstitucionalidade.

A referida inconstitucionalidade, no entanto, somente ocorrerá de fato se o tributo intitulado "taxa" não se adequar a outra modalidade de espécie tributária, pois caso contrário haverá apenas incorreta nomeação do objeto sem que isso implique em qualquer incompatibilidade do tributo com o sistema tributário constitucional. Nessa hipótese, porém, a exação se submeteria a regime jurídico diferente do das "taxas".

Nesse sentido, aliás, é a proficiência de Paulo de Barros Carvalho, para quem *"caso o legislador mencione a existência de taxa, mas eleja base de cálculo mensuradora de fato estranho a qualquer atividade do Poder Público, a espécie tributária será outra, qual seja, um imposto"* (2012, p. 408). Contudo, é de se lembrar que a conclusão do autor de que o referido tributo seria impreterivelmente um imposto parte da classificação tripartida, da qual é partidário.

Não é esta, no entanto, a corrente a que nos filiamos, razão pela qual, na referida hipótese, instituída uma "taxa" sobre atividade alheia ao Poder Estatal, não se estará necessariamente diante de um imposto. Ao contrário, pode ser que o tributo se trate, por exemplo, de uma contribuição ou empréstimo compulsório, a depender da análise dos demais critérios de pertinência por nós eleitos.

Por outro lado, diz-se que as taxas devem ter destinação pré-determinada porque elas têm como finalidade única e exclusiva remunerar a prestação estatal que lhe serviu de objeto. Portanto, as taxas não podem exceder ao preço do serviço prestado, sob pena de subversão dos ditames constitucionais tributários, que elegeram apenas estes serviços como passíveis de tributação.

Veja-se que o art. 145, II, da Constituição Federal estabelece a possibilidade de instituição de taxas *em razão* do exercício do poder de polícia ou *pela utilização*, efetiva ou potencial, de serviços públicos específicos e divisíveis, prestados ao contribuinte ou postos a sua disposição.

Desse modo, qualquer taxa que não vise a remuneração do serviço prestado, não terá sido instituída *em razão da prestação do serviço ou colocação deste à disposição do contribuinte*, motivo pelo qual seria incompatível com o modelo desenhado pelo constituinte para essa espécie de tributo. Por conta disso, a destinação das taxas será sempre o pagamento do serviço que lhe é subjacente.

Nesse sentido, já se pronunciou o Ministro Moreira Alves na ocasião em que apreciava a constitucionalidade da taxa judiciária do Estado do Rio de Janeiro, citado por Gilmar Ferreira Mendes em sua obra: "Sendo – como já se acentuou – a taxa judiciária, em face do atual sistema constitucional, taxa que serve de contraprestação à atuação de órgãos da justiça cujas despesas não sejam cobertas por custas e emolumentos, tem ela – como toda taxa com caráter de contraprestação – um limite, que é o custo da atividade do Estado, dirigido àquele contribuinte. Esse limite, evidentemente, é relativo, dada a dificuldade de se saber, exatamente, o custo dos serviços a que corresponde tal contraprestação. O que é certo, porém, é que não pode taxa dessa natureza ultrapassar uma equivalência razoável entre o custo real dos serviços e o montante a que pode ser compelido o contribuinte a pagar, tendo em vista a base de cálculo estabelecida pela lei e o *quantum* da alíquota por esta fixado (...).

Por isso, taxas cujo montante se apura com base em valor de proveito do contribuinte (como é o caso do valor real do pedido), sobre a qual incide alíquota invariável, tem necessariamente de ter um limite, sob pena de se tornar, com relação às causas acima de determinado valor, indiscutivelmente exorbitante em face do custo real da atuação do Estado em favor do contribuinte. (...) A falta desse limite torna incompatível o próprio modo de calcular o valor concreto da taxa com a natureza remuneratória desta, transformando-a, na realidade, num verdadeiro imposto" (2012, pp. 260-261).

Por fim, a exemplo do que já se disse a respeito dos impostos, também as taxas não podem ter previsão de restituibilidade, sob pena de serem consideradas inconstitucionais, a menos que, não obstante se chamem "taxa", amoldem-se ao conceito de empréstimo compulsório, hipótese em que se submeterá ao regime jurídico deste último tipo de tributo.

4.2.1 Taxas e tarifas: diferenciação

Tema dos mais controvertidos no Direito Tributário é a diferenciação e, mais que isso, a categorização das taxas e tarifas. Nesse contexto, para não fugir do corte epistemológico do presente trabalho, que se volta exclusivamente à classificação das espécies tributárias segundo os critérios constitucionais, e, ao mesmo tempo, não deixar a questão sem menção alguma, cumpre tecer alguns breves comentários, contudo, sem qualquer pretensão de esgotar a matéria.

Com efeito, as taxas têm natureza tributária e, por isso, submetem-se ao regime jurídico dos tributos, com todas as garantias constitucionais e legais inerentes a esse ramo do direito. As tarifas, também chamadas de "preço público", por outro lado, são fruto de um acordo entre as partes, razão pela qual têm natureza contratual e se submetem ao regime jurídico próprio dos contratos. *"Em suma o preço público ou tarifa remunera o serviço público prestado, sob regime de direito privado, por empresas concessionárias"* (Carvalho, 2011, p. 411).

No entanto, o melhor critério para diferenciação e categorização de taxas e preços públicos foi aquele adotado pelo Ministro Moreira Alves no X Simpósio Nacional de Direito Tributário (Amaro, 2009, p. 43), segundo o qual os serviços públicos podem ser divididos em três categorias: serviços ínsitos à soberania estatal; serviços essenciais ao interesse público; e serviços públicos não essenciais ao interesse público.

Os primeiros apenas podem ser objeto de taxa, mas pressupõem a utilização efetiva do serviço por parte do contribuinte. Não se pode, portanto, cobrar taxa pela utilização potencial de um serviço ligado à soberania do Estado (por exemplo, o serviço judiciário), da mesma forma que estes serviços não são "tarifáveis".

Por outro lado, os serviços "essenciais ao interesse público", assim consideradas aquelas atividades estatais específicas prestadas individualmente a um contribuinte, mas que, de alguma forma, atendam aos interesses de toda a coletividade, podem ser taxados pela mera disponibilidade do serviço.

Embora esses serviços sejam frequentemente prestados diretamente pelo Estado em razão de sua essencialidade, é possível imaginar hipóteses em que uma empresa privada concessionária faça as vezes do ente político. Nessa ocasião, o serviço não poderá ser taxado, mas remunerado mediante tarifa, vez que a estrutura de cobrança se faz de forma diversa.

Em outras palavras, no que concerne aos serviços públicos essenciais à coletividade, ou seja, aquelas prestações estatais que, destinadas a um indivíduo em específico, aproveitam a toda a comunidade, serão taxadas se disponibilizadas diretamente pelo Poder Público ou tarifadas se forem objeto da prestação de ente privado, mediante contrato de concessão. Importante, porém, relembrar que, nessa última hipótese não basta a mera disponibilização do serviço, mas é necessário que o indivíduo, de fato, adira a ele.

A esse respeito, calha trazer à baila o entendimento proferido pelo Superior Tribunal de Justiça a respeito da matéria quando apreciava a natureza não tributária da remuneração dos serviços de água e esgoto prestados por concessionários:

"Processual Civil. Administrativo. Agravo Regimental no Agravo de Instrumento. Alegada violação dos arts. 4º, da Lei 6.528/1978, e 13 da Lei 8.987/1995. Reexame de fatos e provas. Impossibilidade. Súmula 7/STJ. *Serviço de esgotamento sanitário. Remuneração. Natureza não tributária (preço público).* Dissídio pretoriano. Súmula 83/STJ. Precedentes. Agravo desprovido.

"1. O julgamento da alegada violação dos arts. 4º da Lei 6.528/1978, e 13 da Lei 8.987/1995 – para fins de se reconhecer a efetiva prestação do serviço de esgotamento sanitário e, assim, a quebra do equilíbrio econômico-financeiro do contrato de concessão – pressupõe, necessariamente, o reexame do contexto fático-probatório, atividade cognitiva vedada nesta instância especial (Súmula 7/STJ).

"2. *A remuneração dos serviços de água e esgoto, prestados por concessionária de serviço público, tem natureza jurídica de preço público (tarifa), e não de tributo (taxa).*

"3. '*Não se conhece do recurso especial pela divergência, quando a orientação do Tribunal se firmou no mesmo sentido da decisão recorrida*' (Súmula 83/STJ).

"4. Agravo regimental desprovido" (STJ, 1ª T., AgRg no AG 819.677-RJ, Rel. Min. Denise Arruda, j. 15.5.2007, publicação 14.6.2007).

Assim, os serviços que, prestados a um contribuinte individualmente, aproveitam a toda coletividade, tais como os serviços de água e esgoto, podem ser cobrados por taxa ou preço público, a depender se são fornecidos diretamente pelo Poder Público ou por intermédio de concessionários. Importante registrar, porém, que o entendimento não é pacífico, uma vez que existem inúmeros julgados que não perfilham desta tese.

Por fim, os serviços públicos não essenciais somente podem ser remunerados mediante preço público, vez que pressupõem a anuência do "contribuinte" para a sua exigibilidade. Vale dizer, é indispensável que o indivíduo "contrate" o serviço para que este possa efetivamente ser cobrado. Essa característica retira-lhe a compulsoriedade do nascimento, razão pela qual a obrigação deixa de ser tributária.

Nesse ponto, importante registrar ainda que não importa quem seja o prestador do serviço, ele será sempre "tarifado" e não taxado. Ou seja, tanto os serviços públicos não essenciais ao interesse público, prestados diretamente pelo Estado como aqueles prestados por concessionários somente poderão ser remunerados por preço público, nunca por taxas.

4.3 Contribuição de melhoria

As contribuições de melhoria, por sua vez, são tributos vinculados à valorização dos imóveis dos contribuintes em razão da edificação de uma obra pública. Em outras palavras, o tributo nasce a partir de uma ação estatal apenas indiretamente auferível pelos indivíduos tributados. Não são restituíveis nem têm destinação pré-determinada na lei que as criou.

Com efeito, conforme se salientou, a contribuição de melhoria pode ser instituída exclusivamente em razão da valorização decorrente da realização de obra pública. Assim, é de se concluir que não basta que o Poder Público edifique. Ao contrário, é necessário que a construção represente um ganho econômico para os contribuintes proprietários de imóveis situados nos arredores.

Dessa forma, nem toda construção pública é apta a gerar a contribuição de melhoria, uma vez que existem edificações do Poder Público que nada agregam ao valor dos imóveis situados nos arredores. Aliás, existem obras que, em razão da finalidade a que se prestam, até desvalorizam os prédios situados em suas redondezas. Por óbvio, estas edificações não podem dar ensejo à cobrança de um tributo, o qual pressupõe, como o seu próprio nome sugere, a melhoria do imóvel.

A propósito, impende trazer à baila o magistério de Paulo de Barros Carvalho que enfrenta a matéria com propriedade: "A efetivação da obra pública por si só não é suficiente. Impõe-se um fator exógeno que, acrescentado à atuação do Estado, complemente a descrição factual. E a valorização imobiliária nem sempre é corolário da realização de obras públicas. Muitas há que, sobre não acarretarem incremento de valor nos imóveis adjacentes, até colaboram para a diminuição de seu preço de mercado. Por isso, do crescimento valorativo que o imóvel experimente, em razão da obra efetuada pelo Estado, quer o direito positivo brasileiro que seu proprietário colabore com o Erário, pagando a chamada *contribuição de melhoria*" (2012, p. 74).

Impende, ainda, registrar que existem para a exação em comento dois limites de ordem objetiva. O primeiro é o valor total da obra, ou seja, a tributação (soma de toda a arrecadação) não pode ultrapassar o montante de dinheiro despendido pelo Poder Público com a construção em sua totalidade, ainda que os contribuintes aufiram benesses que somadas superem os gastos do Estado.

O segundo é o valor específico auferido por cada contribuinte. Vale dizer, cada contribuinte não pode ser obrigado a pagar tributo acima do ganho econômico que teve com a obra, mesmo que a soma de todas as contribuições não seja suficiente para fazer frente aos dispêndios do Poder Público com a edificação.

Esses limites, que antes eram impostos pelo próprio constituinte (Constituição de 1967), passaram a ser fixados pelo legislador complementar no atual ordenamento tributário. E não há óbice para tanto, vez que a Constituição Federal outorgou ao legislador complementar a tarefa de edição de normas gerais em matéria de direito tributário, conforme se depreende do art. 146, III, da Carta Magna.

No que concerne ao tributo em comento, importante ainda destacar que a lei que o institui deve ser anterior à valorização do imóvel, pois caso contrário haveria ofensa ao princípio da irretroatividade. É que lei posterior que institua o tributo em questão seria aplicada a fatos ocorridos antes de sua vigência, o que é vedado pelo ordenamento tributário constitucional.

É de se notar, porém, que a hipótese de incidência da contribuição em comento, como sugere sua própria nomenclatura, é a melhoria decorrente da obra pública e não esta propriamente dita. Assim, a princípio, nada impediria que uma lei posterior à obra, mas anterior à valorização do imóvel instituísse a contribuição sem esbarrar no princípio da irretroatividade.

Ocorre que não é qualquer melhoria ou valorização que é capaz de gerar o tributo em apreço, mas somente a melhoria vinculada à obra. Assim, não é possível imaginar uma situação em que a lei seja posterior à obra, mas anterior à valorização do imóvel, pois ou a obra ainda não está concluída ou está e já valorizou os imóveis vizinhos.

Qualquer valorização ocorrida em momentos posteriores não estará ligada à obra e, portanto, não poderá dar ensejo à cobrança do tributo. Logo, chega-se a conclusão lógica de que não é possível instituir a contribuição em apreço após a conclusão da obra, pois, nesse caso, a hipótese de incidência (valorização) já teria ocorrido.

4.4 Contribuições

Por outro lado, as contribuições, que podem ser sociais, de intervenção no domínio econômico; coorporativas; ou de iluminação pública são tributos não restituíveis que podem ter como hipótese de incidência tanto um fato vinculado como um fato desvinculado da atuação estatal. O que as isola das demais exações, portanto, é a destinação pré-determinada em lei.

Nesse ponto, importante destacar que, para não perder a lógica da classificação proposta, é imperioso que sejam admitidos dois grupos distintos de contribuições, ou seja, o grupo de contribuições cuja hipótese de incidência seja vinculada a uma prestação estatal (contribuição de iluminação pública por exemplo); e o grupo das contribuições com hipótese de incidência desvinculada (contribuições sociais).

Com efeito, a partir do momento em que se elegeu a vinculação da hipótese de incidência do tributo como fator relevante para a sua discriminação, não seria coerente alocar contribuições vinculadas e desvinculadas numa mesma classe.

Ocorre que, embora sejam exações que detenham critério material de incidência diverso, é correto que o regime jurídico constitucional a que se submetem é o mesmo, razão pela qual não se vê maiores problemas em, apesar de reconhecer a diferença estrutural entre elas, chamá-las apenas de contribuições.

A conclusão decorre da observância do modal deôntico que dá estrutura a cada uma das peculiaridades dessas exações. De fato, no que diz respeito à vinculação, há uma permissão, ou seja, o constituinte facultou ao legislador infraconstitucional a criação de contribuições vinculadas e desvinculadas.

Assim, em comparação com as espécies anteriormente tratadas, diz-se que os impostos são tributos cuja vinculação é proibida; as taxas e contribuições de melhoria são tributos cuja vinculação é obrigatória; e as contribuições são tributos cuja vinculação é apenas permitida.

Por outro lado, no que diz respeito à destinação do produto arrecadado e à restituibilidade das contribuições, a Constituição Federal expressou-se pelos modais obrigatório e proibitivo, respectivamente. E não basta que tenha destinação predeterminada, mas é indispensável que esta destinação seja uma daquelas previstas pelo constituinte – custeio da seguridade social, intervenção econômica, iluminação pública, etc.

Ademais, é importante que a sujeição passiva nesta espécie de tributo guarde alguma relação com a atividade a ser financiada pela sua arrecadação. Nesse sentido, refere Paulo Ayres Barreto que "*configura requisito essencial na contribuição a noção de parcialidade em relação à coletividade. Assim, é traço característico das contribuições a existência de um grupo econômico ou social para o qual se volta ou se dirige a finalidade constitucional autorizadora de sua instituição*". E indica ainda o mencionado jurista que é indispensável a "*correlação entre o custo da atividade estatal e o montante a ser arrecadado*" (2006, p. 124).

Portanto, as contribuições, segundo a estruturação constitucional, devem ter destinação predeterminada; não podem ser restituíveis e, ao mesmo tempo, podem ter hipótese de incidência vinculada ou desvinculada. Por esses motivos, ainda que seja possível falar em contribuições vinculadas e não vinculadas, conclui-se que ambas podem ser chamadas apenas de contribuições.

Ressalte-se, pois, que as contribuições são os tributos que se submetem ao regime jurídico de proibição de restituição, obrigação de destinação pré-determinada e permissão de vinculação da hipótese de incidência. Compõem, pois, um único grupo tanto as contribuições que recaiam sobre atividades estatais, como aquelas que recaiam sobre atividades dos particulares.

4.5 Empréstimo compulsório

Os empréstimos compulsórios, que são exações instituídas por lei complementar na forma do art. 148 da Constituição Federal, podem ter como base de cálculo tanto fatos vinculados como desvinculados da atuação do Estado. Por outro lado, a exação em comento tem destinação pré-determinada na própria Constituição (art. 148 da CF) e, por fim, é o único tributo restituível.

Nesse ponto, pelos mesmos fundamentos que já se sustentou em tópico antecedente, importante destacar que, para não perder a lógica da classificação proposta, é imperioso que sejam admitidos dois grupos distintos de empréstimos compulsórios, ou seja, o grupo de empréstimos cuja hipótese de incidência seja vinculada a uma prestação estatal; e o grupo dos empréstimos com hipótese de incidência desvinculada.

Ocorre que, embora sejam exações que detenham critério material de incidência diverso, é correto que o regime jurídico a que se submetem é o mesmo, razão pela qual não se vê maiores problemas em, apesar de reconhecer a diferença estrutural entre eles, chamá-los apenas de empréstimos compulsórios, a exemplo do que já foi dito a respeito das contribuições.

A conclusão, igualmente, decorre da observância do modal deôntico que dá estrutura a cada uma das peculiaridades dessas exações. De fato, no que diz respeito à vinculação, há uma permissão, ou seja, o constituinte facultou ao legislador infraconstitucional a criação de empréstimos compulsórios vinculados e desvinculados de uma ação estatal. Por outro lado, no que diz respeito à destinação do produto arrecadado e à restituibilidade do empréstimo compulsório, a Constituição Federal expressou-se pelo modal obrigatório.

Nesse contexto, a respeito da especificidade do empréstimo compulsório ensina Luciano Amaro: "(...) não nos parece que contribua, para caracterizar juridicamente a figura, dizer, como se tem dito, que ela pode ser imposto, ou taxa, ou contribuição de melhoria, conforme o respectivo fato gerador se traduza num fato independente de atuação estatal específica relativa ao contribuinte, na prestação de um serviço ou exercício do poder de polícia, ou na realização de obra pública" (2009, p. 87).

E continua o jurista com o clarividente exemplo que bem utilizou para demonstrar que a espécie de tributo em comento é autônoma em relação aos impostos ou taxas e, portanto, detém especificidades próprias: "Se a União, *obedecido o regime jurídico constitucional aplicável à espécie*, instituir empréstimo compulsório sobre a venda de bens móveis e imóveis, não se dirá que foi criado um imposto de circulação de mercadorias (que é estadual), híbrido de imposto sobre a transmissão onerosa de imóveis (que é municipal). Ter-se-á criado um *empréstimo compulsório*, categoria específica de tributo, cuja legitimidade dependerá do respeito ao regime jurídico *próprio dessa espécie* (motivação, veiculação por lei complementar, etc.) e ao regime jurídico geral dos tributos (legalidade, isonomia, etc.)" (Amaro, 2009, p. 87).

No que concerne à predeterminação de seu produto arrecadatório é importante destacar que somente as despesas extraordinárias decorrentes de (i) calamidade pública, guerra externa, ou (ii) investimento público de caráter urgente e de relevante interesse nacional, observado nesse caso o princípio da anterioridade (art. 150, III, *b*, da CF) é que podem dar azo a sua instituição.

Para Paulo de Barros Carvalho, "*por calamidade pública, se deve entender não somente as catástrofes provocadas por agentes da natureza circundante, mas também outros eventos, de caráter socioeconômico, que ponham em perigo o equilíbrio do organismo social, considerado na sua totalidade*" (2012, p. 64).

Segundo o referido jurista, a extensão da expressão utilizada pelo constituinte deve levar em conta que as palavras, como componentes de um sistema de linguagem, contêm em si uma dimensão sintática, semântica e pragmática, as quais não podem ser desprezadas. Enfim, somente essas despesas, previamente eleitas pelo constituinte, é que podem ser objeto de tributação pelo legislador, razão pela qual é de se admitir que a espécie tributária em comento é excepcionalíssima.

Assim, os empréstimos compulsórios, segundo a estruturação constitucional, devem ter destinação pré-determinada; ser restituíveis e, ao mesmo tempo, podem ter hipótese de incidência vinculada. Por esses motivos, ainda que seja possível falar em empréstimos vinculados e não vinculados, conclui-se que ambos podem ser chamados apenas de empréstimos compulsórios. São, ainda, exações que demandam lei complementar e que somente podem ser instituídas excepcionalmente, na presença das circunstâncias autorizadoras previstas pelo constituinte.

5. Das espécies tributárias

Diante do que se expôs, os tributos são divididos em: (a) impostos; (b) taxas (de polícia ou serviço); (c) contribuição de melhoria; (d) empréstimo compulsório; (e) contribuições (sociais, de intervenção no domínio econômico, coorporativas ou de iluminação pública).

A divisão segue os critérios descritos na tabela abaixo:

Ademais, cumpre ressaltar que a destinação de tributos para a iluminação pública passou a ser prevista na própria Carta Magna (art. 149-A da CF) a partir da Emenda Constitucional 39/2002. Por esse motivo, desde então, a referida cobrança passou a preencher todos os requisitos previstos para a instituição de uma contribuição, motivo pelo qual se amolda a esta espécie tributária.

Antes da Emenda, porém, não se vislumbra qualquer espécie de exação à qual a cobrança pudesse se enquadrar, de modo que é possível concluir que a exigência das chamadas "taxas de iluminação pública" anteriores à EC 39/2002 são inconstitucionais. É que *"iluminação pública não é serviço a que pudesse ser atrelada a figura de taxa, dado que não é divisível"* (Amaro, 2009, p. 56). A exação era, pois, incompatível com o Sistema Tributário Constitucional.

Tributo	Vinculação direta (divisível)	Vinculação indireta	Desvinculação	Destinação determinada	Restituição
Impostos	Não	Não	Sim	Não	Não
Taxas	Sim	Não	Não	Sim	Não
Contribuição de Melhoria	Não	Sim	Não	Não	Não
Empréstimo Compulsório	Não/Sim	Não/Sim	Não/Sim	Sim	Sim
Contribuições	Não/Sim	Não/Sim	Não/Sim	Sim	Não

Impende, pois, ressaltar que, de acordo com o critério de classificação proposto, com o qual se acredita ter exaurido todas as formas de tributos previstas na Constituição Federal, as Contribuições de Iluminação Pública (CIP) são consideradas contribuições. É que estas exações são tributos instituídos sobre atividades vinculadas, com destinação pré-determinada e não restituíveis.

Por fim, os *pedágios*, que também são cobranças expressamente previstas na Constituição (art. 150, V, da CF), segundo o conceito de tributo proposto (*prestação pecuniária indisponível de natureza não sancionatória instituída por lei, devida ao Estado ou a entidades paraestatais que se dediquem a atividades de interesse público*), não ostentam natureza tributária, uma vez que não são compulsórios (o indivíduo pode escolher não passar por aquela via) além de decorrerem do contrato de concessão e não da lei e, assim, estão submetidos ao regime de direito privado.

Não se nega que a figura foi mencionada pelo constituinte como um tributo, já que o art. 150, V, da Carta Magna veda a instituição de limitações ao tráfego de pessoas ou bens por meio de tributos, salvo a cobrança de pedágio pela utilização de vias conservadas pelo Poder Público. Ademais, o dispositivo está inserto nas disposições constitucionais sobre o Sistema Tributário.

A propósito, refere Luciano Amaro que *"essa disposição deu legitimação constitucional expressa ao pedágio. Além disso, reconheceu-lhe a natureza* tributária *(por oposição à ideia de que ele traduziria um* preço público*), pois essa figura está referida num dispositivo que cuida de tributos, e como exceção a um princípio que limita a criação de tributos"* (2009, pp. 48-49).

Contudo, não concordamos com o referido entendimento É que não parece razoável que um instituto passe a ostentar natureza tributária pelo simples fato ter sido referido pelo constituinte como um suposto tributo. A utilização de determinada palavra para fazer referência a um objeto não tem o condão de transmudar sua natureza. Uma "cadeira" não passa a emitir sons somente por ter sido rotulada de "alto falante", assim como o pedágio também não se torna tributo porque o constituinte a ele se referiu no capítulo dos tributos. *"Somente tem sentido falar numa engenharia do social se for atendido o pressuposto do respeito à ordenação causal do mundo, pois o direito não pode pretender opor-se aos efeitos da causalidade"* (Carvalho, 2012, p. 122).

Ademais, é importante relembrar que as normas não se encontram estanques no ordenamento jurídico, de forma que a sua real dimensão depende de uma análise contextualizada. Nesse sentido, recorde-se que a construção de uma norma parte, necessariamente, de seu suporte físico (texto) (S1), passa pelo plano das proposições (S2), as quais são formadas a partir da conjugação ordenada dos signos que compõem o texto; em seguida, mediante incursões variadas nos planos textual e proposicional, chega-se ao significado da norma (S3), para que, adiante, o intérprete aloque-a no sistema jurídico e lhe dê a significação contextualizada (S4).

A propósito, calha registrar os ensinamentos de Paulo de Barros Carvalho sobre a matéria: "(...) no que se refere especificamente às articulações de coordenação e de subordinação do plano S4, presumidas na constituição semântica do texto legislado, elas apresentarão o contexto em que se insere a mesma mensagem normativa, entendido como todo o campo lógico-sistêmico do direito que permite essa construção de sentido do texto. A interpretação só se completa quando faz surgir o sentido, inserido na profundidade do contexto e sempre impulsionada pelas fórmulas literais do direito documentalmente objetivado. Esta é a razão para se concluir que 'não há texto sem contexto'. Para alguns autores, isso se justifica pela autopoiese do direito, que, em razão de sempre manter uma autorreferenciabilidade própria, detém uma lógica presumida no texto; tal nada mais é que o próprio contexto" (Carvalho, 2012, p. 124).

Entendemos, pois, que para que um instituto ostente natureza tributária é indispensável que cumpra ele todos os requisitos de um tributo, tais quais a instituição por lei e a compulsoriedade na concepção, características não observadas nas cobranças de pedágio. Não basta, portanto, a simples menção isolada de um artigo ao instituto como tributo para que este se torne uma exação tributária.

Conclusão

Desse modo, diante do que se expôs, conclui-se que classificar significa distribuir em classes de acordo com um critério de pertinência relevante. Essa tarefa, por sua vez, deve ser desempenhada pelos juristas de forma funcional, sob pena da classificação se tornar totalmente inútil para o direito e, consequentemente, desarrazoada.

Nesse contexto, a classificação das espécies tributárias merece ocorrer com a observância das peculiaridades de todas as exações previstas no texto constitucional, para que cada uma delas se aloque em grupos próprios, capazes de abarcar todos os tributos que se submetem a um mesmo regime jurídico constitucional e, ao mesmo tempo, diferenciá-los dos tributos cujo regime jurídico seja diverso.

Diante disso, a classificação quinaria desponta como a mais apropriada. Nesse contexto, segundo os critérios constitucionais, atualmente, pode-se encontrar cinco espécies autônomas de exações: (a) impostos; (b) taxas (de polícia e pelo serviço público); (c) contribuições de melhoria; (d) contribuições (de intervenção no domínio econômico, sociais, corporativas ou de iluminação pública); e, (e) empréstimo compulsório.

Os impostos são tributos cuja hipótese de incidência é desvinculada de uma prestação estatal; com destinação geral, ou seja, sem previsão específica do destino do produto arrecadatório em sua lei instituidora; e não restituível. As taxas, por sua vez, são tributos com hipótese de incidência diretamente vinculada; destinadas à remuneração do serviço que lhe serviu de substrato e não restituíveis.

As contribuições de melhoria são exações com hipótese de incidência apenas indiretamente vinculada à prestação estatal; com destinação livre; e não restituíveis. De outro lado, as contribuições gerais são tributos que podem ter hipótese de incidência vinculada ou desvinculada; têm destinação previamente determinada pela lei que as instituiu, e não são restituíveis.

Os empréstimos compulsórios, por sua vez, de acordo com os critérios constitucionais de classificação, são tributos que podem ter hipótese de incidência vinculada ou desvinculada; têm destinação previamente determinada pela Constituição Federal (art. 148 da CF); e consistem na única espécie tributária restituível.

Por fim, diante da classificação proposta, conclui-se que as contribuições de iluminação pública (CIP), previstas no art. 149-A da Constituição Federal se enquadram na espécie de contribuições; ao passo que as cobranças de pedágio não podem ser consideradas tributárias, mas meras tarifas que se destinam à remuneração do concessionário responsável pela manutenção da via.

Bibliografia

AMARO, Luciano (2009). *Direito Tributário Brasileiro*. São Paulo: Saraiva.

ARRUDA, Denise (2007). Voto da Ministra Denise Arruda no Agravo Regimental no Agravo n. 819.677-RJ. Brasília, DF. Disponível em *https://ww2.stj.jus.br/revistaeletronica/Abre_Documento.asp?sLink=ATC&sSeq=2951302&sReg=200602190436&sData=20070614&sTipo=51&formato=PDF*, acesso 28.6.2013.

ATALIBA, Geraldo (2012). *Hipótese de Incidência Tributária*. São Paulo: Malheiros Editores.

BARRETO, Paulo Ayres (2006). *Contribuições Regime Jurídico, Destinação e Controle*. São Paulo: Noeses.

BECKER, Alfredo Augusto (2010). *Teoria Geral do Direito Tributário*. São Paulo: Noeses.

CARVALHO, Paulo de Barros (2011). *Direito Tributário, Linguagem e Método*. São Paulo: Noeses.

_____ (2012). *Curso de Direito Tributário*. São Paulo: Saraiva.

_____ (2011/2012). *Derivação e Positivação no Direito Tributário*. São Paulo: Noeses.

_____ (2012). *Direito Tributário, Fundamentos Jurídicos da Incidência*. São Paulo: Saraiva.

LANGER, S. K. (1967). *An Introduction to Symbolic Logic*. New York: Dover.

MARQUES, Márcio Severo (2000). *Classificação Constitucional dos Tributos*. São Paulo: Max Limonad.

MAYNEZ, Eduardo García (1971). *Introducción al Estudio del Derecho*. México: Porrua.

MENDES, Gilmar Ferreira; BRANCO, Paulo Gustavo Gonet (2012). *Curso de Direito Constitucional*. São Paulo: Saraiva.

MOUSSALEM, Tárek Moysés (2009). *Classificação dos Tributos – Uma Visão Analítica*. São Paulo: Noeses.

PEREIRA FILHO, Luiz Alberto (2003). *As Taxas no Sistema Tributário Brasileiro*. Curitiba: Juruá.

VILANOVA, Lourival (1977). *As Estruturas Lógicas e o Sistema do Direito Positivo*. São Paulo: Ed. RT.

ESTUDOS & COMENTÁRIOS

A DECADÊNCIA DO IMPOSTO SOBRE TRANSMISSÃO CAUSA MORTE-ITCM E A EFICÁCIA DA REGRA-MATRIZ DE INCIDÊNCIA TRIBUTÁRIA-RMIT

Luís Claudio Ferreira Cantanhede

Procurador do Estado de São Paulo. Juiz do Tribunal de Impostos
e Taxas do Estado de São Paulo-TIT/SP. Especialista em Direito Tributário
pela Pontifícia Universidade Católica de São Paulo-PUC/SP.
Especialista em Direito do Estado pela Escola Superior
da Procuradoria-Geral do Estado de São Paulo-ESPGE.
Mestrando em Direito Tributário na PUC/SP

1. Introdução. 2. O caráter normativo da decadência. 3. A construção das normas gerais e abstratas de decadência. 4. A eficácia da regra-matriz de incidência tributária e sua influência na contagem do prazo decadencial. 5. A decadência nos impostos sobre a transmissão "causa mortis". Conclusão.

1. Introdução

Uma questão que sempre causou acaloradas discussões no cenário jurídico diz respeito ao termo inicial do prazo decadencial para a constituição da obrigação tributária referente ao imposto sobre a transmissão "causa mortis". A celeuma não é nova, o que se denota pelos arestos abaixo transcritos, que versam sobre a matéria relativamente a óbitos submetidos aos ditames da, já há muito revogada pela Lei Estadual 10.705/2000, Lei Estadual 9.591/1966.[1]

---

1. A Lei Estadual 9.195/1966 é decorrente do exercício da competência tributária atribuída pela anterior ordem constitucional, quando o tributo era chamado, corriqueiramente, de "ITBI *causa mortis*", isso porque, à época, a competência dada aos Estados abrangia as transmissões de bens imóveis a qualquer título.

"1ª **Câmara da Seção de Direito Privado**
"Agravo de Instrumento: 994.09.291176-8 – Comarca: Jundiaí
"Processo: 1800/2006 – 3ª Vara da Família e das Sucessões
"Agravante: Maria Benedita de Oliveira Agg
"Agravado: Fazenda do Estado de São Paulo
"Interessados: Olindo Agg e outros
"Imposto – ITCMD (imposto de transmissão *mortis causa*) – Prescrição ou

Foi com a instauração da atual ordem constitucional, com a promulgação da Constituição Federal de 1988, que houve atribuição, aos Municípios, da competência para a tributação da transmissão onerosa da propriedade imobiliária e, aos Estados, da referente às transmissões de quaisquer bens ou direito em razão de doação ou a título hereditário, dando surgimento à tão propagada sigla ITCMD.

decadência não consumada – Conquanto a morte tenha ocorrido em 1978, a abertura do inventário somente se deu em 2006, quando foi constituído o débito tributário – Isenção – Inviabilidade – Lançamento reporta-se à ocorrência do fato gerador da obrigação tributária – Aplicação da lei vigente à época – *Tempus regit factum* – Agravo de instrumento improvido."

"9ª **Câmara da Seção de Direito Privado**

"Agravo de Instrumento 553.250-4/3-00 de São Paulo

"Agravante: Normaci de Souza Sampaio

"Agravada: Fazenda do Estado de São Paulo

"ITCMD – Decadência – Inadmissibilidade – Admitir a contagem do prazo decadencial ou prescricional a partir da data do óbito equivaleria a tolerar atraso na instauração do inventário apenas para os herdeiros se furtarem às obrigações tributárias – Agravo improvido."

Vê-se, contudo, que o tema, embora enfrentado no âmbito dos Tribunais, padece, ainda, de um tratamento mais acurado, pois, como fica claro no segundo julgado colacionado, o argumento principal para afirmar que o termo *a quo* do prazo decadencial não coincide com a data do óbito, cinge-se ao brocardo jurídico que veda aos sujeitos obterem, sob o pálio do ordenamento jurídico, vantagens valendo-se de sua própria torpeza.

Ocorre que esse argumento não serve para sustentar uma tese jurídica que aspire foros científicos, uma vez que sucumbiria diante da primeira contra-argumentação, caindo por terra, por exemplo, quando se afirmasse que a norma de decadência, em momento algum, traz como aspecto de sua hipótese de incidência a necessidade da boa-fé daquele que será, em razão de sua incidência, beneficiado com a extinção da obrigação tributária, caso já constituída, ou com o reconhecimento de que o Fisco Estadual não dispõe do poder de constituí-la.

Ademais, imediatamente seria levantado o argumento de que a lei civil traz como instituto básico o chamado princípio do *saisine*, que preconiza a transmissão da herança imediatamente com a morte, sendo a partilha, seja judicial ou extrajudicial, e, no primeiro caso, submetida ao procedimento de inventário ou arrolamento, apenas um processo para individualização da propriedade já transmitida com a morte e a partir dali exercida em regime de condomínio por todos os herdeiros.

Neste momento, poderia até ser trazido à baila o disposto no art. 110 do Código Tributário Nacional, segundo o qual está vedado à lei tributária alterar a definição, o conteúdo e o alcance de institutos, conceitos e formas do direito privado utilizados para definir e delimitar competências tributárias. Dir-se-ia, aqui, que a constituição quando determinou a competência para tributar a transmissão de bens em razão da morte, sabia que ela era concomitante ao falecimento e isso não poderia ser olvidado pelo intérprete, para eleger outro momento como o tempo da ocorrência do evento tributário.

É diante desse cenário de incerteza que se buscará uma resposta efetiva e dotada de dignidade científica para a questão da decadência do direito de constituir a obrigação tributária concernente ao imposto sobre a transmissão da herança.

2. *O caráter normativo da decadência*

No âmbito do direito tributário, quando se fala em decadência, imediatamente pensa-se no evento caracterizado pelo transcurso de um certo prazo aliado à extinção do crédito tributário. Essa visão, no entanto, não reflete de modo adequado o conteúdo semântico do termo em estudo, visto que confunde os âmbitos da linguagem social e jurídica, fazendo parecer que do mero evento transcurso do prazo surge, agora já no âmbito da linguagem do direito positivo, a extinção do crédito tributário.

É por isso que de início adverte-se o leitor que decadência será aqui tomada como norma em sentido estrito, localizada dentro do sistema do direito positivo, portanto, necessariamente constituída segundo a linguagem competente, e adotando, além disso, a forma lógica hipotético-condicional, que se caracteriza por um antecedente descritor de um fato jurídico e um consequente prescritor de uma relação de mesma índole, ambos unidos pelo functor deôntico neutro.

Essa norma de decadência terá, no âmbito geral e abstrato, sempre a descrição conotativa de um fato caracterizado pelo transcurso de um certo período de tempo contado a partir de um determinado momento (*dies a quo*) e pela inércia de uma pessoa, aliado à prescrição, também conotativa, de uma relação jurídica proibitiva do exercício de um direito ou que imponha sua extinção.

Por ter, a norma geral e abstrata de decadência, ou a proibição do exercício de um direito ou a sua extinção como objeto do seu consequente, ela impõe que se busque no ordenamento a outra norma que tenha no consequente a relação jurídica que prevê o tal direito cujo exercício ela proíbe, ou que em razão de sua incidência extingue-se.

Essa perspectiva, como parece claro, toma a decadência, em sua feição normativa, pela perspectiva geral e abstrata. Contudo, como decorrência do fluxo da causalidade jurídica, torna-se necessária a análise do fenômeno pela perspectiva da linguagem da facticidade jurídica.

Em outros termos, cabe também ver a decadência como norma individual e concreta, que assumirá foros de uma construção lógica hipotético-condicional que, agora, em vez de enunciados conotativos, traz em ambos os termos, antecedente e consequente, enunciados protocolares denotativos também unidos pelo dever-ser neutro (functor deôntico neutro), sendo cabível falar, então, da decadência como norma individual e concreta.

Diante do que se expôs até aqui, vê-se que o disposto no art. 156 do Código Tributário Nacional, que define a decadência como causa extintiva do crédito tributário olha para o fenômeno apenas parcialmente, uma vez que a norma da decadência somente terá este conteúdo quando constituída após já se encontrar devidamente posta no ordenamento a norma individual e concreta que tem no consequente a obrigação tributária devidamente individualizada.

Em outros casos, quando ainda não houver a constituição da norma individual e concreta decorrente da redução à unidade das classes que compõem os aspectos da regra-matriz de incidência tributária, pondo no sistema do direito positivo a obrigação tributária devidamente individualizada, não caberá falar em extinção do crédito tributário, mas em proibição de sua constituição, norma que ingressará no ciclo de positivação da regra-matriz de incidência tributária e impedirá seu prosseguimento, sem que se possa falar em lançamento e norma jurídico-tributária constituidora de qualquer crédito tributário.

Com essas noções, que estabelecem premissas básicas que nortearão e sustentarão todo o estudo a ser desenvolvido, pode-se passar para o próximo patamar, quando se adentrará especificamente na construção das normas de decadência.

3. A construção das normas gerais e abstratas de decadência

Pode-se avançar um pouco mais na análise da norma de decadência do direito do fisco constituir o crédito tributário, iniciando a verificação dos enunciados prescritivos postos no direito positivo para a construção das normas gerais e abstratas de decadência.

Sobre tais enunciados prescritivos, deve-se buscá-los no Código Tributário Nacional, haja vista que a Constituição Federal, quando trata da competência para dispor sobre crédito tributário, em seu art. 146, determina que o estabelecimento de normas gerais em matéria de legislação tributária sobre obrigação, lançamento, crédito, prescrição e decadência compete à lei complementar.

Dentro da lei complementar tributária, é nos arts. 150 e 173, abaixo transcritos em sua integralidade, que se encontram os enunciados prescritivos a partir dos quais se deve iniciar a atividade de construção das normas em sentido estrito que estabelecem, em termos gerais e abstratos, a decadência, ponto de partida para o ciclo de positivação que poderá redundar na proibição da constituição do crédito tributário, ou na sua extinção, dependendo do grau de desenvolvimento do ciclo de positivação da regra-matriz de incidência tributária, como dito alhures.

"*Art. 150.* O lançamento por homologação, que ocorre quanto aos tributos cuja legislação atribua ao sujeito passivo o dever de antecipar o pagamento sem prévio exame da autoridade administrativa, opera-se pelo ato em que a referida autoridade, tomando conhecimento da atividade assim exercida pelo obrigado, expressamente a homologa.

"§ 1º. O pagamento antecipado pelo obrigado nos termos deste artigo extingue o crédito, sob condição resolutória da ulterior homologação do lançamento.

"§ 2º. Não influem sobre a obrigação tributária quaisquer atos anteriores à homologação, praticados pelo sujeito passivo ou por terceiro, visando à extinção total ou parcial do crédito.

"§ 3º. Os atos a que se refere o parágrafo anterior serão, porém, considerados, na apuração do saldo porventura devido e, sendo o caso, na imposição de penalidade, ou sua graduação.

"§ 4º. Se a lei não fixar prazo à homologação, será ele de 5 (cinco) anos, a contar da ocorrência do fato gerador; expirado esse prazo sem que a Fazenda Pública se tenha pronunciado, considera-se homologado o lançamento e definitivamente extinto o crédito, salvo se comprovada a ocorrência de dolo, fraude ou simulação."

"*Art. 173.* O direito de a Fazenda Pública constituir o crédito tributário extingue-se após 5 (cinco) anos, contados:

"I – do primeiro dia do exercício seguinte àquele em que o lançamento poderia ter sido efetuado;

"II – da data em que se tornar definitiva a decisão que houver anulado, por vício formal, o lançamento anteriormente efetuado.

"Parágrafo único. O direito a que se refere este artigo extingue-se definitivamente com o decurso do prazo nele previsto, contado da data em que tenha sido iniciada a constituição do crédito tributário pela notificação, ao sujeito passivo, de qualquer medida preparatória indispensável ao lançamento" (grifamos).

Atente-se para o fato de, no parágrafo anterior, não ter sido dito construção da norma de decadência, mas sim das normas de decadência, isso, porque, com base nos enunciados prescritivos acima, pode-se construir não uma, mas várias normas de decadência, cambiantes em decorrência de diversos fatores, como a modalidade de lançamento a que está submetido o tributo aliado à existência de pagamento antecipado, dentre outros, o que não escapou ao olhar analítico de Eurico Marcos Diniz de Santi:

"Não há, como se pode pensar, apenas uma norma geral e abstrata que disciplina a decadência do direito do Fisco, mas várias. Cada qual com sua hipótese específica, descrevendo o transcurso de cinco anos contados do *dies a quo* definido pela legislação tributária. Esta hipótese normativa estará ligada pelo vínculo da imputação normativa a um consequente abstrato que pode apresentar por objeto a extinção do direito de lançar ou do próprio crédito tributário. Entrevê-se, logo, que são normas decadenciais diversas, com hipóteses distintas e efeitos díspares, como veremos adiante.

"(...).

"Com a lembrança de tais considerações propedêuticas, de superior importância para a compreensão dessa categoria fundamental para a existência e próprio funcionamento do direito, convém insistir que o conceito de norma jurídica em sentido estrito, principal instrumento deste trabalho de análise e sistematização, será essencial para os raciocínios doravante desenvolvidos, em que identificaremos a estrutura de seis normas gerais e abstratas em sentido estrito.

"Quanto ao consequente, identificamos a decadência extintiva do crédito tributário e a decadência extintiva do direito de o fisco lançar. A primeira apresenta uma única regra construída a partir do art. 156, V, do CTN. A segunda, mais complexa, apresenta-se na forma de cinco normas, cujas hipóteses, além do fator tempo, se conformam pela combinação dos seguintes critérios positivos: (i) atribuição legal ou não ao sujeito passivo do dever de antecipar o pagamento sem prévio exame da autoridade; (ii) ocorrência ou não do pagamento antecipado; (iii) existência ou não de dolo, fraude ou simulação; (iv) ocorrência ou não de notificação preparatória; (v) efetivação ou não da anulação do lançamento anteriormente efetuado."[2]

Como se viu, a norma de decadência tem como um de seus dois possíveis consequentes a proibição do fisco constituir a obrigação tributária, relação jurídica que figura no consequente da norma individual e concreta fruto da aplicação da regra-matriz de incidência tributária. Isso, por si, já demonstra a grande influência que a modalidade de constituição dessa obrigação tem na construção da norma decadencial. Considerando, ainda, que, dentro do previsto pelo art. 142 do Código Tributário Nacional, é o lançamento o meio de que dispõe o fisco para efetuar a constituição do débito tributário, dúvidas não sobram sobre ser de crucial importância verificar, no âmbito do direito positivo, a modalidade de lançamento a que está submetido determinado tributo a fim de verificar quais normas gerais e abstratas regem a sua decadência.

Assim, se o tributo estiver submetido ao lançamento de ofício, em que cabe à autoridade fiscal constituir a norma jurídico-tributária sem qualquer intervenção do particular, sua decadência será regida pelo disposto no art. 173, inciso I, do Código Tributário Nacional, podendo-se, a partir de sua dicção e em confronto com outros enunciados prescritivos, construir a seguinte norma: dada a inércia do fisco em lançar pelo prazo de 5 (cinco) anos contados do primeiro dia do exercício seguinte ao qual o lançamento seria possível, deve ser a proibição de constituir o crédito tributário. Pode-se, ainda, substituir o consequente pela previsão de extinção da obrigação tributária, desde que, como já referido por diversas vezes no decorrer do texto, tal obrigação já esteja constituída.

De outro lado, se o tributo submeter-se ao dito "lançamento por homologação", que não poderia ser chamado de lançamento, pois o Código Tributário Nacional afirma, no art. 142, que lançamento é atividade privativa da autoridade fiscal de constituição da obrigação tributária, sendo que no caso a constituição de tal obrigação fica sob o encargo do particular, cabendo ao fisco somente homologar o pagamento antecipado porventura feito pelo contribuinte, e desde que se verifique o pagamento antecipado, a norma de decadência assume outra feição, construindo-se nos seguintes termos: dada a inércia do fisco em, no prazo de 5 (cinco) anos contados do fato gerador, constituir a obrigação tributária, deve ser ou a extinção da obrigação, caso já constituída, ou a proibição de constituí-la.

Note-se, aqui, que a expressão fato gerador agora para a ser o termo *a quo* para a contagem do prazo decadencial, o que não ocorre na norma construída com base nos enunciados do art. 173 do CTN, na qual o referido termo corresponde ao primeiro dia do exercício seguinte àquele em que o lançamento poderia ser efetuado. Entretanto, mesmo neste caso em que não é previsto o fato gerador como o delimitador temporal para o início da contagem do prazo, ele não se torna algo despiciendo, porquanto, tomando-o como evento ao qual se refere o fato jurídico tributário, consubstanciando, em termos semióticos, o objeto dinâmico deste fato, que o constitui para a realidade do direito positivo na qualidade de objeto imediato, somente a partir de sua ocorrência em termos de linguagem social que se pode pretender possível a realização do lançamento, ou seja,

---

2. Eurico Marcos Diniz de Santi, *Decadência e Prescrição no Direito Tributário*, 4ª ed., São Paulo, Saraiva, 2011, pp. 116-117.

possível a constituição da norma individual e concreta que impõe uma determinada exação tributária.

Ainda sobre as normas de decadência, é preciso dizer que, se não houver qualquer pagamento antecipado, afasta-se a incidência do art. 150, voltando-se à norma construída com base nos enunciados prescritivos postos pelo art. 173, inciso I, da Lei Complementar Tributária, uma vez que o art. 150 do CTN fala em homologação do pagamento antecipado.

Do mesmo modo, em razão da ressalva constante na parte final do § 4º do mesmo dispositivo legal, caso comprovado pelo fisco que houve, por parte do particular, dolo, fraude ou simulação na atividade de constituição da obrigação tributária, o prazo decadencial também será regido pelo disposto na norma erigida com base no art. 173, inciso I, do CTN.

Esse o panorama normativo que será objeto de análise neste estudo, sabendo-se da existência de outras normas decadenciais, notadamente construídas a partir dos enunciados prescritivos do art. 173, inciso II e parágrafo único; contudo, o estudo aqui empreendido impõe um corte epistemológico para deixá-las de lado, concentrando o interesse nas duas normas em sentido estrito construídas acima.

4. A eficácia da regra-matriz de incidência tributária e sua influência na contagem do prazo decadencial

Para que se possa falar da eficácia de uma norma, antes é necessário que se reconheça sua validade, ou seja, sua relação de pertinencialidade com o sistema do direito positivo. Adota-se aqui a teoria que vê na validade da norma jurídica a sua forma específica de existir, não se diferenciando, portanto, norma existente de norma válida.[3]

Além da validade, para falar de eficácia da norma, faz-se necessário, também, reconhecer sua vigência, mesmo que tal vigência seja apenas parcial, ou seja, verifique-se apenas para os fatos que tenham como objeto dinâmico eventos ocorridos durante o período em que permaneceu vigente plenamente. Vigência é a aptidão da norma para a produção de efeitos, ou, nas palavras do Professor Paulo de Barros Carvalho é a *"propriedade das regras jurídicas que estão prontas para propagar efeitos tão logo aconteçam, no mundo fático, os eventos que elas descrevem"*.[4]

Ocorre que, mesmo uma norma válida e vigente pode deixar de incidir, ou seja, deixar de ser aplicada, isso porque obstáculos de ordem normativa ou material impedem a efetiva propagação de seus efeitos. Neste caso, a norma será válida, vigente, porém será ineficaz, caracterizando-se, esta ineficácia, como técnico-sintática quando o obstáculo for a existência de uma norma impeditiva ou a falta de normas necessárias à sua incidência. Agora, se o empecilho for de ordem material, a ineficácia será técnico-semântica.

Neste sentido, pede-se *venia* para, mais uma vez, transcrever a lição do Professor Paulo de Barros Carvalho:

"Sob a rubrica de eficácia técnica vemos a condição que a regra de direito ostenta, no sentido de descrever acontecimentos que, uma vez ocorridos no plano do real-social, tenham o condão de irradiar efeitos jurídicos,

---

3. Por não ser a questão da validade tema principal deste artigo, não se vai entrar na discussão acerca da validade ser ou não atributo da norma, adotando-se, aqui, os ensinamentos do Professor Paulo de Barros Carvalho sobre o tema:

"*A validade não é, portanto, atributo que qualifica a norma jurídica, tendo* status *de relação: é o vínculo que se estabelece entre a proposição normativa e o sistema do direito posto, de tal sorte que ao dizermos que u'a norma 'N' é válida, estaremos expressando que ela pertence ao sistema 'S'*.

"(...).

"É intuitivo crer que a validade se confunde com a existência, de sorte que afirmar que u'a norma existe implica reconhecer sua validade, em face de determinado sistema jurídico. Do que se pode inferir: ou a norma existe, está no sistema e é, portanto, válida, ou não existe como norma jurídica" (Paulo de Barros Carvalho, *Direito Tributário, Linguagem e Método*, 4ª ed., São Paulo, Noeses, 2011, pp. 448-449).

4. Idem, p. 449.

já removidos os obstáculos que impediam tal propagação.

"Pode acontecer que u'a norma válida assuma o inteiro teor de sua vigência, mas por falta de outras regras regulamentadoras, de igual ou inferior hierarquia, ou, pelo contrário, na hipótese de existir no ordenamento outra norma inibidora de sua incidência, não possa juridicizar o fato, inibindo-se a propagação de seus efeitos. Ou ainda, pensemos em normas que façam a previsão de ocorrências factuais possíveis, mas, tendo em vista dificuldades de ordem material, inexistam condições para que se configure em linguagem a incidência jurídica. Em ambas as hipóteses teremos norma válida dotada de vigência plena, porém impossibilitada de atuar. Chamemos a isso de 'ineficácia técnica'. Tércio Sampaio Ferraz Jr. utiliza 'ineficácia sintática' no primeiro exemplo e 'ineficácia semântica' no segundo. As normas jurídicas são vigentes, os eventos do mundo social nelas descritos se realizam, contudo as regras não podem juridicizá-los e os efeitos prescritos também não se irradiam. Falta a essas normas 'eficácia técnica'."[5]

Consubstanciando-se, a norma de decadência, tomada na perspectiva geral e abstrata, na previsão das notas para a aplicação efetiva de uma sanção ao titular de um determinado direito em razão de sua inércia, ou seja, pune-se com a perda do direito (sanção em sentido amplo), aquele que cometeu a infração consistente em permanecer inerte por certo trato de tempo no seu exercício, parece claro que a ineficácia técnica da norma geral e abstrata que prevê o direito impõe a suspensão da contagem do prazo decadencial, ou, no caso em que tal prazo sequer iniciou-se, ela impede seu início.

O fato jurídico que figura no antecedente da norma de decadência exige não só o transcurso de tempo, mas também a inércia daquele a quem cabe exercer o direito, como se verifica de modo claro nas lições de Eurico Marcos Diniz de Santi ao tratar do evento, do fato decadencial e da relação jurídica extintiva, quando afirma: "*As hipóteses normativas das normas decadencial ou prescricional descrevem o transcurso de tempo, qualificado pela conduta omissiva do titular do direito, contado do dies a quo fixado na legislação tributária*".[6]

Refletir um pouco sobre o processo de positivação da norma de decadência ajuda a perceber como a ineficácia técnica da norma que prevê o direito cujo exercício será, em razão da sua incidência, extinto ou terá sua constituição proibida influência de modo decisivo na constituição do fato jurídico que figurará como antecedente da norma individual e concreta da decadência.

Ora, como já referido em várias ocasiões no decorrer deste estudo, a norma geral e abstrata da decadência traz em seu antecedente a previsão abstrata de um fato que, necessariamente alia a passagem do tempo, no caso da norma de decadência tributária o prazo é, em virtude dos enunciados prescritivos que a compõem, de 5 (cinco) anos contados a partir de um determinado marco temporal (fato gerador ou primeiro dia do exercício seguinte, conforme o caso) à inércia do titular do direito, seja este direito meramente potencial, porque ainda não posto em norma individual e concreta, ou efetivo, pois já objeto do consequente de uma norma constituída segundo a linguagem da facticidade jurídica.

A inércia do titular é essencial para que se caracterize o enunciado fático do antecedente da norma de decadência, de modo que, havendo a impossibilidade de exercício do direito, descaberá falar de inércia, não se tornando possível considerar o prazo em que perdurou a impossibilidade do exercício para a constituição do fato jurídico tributário da decadência.

Neste diapasão, se, a despeito disso, for posta no ordenamento a norma de decadência considerando o referido prazo em seu

---

5. Idem, pp. 458-459.

6. Eurico Marcos Diniz de Santi, *Decadência e Prescrição no Direito Tributário*, 4ª ed., São Paulo, Saraiva, 2011, p. 112.

antecedente caberá àquele que viu seu direito extinto, ou que se viu impossibilitado de exercê-lo, constituir, também em linguagem competente, ou seja, nos termos da teoria das provas, o período em que não houve qualquer inércia de sua parte, uma vez que estava impossibilitado de dar regular andamento ao processo de positivação da norma geral e abstrata que tinha no consequente o seu potencial direito, logrando, com isso, à invalidação da norma individual e concreta da decadência.

O que se afirmou acima não constitui novidade alguma, bastando que se pense na decisão liminar proferida em uma ação direta de inconstitucionalidade. Esta norma introduz no ordenamento jurídico uma segunda norma que traz no seu consequente a suspensão da eficácia técnica da norma jurídica objeto da ação direta de inconstitucionalidade, impedindo que esta prossiga em seu fluxo de causalidade jurídica, ou seja, que seja aplicada e, assim, por sua incidência constituam-se as normas individuais e concretas respectivas.

Neste caso não caberá falar em inércia do titular do direito potencial previsto na norma geral e abstrata cuja eficácia restou suspensa em razão da norma posta pela decisão liminar referida, como muito bem observado por Robson Maia Lins:

"4.2.2.2 *Os prazos de decadência e de prescrição do direito do Fisco*

"Em matéria tributária, seja nas hipóteses de lançamento, seja nas de constituição do crédito pelo próprio sujeito passivo (autolançamento), a cautelar suspensiva da eficácia técnico-sintática da RMIT pode também influenciar no curso do prazo do direito do Fisco lançar (art. 173, CTN) e do direito de cobrar judicialmente o crédito (art. 174, CTN). Concedida a cautelar de inconstitucionalidade, com efeito vinculante, o Fisco fica sem o direito de realizar o lançamento do tributo, e se já realizado, fica impedido de exercitar o direito de, coativamente, enquanto perdurar a cautelar de inconstitucionalidade, buscar a realização do crédito tributário.

"Nesse contexto, sobressai a importância do cotejamento dos aspectos ligados à decadência do direito de lançar em relação aos créditos ainda não constituídos e à prescrição do direito de cobrar em relação aos créditos já constituídos.

"Entendemos que o STF, ao deferir a cautelar suspensiva da eficácia técnico-sintática da RMIT, com efeito vinculante, suspende o curso do prazo decadencial em relação aos créditos ainda não constituídos, e o prescricional, em relação aos créditos já constituídos, ainda que não conste tal comando expressamente na parte dispositiva da decisão."[7]

Com base no que já se viu até aqui, pode-se iniciar o enfrentamento do tema específico da decadência do direito de constituir o crédito tributário nos impostos sobre a transmissão das heranças, o que será feito no próximo tópico.

5. A decadência nos impostos sobre a transmissão "causa mortis"

Não se vai, neste artigo, delimitar de modo percuciente todos os aspectos da regra-matriz de incidência tributária do imposto sobre transmissão *por morte*, justamente porque essa tarefa não se mostra adequada para ser cumprida nos lindes deste trabalho, voltado à questão específica da decadência do sobredito imposto, motivo pelo qual apenas os aspectos importantes para o deslinde desta questão serão aqui retomados.

O primeiro deles diz respeito ao aspecto material da norma jurídica tributária, ou regra-matriz de incidência, como se queira chamar, que se consubstancia, por imperativo constitucional, na transmissão *causa mortis* de quaisquer bens e direitos, o que fica evidente pelos lindes em que posta a competência tributária para a instituição do tributo na Constituição Federal, que assim dispõe:

"Art. 155. Compete aos Estados e ao Distrito Federal instituir impostos sobre:

---

7. Robson Maia Lins, *Controle de Constitucionalidade da Norma Tributária – Decadência e Prescrição*, São Paulo, Quartier Latin, 2005, pp. 168-169.

"I – transmissão *causa mortis* e doação, de quaisquer bens ou direitos."

O aspecto material da hipótese de incidência delimita a atividade do legislador na eleição dos aspectos subjetivo[8] e quantitativo da relação jurídica prevista conotativamente no consequente na sobredita regra-matriz. Assim, a base de cálculo do tributo necessariamente terá clara vinculação com o montante transmitido aos herdeiros, legítimos ou testamentários, e/ou aos legatários.

Além disso, a sujeição passiva poderá recair sobre o recebedor da herança, mas jamais poderá ser cobrada do autor da herança, uma vez que este, com a morte perde a personalidade jurídica e, assim, a capacidade de ser sujeito de direitos e deveres, o que, sem sombra de dúvidas, impede que seja colocado no polo passivo de uma relação jurídica de qualquer natureza.

Mas, com a morte surge uma figura à qual o direito atribui, de forma limitada é verdade, capacidade para ser titular de direitos e deveres, sendo esta universalidade de bens constituída pelo espólio,[9] que nesta qualidade pode figurar em relações jurídicas de cunho patrimonial, tanto no polo ativo, quanto no passivo, razão porque, nos termos postos pela norma de competência tributária, poderia ser ele o eleito como contribuinte do imposto sobre a herança.

Contudo, essa possibilidade encontra-se vedada pelo Código Tributário Nacional, que recepcionado como a Lei Complementar Tributária prevista no art. 146 da Constituição Federal, determina, no parágrafo único do art. 35 que nas transmissões por morte ocorrem tantos fatos geradores distintos quantos sejam os herdeiros ou legatários, pelo que se depreende ter o CTN delimitado a competência tributária para instituição do imposto em questão, naquilo que concerne ao aspecto subjetivo, limitando os pretensos sujeitos passivos aos herdeiros e legatários, não cabendo a indicação do espólio como sujeito passivo do imposto.

De acordo com a norma de competência, a regra-matriz de incidência tributária necessariamente indicará como contribuintes os herdeiros e legatários e como base de cálculo o valor herdado individualmente por eles, sendo de se perguntar onde tais informações estarão disponibilizadas, ou seja, quando se consegue saber os herdeiros e o montante recebido.

A resposta a esta questão nos remete a uma norma que se encontra posta na decisão homologatória da partilha, pois nela estão discriminados os herdeiros e o quinhão cabível a cada um.

Antes da postura no sistema do direito positivo da norma individual e concreta da partilha, não se saberá delimitar com rigor os elementos subjetivo e prestacional necessários à constituição da norma tributária individual e concreta, uma vez que renúncias aos direitos hereditários, alterações substanciais no montante herdado, reconhecimento de união estável, dentre outros fatores influenciariam na definição dos sobreditos elemen-

---

8. "Conforme anteriormente registrado, o legislador não é livre para estatuir o sujeito passivo da obrigação tributária, devendo selecionar pessoa cuja capacidade contributiva é manifestada pelo fato jurídico tributário.

"No caso da sucessão *causa mortis*, é inquestionável que os herdeiros, legatários o fiduciários possuem essa qualidade, pois experimentam um acréscimo patrimonial, a título gratuito, ostentando um signo de riqueza passível de tributação, de tal forma que a norma estadual obedeceu ao parâmetro constitucional. Aliás, convém notar que as transmissões gratuitas representam a situação mais inequívoca de capacidade contributiva, visto que o tributo corresponde a um percentual do patrimônio herdado ou doado" (Clayton Eduardo Prado, *Imposto sobre Herança*, 1ª ed., São Paulo, Verbatim, 2009, p. 65).

9. "Espólio. Encargos da Massa Hereditária. Já nos manifestamos à exaustão acerca do patrimônio hereditário. Consiste numa universalidade que engloba direitos e obrigações, créditos e débitos. Por mais de uma vez, citamos que a lei atribui uma espécie de personalidade à herança. Incluímo-la dentre as entidades com personificação anômala (*Direito Civil: Parte Geral*, Seção 14.6.2), ao lado de grupos personificados similares, tais como a massa falida, o condomínio de unidades autônomas, a herança jacente" (Sílvio de Salvo Venosa, *Direito Civil: Direito das Sucessões*, 10ª ed., São Paulo, Atlas, 2010, p. 415).

tos, impedindo a constituição, pelo fisco, da norma jurídica individual e concreta que tem como consequente a obrigação tributária do herdeiro, como reconhecido na partilha, de pagar ao Estado determinado quinhão sobre a herança por ele recebida, que também estará delimitada na norma da partilha.

Assim, antes de posta no sistema do direito positivo a norma da partilha, a regra-matriz de incidência do imposto sobre transmissão *causa mortis* padecerá de ineficácia técnico-sintática, isso porque a falta daquela norma impossibilita o deslinde do processo de positivação da norma tributária geral e abstrata, visto que será impossível reduzir à unidade as notas que compõem os critérios subjetivo e quantitativo.

Essa situação, por sua vez, excluirá a inércia do Fisco em constituir o crédito tributário enquanto não se tenha posta no ordenamento jurídico a norma da partilha, não sendo cabível falar, portanto, em transcurso de prazo decadencial, pois faltará um dos critérios que consubstanciam o antecedente da norma geral e abstrata de decadência, que é, justamente, a inércia do ente tributante em constituir seu direito.

Conclusão

Após tudo que foi referido, a título de conclusão têm-se que, quando couber ao fisco a constituição da obrigação tributária do imposto sobre transmissão por morte, seja pela inércia do contribuinte em efetuar a constituição e o pagamento antecipado, nos casos em que a lei imponha-lhe esta obrigação, seja porque a legislação impute diretamente à autoridade fiscal tal dever, somente poder-se-á falar de inércia a partir do momento em que se verifique no sistema do direito positivo a norma da partilha, individualizando no consequente o quinhão hereditário cabível a cada herdeiro/legatário.

Sendo a inércia um dos elementos essenciais para a constituição da norma decadencial, enquanto não houver a introdução no sistema do direito positivo da(s) norma(s) de partilha da herança, descaberá falar em curso de prazo de decadencial.

Bibliografia

ARAÚJO, Clarice Von Oertzen de. *Semiótica do Direito*. São Paulo: Quartier Latin, 2005.

_____. *Incidência Jurídica – Teoria e Crítica*. São Paulo: Noeses, 2011.

ATALIBA, Geraldo. *Hipótese de Incidência Tributária*. 5ª ed. São Paulo: Malheiros Editores, 1997.

CARVALHO, Paulo de Barros. *Direito Tributário, Linguagem e Método*. 4ª ed. São Paulo: Noeses, 2011.

_____. *Curso de Direito Tributário*. 22ª ed. São Paulo: Saraiva, 2010.

_____. *Direito Tributário: Fundamentos Jurídicos da Incidência*. 7ª ed. São Paulo: Saraiva, 2009.

FLUSSER, Vilém. *Língua e Realidade*. 2ª ed. São Paulo: Anablume, 2004.

KELSEN, Hans. *Teoria Pura do Direito*. Trad. João Baptista Machado. 6ª ed. São Paulo: Martins Fontes, 1998.

LINS, Robson Maia. *Controle de Constitucionalidade da Norma Tributária – Decadência e Prescrição*. São Paulo: Quartier Latin, 2005.

PRADO, Clayton Eduardo. *Imposto sobre Herança*. 1ª ed. São Paulo: Verbatim, 2009.

SANTI, Eurico Marcos Diniz de. *Decadência e Prescrição no Direito Tributário*. 4ª ed. São Paulo: Saraiva, 2011.

TOMÉ, Fabiana Del Padre. *A Prova no Direito Tributário*. São Paulo: Noeses, 2005.

VENOSA, Sílvio de Salvo. *Direito Civil: Direito das Sucessões*. 10ª ed. São Paulo: Atlas, 2010.

VILANOVA, Lourival. *As Estruturas Lógicas e o Sistema do Direito Positivo*. São Paulo: Max Limonad, 1997.

ESTUDOS & COMENTÁRIOS

A CONSTITUIÇÃO DA OBRIGAÇÃO TRIBUTÁRIA PELO LANÇAMENTO POR ARBITRAMENTO

Marcos Caleffi Pons
Especialista em Direito Tributário pelo IBET.
Mestrando em Direito Tributário pela PUC/SP.
Advogado

1. Introdução. 2. Arbitramento no lançamento tributário do imposto de renda das pessoas jurídicas: 2.1 Indevida utilização do arbitramento quando as irregularidades na escrita do contribuinte são meramente formais ou podem ser qualificadas e quantificadas; 2.2 Indevida utilização do arbitramento quando as irregularidades apontadas constituem infrações tipificadas na legislação; 2.3 Indevida utilização do arbitramento quando possível a apuração do lucro real através de outros meios. 3. Conclusão.

1. Introdução

Seguindo a linha normativista da teoria kelseniana, temos para nós que o direito é o complexo de normas jurídicas válidas de um determinado país. Este complexo de normas jurídicas, enquanto produzidas pelo ser humano, manifesta-se através da linguagem e tem como finalidade disciplinar as condutas sociais. Ou seja, o direito é fruto da vontade e da atividade do homem que, através de uma determinada linguagem, cria e mantém um complexo de normas que visam disciplinar as condutas sociais em um determinado tempo e lugar.

As premissas acima, amplamente desenvolvidas na obra do Prof. Paulo de Barros Carvalho, servem para entendermos que as normas jurídicas só são criadas e aplicadas mediante a atividade humana. Nas palavras do referido professor, "as normas não incidem por força própria. Numa visão antropocêntrica, requerem o homem, como elemento intercalar, movimentando as estruturas do direito, extraindo de normas gerais e abstratas outras gerais e abstratas ou individuais e concretas".[1]

Nesta senda, é através do chamado *processo de positivação* que o aplicador, partindo de normas jurídicas de hierarquia superior, produz novas normas, objetivando maior individualização e concretude. Isso porque o direito não dispõe de uma infinidade de normas individuais e concretas para regular cada caso específico. A quase totalidade das normas do sistema são normas gerais e abstratas, as quais dependem do processo de positivação para, através da emissão de normas individuais e concretas, atuarem

1. *Direito Tributário: Fundamentos Jurídicos da Incidência*, p. 9.

especificamente sobre cada caso, chegando o mais próximo possível das condutas intersubjetivas para fins de modificá-las. Para tanto, o *processo de positivação* deve ser realizado em conformidade com as regras do sistema, observando forma e conteúdos normativamente previstos.

No âmbito do direito tributário, o *processo de positivação* ou, em outros termos, a aplicação da norma geral e abstrata de direito tributário[2] pode ser realizada, de acordo com o ordenamento jurídico brasileiro, pelo contribuinte ou pela autoridade administrativa. No primeiro caso, trata-se da figura do autolançamento, impropriamente chamado de "lançamento por homologação" pelo Código Tributário Nacional, no qual o particular é responsável pela emissão da norma individual e concreta, constituindo, assim, a obrigação tributária, sem a interferência da autoridade administrativa.[3] Na segunda hipótese, tem-se a constituição da obrigação tributária pela autoridade administrativa, através de ato administrativo denominado *lançamento tributário*, nos moldes do art. 142 do Código Tributário Nacional.

O tema objeto do presente artigo trata justamente da constituição da obrigação tributária pela autoridade administrativa, nas situações em que o ordenamento autoriza a utilização da figura do arbitramento. Neste sentido, as notas realizadas até então possuem o condão de alertar o leitor de que o estudo ora proposto busca justamente explorar os aspectos do lançamento tributário, sob o ponto de vista da fenomenologia da incidência das normas que autorizam a utilização do arbitramento, em particular no caso do imposto sobre a renda das pessoas jurídicas.

2. Arbitramento no lançamento tributário do imposto de renda das pessoas jurídicas

Tem-se por *arbitramento* a apreciação valorativa de fatos ou coisas, das quais não se têm critérios certos de avaliação.[4]

Especificamente no que tange ao Imposto de Renda, o Código Tributário Nacional admitiu o arbitramento como *um dos meios de apuração da base de cálculo* do imposto, conforme se verifica pelo teor do seu art. 44, *verbis*: "*Art. 44*. A base de cálculo do imposto é o montante, real, arbitrado ou presumido, da renda ou dos proventos tributáveis".

Desta forma, pode-se afirmar com segurança que o arbitramento é uma das formas de apuração da grandeza do fato imponível, no caso: *o lucro*.

Entretanto, como veremos, acreditamos que o lucro real, presumido e arbitrado não podem ser utilizados indistintamente para apuração da base de cálculo do imposto. O lucro real é o que melhor representa a noção constitucional de renda, e, por esse motivo, tem primazia sobre os demais, podendo ser utilizado por qualquer pessoa jurídica. O lucro presumido é facultado pela lei a determinadas pessoas jurídicas que, caso entendam conveniente e não estejam obrigadas à tributação pelo lucro real, podem optar por essa forma de tributação. O lucro arbitrado, por sua vez, é um método excepcional de apuração da renda, e só pode ser aplicado nos casos em que não for possível a apuração do lucro por um dos outros dois métodos.

Nesta linha, mostra-se pertinente a lição de Alberto Xavier, ao tratar do lançamento por arbitramento no Imposto de Renda, segundo o qual "[a] base de cálculo do imposto é sempre a mesma: o lucro; o que varia é apenas o meio probatório da sua determinação".[5]

---

2. Também denominada pela doutrina de Regra-Matriz de Incidência Tributária (RMIT).

3. A autoridade administrativa só deverá intervir no caso de erro por parte do particular na constituição da obrigação.

4. V. definição do *Dicionário Jurídico Brasileiro Acquaviva*, p. 180.

5. In "IR. Lançamento por arbitramento pressupostos e limites", p. 177.

No caso do arbitramento, portanto, verifica-se que o legislador cuidou de disponibilizar ao Fisco um instrumento para apurar o tributo devido nas hipóteses em que o contribuinte tenha sido omisso ou relapso nas suas obrigações de prestar declarações e informações ou expedir documentos a que está obrigado, impedindo, assim, que o mesmo se veja livre do cumprimento da obrigação tributária.

Entretanto, considerando que o arbitramento não se trata de penalidade, mas sim de uma modalidade de apuração do lucro, e que a tributação deve sempre ser pautada nos princípios e garantias individuais assegurados pela Constituição Federal, sobretudo os princípios da legalidade, da capacidade contributiva e do não confisco,[6] tem-se que a utilização do arbitramento deve sempre respeitar suas estritas hipóteses, assim como os seus limites estabelecidos na legislação, sob pena de se estar tributando fato alheio àquele definido como hipótese de incidência pela Constituição.

Neste sentido, o Código Tributário Nacional, recepcionado como lei complementar à Constituição Federal de 1988, cumprindo o mister constitucional de estabelecer normas gerais sobre lançamento tributário (CF, art. 146, III, *b*), admitiu o arbitramento como modalidade de valoração da materialidade tributária e estabeleceu, em seu art. 148, as restritas hipóteses em que as autoridades fiscais podem utilizar-se desta medida extrema para fins de exigência fiscal. Veja-se:

"*Art. 148*. Quando o cálculo do tributo tenha por base, ou tome em consideração, o valor ou o preço de bens, direitos, serviços ou atos jurídicos, a autoridade lançadora, mediante processo regular, arbitrará aquele valor ou preço, sempre que sejam omissos ou não mereçam fé as declarações ou os esclarecimentos prestados, ou os documentos expedidos pelo sujeito passivo ou pelo terceiro legalmente obrigado, ressalvada, em caso de contestação, avaliação contraditória, administrativa ou judicial."

Conforme se infere do citado dispositivo, o arbitramento tem lugar nas situações em que a quantificação da materialidade tributária não é possível de se auferir através das declarações ou informações prestadas ou, ainda, dos documentos expedidos pelo sujeito passivo ou por terceiro legalmente obrigado.

O Regulamento do Imposto de Renda (Decreto n. 3.000/1999), por sua vez, ao tratar das hipóteses de arbitramento igualmente determina a sua aplicação nas restritas hipóteses em que o lucro não possa ser determinado através das declarações e documentos a que está obrigado o contribuinte. É o que dispõe o art. 530 do Regulamento do Imposto de Renda (RIR/1999), *in verbis*:

"*Art. 530*. O imposto, devido trimestralmente, no decorrer do ano-calendário, será determinado com base nos critérios do lucro arbitrado, quando (Lei n. 8.981, de 1995, art. 47, e Lei n. 9.430, de 1996, art. 1º):

"I – o contribuinte, obrigado à tributação com base no lucro real, não mantiver escrituração na forma das leis comerciais e fiscais, ou deixar de elaborar as demonstrações financeiras exigidas pela legislação fiscal;

"II – a escrituração a que estiver obrigado o contribuinte revelar evidentes indícios de fraudes ou contiver vícios, erros ou deficiências que a tornem imprestável para:

"a) identificar a efetiva movimentação financeira, inclusive bancária; ou

"b) determinar o lucro real;

"III – o contribuinte deixar de apresentar à autoridade tributária os livros e documentos da escrituração comercial e fiscal, ou o Livro Caixa, na hipótese do parágrafo único do art. 527;

"IV – o contribuinte optar indevidamente pela tributação com base no lucro presumido;

"V – o comissário ou representante da pessoa jurídica estrangeira deixar de escritu-

---

6. Na mesma linha, é o entendimento de Maria Rita Ferragut para quem "*o arbitramento da base de cálculo deve, sempre, respeitar os princípios da finalidade da lei, razoabilidade, proporcionalidade e capacidade contributiva*" (in *Presunções no Direito Tributário*, p. 138).

rar e apurar o lucro da sua atividade separadamente do lucro do comitente residente ou domiciliado no exterior (art. 398);

"VI – o contribuinte não mantiver, em boa ordem e segundo as normas contábeis recomendadas, Livro Razão ou fichas utilizados para resumir e totalizar, por conta ou subconta, os lançamentos efetuados no Diário."

De acordo com a interpretação sistemática dos dispositivos supra transcritos, conclui-se que o arbitramento é medida de exceção aplicável somente nas situações de inexistência da escrita fiscal do contribuinte ou total imprestabilidade da mesma.

A conclusão se justifica, pois o arbitramento constitui uma espécie de presunção, através da qual, verificada a impossibilidade de se alcançar a verdadeira materialidade prevista na lei como base de cálculo do imposto de renda, presume-se a existência de lucro, admitindo-se, assim, ao Fisco utilizar-se de outros meios para se chegar a esta materialidade.

Por esse motivo, Alberto Xavier[7] sustenta que, no arbitramento do lucro da pessoa jurídica, ocorre uma presunção simples ou *hominis*, já que a administração fiscal parte de um fato conhecido – a impossibilidade de se apurar o lucro real – para demonstrar um fato desconhecido – o objeto da prova (lucro), através de critérios determinados pela lei ou em regras de experiência.

Gilberto de Ulhôa Canto[8] também entende que o arbitramento do lucro da pessoa jurídica é uma presunção *hominis*, que somente pode prevalecer se não encontrar oposição por parte do contribuinte; se este se opuser, deve-se proceder à avaliação contraditória, cujo resultado configurará a verdadeira base de cálculo no caso concreto.

Para que se possa arbitrar o lucro, há que se ter muita segurança sobre a ocorrência do fato presumido previsto na lei, ou seja, comprovação de que não é possível apurar o lucro a partir da escrita fiscal do contribuinte ou mesmo por outros meios. O fato presumido deve ser sempre um fato conhecido sobre o qual não paire dúvida. Embora a etimologia do termo "arbitramento" sugira que se trate de decisão que dependa somente da vontade de determinado indivíduo (*arbítrio*), sabe-se que, no campo do direito tributário, onde a atividade do lançamento é sempre vinculada (parágrafo único do art. 142 do CTN), o arbitramento não pode ser empregado indiscriminadamente, só tendo cabimento nas hipóteses legalmente previstas.

Seguindo nesta linha, temos que a utilização do arbitramento, nos moldes do previsto no art. 148 do CTN, pressupõe a presença de dois requisitos indispensáveis: (*i*) a omissão do contribuinte na emissão de declarações e documentos exigidos como suporte físico (prova direta) das transações realizadas ou, ainda, caso emitidos estes não mereçam fé; e (*ii*) que a referida omissão implique na total impossibilidade de mensuração do fato jurídico tributário (no caso, o lucro).[9]

Eis a hipótese (conjugada por estes dois fatores cumulativos) que autoriza a utilização do arbitramento pelo Fisco para fins de apuração da base de cálculo do imposto sobre a renda das pessoas jurídicas.

Corroborando o exposto, buscamos amparo na precisa e esclarecedora lição da Profa. Fabiana Del Padre Tomé,[10] que assim dispõe: "O arbitramento é medida extrema, somente autorizada em caso de inexistência de escrita ou, havendo escrituração, esta seja infundada, falsa ou não merecedora de credibilidade. Firmamos posicionamento no sentido de conceber a realização de arbitramento apenas nas hipóteses em que a autoridade administrativa não tenha subsídios

---

7. *Do Lançamento no Direito Tributário Brasileiro*, p. 141.

8. "Presunções no Direito Tributário", in Ives Gandra da Silva Martins (coord.), *Caderno de Pesquisas Tributárias*, vol. 9, p. 16.

9. Além destes, há ainda um requisito formal que é a necessidade de intimação prévia ao arbitramento para oportunizar ao contribuinte a regularização das irregularidades encontradas, conforme será tratado adiante no presente trabalho.

10. *A Prova do Direito Tributário*, pp. 298-299.

necessários à constituição do fato jurídico tributário, por ter o contribuinte deixado de cumprir deveres instrumentais, tais como a realização de registros contábeis. Eis, aí, dois requisitos de admissibilidade do arbitramento tributário: (i) que o contribuinte tenha deixado de prestar declarações ou esclarecimentos, não tenha expedido os documentos a que esteja obrigado, ou, em que pese à realização de declarações ou esclarecimentos e a expedição de documentos exigidos em lei, estes não mereçam fé; e (ii) que tal inobservância ao dever de colaboração do contribuinte implique total impossibilidade de mensuração do fato jurídico tributário".

Na mesma linha, é o entendimento de Maria Rita Ferragut,[11] conforme se verifica pelo trecho que segue:

"O arbitramento do valor ou preço de bens, direitos, serviços e atos jurídicos poderá validamente ocorrer sempre que o sujeito passivo ou terceiro legalmente obrigado:

"– não prestar declarações ou esclarecimentos;

"– não expedir os documentos a que esteja obrigado; e

"– prestar declarações ou esclarecimentos que não mereçam fé ou expedir documentos que também não a mereçam.

"No entanto, não basta que algum dos fatos acima tenha ocorrido, a fim de que surja para o Fisco a competência para arbitrar: *faz--se imperioso* que, além disso, o resultado da omissão ou do vício da documentação *implique completa impossibilidade de descoberta direta da grandeza manifestada pelo fato jurídico*" (destaques no original).

Portanto, apenas no caso de haver comprovadas razões para duvidar da veracidade das declarações do contribuinte, ou na hipótese de ser este omisso quanto à escrituração fiscal e guarda de documentos, com completa impossibilidade de mensurar-se o fato jurídico tributário, é que o arbitramento

11. *Presunções no Direito Tributário*, p. 142.

terá cabimento como forma de apuração da sua grandeza.[12]

Neste sentido, inclusive, é o entendimento da jurisprudência pátria, conforme se verifica pelo teor da Súmula n. 76 do extinto Tribunal Federal de Recursos, *verbis*: "Súmula n. 76: Em termos do imposto de renda, a desclassificação da escrita somente se legitima na ausência de elementos concretos que permitam a apuração do lucro real da empresa, não a justificando simples atraso na escrita".

Ainda na mesma linha, é a posição da Câmara Superior de Recursos Fiscais do antigo Conselho de Contribuintes, conforme se pode constatar do seguinte aresto: "Descabe o arbitramento do lucro da pessoa jurídica, quando não demonstrada a imprestabilidade da escrituração comercial, com a consequente impossibilidade de apuração do lucro real" (CSRF, Acórdão 01-03046 de 11.7.2000).

Com efeito, é sabido que o lançamento tributário é regido, entre outros, pelo princípio da verdade material,[13] o qual impõe à autoridade administrativa um dever de investigar, com base na realidade dos fatos, a existência dos elementos constitutivos da obrigação tributária e, entre eles, a verdadeira grandeza do fato imponível.[14]

12. Neste sentido, é a lição de Fabiana Del Padre Tomé, *A Prova do Direito Tributário*, p. 295.
13. Neste ponto, concordamos com a crítica realizada pela Profa. Fabiana Del Padre Tomé à utilização da expressão "verdade material". Razão lhe assiste ao afirmar que a realidade não pode ser espelhada pela linguagem. Não de acordo com as premissas adotadas no presente trabalho. Todavia, a utilização da expressão no presente estudo é realizada por força da larga aceitação e utilização da mesma no meio jurídico, sendo certo que o que pretendemos expressar pelo princípio da verdade material é a necessidade de os fatos jurídicos tributários serem constituídos pela linguagem competente se, e somente se, o evento ocorrido se subsumir à hipótese prevista no antecedente da norma geral e abstrata que prevê a tributação.
14. Neste sentido, Odete Medauar preceitua que "*o princípio da verdade material ou verdade real, vinculado ao princípio da oficialidade, exprime que a Administração deve tomar decisões com base nos fatos tais como se apresentam na realidade, não se satisfazendo com*

Sendo assim, cabe à autoridade administrativa buscar por todos os meios, e não se limitando à versão oferecida pelos contribuintes, determinar a matéria tributável de acordo com a verdade material, podendo, nos termos do art. 148 do CTN, valer-se das provas indiciárias previstas no arbitramento, somente após esgotadas as possibilidades de apuração da base imponível através das provas diretas pré-constituídas.

É o que se conclui da esclarecedora lição de Mizabel Derzi e Sacha Calmon Navarro Coelho,[15] *in verbis*: "Na verdade, o arbitramento não afasta a avaliação dos dados da realidade, ele somente procura suprir ou preencher o vazio da realidade. Como não há meios de apurar a verdade, utilizam-se presunções, tabelas, tetos e somatórios estimativos em substituição à escrita e aos documentos faltantes ou falsos. A Constituição não autoriza, havendo meios de se promover a recuperação do retrato da realidade, possa a Administração ou o Juiz afastar-se da real atividade econômica ocorrida. Urge tributar segundo a capacidade econômica, não importa que, de acordo com essa realidade, resulte mais ou menos elevado o imposto a pagar".

E nos mesmos termos, é precisa a lição do ex-Ministro do STF Carlos Mário Velloso[16] ao esclarecer o aspecto subsidiário do arbitramento em matéria tributária, *in verbis*: "Tanto na tributação do lucro real do contribuinte quanto nos casos de tributação com base em arbitramento, vigora o princípio da verdade material (...). O que acontece é que, no caso do arbitramento, inexiste uma prova direta pré-constituída, motivo por que

se justifica a adoção dos meios indiciários de prova, *não podendo o fisco*, entretanto, registra Benedito Garcia Hilário, '*enquanto não esgotados todos os demais meios facultados à autoridade, para proceder ao cálculo do tributo, aplicar o recurso do arbitramento*, nos moldes do CTN, art. 148'" (grifamos).

Por tais razões, pode-se afirmar, na esteira do entendimento já consolidado da doutrina e jurisprudência pátria,[17] que o arbitramento não constitui hipótese de sanção e somente pode ser utilizado de forma subsidiária (ou seja, nas hipóteses em que restar impossível a utilização do critério do lucro por força da ausência ou imprestabilidade da documentação a que está obrigado o sujeito passivo).

Pois bem. Estabelecidas estas premissas, mister se faz observar que é dever do fisco demonstrar a ocorrência da hipótese que o autoriza a se valer do arbitramento no ato do lançamento tributário. Ou seja, cabe à autoridade administrativa demonstrar, através da

---

a versão oferecida pelos sujeitos. Para tanto, tem o direito e o dever de carrear para o expediente todos os dados, informações, documentos a respeito da matéria tratada, sem estar jungida aos aspectos considerados pelo sujeito" (apud Marcos Vinícius Neder e Maria Tereza Martinez Lopes, in *Processo Administrativo Fiscal Federal Comentado*, p. 63).

15. *Pressupostos Jurídicos do Arbitramento – Os Princípios da Capacidade Econômica, da Legalidade e da Proibição de Excesso*, p. 352.

16. In *O Arbitramento em Matéria Tributária*, p. 186.

17. Neste aspecto, cita-se elucidativa jurisprudência do antigo Conselho de Contribuintes do Ministério da Fazenda:

"*Lucro arbitrado – Período base de 1991* – A desclassificação da escrita e consequente arbitramento do lucro constitui medida extrema, que só se legitima na ausência de elementos concretos que permitam a apuração do lucro real. A falta de registro do Livro de Inventário e o descumprimento de outros requisitos formais (assinatura do contabilista e do gerente ou diretor da empresa) não são suficientes para desclassificar a escrita, eis que informações nele constantes podem ser confrontadas com as do Livro Diário" (Acórdão n. 101-92.828, 1ª Cam., Rel. Sandra Maria Faroni, j. 16.9.1999).

"*Falta de Escrituração de Depósitos e/ou Contas Correntes Bancárias – Inaplicabilidade* – Reiterada e incontroversa é a jurisprudência administrativa no sentido de que o arbitramento do lucro, em razão das consequências tributáveis a que conduz, é medida excepcional, somente aplicável quando no exame de escrita a Fiscalização comprova que as falhas apontadas se constituem em fatos que, camuflando expressivos fatos tributáveis, indiscutivelmente, impedem a quantificação do resultado do exercício. A falta de escrituração de depósitos bancários ou mesmo de contas correntes bancárias não são suficientes para sustentar a desclassificação da escrituração contábil e o consequente arbitramento dos lucros" (Acórdão n. 101-96.161, 1º CC., 1ª Câm., *DOU* 26.3.2008).

linguagem competente, a subsunção do fato à norma que lhe autoriza realizar o arbitramento do lucro. E, para tanto, terá que realizar prova de que é impossível a utilização do critério do lucro real no caso concreto por força da ausência ou imprestabilidade da documentação a que estava obrigado o sujeito passivo.

Não basta a mera alegação da autoridade administrativa. A prova é indispensável. Afinal, para que o relato ingresse no universo do direito, constituindo fato jurídico, é preciso que seja enunciado em linguagem competente, quer dizer, descrito consoante as provas em direito admitidas.

Neste sentido, cita-se novamente a lição da Profa. Fabiana Del Padre Tomé[18] que assim se manifesta sobre o tema, *in verbis*: "(...) nas hipóteses de arbitramento, a produção probatória pela Administração é indeclinável. Necessária é a demonstração de que, a despeito de solicitadas, o contribuinte deixou de prestar declarações ou esclarecimentos. E, no caso de apresentação destas e de registros documentais, é imperativa a prova de que estes estejam viciados, não sendo merecedores de credibilidade. Não basta a mera suspeita: é imprescindível a comprovação da imprestabilidade das informações e demais documentos, impedindo a quantificação do fato jurídico tributário".

Na prática, a prova da imprestabilidade da documentação do contribuinte e da impossibilidade de se apurar o lucro real por outros meios, pode se tornar de difícil realização por parte do fisco. Não é a toa que os exemplos clássicos de utilização do arbitramento são aqueles baseados na total inexistência de documentos do contribuinte, como nos casos de incêndio, alagamento e outras situações em que houve a completa destruição ou desaparecimento da documentação fiscal e contábil.

Todavia, a dificuldade não é escusa para a administração se descurar da sua obrigação pela busca da verdadeira materialidade eleita pela norma jurídica tributária.

Devido à dificuldade de se elencar todas as provas que deveriam ou poderiam ser realizadas pela fiscalização para a utilização do arbitramento, a análise de alguns exemplos de quando a utilização do arbitramento é indevida já nos permite ter uma melhor compreensão da forma como a prova dos requisitos para utilização do arbitramento deve ser realizada.

Neste sentido, propomos a análise de três situações que, entre outras, desautorizariam a administração tributária de se utilizar do arbitramento para fins de apurar o lucro das pessoas jurídicas.

Senão vejamos.

2.1 Indevida utilização do arbitramento quando as irregularidades na escrita do contribuinte são meramente formais ou podem ser qualificadas e quantificadas

Conforme previsão expressa do art. 530, II, *b*, do Regulamento do Imposto de Renda (Decreto n. 3.000/1999), terá cabimento o arbitramento quando a escrituração do contribuinte "revelar evidentes indícios de fraudes ou contiver vícios, erros ou deficiências que a tornem imprestável para (...) determinar o lucro real".

Portanto, não bastam indícios de fraudes ou vícios que contaminem parcialmente a escrituração contábil do sujeito passivo para se justificar a utilização do arbitramento. Esta "contaminação" deve ser tamanha ao ponto de ficar demonstrada a impossibilidade de se determinar o lucro real.

Nesta senda, revela-se indevida a utilização do arbitramento quando a fiscalização identifica que a escrituração do contribuinte apresenta problemas meramente formais, conforme já decidiu com acerto a 1ª Câmara do antigo Conselho de Contribuinte em reiteradas ocasiões, *verbis*:

"IR – Arbitramento do lucro: Trata-se de medida extrema que só deve ser aplicada nos casos de inexistência de escrita, ou de total imprestabilidade da mesma, o que, em

---

18. Ob. cit., p. 299.

hipótese alguma, se confunde com o caso de a escrita não atender inteiramente à legislação em seus aspectos meramente formais" (Acórdão n. 70.438, 1ª Câm. do 1º Conselho de Contribuintes).

"Atraso de escrituração – A simples irregularidade formal, refletida puramente no atraso de transcrição, no Diário, de matrizes já confeccionadas, ou no livro de Registro de Inventário, do rol existente das mercadorias constantes do balanço patrimonial, sem a ocorrência de irregularidades materiais insanáveis por motivos de vícios, erros, deficiências ou evidentes indícios de fraude, que impliquem na imprestabilidade da escrituração à conferência do lucro real, não justifica o desprezo da contabilidade para o consequente arbitramento do lucro. Verificado o atraso de escrituração nas circunstâncias indicadas, é de conceder-se, por escrito, prazo razoável para proceder-se à necessária transcrição" (Acórdão n. 101-73.288, 1ª Câm. do 1º Conselho de Contribuintes).

Ou seja, não bastam meros vícios formais na escrita do contribuinte, como, por exemplo, a falta de assinatura dos livros fiscais ou atraso na escrituração, para justificar a utilização do arbitramento para apuração do lucro. Nestes casos, é evidente que as irregularidades não implicam na impossibilidade de se determinar o lucro real do contribuinte.

Na mesma linha, é indevida a utilização do arbitramento quando as irregularidades encontradas pela administração na contabilidade do contribuinte podem ser devidamente quantificadas.

Com efeito, é comum se verificar lançamentos tributários em que a autoridade administrativa realiza minuciosa análise da contabilidade do sujeito passivo, apurando uma série de irregularidades plenamente quantificáveis e utiliza-as como justificativa para aplicação do arbitramento. Todavia, tal procedimento não pode ser admitido, sob pena de se anular o princípio da verdade material que rege o lançamento tributário.

Neste caso, deve a fiscalização reajustar o lucro real apresentado pelo contribuinte, adicionando ou mesmo excluindo os valores decorrentes das irregularidades encontradas para fins de lançamento, conforme ensina o entendimento pacífico da jurisprudência administrativa. Veja-se:

"IRPJ – Arbitramento: Trata-se de mero instrumento que objetiva determinar o lucro tributável, sem qualquer conotação penal, por se tratar de medida extrema, somente se justifica quando impraticável o aproveitamento da escrita.

"Lucro real: Uma vez determinados os custos forjados e as receitas omitidas, sem necessidade de se abandonar a escrita, é de ser aproveitada, adicionando-se as receitas omitidas ao lucro real e glosando-se os custos forjados, para efeito de determinação do lucro tributável" (Acórdão n. 01-0.017, CSRF, j. 23.11.1979).

"Arbitramento de lucro. Glosa de custos. Quando as irregularidades apuradas pela autoridade lançadora podem ser qualificadas e quantificadas, os valores apurados devem ser adicionados ao lucro líquido na determinação do lucro real vez que o arbitramento de lucro é uma medida extrema que se justifica somente quando impraticável o aproveitamento da escrita" (Acórdão n. 101-93.614, 1ª Câm. do 1º Conselho, j. 20.9.2001).

"IRPJ. Lançamento. Arbitramento de lucro. Desclassificação da escrituração contábil. O arbitramento de lucro mediante desclassificação da escrita contábil é uma medida extrema a ser adotada na impossibilidade de apuração da base de cálculo do imposto. *Quando as receitas omitidas podem ser identificadas e quantificadas não servem como fundamento para o arbitramento de lucro.* IRPJ. Omissão de receitas. Variações monetárias ativas. As variações monetárias ativas relativas às receitas de prestação de serviços de longo prazo a entidades governamentais podem ser diferidas para tributação quando de sua realização. Estas receitas não são tributadas pelo regime de competência, mas pelo regime de caixa, como estabelecido no art. 10, § 3º, do DL n. 1.598/1977, art. 1º, inciso I, do DL n. 1.648/1978 e MP n. 1.506/1976 e reedições posteriores. IRPJ. Lançamento. Omissão de receitas. Passivo fictício. Não comporta a presunção de omissão de receitas quando as parcelas escrituradas como obrigações foram identificadas pela autoridade lançadora como oriundo de variações monetárias ativas vinculadas às receitas correspondentes a prestação de serviços para entidades governamentais, de longo prazo e, portanto, com tributação diferida para o momento de sua realização. IRPJ/CSLL. Omissão de receita financeiras e de alugueis. Restabelecida a validade da escrituração contábil, fica prejudicada apuração de resultados mediante adição ao lucro arbitrado, ainda que comprovada a omissão de receitas de prestação de serviços, financeiras e de aluguéis não escrituradas nos livros fiscais e comerciais e não contestada pelo sujeito passivo. PIS E COFINS. Receita Omitida. A receita omitida e não contestada pelo sujeito passivo e que serviu de base de cálculo para a incidência de PIS e COFINS permanece tributada, visto que independe do lucro arbitrado para incidência de Imposto sobre a Renda de Pessoa Jurídica e Contribuição Social sobre o Lucro Líquido. Recurso provido, em parte" (Acórdão 101-94227, 1ª Câmara CC, j. 11.3.2006 – grifamos).

Portanto, caso haja a possibilidade de se apurar o lucro real, não há que se falar em arbitramento do lucro. O agente da Administração não está, neste caso, autorizado a arbitrar o lucro, devendo a tributação ser feita pelo lucro real.

2.2 Indevida utilização do arbitramento quando as irregularidades apontadas constituem infrações tipificadas na legislação

Outra hipótese comum de utilização indevida do arbitramento é quando a administração justifica a imprestabilidade da escrituração do sujeito passivo com base em infrações tipificadas na legislação pátria.

Neste caso, o arbitramento não pode ser utilizado por força do princípio da *lex specialis*, que determina que a norma mais específica tem preferência sobre a mais genérica. Portanto, nos casos em que as irregularidades encontradas constituem infrações tipificadas na legislação pátria, devem receber o tratamento especificado na lei e não servir de azo para o arbitramento do lucro.

De fato, não se pode admitir que a fiscalização utilize da alegação da existência de infrações tipificadas na lei como pretexto para o arbitramento, sob pena de se conformar essa modalidade de valoração a uma mera opção do Fisco (arbitrariedade). E, sobretudo, sob pena de chancelar o esvaziamento do próprio conteúdo da lei que trata das alegadas infrações.

Exemplos comuns destes casos são tentativas de arbitramento do lucro com base em alegações de omissão de receita, classificação de despesas não necessárias como se fossem despesas necessárias e criação de passivo fictício, entre outras. Nos exemplos citados, existe previsão no ordenamento jurídico de como a infração deve ser tratada pela autoridade administrativa, conforme se verifica pelo quadro na p. 174.

Portanto, quando constatado que as infrações verificadas pela autoridade administrativa possuem tratamento legal específico, as mesmas devem receber o tratamento determinado por lei, não servindo o lançamento por arbitramento como meio alternativo para comodidade da fiscalização.

Neste sentido, cita-se o entendimento da jurisprudência administrativa federal, *in verbis*:

"IRPJ e tributos decorrentes. Auditoria com amparo em livros. Escrita. Imprestabilidade. Detecção de infrações. Abandono. Arbitramento. Opção fiscal. Impossibilidade.

"As infrações ofertadas pela própria escrituração e devidamente submissas à hipótese de incidência descrita pelo legislador não podem ceder lugar ao arbitramento de lucros, sob pena de se conformar esse regime de tributação a uma repudiada ordem de preferência, ou a uma mera opção do Fisco. (...)" (Acórdão n. 07-07.645, 7ª Câm. do 1º Cons., j. 12.5.2004).

	Infração	Consequência prevista na lei
1.	Omissão de receitas	Deve ser adicionada ao lucro, v. art. 288 do RIR/1999: "Art. 288. Verificada a omissão de receita, a autoridade determinará o valor do imposto e do adicional a serem lançados de acordo com o regime de tributação a que estiver submetida a pessoa jurídica no período de apuração a que corresponder a omissão (Lei n. 9.249, de 1995, art. 24)".
2.	Classificação de despesas não necessárias como se fossem despesas necessárias	Deve ser adicionada ao lucro, v. art. 249, I, do RIR/1999: "Art. 249. Na determinação do lucro real, serão adicionados ao lucro líquido do período de apuração (Decreto-lei n. 1.598, de 1977, art. 6º, § 2º): "I – os custos, despesas, encargos, perdas, provisões, participações e quaisquer outros valores deduzidos na apuração do lucro líquido que, de acordo com este Decreto, não sejam dedutíveis na determinação do lucro real".
3.	Criação de passivo fictício (despesas)	Deve ter o mesmo tratamento de omissão de receita, v. art. 281, III, do RIR/1999: "Art. 281. Caracteriza-se como omissão no registro de receita, ressalvada ao contribuinte a prova da improcedência da presunção, a ocorrência das seguintes hipóteses (Decreto-lei n. 1.598, de 1977, art. 12, § 2º, e Lei n. 9.430, de 1996, art. 40): "(...); "III – a manutenção no passivo de obrigações já pagas ou cuja exigibilidade não seja comprovada".

Desta forma, conclui-se que infrações tipificadas na legislação devem receber o tratamento nela prevista e não servir de fundamento para o arbitramento.

2.3 Indevida utilização do arbitramento quando possível a apuração do lucro real através de outros meios

Como visto, o lançamento tributário deve sempre ser pautado pela verdade material. Assim, mesmo nos casos em que o contribuinte estava obrigado a realizar a constituição do crédito tributário (autolançamento ou "lançamento por homologação") e não o faz corretamente, compete à administração tributária proceder a revisão do autolançamento e, se verificada a necessidade, realizar o lançamento de ofício. A conclusão é corolário lógico dos princípios da legalidade, da eficiência, da vinculabilidade, assim como decorre da previsão expressa do art. 149, incisos V e VII, do Código Tributário Nacional.

Por tal razão, pode-se afirmar com segurança que mesmo que a escrituração do contribuinte esteja comprovadamente viciada (tanto do ponto de vista formal como material), é dever do fisco buscar por todos os meios determinar a matéria tributável de acordo com a verdade material. Ora, se a existência de escrituração regular por parte dos contribuintes não é impedimento para que a administração se socorra de outros meios de prova para confirmar ou mesmo contestar a veracidade dos fatos nela registrados (art. 276 do RIR/1999[19]), não se pode admitir que a ocorrência de irregularidades seja justificativa para limitar a atuação do fisco em busca da verdade material. E mais, se o contribuinte descurou da sua obrigação de manter a sua escrituração de forma adequada, sofrerá as sanções cabíveis (as quais não são leves, diga-se), mas isso não implica automaticamente na autorização para a administração se valer do arbitramento sem antes tentar verificar o lucro por outros meios.

Com efeito, conforme demonstrado acima, o lançamento por arbitramento só tem cabimento em situações em que reste impossível a apuração do lucro real, sendo que antes da adoção da medida extrema do

19. "*Art. 276*. A determinação do lucro real pelo contribuinte está sujeita à verificação pela autoridade tributária, com base no exame de livros e documentos de sua escrituração, na escrituração de outros contribuintes, em informação ou esclarecimentos do contribuinte ou de terceiros, ou em qualquer outro elemento de prova, observado o disposto no art. 922" (Decreto-lei n. 1.598, de 1977, art. 9º).

arbitramento compete ao fisco buscar por todos os meios determinar a matéria tributável de acordo com a verdade material.

Neste sentido, corroborando todo o até então exposto, é precisa e pertinente a lição de Alberto Xavier,[20] *in verbis*:

"O critério correto para determinar se um ou mais vícios ou deficiências da escrituração são ou não suscetíveis de arrastar a sua desclassificação global é, pois, um critério funcional que consiste em verificar se eles provocam ou não a impossibilidade por parte do Fisco, do exercício do seu dever de investigação com vista a uma eventual retificação da escrituração mercantil.

"Só o critério da impossibilidade absoluta harmoniza logicamente o princípio fundamental do dever de investigação que ao Fisco compete com vista à descoberta da verdade material, corolário do princípio inquisitório, por sua vez desdobramento do princípio da legalidade, com o dever de colaboração que impenda sobre o contribuinte. *A força de tais princípios é tanta que o dever de investigação do Fisco só cessa na medida e a partir do limite em que o seu exercício se tornou impossível, em virtude do não exercício ou do exercício deficiente do dever de colaboração do particular em matéria de escrituração mercantil.*

"Não basta uma simples dificuldade ou maior onerosidade do exercício do dever de investigação em decorrência de vícios isolados da escrita, para exonerar o Fisco do cumprimento do seu dever funcional, autorizando-o desde logo ao recurso à prova indiciária. Enquanto essa possibilidade subsiste deve o Fisco prosseguir no cumprimento de tal dever, seja qual for a complexidade e o custo de tal investigação" (grifamos).

Na mesma linha, cita-se novamente a lição da Professora Fabiana Del Padre Tomé[21] que com precisão afirma: "Se o Fisco, no exercício do seu dever de investigação, tiver condições de, *por quaisquer provas*, identificar e corrigir os valores erroneamente escriturados, compete-lhe suprir oficiosamente as deficiências da documentação, efetuando as necessárias retificações e constituindo o fato jurídico tributário e sua medida" (grifamos).

Por fim, resumindo com precisão o ora sustentado, é precisa a lição de Maria Rita Ferragut ao afirmar que: "o fato que dá nascimento à competência de arbitrar não é o descumprimento, por parte do contribuinte, dos deveres instrumentais a que se submete, descumprimento esse que impede a descoberta da verdade por parte do Fisco, e sim *a inexistência de documentos aptos a provar de forma direta a riqueza do fato juridicamente relevante*"[22] (grifamos).

Portanto, constatada a inexistência ou irregularidade de escrituração hábil à apuração do lucro real da pessoa jurídica, deverá a administração buscar por outros registros (provas) que lhe possibilitem apurar, da forma mais precisa possível, a verdadeira materialidade eleita pela lei que instituiu o imposto.

Nestes termos, é igualmente o entendimento da jurisprudência administrativa federal:

"Assunto: Imposto sobre a Renda de Pessoa Jurídica – IRPJ Ano-calendário: 1988, 1989. Ementa: Arbitramento – A falta de formalidades em relação ao livro de registro de inventário, isoladamente, não permitem o arbitramento do lucro se o contribuinte mantém outros controles que permitam aferir a produção" (Acórdão n. 105-17141, 4ª Câm., 1º CC, j. 13.8.2008).

"Arbitramento – LALUR e registro de inventário – A desclassificação da escrituração da pessoa jurídica e o consequente arbitramento de lucro representam medida extrema, aplicável apenas quanto inexistirem condições materiais de verificação, pela autoridade fiscal, da apuração do lucro real procedida pelo sujeito passivo. Erros formais de escrituração dos livros Lalur e Registro de

---

20. Ob. cit., pp. 180-181.
21. Ob. cit., p. 296.

22. Ob. cit., p. 146.

Inventário são insuficientes para o arbitramento de lucro *ex officio, quando evidenciado que a autoridade fiscal dispôs de elementos para verificação da base de cálculo* pelo regime de tributação eleito pelo contribuinte" (Acórdão n. 103-22362, 3ª Câm., 1º CC, *DOU* 10.5.2006 – grifamos).

Insista-se: a utilização do arbitramento deve sempre ser a última opção para apuração do lucro, permanecendo restrita àquelas hipóteses em que verificada a impossibilidade de se alcançar a verdadeira materialidade prevista na lei como base de cálculo do imposto de renda.

Neste sentido, se verificado pela administração que o contribuinte não detém (ou se negou a apresentar) os livros comerciais e fiscais a que estava obrigado a manter, deverá a mesma tentar buscar aquelas informações que deveriam estar registradas nestes livros em outros documentos, tanto do contribuinte como de terceiros, conforme lhe determina o art. 276 do RIR/1999.

Exemplo desta situação ocorre quando a administração se depara com empresa que não possui o Livro Registro de Inventário, mas possui o Livro Diário em boa ordem ou, ainda, possui todas as notas fiscais que permitem a identificação das mercadorias, insumos e produtos que deveriam estar arrolados no inventário do contribuinte. Portanto, mesmo que a referida empresa estivesse obrigada a manter o Livro Registro de Inventário em boa ordem, a sua ausência, *a priori*, não impede a fiscalização de apurar a efetiva movimentação do inventário por outros meios como os já mencionados, afinal o referido livro (assim como qualquer outro livro comercial ou fiscal) nada mais representa do que a retratação de outras provas admitidas no nosso ordenamento jurídico.

Por outro lado, se a situação encontrada pela administração for de irregularidades na escrituração e/ou livros do contribuinte, então deverá inicialmente tentar qualificar e quantificar as irregularidades para, assim, ajustar o lucro efetivamente incorrido pelo contribuinte, conforme demonstrado no item 2.1, acima. Para tanto, deve valer-se de toda e qualquer prova admitida, conforme demonstrado nos parágrafos anteriores. Incabível é a atitude do fisco de abandonar a investigação da realidade, deixando de analisar uma enorme gama de documentos que suportariam a escrituração contábil e fiscal de uma empresa e que poderiam permitir a identificação dos negócios por ela praticados, para partir para o cômodo caminho do arbitramento.

Nesta linha, caso a administração não logre êxito na qualificação e quantificação das irregularidades ou não disponha dos meios (pessoal, recursos, etc.) para tanto, deverá, então, intimar o contribuinte para sanar as irregularidades, dando-lhe um prazo adequado para tanto.

Por tal razão, é firme a posição da jurisprudência e da doutrina pátria no sentido de que, em situações como esta, é dever da autoridade fiscal intimar o contribuinte para retificar sua escrita fiscal antes de realizar o lançamento por arbitramento.

Veja-se, neste sentido, as seguintes decisões administrativas, *in verbis*:

"*IRPJ – Arbitramento de lucros –* O arbitramento de lucros, por desclassificação da escrita contábil, é procedimento extremo. Tal medida deve ser aplicada quando o contribuinte, intimado de forma clara e objetiva para providenciar a regularização da escrita, concedendo-se prazo razoável para seu atendimento, deixar de atender à fiscalização. Recurso especial provido" (Acórdão n. 01-04.557, CSRF, j. 9.6.2003).

"Prazo - Irregularidade formal não justifica, por si só, o abandono da escrituração e a adoção do lucro arbitrado. É de conceder-se, por escrito, prazo razoável para sua correção. A irregularidade material, por sua vez, deve ser demonstrada" (Acórdão n. 103-5551/83, 1º CC, *Resenha Tributária* 1.2, 30/84, p. 768).

Na mesma linha jurisprudencial, é o entendimento da doutrina, conforme se percebe pela lição de Maria Rita Ferragut que, ao tratar dos critérios objetivos para aplicação do arbitramento, afirma que "[o] *contribuinte deve ser intimado para sanar, em prazo razoável, as irregularidades constantes dos documentos fiscais*".[23]

Veja-se, no mesmo sentido, a lição de Mizabel Derzi e Sacha Calmon Navarro Coelho,[24] *in verbis*:

"À luz dos princípios constitucionais e infraconstitucionais (art. 148 do Código Tributário Nacional e arts. 399 a 404 do RIR/1980), a jurisprudência estabeleceu regras importantes ao arbitramento (...), a saber:

"a) O arbitramento é medida extrema, somente imponível quando inviável a apuração do lucro real. O atraso na escrituração dos livros obrigatórios e demais omissões (mesmo estando ausente livro obrigatório), supríveis por outros livros ou por documentação idônea, não dão ensejo ao arbitramento.

"b) *Impõe-se a concessão de prazo pela Administração, para que o contribuinte possa suprir a ausência de livro ou o atraso na escrita, quando outros meios – matrizes já elaboradas, rol de mercadorias, documentação lastreadora – possibilitam o lançamento com base no lucro real. O arbitramento não é penalidade ou castigo.*

"c) Somente quando a tributação apresentar falhas materiais insanáveis (a serem demonstradas pelo Fisco), deve prevalecer a tributação com base no lucro arbitrado, descabendo o arbitramento, ao contrário, quando as falhas forem formais ou simples defeitos de forma, que não impedem a apuração do lucro real."

Portanto, conclui-se que a utilização do arbitramento pressupõe a efetiva comprovação pela administração da impossibilidade de apuração do lucro real do contribuinte, seja com base na documentação contábil e fiscal, seja com base em outros documentos do contribuinte e de terceiros. Ademais, a utilização do arbitramento deve ser necessariamente precedida da intimação do contribuinte para sanar as irregularidades encontradas na sua documentação.

23. Ob. cit., p. 147.
24. *Pressupostos Jurídicos do Arbitramento...*, pp. 370-371.

3. Conclusão

No Direito, é por meio das provas que a verdade se estabelece. Não basta a alegação do agente da fiscalização de que a escrita é imprestável para justificar a utilização do arbitramento. É preciso que isso fique plenamente comprovado nos autos do processo administrativo.

Por tudo que foi exposto no presente estudo e com amparo nas normas que autorizam a utilização do arbitramento como meio de apuração do lucro para fins de incidência do imposto de renda da pessoa jurídica, conclui-se que: (*i*) o arbitramento não é instrumento de sanção; (*ii*) o arbitramento pressupõe prova contundente da imprestabilidade dos registros fiscais e contábeis da empresa como um todo e não de partes isoladas; (*iii*) o arbitramento não se aplica em situações em que as irregularidades são passíveis de qualificação e quantificação; (*iv*) o arbitramento não serve como meio alternativo para tratamento de infrações que possuam tratamento legal específico; (*v*) o arbitramento não tem cabimento em hipóteses em que o lucro real possa ser apurado através de outras provas; e, por fim, (*vi*) o arbitramento não pode ser aplicado sem antes ser dada a oportunidade ao contribuinte para sanar as irregularidades encontradas em sua documentação contábil e/ou fiscal de forma a permitir a quantificação da verdadeira materialidade escolhida pelas leis do imposto sobre a renda.

Bibliografia

ACQUAVIVA, Marcus Cláudio. *Dicionário Jurídico Brasileiro*. 8ª ed. Ed. Jurídica Brasileira, 1995.

ÁVILA, Humberto. *Sistema Constitucional Tributário*. Porto Alegre: Saraiva, 2004.

BECKER, Alfredo Augusto. *Teoria Geral do Direito Tributário*. 2ª ed. Saraiva, 1972.

BORGES, J. Souto Maior. "Lançamento tributário". In: *Tratado de Direito Tributário Brasileiro*. vol. IV. Rio de Janeiro: Forense, 1981.

CARRAZZA, Roque Antonio. *Curso de Direito Constitucional Tributário*. 19ª ed. São Paulo: Malheiros Editores, 2003.

_____. *Reflexões sobre a Obrigação Tributária*. São Paulo: Noeses, 2010.

CARVALHO, Aurora Tomazini de. *Curso de Teoria Geral do Direito (O Constructivismo Lógico-Semântico)*. 2ª ed. São Paulo: Noeses, 2010.

CARVALHO, Paulo de Barros. *Curso de Direito Tributário*. 17ª ed. São Paulo: Saraiva, 2005.

_____. *Direito Tributário: Fundamentos Jurídicos da Incidência*. 4ª ed. São Paulo: Saraiva, 2006.

_____. *Direito Tributário, Linguagem e Método*. 4ª ed. São Paulo: Noeses, 2011.

_____. "Processo Administrativo Tributário". *Revista de Direito Tributário*, vols. 9/10. São Paulo, 1979.

_____. "A prova no procedimento administrativo tributário". *Revista Dialética de Direito Tributário*, vol. 34. Dialética.

DERZI, Mizabel; e COELHO, Sacha Calmon Navarro. *Pressupostos Jurídicos do Arbitramento – Os Princípios da Capacidade Econômica, da Legalidade e da Proibição de Excesso. Direito Tributário Aplicado Estudos e Pareceres*. Belo Horizonte: Del Rey, 1997.

FERRAGUT, Maria Rita. *Presunções no Direito Tributário*. São Paulo: Dialética, 2001.

FERRAZ JR., Tércio Sampaio. *Teoria da Norma Jurídica*. Rio de Janeiro: Forense, 1978.

GRAU, Eros Roberto. *O Direito Posto e o Direito Pressuposto*. 3ª ed. São Paulo: Malheiros Editores, 2000.

_____. *Ensaio e Discurso sobre a Interpretação/ Aplicação do Direito*. 5ª ed. São Paulo: Malheiros Editores, 2009.

HORVATH, Estevão. *Lançamento Tributário e "Autolançamento"*. 2ª ed. São Paulo: Quartier Latin, 2010.

IVO, Gabriel. *Norma Jurídica: Produção e Controle*. São Paulo: Noeses, 2006.

JUSTEN FILHO, Marçal. *Curso de Direito Administrativo*. São Paulo: Saraiva, 2005.

KELSEN, Hans. *Teoria Geral do Direito do Estado*. Trad. Luís Carlos Borges. 4ª ed. São Paulo: Martins Fontes, 2005.

_____. *Teoria Pura do Direito*. 4ª ed. Coimbra: Armênio Amado Ed., 1976.

MARTINS, Ives Gandra da Silva (coord.). *Presunções no Direito Tributário*. Caderno de Pesquisas Tributárias, vol. 9.

NEDER, Marcos Vinícius; e LOPES, Maria Tereza Martinez. *Processo Administrativo Fiscal Federal Comentado*. 3ª ed. São Paulo: Dialética, 2010.

PAULSEN, Leandro. *Direito Tributário: Constituição e Código Tributário à Luz da Doutrina e Jurisprudência*. 12ª ed. Porto Alegre: Livraria do Advogado, 2010.

ROBLES MORCHON, Gregório. *Teoría del Derecho (Fundamentos de Teoría Comunicacional del Derecho)*. Madrid: Civitas, 1998.

SANTI, Eurico Marcos Diniz. *Lançamento Tributário*. 2ª ed., rev. e amp. São Paulo: Max Limonad, 2001.

_____. *Decadência e Prescrição no Direito Tributário*. 3ª ed., rev. e amp. São Paulo: Max Limonad, 2004.

SILVA, Leonardo Mussi. "A exclusão da subempreitada da base de cálculo do ISS". *Revista Dialética de Direito Tributário* 100. Dialética, 2003.

TOMÉ, Fabiana Del Padre. *A Prova no Direito Tributário*. São Paulo: Noeses, 2005.

VALÉRIO, Walter Paldes. *Programa de Direito Financeiro e Finanças*. 6ª ed. Porto Alegre: Sulina, 1981.

VELLOSO, Carlos Mário. "O arbitramento em matéria tributária". *Revista de Direito Tributário* 63/177.

VILANOVA, Lourival. *Causalidade e Relação no Direito*. São Paulo: Saraiva, 1989.

XAVIER, Alberto. *Do Lançamento no Direito Tributário Brasileiro*. 3ª ed. Rio de Janeiro: Forense, 2005.

_____. "IR. Lançamento por arbitramento pressupostos e limites". *Revista de Direito Tributário*, vol. 31. São Paulo.

ESTUDOS & COMENTÁRIOS

REVISÃO DO LANÇAMENTO TRIBUTÁRIO

Marina Vieira de Figueiredo

Mestre em Direito pela Pontifícia Universidade Católica de São Paulo

Introdução. 1. Definição do conceito de lançamento. 2. Revisão x Alteração: imprecisão terminológica. 3. Revisão: procedimento ou ato? 4. A partir de que momento é possível a revisão do lançamento?: 4.1 A dicotomia lançamento provisório x lançamento definitivo; 4.2 Lançamento definitivo: elementos constitutivos. 5. O que motiva a revisão do lançamento: 5.1 Os vícios a que estão sujeitas as normas jurídicas; 5.2 O erro de fato e o erro de direito. 5.3 Erro de direito e alteração de critério jurídico. 6. Conclusões.

Introdução

O direito, ao regular a forma como seus elementos serão criados, estabelece quem é competente para criar uma norma, qual o procedimento a ser seguido para tanto, bem como o conteúdo sobre o qual essa norma pode versar.

Ao revisar uma norma, o sujeito competente não faz outra coisa senão verificar se determinada regra foi (ou não) produzida de acordo com o que prescreve o direito e se seu conteúdo atende os requisitos prescritos pela norma de superior hierarquia que autorizou sua produção. Caso a resposta seja positiva, a norma é mantida nos seus exatos termos. Inversamente, caso a resposta seja negativa – quer dizer, se se verificar que a norma possui vício –, o resultado, como regra, é a declaração da sua nulidade.[1]

Assim como as demais normas que compõem o sistema, o ato de lançamento está, igualmente, sujeito à revisão. Mas o que, afinal, justifica a revisão desta norma? Essa é a questão que tentaremos responder neste artigo.

1. Definição do conceito de lançamento

Apesar das diversas posições na doutrina quanto a esse tema, entendemos que o lançamento é um: (i) ato praticado pela

---

1. Pontes de Miranda é um dos muitos autores que concebem a nulidade como uma sanção: "(...) Se o que praticou o ato não era *legitimado jurídico*, por ser estranho ao declarado o declarar, ou estranho ao manifestar o manifestado, ou estranho ao comunicar o comunicado, declarou, manifestou ou comunicou, *fora da ordem interior* em que o mundo jurídico encadeia os direitos, as pretensões e ações, posto que *dentro* do mundo jurídico. *A sanção pode ser a nulidade; mas essa sanção supõe infração das leis reguladoras do ato jurídico*, em vez de acontecimento fora" (*Tratado de Direito Privado*, t. IV, Rio de Janeiro, Borsoi, 1970, p. 15 – grifamos).

Administração; (ii) consubstanciado numa norma geral e concreta; (iii) que tem como conteúdo outra norma – esta individual e concreta – que relata, no seu antecedente, um evento que preenche as características descritas na hipótese da regra-matriz de incidência tributária e, no consequente, prevê uma relação jurídica obrigacional, igualmente prescrita no consequente daquela norma. Vejamos cada um dos elementos desta definição com mais vagar.

(i) "Ato praticado pela Administração"

Ao examinar a forma como o direito atua, verificamos que, para que se obrigue alguém a pagar tributo, não basta institui-lo (positivando-se a regra-matriz de incidência tributária), sendo necessária, também, a edição de uma norma individual e concreta para a constituição do crédito tributário.[2]

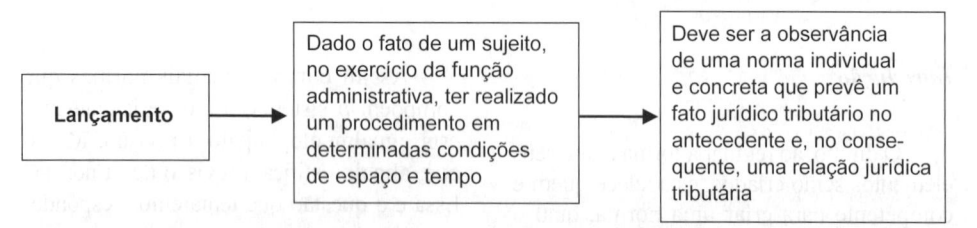

Tal competência pode ser exercida tanto pela Administração Pública quanto pelo particular (sujeito passivo). Contudo, estaremos diante do fenômeno "lançamento" apenas quando tal operação for realizada pela Administração.

De fato, ao analisar as disposições do Código Tributário Nacional que tratam da constituição do crédito tributário, fica claro que, nos chamados "lançamentos por homologação", cabe ao particular aplicar a regra-matriz de incidência tributária, constituindo o crédito.

Todavia, é igualmente certo que este fenômeno não pode ser qualificado como "lançamento", tratando-se de outra modalidade de veículo que insere no sistema norma que constitui o crédito tributário. E isso por uma razão simples, mas contundente: sendo o lançamento ato privativo do agente público (art. 142 do CTN), não há como incluir nessa classe a introdução da norma individual e concreta pelo contribuinte.

(ii) "Consubstanciado numa norma geral e concreta"

A norma a que nos referimos, quando falamos de "lançamento tributário", não é aquela resultado da aplicação da regra-matriz de incidência tributária. Esta figura como conteúdo do "lançamento", sendo este a norma geral e concreta que resulta da aplicação de uma norma de competência.[3]

Lançamento → Dado o fato de um sujeito, no exercício da função administrativa, ter realizado um procedimento em determinadas condições de espaço e tempo → Deve ser a observância de uma norma individual e concreta que prevê um fato jurídico tributário no antecedente e, no consequente, uma relação jurídica tributária

(iii) "Que tem como conteúdo outra norma"

O lançamento é um ato (norma geral e concreta) que tem como finalidade introduzir no ordenamento uma norma jurídica indivi-

---

2. "A *Súmula 436*. A entrega de declaração pelo contribuinte reconhecendo débito fiscal constitui o crédito tributário, dispensada qualquer outra providência por parte do fisco" (*DJ* 13.5.2010).

3. "A norma que configura o ato ou a regra de conduta que o expediente visa a inserir no sistema tem feições internas diversas: enquanto a de lançamento é concreta e geral, a que reside em seu conteúdo é concreta, mas individual. A primeira, tem como suposto ou antecedente um acontecimento devidamente demarcado no espaço e no tempo, identificada a autoridade que a expediu. (...) A verdade é que a hipótese dessa norma alude a um fato efetivamente acontecido. Já o consequente revela o exercício de conduta autorizada a certo e determinado sujeito de direitos e que se pretende respeitada por todos os demais da comunidade. Nesse sentido é geral. Quando faço alusão ao conteúdo do ato, estou me referindo àquilo que a conduta autori-

dual e concreta que constitui uma relação jurídica tributária. Esta norma não é outra coisa senão resultado da aplicação da RMIT.

A RMIT traz, no seu antecedente (hipótese), a previsão de um acontecimento social que dará ensejo ao pagamento do tributo. Seu consequente, por sua vez, determina em que condições se dará o pagamento do tributo, se aquele acontecimento se verificar.

A norma individual e concreta que resulta da sua aplicação, todavia, faz referência a situações específicas, não a classes indeterminadas, ou seja, prevê um acontecimento já ocorrido, no seu antecedente, e uma relação jurídica com sujeitos individualizados e objeto determinado, no seu consequente.

O que distingue esta norma das demais prescrições que integram o ordenamento jurídico é justamente o fato de o objeto da relação jurídica prevista no seu consequente ser a obrigação de pagar um tributo.

A relação jurídica tributária possui 5 (cinco) componentes: (i) *sujeito ativo* (S^A): é o titular do direito subjetivo de exigir o cumprimento da prestação; (ii) *sujeito passivo* (S^P): tem o dever de cumprir com a pretensão fiscal; (iii) *objeto* ($): é a conduta prestacional de entregar uma porção de moeda;[4] (iv) *crédito*: direito subjetivo de que está investido o sujeito ativo de exigir o objeto da obrigação; e (v) *débito*: dever do sujeito passivo de prestar o objeto da obrigação.[5]

---

zada do sujeito ativo da primeira norma produziu, isto é, a norma ou normas gerais e abstratas, individuais e concretas, ou individuais e abstratas, inseridas no ordenamento por força da juridicidade da regra introdutora. Eis o campo onde residem a regra-matriz de incidência (norma geral e abstrata) e a norma individual e concreta, objeto do ato jurídico-administrativo do lançamento" (Paulo de Barros Carvalho, *Curso de Direito Tributário*, São Paulo, Saraiva, 2010, p. 418).

4. Como destaca Paulo de Barros Carvalho: "(...) uma coisa é o objeto da obrigação: no caso, a conduta prestacional de entregar uma porção de moeda; outra, o objeto da prestação, representado aqui pelo valor pecuniário pago ao credor ou por ele exigido" (*Curso de Direito Tributário*, p. 377).

5. Paulo de Barros Carvalho, *Curso de Direito Tributário*, pp. 262-263.

O crédito tributário, neste contexto, não é outra coisa senão um dos elementos integrantes da obrigação tributária, não se podendo falar em obrigação sem crédito ou crédito sem obrigação. Assim, ao constituir o crédito tributário, o lançamento não faz outra coisa senão introduzir a relação jurídica tributária no ordenamento jurídico.

2. Revisão x alteração: imprecisão terminológica

De acordo com o que estabelece o art. 145 do Código Tributário Nacional, "o lançamento regularmente notificado ao sujeito passivo" só pode ser alterado mediante: (i) impugnação do sujeito passivo; (ii) recurso de ofício; ou (iii) iniciativa de ofício da autoridade administrativa, nas hipóteses previstas no art. 149. Por sua vez, ao disciplinar as situações de revisão de ofício, prescreve o seguinte:

"Art. 149. O lançamento é efetuado e revisto de ofício pela autoridade administrativa nos seguintes casos:

"I – quando a lei assim o determine;

"II – quando a declaração não seja prestada, por quem de direito, no prazo e na forma da legislação tributária;

"III – quando a pessoa legalmente obrigada, embora tenha prestado declaração nos termos do inciso anterior, deixe de atender, no prazo e na forma da legislação tributária, a pedido de esclarecimento formulado pela autoridade administrativa, recuse-se a prestá-lo ou não o preste satisfatoriamente, a juízo daquela autoridade;

"IV – quando se comprove falsidade, erro ou omissão quanto a qualquer elemento definido na legislação tributária como sendo de declaração obrigatória;

"V – quando se comprove omissão ou inexatidão, por parte da pessoa legalmente obrigada, no exercício da atividade a que se refere o artigo seguinte;

"VI – quando se comprove ação ou omissão do sujeito passivo, ou de terceiro legalmente obrigado, que dê lugar à aplicação de penalidade pecuniária;

"VII – quando se comprove que o sujeito passivo, ou terceiro em benefício daquele, agiu com dolo, fraude ou simulação;

"VIII – quando deva ser apreciado fato não conhecido ou não provado por ocasião do lançamento anterior;

"IX – quando se comprove que, no lançamento anterior, ocorreu fraude ou falta funcional da autoridade que o efetuou, ou omissão, pela mesma autoridade, de ato ou formalidade especial.

"Parágrafo único. A revisão do lançamento só pode ser iniciada enquanto não extinto o direito da Fazenda Pública."

Como é possível perceber, o legislador optou por utilizar a palavra "alteração" para designar todas as modalidades de reapreciação do lançamento – por iniciativa do contribuinte ou do Fisco –, empregando a expressão "revisão" para referir-se a apenas uma delas, qual seja, quando a alteração decorre da iniciativa de ofício da autoridade administrativa. "Alteração", neste contexto, seria o gênero do qual a "revisão" seria uma das espécies.

Todavia, ao analisar mais de perto as hipóteses designadas pelo legislador como de "alteração" do lançamento – da qual a "revisão" seria uma das espécies – verifica-se que, em muitas delas, não há modificação do lançamento, mas, pelo contrário, a integral manutenção do ato ou, inversamente, a sua supressão. Não poderiam, portanto, ser designadas como modalidades de "alteração" desse ato, já que, em sentido estrito, alteração ocorre apenas nas hipóteses em que se o lançamento é modificado parcialmente.

Por essa razão, preferimos adotar, na linha defendida por Alberto Xavier,[6] a palavra "revisão" para designar todas as hipóteses de reapreciação do lançamento – não apenas aquelas decorrentes de iniciativa de ofício do administrador –, e empregar a palavra "alteração" para designar umas das inúmeras consequências decorrentes da revisão do lançamento.

3. Revisão: procedimento ou ato?

Assim como ocorre com o vocábulo "lançamento", também a palavra "revisão" padece do problema semântico da ambiguidade, podendo designar tanto "o procedimento tendente à reapreciação de um ato jurídico, como o próprio ato em que esse procedimento se encerra".[7]

De fato, não se pode negar que, assim como ocorre com as demais ações (atos), também o ato de revisão do lançamento deve ser precedido de uma série de operações (procedimento), sendo ato e procedimento, pois, duas perspectivas distintas de uma mesma realidade, qual seja: a revisão do ato pelo qual a Administração constitui o crédito tributário.

Sob essa perspectiva, procedimento de revisão é o conjunto de atos praticados por uma autoridade – que pode ser administrativa ou judicial – a fim de verificar a existência ou não de um vício no ato de lançamento.[8]

O ato (norma geral e concreta) de revisão, por sua vez, é o produto dessa atividade, ou seja, é a decisão proferida por um sujeito competente que reconhece a existência ou não de um vício e constituindo os correlatos efeitos – manutenção, alteração, supressão etc.

---

6. "Afigura-nos, todavia, preferível adotar um conceito amplo de revisão, mais rigoroso do que o de alteração, pois o ato secundário pode traduzir-se tanto na alternativa de 'alteração', caso se repute incorreto o ato primário, quanto na de 'confirmação', no caso oposto. O conceito de revisão abrangeria, assim, tanto a *revisão oficiosa*, de iniciativa da autoridade administrativa competente, quanto a *revisão por impugnação*, de iniciativa dos sujeitos passivos, quanto ainda a *revisão por recurso de ofício*, por força de lei" (*Do Lançamento: Teoria Geral do Ato, do Procedimento e do Processo Tributário*, Rio de Janeiro, Forense, 1997, p. 240).

7. *Do Lançamento: Teoria Geral do Ato, do Procedimento e do Processo Tributário*, p. 240.

8. Procedimento é, aqui, entendido como o rito a ser seguido para a solução de conflitos (cf. Paulo Cesar Conrado, *Processo Tributário*, São Paulo, Quartier Latin, 2007, pp. 39-40).

Como se percebe, tais realidades são indissociáveis, especialmente porque o caminho percorrido para praticar uma ação influencia sensivelmente na validade do resultado, ou seja, na própria ação.

Fazendo uma analogia: para fazer uma torta, por exemplo, é necessário realizar uma série de operações previstas numa receita. Ocorre que, se por algum motivo nos desviamos dessa receita, esquecendo, por exemplo, de incluir o fermento, não é possível obter uma torta perfeita.

Na revisão do lançamento não é diferente. Para reconhecer a existência de um vício neste ato e constituir os efeitos daí decorrentes, é necessário, antes, percorrer um iter procedimental, o qual, se não for observado, certamente prejudicará a validade da norma de revisão.

Como já destacado, a validade de uma norma está condicionada à observância de todos os requisitos prescritos pela norma de competência que autoriza sua produção. E um desses pressupostos é justamente o procedimental, ou seja, é a observância do percurso prescrito na norma de competência para a produção de outra regra.

Assim como a inobservância do procedimento prescrito pela regra de competência pode prejudicar a validade da norma de lançamento, o mesmo pode ocorrer relativamente à norma de revisão. É por essa razão que, antes de analisar esta regra (ato), vamos traçar, em linhas gerais, os requisitos para sua produção (procedimento).

Antes, contudo, é necessário verificar a partir de que momento é possível falar em procedimento de revisão.

4. A partir de que momento é possível a revisão do lançamento?

4.1 A dicotomia lançamento provisório x lançamento definitivo

Para empreender um estudo consistente a respeito do tema "revisão do lançamento", é preciso determinar, primeiro, em que momento se considera praticado este ato lançamento. Afinal, só há que se falar em revisão se o lançamento estiver pronto e acabado.

A questão não é pacífica, especialmente por conta da distinção entre lançamento provisório e lançamento definitivo que prevalece na jurisprudência.

Com efeito, ao analisar recentes decisões pelo Supremo Tribunal Federal e pelo Superior Tribunal de Justiça, verifica-se que estas E. Cortes costumam utilizar o adjetivo provisório para qualificar os lançamentos suscetíveis de alteração no curso de um processo administrativo. Inversamente, só haveria que se falar em lançamento definitivo quando o ato não estivesse mais sujeito à revisão na esfera administrativa.[9]

O Supremo Tribunal Federal, por exemplo, fixou esse entendimento ao decidir sobre o momento em que se considera possível a instauração de ação penal, relativamente aos crimes contra a ordem tributária. De fato, atualmente prevalece nesta E. Corte o posicionamento segundo o qual essas modalidades de ilícito só se consumam após o término do processo administrativo, já que é apenas nesse momento em que se considera definitivamente constituído o crédito tributário:

"*Habeas corpus*. Crime tributário. Pendência de processo administrativo. Ausência de constituição definitiva do crédito tributário. Falta de justa causa para a ação penal. *A sonegação fiscal, sendo crime material, somente se consuma com a constituição definitiva do crédito tributário. Demonstrada, no caso, a existência de processo administrativo tributário pendente de decisão definitiva,*

---

[9]. "Incumbe-nos, neste ponto, dizer uma palavra acerca do denominado lançamento provisório e lançamento definitivo. Com relação a este último, seria a palavra final do Fisco como ato último de um procedimento administrativo tributário, da qual não caberia nenhum tipo de revisão ou recurso. O lançamento provisório, por sua vez, seria aquele ato suscetível de ser alterado no decorrer do procedimento tributário" (Estevão Horvath, *Lançamento Tributário e "Autolançamento"*, São Paulo, Quartier Latin, 2010, p. 89).

não há justa a causa à ação penal. Ordem concedida" (2ª T., Rel. Min. Eros Grau, HC 91.725, *DJe* 26.11.2009).

"Inquérito originário. Crimes contra a administração pública e contra a ordem tributária. Cota de passagens aéreas. Denúncia embasada em extenso quadro fático-probatório. Desvio de dinheiro público de que se tinha a posse por efeito de investidura em cargo de natureza pública, mas usado em benefício próprio e de terceiros. Conduta, em tese, constitutiva do crime de peculato. Falsificação de faturas por agências de viagens. Falta de constituição definitiva do débito tributário. (...) 3. *Quanto ao delito tributário, é de incidir a nossa pacífica jurisprudência no sentido de que a necessidade de constituição definitiva do crédito tributário, na via administrativa, é condição* sine qua non *de toda discussão quanto à tipicidade penal das condutas descritas no art. 1º da Lei n. 8.137/1990.* Pelo que é de se rejeitar a denúncia quanto às supostas infrações aos incisos I e II da Lei n. 8.137/1990, nos termos do inciso III do art. 395 do Código de Processo Penal. 4. Denúncia parcialmente recebida" (Tribunal Pleno, Rel. Min. Carlos Britto, Inq 2.486, *DJe* 17.12.2009).

Também a jurisprudência do Superior Tribunal de Justiça, amparada no posicionamento da Corte Suprema, é no sentido de que o lançamento definitivo, para fins de ação penal tributária, se dá apenas com o término do processo administrativo:

"Penal e processual penal. *Habeas corpus* substitutivo de recurso ordinário. Art. 337-A do Código Penal. Necessidade de prévio esgotamento da via administrativa. Condição objetiva de punibilidade. I – *Esta Corte, em outras oportunidades, destacando a mudança de entendimento do Pretório Excelso em relação à existência de justa causa para a apuração do delito de apropriação indébita previdenciária, que só se verificaria após o esgotamento da via administrativa com a constituição definitiva do crédito tributário, passou a adotar o mesmo raciocínio em relação ao delito de sonegação de contribuição previdenciária previsto no art. 337-A do Código Penal.* II – Desta forma, no caso, é de se determinar o trancamento da ação penal instaurada para apurar a prática, em tese, de delito de sonegação de contribuição previdenciária, quando além de certidão expedida pelo Ministério da Fazenda, também o e. Tribunal *a quo* reconhece expressamente que a *persecutio criminis in iudicio* se deu quando ainda pendente processo administrativo instaurado em face da Notificação Fiscal de Lançamento de Débito mencionada na exordial acusatória. *Habeas corpus* concedido para determinar o trancamento da ação penal 2007.51.01.8066341-3 em trâmite perante a 3ª Vara Federal Criminal da Seção Judiciária do Rio de Janeiro" (5ª T., Rel. Min. Felix Fischer, HC 132.803-RJ, *DJe* 31.8.2009).

Há, também na doutrina, defensores dessa distinção entre lançamento provisório e definitivo. Hugo de Brito Machado, por exemplo, afirma expressamente que o lançamento, enquanto comportar alterações na esfera administrativa, não pode ser considerado definitivo.[10]

Cremos, contudo, que essa distinção entre lançamento provisório e definitivo não se sustenta após uma análise mais apurada.

Com efeito, o simples fato de um ato poder ser impugnado não é suficiente para qualificá-lo como provisório. Se assim fosse, quase tudo no direito seria provisório, pois, salvo as exceções expressamente indicadas pelo próprio sistema, todas as normas são impugnáveis, podendo ser expulsas do sistema – seja por possuírem um vício (invalidade), seja por conveniência e oportunidade da pessoa competente para a expulsão (revogação).

10. "O procedimento administrativo de lançamento tem duas fases: a oficiosa e a contenciosa. Concluída a primeira fase, com a determinação do valor do crédito tributário, é feita a notificação ao sujeito passivo. É a partir daí somente pode ser modificado em virtude de (a) impugnação do sujeito passivo; (b) recurso de ofício; (c) iniciativa da própria autoridade administrativa, nos casos previstos em lei (CTN, art. 145). Enquanto comporta alterações na própria esfera administrativa, o lançamento não é definitivo, não está juridicamente concluído, está em processo de elaboração" (*Curso de Direito Tributário*, São Paulo, Malheiros Editores, 2004, p. 178).

Como observa Maria Leonor Leite Vieira, a suscetibilidade a impugnações é apenas uma garantia prevista no sistema para dar efetividade aos princípios do contraditório e do devido processo legal, em nada alterando o caráter definitivo da norma jurídica posta no sistema.[11]

De fato, enquanto sistema dinâmico, o direito prevê uma série de mecanismos para movimentação e alteração das estruturas normativas, como meio de acompanhar a evolução social. É por essa razão que Clarice Von Oertzen de Araújo, ao analisar o ordenamento jurídico, identifica uma produção metalinguística contínua dentro desse sistema cuja principal finalidade é, justamente, resolver conflitos quanto à validade dos preceitos normativos:

"(...) verifica-se ainda a relação linguagem-objeto/metalinguagem na forma intrassistêmica, no interior do sistema do Direito Positivo, que trabalha com a organização hierárquica dos preceitos normativos e com critérios de interpretação para a solução e/ou eliminação de contradições no interior da linguagem prescritiva.

"(...).

"Um procedimento administrativo ou judicial, seguindo todas as etapas recursais previstas e permitidas pelo sistema de Direito Positivo, ilustra fielmente como se desenvolve a relação linguagem-objeto/metalinguagem. Uma sentença, ao decidir em primeira instância sobre a procedência ou improcedência do pedido formulado na ação proposta, toma a petição inicial, assim como toda a argumentação expendida pelas partes processuais, como linguagem-objeto. O acórdão que decide sobre o cabimento e o mérito do recurso o toma como sua linguagem-objeto e tem, em relação ao recurso interposto, um caráter metalinguístico. E assim, sucessivamente, os exames jurisdicionais da sequência de recursos cuja interposição for permitida pelo processo civil pátrio constituirão, sucessivamente, novos pares relacionais de linguagem-objeto/metalinguagem."[12]

Portanto, se partirmos da premissa de que uma norma só é definitiva se não puder mais ser revisada, teremos necessariamente que reconhecer que quase nada, no direito, pode ser qualificado como definitivo (inalterável), uma vez que tudo é, em princípio, passível de revisão.[13]

Por outro lado, afirmar que as estruturas normativas são, em sua maioria, provisórias, dá a entender que nenhuma delas alcançou seu teor de juridicidade, não podendo, por essa razão, disciplinar condutas. Essa afirmação, contudo, não procede em face do que dispõe o próprio ordenamento jurídico.

Não se cogita, por exemplo, afirmar que uma sentença não tem força suficiente para regular uma conduta. Pelo contrário. Tanto se reconhece a sua força juridicizante que o próprio sistema prevê mecanismos – atribui-

---

11. "O ato administrativo (...) nasce com características de *definitividade*, decisivo, final resolvido, assentado, portanto, e não de *provisoriedade*, de interinidade, de temporaneidade. Ao ser publicado (noticiado ao sujeito passivo) ele há de estar pronto, acabado e não apenas alinhavado, esboçado. A circunstância de poder ser impugnado não lhe retira tal característica, pois que, com ela, o que se pretende é dar seguimento ao princípio do *contraditório* e ao do '*due process of law*', prestigiados pela Carta Magna.

"Fosse assim e, mesmo, as decisões judiciais deveriam ser tomadas como provisórias enquanto não transitadas em julgado, na pendência de recurso ao órgão superior ou, mesmo, acórdão emanado do STF – ainda que dele não coubesse mais recurso – também seria tomado como provisório enquanto não transitado em julgado. Por óbvio que, com o trânsito em julgado, o acórdão encontra seu grau máximo de definitividade, pois que independe de qualquer verificação ou providência 'a posteriori'. No ato administrativo a 'imperatividade' que lhe cerca já confere essa característica" (*A Suspensão da Exigibilidade do Crédito Tributário*, São Paulo, Dialética, 1997, p. 36),

12. *Semiótica do Direito*, São Paulo, Quartier Latin, 2005, pp. 22-24.

13. "'Definitividade' é qualidade do que é definitivo, no sentido de permanente, 'tal qual deve ficar'. É categoria que não se presta para qualificar norma jurídicas, servindo mais, para contrastar com circunstâncias jurídicas caracterizadas pela transitividade, *e.g.*, a sentença ante prazo tempestivo de recurso. A 'definitividade' no direito não é absoluta, mas relativa. Depende de outras normas que interagem na trama do sistema normativo, que é dinâmico" (Eurico Marcos Diniz de Santi, *Lançamento Tributário*, São Paulo, Max Limonad, 2001, p. 206).

ção de efeito suspensivo aos recursos (art. 520[14] do CPC) – para, se necessário, obstar a produção de efeitos por essas decisões.

O mesmo se verifica em relação ao lançamento. O processo administrativo, longe de constituir uma etapa de constituição do crédito tributário, nada mais é do que um mecanismo que, assim como o efeito devolutivo concedido à apelação, permite seja paralisado, momentaneamente, o processo de positivação tendente a exigir o crédito tributário regularmente constituído enquanto não for analisada a impugnação do contribuinte.

De fato, o art. 151 do Código Tributário Nacional é expresso ao dispor que "as reclamações e os recursos, nos termos das leis reguladoras do processo tributário administrativo" são causas de suspensão da exigibilidade do crédito tributário. Ou seja, impedem que o agente administrativo exerça sua competência para "produzir normas com o propósito de tornar efetivo o direito de crédito por parte da Fazenda Pública",[15] já devidamente constituído pelo lançamento.[16]

Como se percebe, para que se verifiquem essas causas de suspensão, é indispensável que o crédito seja constituído, estando

---

14. "Art. 520. A apelação será recebida em seu efeito devolutivo e suspensivo. Será, no entanto, recebida só no efeito devolutivo, quando interposta de sentença que: (...)".

15. Daniel Monteiro Peixoto, "Suspensão da exigibilidade do crédito tributário", in Eurico Marcos Diniz de Santi, *Curso de Especialização em Direito Tributário: Estudos Analíticos em Homenagem a Paulo de Barros Carvalho*, Rio de Janeiro, Forense, 2005, p. 604.

16. A depender do momento do processo de positivação em que se verificarem uma das causas de suspensão de exigibilidade, diferentes serão os seus efeitos. Por exemplo: uma tutela antecipada concedida no bojo de Ação Anulatória proposta após a o término do processo administrativo obsta a inscrição em dívida; em contrapartida, se a tutela antecipada for concedida após a inscrição, obstará apenas a propositura de execução fiscal. No caso das reclamações e recursos administrativos, contudo, por se tratarem de causas que se verificam imediatamente após a constituição do crédito pelo lançamento, seu efeito será sempre impedir a inscrição em dívida e a consequente propositura de execução fiscal. Não impedirá, contudo, a própria constituição do crédito, já que a suspensão do crédito pressupõe que ele seja constituído.

apto a ser exigido pelo Fisco, do que se conclui que não teria sentido prever essa causa de suspensão se o lançamento já não estivesse perfeito e acabado.

Tanto isso é verdade que o próprio Supremo Tribunal Federal, assim como o Superior Tribunal de Justiça, apesar de haverem exarado inúmeras decisões no sentido de que o lançamento só se consuma após o término do processo administrativo, já decidiram, em diversas oportunidades, que uma vez que o sujeito passivo é cientificado da lavratura do lançamento, considera-se este ato definitivo, podendo o crédito por ele constituído ser plenamente exigido pelo Fisco:

"Prescrição tributaria. ISS. Entre o fato gerador e o lançamento fiscal corre o prazo de decadência. Fica em suspenso a exigibilidade do crédito tributário se há recurso do contribuinte e até que seja ele julgado, mas, apenas havendo formulação de consulta e fora do prazo recursal, inexiste suspensão. Em tal caso, o inicio do prazo prescricional se inicia após o termino do prazo do recurso contado da notificação do lançamento ou da ciência do auto de infração, e se o ajuizamento da execução fiscal ocorreu ainda dentro de cinco anos, assim contados, não incidiu a prescrição a fulminar o direito a cobrança do crédito" (STF, 2ª T., Rel. Min. Aldir Passarinho, RE 100.378, j. 14.10.1983, *DJ* 2.12.1983, pp. 19044, ement. vol. 01319-06, pp. 00128, *RTJ* vol. 00110-02, pp. 00816).

"Tributário. Embargos à execução fiscal. Decadência. Prescrição (Termo inicial. Constituição definitiva do crédito tributário. Recurso administrativo pendente de julgamento). Súmula 153, do Tribunal Federal de Recursos. Arts. 142, 173 e 174, do Código Tributário Nacional. Honorários advocatícios. Redução. Impossibilidade. Súmula 7 do STJ. (...) 2. A constituição definitiva do crédito tributário, sujeita à decadência, inaugura o decurso do prazo prescricional de cinco anos para o Fisco cobrar judicialmente o crédito tributário. (...) 5. *Nos casos em que o Fisco constitui o crédito tributário, mediante lançamento, inexistindo quaisquer causas de suspensão da exigibilidade ou de interrupção da prescrição, o prazo prescricional conta-se da data em que o contribuinte for regularmente notificado do lançamento tributário (arts. 145 e 174, ambos do CTN). (...) 12. Recurso especial desprovido"* (STJ, 1ª T., Rel. Min. Luiz Fux, REsp 1.107.339-SP, j. 1.6.2010, *DJe* 23.6.2010).

Como se percebe, estes Tribunais deixam claro que, uma vez que o contribuinte é notificado do lançamento, o crédito tributário por ele constituído passa a ser plenamente exigível, salvo se presente causa de suspensão da exigibilidade. Ora, se o crédito já pode ser regularmente exigido pelo Fisco, isso quer dizer que o lançamento já produziu os efeitos que lhe são correlatos – introdução de uma norma apta a constituir o crédito tributário – estando, pois, pronto e acabado.

Esta parece, a nosso ver, a ideia que melhor se coaduna com a atual configuração do nosso ordenamento jurídico, o qual prevê uma série de mecanismos de revisão de suas estruturas.

Portanto, a despeito das divergências doutrinárias e jurisprudenciais em relação ao tema, o processo administrativo, neste trabalho, não será concebido como uma etapa para introdução do lançamento no sistema jurídico, mas sim como plataforma para a sua revisão. O lançamento estará perfeito e acabado no momento em que: (i) preencher os requisitos de existência das normas jurídicas em geral e do lançamento em particular; e (ii) for comunicado ao sujeito passivo. Vejamos essa questão com mais vagar.

4.2 Lançamento definitivo: elementos constitutivos

Lançamento definitivo, no sentido de inalterável, é figura inexistente no nosso ordenamento, pois, como já destacado no item precedente, quase tudo no direito pode ser modificado ou suprimido.

Neste contexto, definiremos "lançamento definitivo" toda norma que preencher os requisitos mínimos para ser qualificada como lançamento e que tenha sido levada ao conhecimento do destinatário.

O lançamento é, antes de tudo, uma norma jurídica, mas se diferencia das demais regras justamente por possuir certas características específicas, quais sejam: (i) objeto/conteúdo: norma individual e concreta que, no seu antecedente, descreve a ocorrência de um fato jurídico tributário e, no seu consequente, prevê uma relação jurídica tributária, ou seja, que prevê o dever de pagar um tributo; e (ii) pertinência à função administrativa: ter sido introduzido no ordenamento por um sujeito no exercício da função administrativa.

Se observados esses requisitos, estaremos diante de norma jurídica (gênero), da espécie lançamento, bastando a notificação do sujeito passivo para que ingresse no ordenamento e seja passível de revisão.[17]

5. O que motiva a revisão do lançamento

Como já assinalado, a revisão do lançamento envolve: (i) um processo por meio do qual um sujeito competente coloca este ato jurídico administrativo sob nova análise para corrigir possíveis defeitos; e (ii) um ato final, por meio do qual se reconhece ou não a existência desses defeitos, constituindo os correlatos efeitos jurídicos (anulação, manutenção etc.).

Antes, contudo, de analisar esses dois momentos distintos da revisão do lançamento, é importante delimitar, primeiro, o que a motiva.

Pois bem. Partindo da premissa de que a revisão do lançamento está relacionada ao

---

17. "(...) Se o lançamento é ato administrativo, instrumento introdutório de norma individual e concreta no ordenamento positivo, desde que atinja os requisitos jurídicos para seu acabamento, dado a conhecer ao destinatário seu inteiro teor, ingressa no sistema, passando a integrá-lo. Outra coisa, porém, é a possibilidade de vir a ser modificado, consoante as técnicas previstas para esse fim. A susceptibilidade a impugnações é predicado de todos os atos administrativos" (Paulo de Barros Carvalho, *Curso de Direito Tributário*, p. 427).

reexame do ato para verificar se se adéqua às disposições da norma de superior hierarquia que autoriza a sua produção, é possível concluir que o motivo para revisão seria a crença de que este ato possui um vício qualquer.[18] Esse processo de revisão – que culminará com um ato de revisão – inaugura-se, pois, a partir de uma controvérsia quanto à compatibilidade entre duas normas.

Ao analisar a dinâmica dos processos judiciais – que, no nosso sistema jurídico, é o meio de revisão de normas por excelência – Cândido Rangel Dinamarco[19] e Cassio Scarpinella Bueno[20] observam que o exercício da função jurisdicional pressupõe a existência de conflitos quanto à aplicação de normas no caso concreto. É por essa razão, aliás, que o nosso sistema jurídico condiciona a atuação do Poder Judiciário à provocação das partes e, de outro lado, lhes garante o direito de participar do processo igualitariamente: "Sabido que o processo tem o escopo magno de eliminar conflitos, não só é natural que às pessoas envolvidas nestes se confie a iniciativa de procurar a ajuda do Poder Judiciário, sendo proibida ao juiz a instauração do processo de ofício – como ainda que se conte com a participação de cada um, no curso do processo instaurado, em busca de solução favorável. Instaurado o processo, cresce hoje a tendência a reforçar os poderes do juiz e seus deveres de participação – mas ainda assim todo sistema processual é construído de modo a oferecer a cada uma das partes, ao longo de todo o procedimento, oportunidades para *participar pedindo, participar alegando* e *participar provando*".[21]

No processo administrativo não é diferente. Também aqui se pressupõe um conflito entre as partes, razão pela qual a Constituição não estabelece distinção entre o processo judicial e o administrativo ao garantir aos litigantes, no seu art. 5º, LV, o direito ao contraditório e à ampla defesa, com todos os recursos a ela inerentes.

Parece-nos correto, pois, afirmar que o processo de revisão do lançamento – que pode se dar no âmbito judicial ou administrativo – se inicia em razão de um conflito, que neste caso está relacionado ao próprio lançamento e sua validade dentro do ordenamento jurídico vigente.

Com efeito, a todo o momento se verificam discussões quanto à legitimidade das exigências fiscais e são duas, basicamente, as razões para tanto: (i) ou o lançamento não observa as prescrições da norma que fundamenta sua produção; ou (ii) a norma que autoriza sua produção possui, ela própria, vícios que acabam maculando as regras introduzidas com base em suas disposições (quadro exemplificativo na p. 189). Observando os exemplos do quadro, fica claro que, tanto na situação descrita no item (i) quanto naquela descrita no item (ii), o que motiva o conflito de interesses é a existência de um defeito em uma norma, quando comparada com a regra que a fundamenta. A diferença é que esse defeito é identificado em momentos diversos do processo de positivação, melhor dizendo, em planos distintos da hierarquia normativa.

---

18. Como esse defeito ainda não foi reconhecido por uma autoridade competente – ou seja, não existe uma linguagem prescrevendo que o ato é viciado – podemos qualificá-lo como um defeito potencial.

19. "Todo o discurso sobre o *acesso à justiça*, seja mediante a tutela jurisdicional de que se encarrega o Estado ou por obra dos *meios alternativos* (arbitragem, mediação, conciliação), insere-se na temática dos *conflitos* e da busca de soluções. O processo civil, como técnica pacificadora, deita raízes na existência de conflitos a dirimir (ou crises judiciais) e é daí que recebe legitimidade social e política como instituição destinada a preservar valores vivos da nação" (*Instituições de Direito Processual Civil*, vol. I, São Paulo, Malheiros Editores, 2010, p. 120).

20. "O 'plano processual', por assim dizer, alimenta-se de conflitos ocorridos no 'plano material', ocorridos, portanto, fora dele. O 'plano processual', para ser concebido, para atuar, *pressupõe* conflitos entre pessoas diversas. Sem 'conflito', sem 'frustação de expectativas', sem '*lesões* ou *ameaças* a direitos materiais' (...), não há espaço para falar de tutela jurisdicional" (*Curso Sistematizado de Direito Processual Civil*, vol. 1, São Paulo, Saraiva, 2007, p. 8).

21. Cândido Rangel Dinamarco, *Instituições de Direito Processual Civil*, vol. I, p. 221.

VÍCIO NO LANÇAMENTO (ITEM I)
Constituição da República: autoriza a instituição, pela União, do Imposto sobre a Renda. **Lei ordinária**: institui o Imposto sobre a Renda, determinando, dentre outras coisas, que o tributo, para as pessoas jurídicas, deve ser calculado com base nas alíquotas de 15% ou 25%. **Lançamento**: ao constituir a relação jurídica tributária, a Administração o faz aplicando uma alíquota de 30%.
Há evidente desacordo entre o lançamento (aplicação da alíquota de 30%) e a lei ordinária que autoriza sua produção (determina a aplicação das alíquotas de 15% e 25%).

VÍCIO NA NORMA QUE AUTORIZA A PRODUÇÃO DO LANÇAMENTO (ITEM II)
Constituição da República: autoriza a instituição pela União, do Imposto sobre a Renda. **Lei ordinária**: institui, a título de Imposto sobre a Renda, um tributo incidente sobre a receita. **Lançamento**: ao constituir a relação jurídica tributária, a Administração o faz utilizando a receita como base de cálculo.
O lançamento observa as disposições da lei ordinária que autoriza sua produção. Esta, contudo, não observa os enunciados da Constituição da República, que é norma superior em relação a ela.

É importante ressaltar, por outro lado, que vícios na norma que fundamenta a produção do lançamento e que indiretamente maculam este ato administrativo só motivam sua revisão se esta é inaugurada pelo sujeito passivo.

De fato, o art. 145 do Código Tributário Nacional é expresso ao dispor que tanto o sujeito passivo quanto a Autoridade Administrativa são competentes para inaugurar o processo de revisão. No entanto, a depender da pessoa responsável por suscitar a revisão, diferentes serão as motivações para tanto e a própria legislação é que estabelece tais parâmetros.

Ora, a Administração Pública, como é cediço, está adstrita aos termos da lei, não podendo deixar de cumprir seus mandamentos, ainda que manifestamente em desacordo com os enunciados que a fundamentam (Constituição da República, por exemplo). Não cabe ao Poder Executivo emitir juízos quanto à constitucionalidade ou legalidade das normas a serem por ele aplicadas. Essa competência é do Poder Judiciário, por força do que estabelece o art. 5º, XXXV e XXXVII, da Constituição da República.[22] Portanto, se o lançamento observa as disposições da lei, ainda que esta seja, ela própria, maculada por inconstitucionalidades ou ilegalidades, não poderá a Administração Pública inaugurar o processo revisional.

O sujeito passivo, pelo contrário, poderá valer-se de quaisquer dos motivos citados acima – vícios no lançamento ou na norma que autoriza sua produção (inconstitucionalidade, por exemplo) – para se insurgir contra a relação jurídica tributária constituída pelo lançamento. Muitos doutrinadores, no entanto, têm adotado um posicionamento um pouco mais restrito, condicionando a revisão do lançamento unicamente à existência de um possível defeito no próprio ato administrativo.

Ao analisar as obras de Paulo de Barros Carvalho[23] e José Souto Maior Borges,[24]

---

22. Cremos que, ao estabelecer, no seu art. 5º, XXXV e XXXVII, que "a lei não excluirá da apreciação do Poder Judiciário lesão ou ameaça a direito" e que "não haverá juízo ou tribunal de exceção", a Constituição determina, via reflexa, que o único órgão competente para emitir juízos quanto à constitucionalidade e legalidade de determinada norma é o Poder Judiciário.

23. "Coalescendo os dados imprescindíveis que lhe integram a estrutura e ingressando no processo comunicacional do direito, ser-nos-á lícito asseverar que existe o ato jurídico administrativo de lançamento tributário, o que significa dizer que é válido no nosso sistema. Outra coisa, no entanto, é testar essa validade consoante os padrões estabelecidos pela ordenação em vigor. Nessa hora é tempo de confrontar o ato, cuja existência pudemos certificar, com o plexo de normas jurídicas que o disciplinam. Da comparação, percorridos os trâmites legais, resultará a validade ou invalidade do ato, mediante declaração prescritiva exarada por órgão do sistema. Com efeito, recebido pela ordem posta, será dado como válido até que se prove o contrário. Para

por exemplo, verifica-se que, também na visão desses autores, a produção de uma norma jurídica é sempre regulada por outra regra, também jurídica, de forma que, se uma norma é produzida em desacordo com as disposições da regra que disciplina sua produção, essa norma será considerada defeituosa. A revisão, sob essa perspectiva, seria um trâmite cuja finalidade é verificar se o lançamento foi ou não produzido de acordo com a norma que lhe fundamenta.

Não poderiam, pois, fundamentar o processo de revisão os vícios existentes nas regras superiores que fundamentam o lançamento e que, indiretamente, acabam maculando sua validade. Neste trabalho, contudo, adotaremos uma visão mais abrangente desse fenômeno.

Não ignoramos que, no processo administrativo, não é possível apreciar a invalidade das normas tributárias que servem de suporte para o lançamento por conta de limitações impostas pelo próprio ordenamento. Afinal, além de a Administração estar adstrita aos termos da lei, não podendo se desviar de seus mandamentos, as normas que regulam o processo administrativo, como regra, não permitem que os integrantes dos órgãos julgadores declarem a inconstitucionalidade ou ilegalidade de qualquer norma.[25]

Todavia, parece-nos que, ao fazer referência à impugnação do sujeito passivo, o art. 145 do CTN não se restringe às hipóteses de impugnação administrativa, incluindo, aí, também as formas de impugnação no âmbito do Poder Judiciário. Por essa razão, serão consideradas como possíveis motivações para a revisão do lançamento tanto os defeitos existentes no próprio ato quanto aqueles existentes nas normas superiores e que, indiretamente, maculam sua validade.

5.1 Os vícios a que estão sujeitas as normas jurídicas

É atributo comum a toda e qualquer norma jurídica o fato de ter sua criação regulada por outras normas,[26] as quais denominamos normas de competência.[27]

---

tanto, não importa que o ato administrativo haja sido celebrado e que nele se conjuguem os elementos tidos como substanciais. Insta que seus requisitos estejam *conformados* às prescrições da lei. Da subsunção do ato ao feixe de regras, se houver adequação e harmonia, falaremos de validade, mas agora não simplesmente presumida e sim experimentada segundo os canais competentes que o próprio sistema preconiza" (*Curso de Direito Tributário*, pp. 434-435).

24. "Quando se identifica a perfeição ou correção do lançamento, como o atendimento, no ato da aplicação das normas gerais e abstratas, de todos – nenhum excetuado – os requisitos para a sua integração, poderá ser contraposto o lançamento perfeito ou correto ao lançamento defeituoso ou incorreto. Este último corresponde a um lançamento efetuado com deficiência jurídica, ou seja, que não guarda conformidade com todos os requisitos contidos em preceitos jurídicos que fundamentam sua validade (*Geltung*). Noutros termos: esse lançamento defeituoso é produzido em desacordo com uma das alternativas contempladas em normas que regulam sua produção. É o que não corresponde à totalidade dos pressupostos formais e materiais para sua elaboração" (*Lançamento Tributário*, Rio de Janeiro, Forense, 1999, pp. 245-246).

25. A título de exemplo podemos citar:
Lei paulista n. 13.457/2009: "Art. 28. No julgamento é vedado afastar a aplicação de lei sob alegação de inconstitucionalidade, ressalvadas as hipóteses em que a inconstitucionalidade tenha sido proclamada: I – em ação direta de inconstitucionalidade; II – por decisão definitiva do Supremo Tribunal Federal, em via incidental, desde que o Senado Federal tenha suspendido a execução do ato normativo".
Decreto federal n. 70.235/1972: "Art. 26-A. No âmbito do processo administrativo fiscal, fica vedado aos órgãos de julgamento afastar a aplicação ou deixar de observar tratado, acordo internacional, lei ou decreto, sob fundamento de inconstitucionalidade".

26. Ao dispor sobre este tema, Tárek M. Moussallem chama a atenção para o seguinte ponto: "em rigor, o direito positivo não regula sua própria criação, mas, sim, controla a regularidade da criação do enunciado (norma em sentido amplo). Isso outorga primazia ao produto (enunciado prescritivo) em detrimento do seu processo de criação (enunciação). As normas (e sua enunciação) somente são controláveis após ingressarem no sistema do direito positivo" (*Revogação em Matéria Tributária*, São Paulo, Noeses, 2005, p. 79).

27. As normas de competência são usualmente classificadas como normas de estrutura. De acordo com Norberto Bobbio: "Em todo ordenamento, ao lado das normas de conduta, existe um outro tipo de norma, que costumamos chamar de normas de estrutura ou de competência. São aquelas normas que não prescrevem

Tais normas, como já vimos, são compostas por três juízos condicionais: o primeiro (norma primária dispositiva de competência) indica as condições que devem ser observadas para que uma norma seja considerada válida, podendo, pois, ser imposta a sua observância; o segundo e o terceiro (norma primária sancionadora e norma secundária) prescrevem uma penalidade em caso de descumprimento desses requisitos (ou seja, em caso de invalidade da norma), que é justamente a sua nulidade, impossibilitando, assim, sua aplicação aos casos concretos.

Ao analisar a estrutura da norma primária dispositiva de competência, verifica-se que esta condiciona a validade da norma criada à observância dos seguintes requisitos: (i) *subjetivo*: produção da norma por certa pessoa; (ii) *procedimental*: a criação da norma tem que ser criada observando-se certas formalidades; (iii) *espacial*: a criação da norma deve se dar num local específico; (iv) *temporal*: período de tempo em que a norma pode ser criada; e (v) *material*: matéria sobre a qual a norma produzida pode dispor.

Quando uma norma não observa tais pressupostos, estamos diante de regra defeituosa, viciada. Vício, portanto, é um defeito na norma, verificado a partir da sua comparação com a norma que lhe fundamenta a criação.

5.2 O erro de fato e o erro de direito

No item precedente, afirmamos que a revisão de lançamento pode ocorrer por

a conduta que se deve ter ou não ter, mas as condições e os procedimentos através dos quais emanam normas de conduta válidas (...) não determina uma conduta, mas fixa as condições e procedimentos para produzir normas válidas de conduta (*Teoria do Ordenamento Jurídico*, p. 34). Contudo, concordamos com Tácio Lacerda Gama quando afirma que "o ato de criar norma é uma conduta como outra qualquer" (*Competência Tributária: Fundamentos para uma Teoria da Nulidade*, São Paulo, Noeses, 2009, p. 103). Sob essa perspectiva, seria irrelevante a distinção entre normas de conduta e de estrutura, uma vez todas as normas jurídicas, inclusive aquelas denominas de estrutura, regulam condutas.

incompatibilidade deste com a norma que o fundamenta ou incompatibilidade desta com as regras que lhe são superiores. Há, todavia, uma terceira situação que justifica a revisão do lançamento: quando se verifica a incompatibilidade entre esta norma e as provas que ampararam sua produção (erro de fato).

A constituição da relação jurídica tributária, por meio do lançamento, pelo sujeito competente se reduz a duas operações formais: inicia-se com a subsunção, que consiste no reconhecimento do completo enquadramento do fato ocorrido no mundo fenomênico (evento) à descrição prevista no antecedente de uma norma geral e abstrata, e finaliza-se com a implicação, tendo em vista que a estrutura lógico-sintática das normas jurídicas, composta, dentre outros elementos, pelo operador deôntico interproposicional (neutro),[28] determina que o antecedente implica o consequente. Ou seja, ocorrido o fato (desde que relatado em linguagem competente) deve ser a instauração, automática e infalível, da relação jurídica tributária prescrita no consequente normativo.

Pelo exposto, verifica-se que, para que seja possível a constituição, pelo aplicador do direito, da relação jurídica tributária, por meio da edição de norma individual e concreta, é necessário que haja subsunção do fato à norma, ou seja, é necessário que a classe dos objetos denotados pelo conceito do fato se inclua na classe denotada pelo conceito da

---

28. O functor "dever-ser", aqui, representa a causalidade jurídica (imputação) e não é modalizado. Nas palavras de Lourival Vilanova: "Quando Kelsen contrapõe o dever-ser ao ser, alude a dois *modos de relacionar os dados da experiência*. O que se me dá na experiência, posso relacionar na forma 'se A é, então B é' ou 'se A é, então B deve-ser'. Ser e dever-ser são formas categoriais, métodos de síntese dos dados empíricos para elaborar os juízos sintéticos, com os quais ponho gnosiologicamente ordem no mundo. Temos o dever-ser como 'imputação', ou seja, o modo de relacionamento normativo. (...) Como categoria ou modo fundamental do conhecimento, o dever-ser é axiologicamente neutro. Nem valioso nem desvalioso é o nexo que estabelece entre os dados da experiência" (Lourival Vilanova, *Estruturas Lógicas e o Sistema do Direito Positivo*, São Paulo, Noeses, 2005, pp. 134-135).

norma.[29] Além disso, é indispensável que a relação jurídica tributária constituída pela norma individual e concreta – fato relacional – se subsuma ao consequente da norma geral e abstrata.[30]

O perfeito quadramento desses conceitos, no entanto, só ocorrerá se a norma individual e concreta estiver amparada em provas. De fato, para que a aplicação da regra-matriz de incidência se dê de modo apropriado, não basta que o intérprete enuncie a ocorrência de um fato e constitua uma relação jurídica tributária que se sobsomem à RMIT. Essa enunciação deve, necessariamente, sustentar-se em face das provas admitidas pelo sistema jurídico. Como observa Fabiana Del Padre Tomé: "(...) a norma individual e concreta que constitui o fato jurídico tributário e a correspondente obrigação deve trazer, no antecedente, o fato tipificado pela norma geral e abstrata, com as respectivas coordenadas temporais e espaciais, indicando, no consequente, o fato da base de cálculo, que, juntamente com a alíquota, especificam o *quantum* devido, bem como os sujeitos integrantes do vínculo obrigacional. E, para que a identificação desses fatos seja efetuada em conformidade com as prescrições do sistema jurídico, deve pautar-se na linguagem das provas. É por meio das provas que certifica a ocorrência do fato e seu perfeito quadramento aos traços tipificadores veiculados pela norma geral e abstrata, permitindo falar em subsunção do fato à norma e em implicação entre antecedente e consequente, operações lógicas que caracterizam o fenômeno da incidência normativa. Podemos dizer, em síntese, que a linguagem das provas é da ordem da aplicação do direito".[31]

É por essa razão que, ao disciplinar a formalização das exigências fiscais, o legislador federal estabelece que "a exigência de crédito tributário, a retificação de prejuízo fiscal e a aplicação de penalidade isolada serão formalizadas em auto de infração ou notificação de lançamento, distintos para cada imposto, contribuição ou penalidade, os quais deverão estar instruídos com todos os termos, depoimentos, laudos e demais elementos de prova indispensáveis à comprovação do ilícito" (art. 9º, *caput*, do Decreto n. 70.235/1972).

Portanto, ficará prejudicado o lançamento – admitindo revisão – não apenas quando os enunciados da norma individual e concreta trouxerem previsão diversa daquelas estabelecidas na RMIT, mas também quando não estiverem amparados em provas. Por exemplo: se a regra-matriz do IR estabelece que o dever de pagar esse tributo (relação jurídica tributária) só surgirá se alguém auferir renda, não poderemos falar em subsunção se:

(i) o agente competente, por meio do lançamento, imputa a alguém o dever de pagar IR por ter realizado uma operação de circulação de mercadoria, ainda que devidamente comprovada; e

(ii) se o dever de pagar o IR for um imputado à alguém sob a alegação de que esta pessoa auferiu renda, mas sem comprovar que este fato – auferir renda – efetivamente ocorreu.

Em situações como a referida no item (i) – desajuste entre o relato da norma individual e concreta e o que prescreve a norma geral e abstrata (RMIT) – fala-se que há *erro de direito*, pois os elementos do fato jurídico tributário, no antecedente, ou os elementos da relação obrigacional, no consequente, estão em desalinho com os enunciados da hipótese ou da consequência da norma geral e abstrata.[32]

---

29. "Discorremos, em edições anteriores acerca da subsunção do conceito do fato ao conceito da norma, baseados no entendimento de que a subsunção só se operaria entre iguais. A subsunção, porém, como operação lógica que é, não se verifica simplesmente entre iguais, mas entre linguagens de níveis diferentes" (Paulo de Barros Carvalho, *Curso de Direito Tributário*, p. 249).

30. Nas palavras de Paulo de Barros Carvalho: "a hipótese tributária está para o fato jurídico assim como a consequência tributária está para a relação jurídica tributária" (*Curso de Direito Tributário*, p. 252).

31. *A Prova no Direito Tributário*, São Paulo, Noeses, 2006, p. 31.

32. "O erro do lançamento (...) pode ser de direito. Quer os elementos do fato jurídico tributário, no

Quando, porém, o evento acontecido no mundo é relatado pela autoridade competente sem amparo em provas – como na situação referida no item (ii) – diz-se que o participante do sistema, ao realizar a aplicação da lei tributária, incorreu em *erro de fato*. É um problema relativo às provas, as quais, analisadas com mais cuidado, apontam para nova situação jurídica, que não aquela que foi relatada na norma individual e concreta.[33]

O "erro de fato", portanto, é um engano com relação aos recursos de linguagem utilizados para a produção do fato jurídico: quando da releitura dos enunciados probatórios, verifica-se uma nova situação jurídica, diferente daquela descrita pelo fato jurídico.

Sintetizando o que acabamos de expor: o "erro de fato" seria um problema de incompatibilidade entre os enunciados factuais e as provas produzidas, enquanto o "erro de direito" seria um problema de subsunção entre a norma produzida e a regra que a fundamenta.

Sob uma perspectiva pragmática, tanto o erro de fato quanto o de direito são equívocos de interpretação. No erro de fato, o aplicador equivoca-se ao construir os fatos que darão ensejo à relação jurídica tributária (fatos jurídicos tributários). No erro de direito, ele se engana ao aplicar a norma jurídica geral e abstrata, ou seja, o equívoco ocorre na interpretação dos textos jurídico-positivos.

Por consubstanciarem problemas na interpretação, os erros de fato e de direito só podem ser constatados após a produção da norma individual e concreta, significa dizer, após a positivação das interpretações equivocadas.

Devemos ter em mente que ambos os erros constituem desajustes entre enunciados. O erro de direito consiste na distorção entre os enunciados da norma individual e concreta (fato jurídico e relação jurídica) e os enunciados conotativos da norma geral e abstrata que

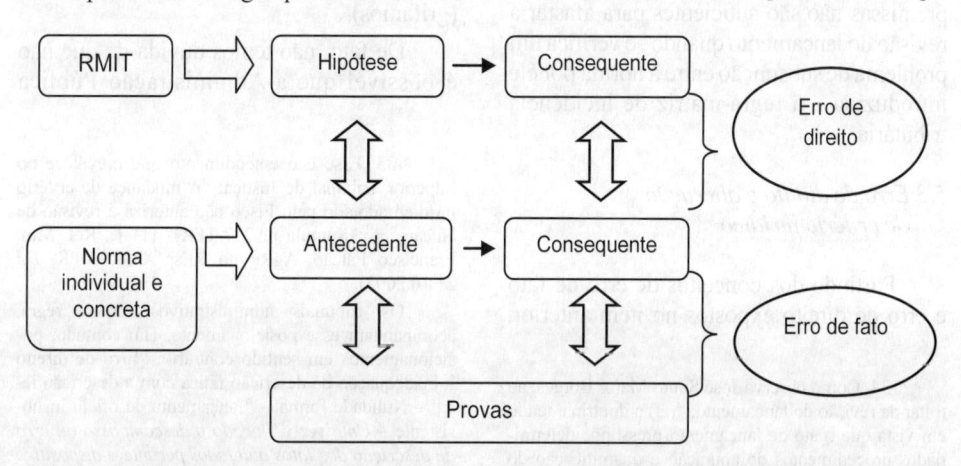

antecedente, quer os elementos da relação obrigacional, no consequente, quer ambos, podem, perfeitamente, estar em desalinho com os enunciados da hipótese ou da consequência da regra-matriz do tributo, acrescendo-se, naturalmente, a possibilidade de inadequação com outras normas gerais e abstratas, que não a regra-padrão de incidência" (Paulo de Barros Carvalho, *Curso de Direito Tributário*, p. 433).

33. Segundo Paulo de Barros Carvalho: "(...) erro de fato é um problema intranormativo, um desajuste interno na estrutura do enunciado, por insuficiência de dados linguísticos informativos ou pelo uso indevido de construções de linguagem que fazem as vezes de prova" (*Curso de Direito Tributário*, p. 433).

deveria ser aplicada. Trata-se, portanto, de um problema internormativo.

O erro de fato, em contrapartida, é um desajuste entre os enunciados factuais e as provas que os certificam. Não se trata, aqui, de incompatibilidade entre o fato jurídico (ou a relação jurídica) e o evento, mas da não correspondência entre linguagens competentes: a linguagem das provas e aquela que constitui a norma individual e concreta. É, portanto, um problema intranormativo.

É importante ressaltar, no entanto, que não há um consenso na doutrina quanto à distinção entre erro de fato e erro de direito. Como regra, a expressão "erro de fato" tem sido utilizada para designar todo e qualquer equívoco na aplicação da lei tributária, abarcando, assim, tanto as inconsistências no relato da norma individual e concreta quanto aquelas relacionadas às provas que o amparam.[34]

O erro de direito, em contrapartida, é concebido como um problema de fixação de critérios para aplicação da norma ao caso concreto. Enquadrar-se-ia, assim, naquilo que prescreve o art. 146 do CTN, não podendo, por essa razão, ensejar a revisão do lançamento.

Esse, todavia, não é o posicionamento adotado neste trabalho. Além de partirmos de conceitos distintos de "erro de fato" e "erro de direito", entendemos que as razões adotadas pelos doutrinadores que compartilham dessas premissas não são suficientes para afastar a revisão do lançamento quando se verifica um problema de subsunção entre a norma por ele introduzida e a regra-matriz de incidência tributária.

5.3 Erro de direito e alteração de critério jurídico

Partindo dos conceitos de erro de fato e erro de direito expostos no item anterior, estamos autorizados a concluir que tanto um quanto o outro podem motivar a revisão do lançamento, por representarem uma clara violação aos princípios da legalidade e da tipicidade.

Esse, no entanto, não é o posicionamento que vem sendo adotado pela doutrina e pela jurisprudência.[35] Atualmente, tem-se defendido que a revisão só é possível em caso de erro de fato.[36] Tal posicionamento baseia-se na ideia de que a revisão por erro de direito equivaleria à alteração dos critérios jurídicos anteriormente adotados para efetuar o lançamento, o que é expressamente vedado pelo art. 146 do CTN: "Art. 146. A modificação introduzida de ofício ou em consequência de decisão administrativa ou judicial, nos critérios jurídicos adotados pela autoridade administrativa no exercício do lançamento *somente pode ser efetivada, em relação a um mesmo sujeito passivo, quanto a fato gerador ocorrido posteriormente à sua introdução*" (grifamos).

De fato, não temos dúvida de que não é possível que a Administração Pública

---

34. Como observa José Souto Maior Borges, ao tratar da revisão do lançamento: "(...) a doutrina, tendo em vista que o ato de lançamento pressupõe determinados procedimentos de apuração e quantificação do crédito tributário, sustenta que ele somente poderá ser revisto (anulado) por erro de fato. E assim se entende por que incumbirá à autoridade administrativa apurar se os fatos em que o lançamento se baseou correspondem aos fatos jurídicos tributários ('fatos geradores'), e não a outros fatos, total ou parcialmente diversos. A revisão, dada a vinculação do lançamento, terá, nas hipóteses de erro de fato, a finalidade de restaurar a *mens legis* no procedimento de aplicação das normas tributárias, pelo lançamento. Quer-se dizer: a revisibilidade do lançamento por erro de fato decorreria da necessidade de se assegurar que a aplicação da lei tributária corresponda à sua efetiva incidência" (*Lançamento Tributário*, p. 269).

35. Esse é o entendimento que prevalece no Superior Tribunal de Justiça: "A mudança de critério jurídico adotado pelo Fisco não autoriza a revisão de lançamento (Súmula n. 227-TFR)" (1ª T., Rel. Min. Francisco Falcão, AgRg no REsp 423.093-PR, *DJ* 21.10.2002).

Os tribunais administrativos, como regra, acompanham esse posicionamento. Há, contudo, posicionamentos em sentido contrário: "Erro de direito – Inadequação da descrição fática com a descrição legal – Nulidade formal – Lançamento de ofício insubsistente – *Uma vez verificado o descompasso ou erro de descrição dos fatos auditados perante o dispositivo legal invocado como infringido pela autoridade lançadora, não se pode dar guarida a tal vício formal, que contamina, irremediavelmente, o lançamento, em dissonância ao quanto determinado pelo art. 10, inciso IV do Decreto 70.235/1972. Portanto, insubsistente o lançamento de ofício*" (1º CC, 8ª Câmara, Acórdão 108-09.705 em 17.9.2008).

36. "(...) a doutrina do Direito Tributário assim como a jurisprudência largamente majoritária têm como assentada a impossibilidade de revisão do lançamento, para a expedição de um novo lançamento ou de um lançamento apenas suplementar do anterior, com fundamento em erro de direito" (José Souto Maior Borges, *Lançamento Tributário*, p. 266).

altere os critérios anteriormente adotados na formalização de créditos tributários e pretenda aplicá-los retroativamente, alterando situações jurídicas plenamente constituídas. Afinal, essa proibição apenas transpõe, para o plano legal, a proteção constitucional ao ato jurídico perfeito e ao direito adquirido (princípio da irretroatividade).

Cremos, contudo, que a revisão do lançamento por erro de direito – na forma como é concebido neste trabalho – em nada se confunde com a alteração de critério jurídico a que se refere o art. 146 do CTN, não se incluindo, pois, na proibição prescrita por este dispositivo. Além disso, trata-se de medida cuja finalidade é preservar o princípio da legalidade e, portanto, não pode ser afastada.

Ao prescrever que "ninguém poderá ser obrigado a fazer algo ou deixar de fazer algo em virtude de lei" (art. 5º, II), o constituinte originário deixou claro não apenas que os comandos inaugurais serão introduzidos no ordenamento por meio de lei, mas também que as normas individuais e concretas deverão se subsumir, em tudo e por tudo, àquilo que dispõe a lei que lhe serve de fundamento. Além disso, cuidou de transportar essa exigência para o campo tributário, determinando, de forma expressa (art. 150, I), que:

(i) a lei deve prever o fato que dá ensejo ao pagamento do tributo e em que termos essa relação jurídica será instaurada (estrita legalidade); e

(ii) os critérios da norma individual e concreta introduzidas pelo lançamento devem se subsumir àquilo que dispõe a lei que a fundamenta (tipicidade).[37]

O erro de direito, como já vimos, ocorre justamente nas situações em que não ocorre essa subsunção, ou seja, em que há a incompatibilidade entre a regra-matriz de incidência e o relato da norma individual e concreta que decorre da sua aplicação.

Sendo assim, não nos parece correto afirmar que a revisão do lançamento por erro de direito seria vedada, pois tal entendimento acabaria legitimando flagrantes violações às normas que regulam a formalização da exigência tributária e, como consequência, ao próprio princípio da legalidade.[38]

Por outro lado, ao analisar mais detidamente esses problemas de subsunção, verifica-se que eles em nada se confundem com as alterações de critério jurídico a que se refere o Código Tributário Nacional.

Ora, se a Administração Pública só pode fazer aquilo que a lei estabelece, todos os critérios que pode adotar no momento de constituir as relações jurídicas tributárias deverão, necessariamente, estar previstos em lei. Portanto, ainda que o agente público altere o critério jurídico, em relação a um mesmo contribuinte, no momento de efetuar o lançamento, sua atividade estará amparada em preceitos legais, não havendo, pois, que se falar em erro de direito.

Para facilitar a compreensão da ideia, vejamos um exemplo: a legislação do Imposto sobre a Renda prescreve que, nas hipóteses em que o lucro real não possa ser determinado, está o agente fiscal autorizado a arbitrar o lucro da pessoa jurídica, podendo utilizar como base a receita bruta ou, sendo esta desconhecida, o valor: (i) do ativo; (ii) do capital social; (iii) do patrimônio líquido; ou (iv) da folha de pagamento.[39]

---

37. Paulo de Barros Carvalho, *Curso de Direito Tributário*, pp. 166-167.

38. Como observa Estevão Horvath: "Não poderíamos concluir sem dizer que, em rigor, tanto o erro de fato, como o erro de direito motivam suficientemente a alteração do lançamento efetuado. Isto pela simples razão de que, em quaisquer dessas hipóteses, o que, em última análise acontece, é violação da legalidade, a inadequação do ato praticado àquilo que abstratamente previu a norma que lhe serviu de fundamento" (*Lançamento Tributário e "Autolançamento"*, p. 93).

39. *Lei n. 8.981/1995*: "Art. 51. O lucro arbitrado das pessoas jurídicas, quando não conhecida a receita bruta, será determinado através de procedimento de ofício, mediante a utilização de uma das seguintes alternativas de cálculo: I – 1,5 (um inteiro e cinco décimos) do lucro real referente ao último período em que pessoa jurídica manteve escrituração de acordo com as leis comerciais e fiscais, atualizado monetariamente; II – 0,04 (quatro centésimos) da soma dos valores do ativo circulante, realizável a longo prazo e permanente, existentes

Como é possível perceber, o legislador oferece uma multiplicidade de critérios para arbitramento do lucro caso a receita bruta do contribuinte seja desconhecida, de forma que, qualquer que seja a opção do agente público, a norma por ele introduzida não será incompatível com a regra superior que lhe serve de fundamento, diferentemente do que ocorre no erro de direito (o qual pressupõe um descompasso entre essas regras).

O mesmo se verifica nas hipóteses em que é possível conferir mais de um sentido a um mesmo dispositivo legal.[40] Se a Administração constitui um crédito tributário com base em uma interpretação (critério) e, após, passa a adotar outra igualmente possível em face do que dispõe o ordenamento jurídico, não haverá que se falar em descompasso entre norma superior e norma inferior.

De fato, se forem múltiplas as possibilidades de interpretação de uma mesma norma – quer dizer, se é possível mais de uma interpretação e todas elas não entram em conflito com as normas superiores –, qualquer que seja a interpretação adotada, será ela consentânea com as disposições legais. Erro de direito, portanto, não há.

Pondo em ordem o que acabamos de expor: (i) se a lei oferece ao agente público mais de uma opção de autuação, ele não pode escolher um critério e depois alterá-lo, pretendendo aplicar esse novo entendimento aos fatos passados; e (ii) se a lei autoriza a prática de uma única conduta, mas pode ser interpretada de mais uma forma (consentânea com o ordenamento), é inadmissível que a Administração adote uma interpretação e, mais a frente, altere sua opinião.[41] Ambas as hipóteses, contudo, distinguem-se do chamado erro de direito, já que este envolve, necessariamente, uma incompatibilidade entre normas.

Alberto Xavier, assim como nós, distingue o erro de direito da alteração de critério jurídico referida no art. 146 do CTN. Ainda assim, não admite a revisão do lançamento nesta hipótese, por não estar previsto no art. 149 do CTN.[42]

---

no último balanço patrimonial conhecido, atualizado monetariamente; III – 0,07 (sete centésimos) do valor do capital, inclusive a sua correção monetária contabilizada como reserva de capital, constante do último balanço patrimonial conhecido ou registrado nos atos de constituição ou alteração da sociedade, atualizado monetariamente; IV – 0,05 (cinco centésimos) do valor do patrimônio líquido constante do último balanço patrimonial conhecido, atualizado monetariamente; V – 0,4 (quatro décimos) do valor das compras de mercadorias efetuadas no mês; VI – 0,4 (quatro décimos) da soma, em cada mês, dos valores da folha de pagamento dos empregados e das compras de matérias-primas, produtos intermediários e materiais de embalagem; VII – 0,8 (oito décimos) da soma dos valores devidos no mês a empregados; VIII – 0,9 (nove décimos) do valor mensal do aluguel devido".

40. "Normas gerais de Direito Tributário – Modificação de critério jurídico – A mudança de critério jurídico, relativamente à interpretação de dispositivo legal, de que trata o art. 146 do CTN, somente ocorre em se tratando de lançamento tributário, quando a autoridade administrativa substitui uma interpretação por outra sem que se possa afirmar que uma ou outra esteja incorreta, bem como, quando dentre as várias alternativas oferecidas pelo dispositivo de lei, a mesma autoridade opta por substituir a que adotou inicialmente, para alterar o lançamento. Simples constatação de procedimento, através de Termo de Verificação Fiscal, e do qual não decorreu qualquer exigência ou manifestação da autoridade, não se presta como parâmetro de interpretação de lei para se alegar que, em face de lançamento superveniente, houve modificação de critério jurídico" (1º CC, 2ª Câmara, Acórdão 102-46.521, *DJ* 17.5.2005)

41. "(...) O erro de direito ocorre quando não seja aplicada a lei ou a má aplicação desta seja notória ou indiscutível. Por sua vez, a mudança de critério jurídico ocorre em duas situações distintas: uma primeira, consiste na substituição, pelo órgão de aplicação do direito, de uma interpretação por outra, sem que se possa dizer que qualquer delas seja incorreta; uma segunda, consiste na substituição de um critério por outro que, alternativamente, a lei faculta ao órgão do Fisco, como sucede no caso de arbitramento do lucro das pessoas jurídicas" (Alberto Xavier, *Do Lançamento: Teoria Geral do Ato, do Procedimento e do Processo Tributário*, p. 254).

42. "O verdadeiro fundamento da limitação da revisão do lançamento à hipótese de erro de fato resulta do *caráter taxativo* dos motivos da revisão do lançamento enumerados no art. 149 do Código Tributário Nacional e que, como vimos, são, além da fraude e do vício de forma, dever apreciar-se 'fato não conhecido ou não provado por ocasião de lançamento anterior' (inciso VIII). Significa isto que, se só pode haver revisão pela invocação de novos fatos e novos meios de prova referentes à matéria que foi objeto de lançamento anterior, essa revisão é proibida no que concerne a fatos

Ocorre que, ao analisar esse dispositivo, verifica-se que cabe a revisão do lançamento sempre que a autoridade que o efetuou incorrer em omissão de ato ou formalidade essencial (inciso IX), que é justamente o que se verifica nos casos de erro de direito. Afinal, a subsunção da norma individual e concreta introduzida pelo lançamento àquilo que dispõe a regra-matriz de incidência tributária é formalidade essencial, por força do princípio da legalidade.

Ainda que se entenda que o erro de direito não se encaixa em qualquer dos motivos elencados no art. 149 do CTN, não se pode esquecer que esse enunciado disciplina apenas as hipóteses de revisão de ofício. Portanto, o erro de direito poderia, perfeitamente, fundamentar a revisão quando esta fosse motivada por impugnação do sujeito passivo.

Além disso, não se pode esquecer que a lei deve ser interpretada em consonância com as disposições constitucionais e a Constituição é expressa ao dispor que ninguém pode ser obrigado a fazer ou deixar de fazer algo senão em virtude de lei. Como consequência, nem mesmo a lei pode autorizar a manutenção de um ato que confronte suas disposições.

Enquadrando-se o erro de direito justamente dentre as hipóteses de violação ao princípio da legalidade, não se pode afastar a revisão do lançamento nestas hipóteses.

6. Conclusões

A "revisão" do lançamento ocorre sempre que uma autoridade competente analisa este ato, após a sua produção, para verificar se possui ou não algum vício.

Uma coisa é o procedimento de revisão, consubstanciado num conjunto de atos praticados por uma autoridade – que pode ser administrativa ou judicial – a fim de verificar a existência ou não de um vício no ato de lançamento. Outra coisa é o ato de revisão, que nada mais é do que a decisão proferida por um sujeito competente que reconhece a existência ou não de um vício e constituindo os correlatos efeitos – manutenção, alteração, supressão etc.

A revisão do lançamento é possível a partir do momento em que este ingressa no ordenamento. Com efeito, uma vez notificado o sujeito passivo de que houve a constituição do crédito tributário, o lançamento está pronto e acabado, o que não afasta, todavia, a possibilidade de que seja revisado.

Em princípio, dois são os fundamentos que legitimam a revisão do lançamento: (i) o lançamento não observa as prescrições da norma que fundamenta sua produção (erro de direito); ou (ii) a norma que autoriza sua produção possui, ela própria, vícios que acabam maculando as regras introduzidas com base em suas disposições (erro de direito na norma superior).

Há, todavia, uma terceira situação que justifica a revisão do lançamento: quando se verifica a incompatibilidade entre esta norma e as provas que ampararam sua produção (erro de fato).

Com efeito, tomando como premissa que "erro de fato" é um problema de incompatibilidade entre os enunciados factuais e as provas produzidas, enquanto "erro de direito" é um problema de subsunção entre a norma produzida e a regra que a fundamenta, fica claro que a revisão do lançamento é possível tanto numa hipótese quanto em outra.

7. Referências bibliográficas

ARAÚJO, Clarice Von Oertzen. *Semiótica do Direito*. São Paulo: Quartier Latin, 2005.

BORGES, José Souto Maior. *Lançamento Tributário*. Rio de Janeiro: Forense, 1999.

BUENO, Cassio Scarpinella. *Curso Sistematizado de Direito Processual Civil*. vol. 1. São Paulo: Saraiva, 2007.

completamente conhecidos e provados" (Alberto Xavier, *Do Lançamento: Teoria Geral do Ato, do Procedimento e do Processo Tributário*, p. 255).

CARVALHO, Paulo de Barros. *Curso de Direito Tributário*. São Paulo: Saraiva, 2010.

CONRADO, Paulo Cesar. *Processo Tributário*. São Paulo: Quartier Latin, 2007.

DINAMARCO, Cândido Rangel. *Instituições de Direito Processual Civil*. vol. I. São Paulo: Malheiros Editores, 2010.

GAMA, Tácio Lacerda. *Competência Tributária: Fundamentos para uma Teoria da Nulidade*. São Paulo: Noeses, 2009.

HORVATH, Estevão. *Lançamento Tributário e "Autolançamento"*. São Paulo: Quartier Latin, 2010.

MACHADO, Hugo de Brito. *Curso de Direito Tributário*. São Paulo: Malheiros Editores, 2004.

MOUSSALLÉM, Tárek Moysés. *Revogação em Matéria Tributária*. São Paulo: Noeses, 2005.

PEIXOTO, Daniel Monteiro. "Suspensão da exigibilidade do crédito tributário". In SANTI, Eurico Marcos Diniz de. *Curso de Especialização em Direito Tributário: Estudos Analíticos em Homenagem a Paulo de Barros Carvalho*. Rio de Janeiro: Forense, 2005.

SANTI, Eurico Marcos Diniz de. *Lançamento Tributário*. São Paulo: Max Limonad, 2001.

TOMÉ, Fabiana Del Padre. *A Prova no Direito Tributário*. São Paulo: Noeses, 2006.

VIEIRA, Maria Leonor Leite. *A Suspensão da Exigibilidade do Crédito Tributário*. São Paulo: Dialética, 1997.

VILANOVA, Lourival. *Estruturas Lógicas e o Sistema do Direito Positivo*. São Paulo: Noeses, 2005.

XAVIER, Alberto. *Do Lançamento: Teoria Geral do Ato, do Procedimento e do Processo Tributário*. Rio de Janeiro: Forense, 1997.

ESTUDOS & COMENTÁRIOS

A RESOLUÇÃO DO SENADO FEDERAL N. 13/2012 E O DIREITO AO SIGILO DE INFORMAÇÕES DO SUJEITO PASSIVO PERANTE TERCEIROS

MAUREN GOMES BRAGANÇA RETTO
Especialista em Direito Tributário pela PUC/SP
e Mestranda em Direito Tributário pela PUC/SP.
Advogada

Introdução. 1. A Resolução n. 13/2012 e o Ajuste SINIEF 19/2012. 2. Ajuste SINIEF 19/2012 e Ajuste SINIEF 27/2012: ineficácia técnico-sintática. 3. Deveres instrumentais e os princípios constitucionais. 4. Considerações finais.

Resumo: A aplicação da Resolução n. 13/2012, e dos atos que a adotaram como fundamento de validade (Ajustes SINIEF 19/2012 e 20/2012), instituída na tentativa de pôr fim à chamada "guerra dos portos" no âmbito do ICMS, atribuiu aos sujeitos passivos que promoverem saídas de mercadorias importadas em operações interestaduais, ou que apresentarem quociente equivalente ao conteúdo de importação acima de 40% (quarenta por cento), deveres instrumentais violadores do direito líquido e certo caracterizado pelo sigilo de informações destinadas à exploração das atividades privadas garantido pela livre iniciativa e pela livre concorrência.

Introdução

A "guerra dos portos" há muito vivenciada pelos sujeitos passivos situados nos Estados-membros de destino das mercadorias por eles adquiridas por importação com desembaraço em outros Estados originários trouxe à realidade jurídico-tributária debates, deliberações, decisões conflitantes, disputas administrativas e judiciais.

A concessão de incentivos, benefícios fiscais e isenções pelos Estados-membros portuários no âmbito do Imposto incidente sobre Operações relativas à Circulação de Mercadorias e Serviços (ICMS), em prol do desenvolvimento de regiões, mas alheia às prescrições da Lei Complementar n. 24, de 7 de janeiro de 1975,[1] teve como consequência

---

1. Essa lei prescreve isenções e incentivos ou benefícios fiscais do ICMS a serem concedidos ou revogados por convênios celebrados e ratificados pelos Estados e Distrito Federal, cabendo, para a concessão, aprovação unânime dos Estados representados, enquanto para a revogação total ou parcial o quórum exigido à aprovação é, no mínimo, quatro quintos dos representantes presentes. Sobre a exigência do quórum para aprovação, verificar divergência entre Ives Gandra da Silva Martins e Paulo de Barros Carvalho, *Guerra Fiscal Reflexões sobre a Concessão de Benefícios no Âmbito do ICMS*, São Paulo, Noeses, 2012; e, ainda, Ives Gandra da Silva Martins, "A unanimidade do Confaz para aprovação de estímulos fiscais quanto ao ICMS", in *Temas Atuais de*

lavraturas de autos de infração nos quais são exigidos valores consideráveis a título de ICMS em razão da glosa de créditos do adquirente situado no Estado de destino.

A terminologia "guerra fiscal" torna flagrante a característica do conflito jurídico e econômico entre os Estados-membros que compõem a República Federativa do Brasil e, portanto, do próprio princípio federativo. O tema é objeto de importantes reflexões.[2]

Na tentativa de atenuar os efeitos causados pela "guerra fiscal do ICMS" e em busca de uniformizar o recolhimento dessa exação, foi aprovada a Resolução n. 13/2012, a partir do que foram produzidas novas normas jurídicas que ultrapassam os limites outorgados pela Constituição Federal e pelo Código Tributário Nacional.

1. A Resolução n. 13/2012 e o Ajuste SINIEF 19/2012

Em 26 de abril do ano de 2012, foi publicada no *Diário Oficial da União*, a Resolução do Senado Federal n. 13 a fim de estabelecer alíquota única de 4% para o cálculo do imposto incidente sobre operações relativas à circulação de mercadorias e sobre prestação de serviços de transporte e de comunicação da espécie "operações interestaduais com bens e mercadorias importadas do exterior" que: (i) *não tenham sido submetidos ao processo de industrialização*; (ii) *ainda que sejam submetidos ao processo de industrialização, em razão das etapas de beneficiamento, transformação, montagem, acondicionamento, reacondicionamento, renovação ou recondicionamento, apresentem "conteúdo de importação" superior a 40%*.

Para tanto, o próprio enunciado da Resolução outorgou sentido à expressão "conteúdo de importação", o que passou a ser entendido como "percentual" correspondente ao quociente (resultado da divisão) entre o valor da parcela importada do exterior e o valor total da operação de saída interestadual da mercadoria ou bem.

O valor atribuível a essa norma jurídica, dentro do contexto brasileiro da "guerra fiscal" com destaque à denominação "guerra dos portos", visa desestimular importações, na tentativa de fomentar a produção interna pela indústria brasileira e preservar o princípio federativo. Ainda que trate de nobre intento, as demais normas introduzidas no sistema jurídico brasileiro que a adotaram como fundamento de validade violam garantias constitucionais à livre iniciativa e à livre concorrência.

Referida Resolução veicula, em seu art. 1º, § 3º,[3] enunciado que outorga ao CONFAZ (Conselho Nacional de Política Fazendária) a permissão para fixar critérios e procedimentos a serem observados para o que se denominou "Certificação de Conteúdo de Importação" (CCI).

Disso, adveio o ajuste SINIEF 19, publicado no *Diário Oficial da União* em 9 de novembro de 2012, dispondo sobre procedimentos a serem observados para a aplicação da tributação de que trata a Resolução n. 13/2012.

A cláusula sétima[4] do referido ajuste permite aos Estados-membros que instituam

---

Direito Tributário, Revista do Advogado n. 118, Ano XXXII, coord. Fernando Brandão Whitaker, pp. 61-71.

2. José Eduardo Soares de Melo, "ICMS – Guerra fiscal – Advocacia e STF (Súmula Vinculante e modulação de efeitos)", *Revista do Advogado* n. 118, Ano XXXII, Coord. Fernando Brandão Whitaker, pp. 72-81.

3. "§ 3º. *O Conselho Nacional de Política Fazendária (Confaz) poderá baixar normas para fins de definição dos critérios e procedimentos a serem observados no processo de Certificação de Conteúdo de Importação (CCI).*"

4. "Cláusula sétima. *Deverá ser informado em campo próprio da Nota Fiscal Eletrônica – NF-e: I – o valor da parcela importada do exterior, o número da FCI e o Conteúdo de Importação expresso percentualmente, calculado nos termos da cláusula quarta, no caso de bens ou mercadorias importados que tenham sido submetidos a processo de industrialização no estabelecimento do emitente; II – o valor da importação, no caso de bens ou mercadorias importados que não tenham sido submetidos a processo de industrialização no estabelecimento do emitente.*"

obrigações de fazer ao sujeito passivo da obrigação tributária que ultrapassam o próprio conceito do dever instrumental para permitir à fiscalização conhecimento de elementos que constituam o fato jurídico tributário, o que está a violar não apenas o direito ao sigilo de informações sobre o custo e margem de lucro da atividade explorada, mas também os valores constitucionais anteriormente mencionados, da livre iniciativa e da livre concorrência.

O Ajuste SINIEF 19/2012 elege (i) a nota fiscal eletrônica como veículo para informar ao adquirente da mercadoria importada sobre o valor da parcela importada, o conteúdo de importação e o valor da importação, a partir do que se passa a conhecer o valor de custo da mercadoria e a margem de lucro da operação; e (ii) a ficha de conteúdo de importação para prestar informações ao fisco.[5]

No item (i) acima, forçoso concluir pela (i.1) violação do art. 113, § 2º, do Código Tributário Nacional a partir do qual se constrói o conceito de dever instrumental; (i.2) violação do art. 198, do Código Tributário Nacional, que garante o sigilo fiscal de informações inerentes à situação econômica ou financeira do sujeito passivo da obrigação tributária; (i.3) violação dos princípios constitucionais da livre iniciativa e da livre concorrência e da preservação da imagem da pessoa jurídica.

2. Ajuste SINIEF 19/2012 e Ajuste SINIEF 27/2012: ineficácia técnico-sintática

A obrigatoriedade de preenchimento da Ficha de Conteúdo de Importação (FCI) e respectivo envio aos Estados-membros em que se situam os sujeitos passivos que promovam saídas/operações interestaduais das mercadorias que sofrem processos de industrialização prevista nas cláusulas quinta e sexta do Ajuste SINIEF 19/2012 teve sua eficácia técnica suspensa pelo Ajuste SINIEF 27/2012,[6] que adiou para 1º de maio de 2013 a possibilidade de aplicação.[7]

---

5. "Cláusula quinta. No caso de operações com bens ou mercadorias importados que tenham sido submetidos a processo de industrialização, o contribuinte industrializador deverá preencher a Ficha de Conteúdo de Importação – FCI, conforme modelo do Anexo Único, na qual deverá constar: I – descrição da mercadoria ou bem resultante do processo de industrialização; II – o código de classificação na Nomenclatura Comum do MERCOSUL – NCM/SH; III – código do bem ou da mercadoria; IV – o código GTIN (Numeração Global de Item Comercial), quando o bem ou mercadoria possuir; V – unidade de medida; VI – valor da parcela importada do exterior; VII – valor total da saída interestadual; VIII – conteúdo de importação calculado nos termos da cláusula quarta.

"§ 1º. Com base nas informações descritas nos incisos I a VIII do caput, a FCI deverá ser preenchida e entregue, nos termos da cláusula sexta: I – de forma individualizada por bem ou mercadoria produzidos; II – utilizando-se o valor unitário, que será calculado pela média aritmética ponderada, praticado no último período de apuração.

"§ 2º. Deverá ser apresentada nova FCI toda vez que houver alteração em percentual superior a 5% (cinco por cento) no Conteúdo de Importação ou que implique alteração da alíquota interestadual aplicável à operação.

"§ 3º. No preenchimento da FCI deverá ser observado ainda o disposto em Ato COTEPE/ICMS.

"Cláusula sexta. O contribuinte sujeito ao preenchimento da FCI deverá prestar a informação à unidade federada de origem por meio de declaração em arquivo digital com assinatura digital do contribuinte ou seu representante legal, certificado por entidade credenciada pela Infraestrutura de Chaves Públicas Brasileira – ICP-Brasil.

"§ 1º. O arquivo digital de que trata o caput deverá ser enviado via internet para o ambiente virtual indicado pela unidade federada do contribuinte por meio de protocolo de segurança ou criptografia, com utilização de software desenvolvido ou adquirido pelo contribuinte ou disponibilizado pela administração tributária.

"§ 2º. Uma vez recepcionado o arquivo digital pela administração tributária, será automaticamente expedido recibo de entrega e número de controle da FCI, o qual deverá ser indicado pelo contribuinte nos documentos fiscais de saída que realizar com o bem ou mercadoria descrito na respectiva declaração.

"§ 3º. A informação prestada pelo contribuinte será disponibilizada para as unidades federadas envolvidas na operação.

"§ 4º. A recepção do arquivo digital da FCI não implicará reconhecimento da eracidade e legitimidade das informações prestadas, ficando sujeitas à homologação posterior pela administração tributária."

6. DOU de 24.12.12.

7. "Cláusula primeira. Fica adiado para o dia 1º de maio de 2013 o início da obrigatoriedade de preen-

Nesse sentido, Paulo de Barros Carvalho[8] elucida o conceito de eficácia técnica, definindo-a como: "(...) condição que a regra de direito ostenta, no sentido de descrever acontecimentos que, uma vez ocorridos no plano do real-social, tenham o condão de irradiar efeitos jurídicos, já removidos os obstáculos de ordem material que impediam tal propagação. Diremos ausente a eficácia técnica de u'a norma (ineficácia técnico-sintática) quando o preceito normativo não puder juridicizar o evento, inibindo-se o desencadeamento de seus efeitos, tudo (a) pela falta de outras regras de igual ou inferior hierarquia, consoante sua escala hierárquica, ou, (b) pelo contrário, na hipótese de existir no ordenamento outra norma inibidora de sua incidência. A ineficácia técnica será de caráter semântico quando dificuldades de ordem material impeçam, iterativamente, a configuração em linguagem competente assim do evento previsto, quanto dos efeitos por ela estipulados. Em ambos os casos, ineficácia técnico-sintática ou técnico-semântica, as normas jurídicas são vigentes, os sucessos do mundo social nelas descritos se realizam, porém inocorrerá o fenômeno da juridicização do acontecimento, bem como a propagação dos efeitos que lhe são peculiares".

No entanto, a aplicação da norma jurídica que prescreve a obrigação de fazer para constar o conteúdo de importação expresso em percentual e o valor da parcela importada da mercadoria na nota fiscal eletrônica constituída a partir dos enunciados das cláusulas quinta e sexta do Ajuste SINIEF 19/2012 não sofreu qualquer inibição pelo Ajuste SINIEF 27/2012, permanecendo passível de aplicação pelos fiscos de cada Estado-membro.

A não observância pelo sujeito passivo dos deveres instrumentais constituídos a partir de norma jurídica vigente no sistema jurídico possibilita a aplicação da norma jurídica primária sancionadora, pelo que se pode imputar ao sujeito passivo penalidade da espécie multa.

A fim de evitar a aplicação de norma jurídica primária sancionadora, o processo de positivação, que culminaria na imputação da obrigação de fazer constar informações na nota fiscal eletrônica, pode ser impedido pela emissão, no sistema jurídico do direito positivo, de outras normas, tais como as individuais e concretas, a serem expedidas pelo Poder Judiciário no exercício do poder de controle.

Assim, é possível que o sujeito passivo se valha do remédio constitucional do mandado de segurança preventivo para obter liminar, uma vez demonstrados os requisitos do *fumus boni iuris* e do *periculum in mora* (art. 7º, inciso III,[9] da Lei n. 12.016/2009), buscando obstar a aplicação da norma jurídica que prescreve o dever instrumental de fazer constar nas notas fiscais eletrônicas destinadas ao destinatário das mercadorias em epígrafes, informações inerentes ao custo da mercadoria importada e à margem de lucro.

A crítica tecida no presente artigo é corroborada, na experiência jurídica atual, por entendimentos proferidos por autoridades credenciadas pelo sistema, ainda que provisórios,[10] mas que afastam, liminarmente, a

---

9. "Art. 7º. Ao despachar a inicial, o juiz ordenará: (...); III – que se suspenda o ato que deu motivo ao pedido, quando houver fundamento relevante e do ato impugnado puder resultar a ineficácia da medida, caso seja finalmente deferida, sendo facultado exigir do impetrante caução, fiança ou depósito, com o objetivo de assegurar o ressarcimento à pessoa jurídica."

10. Rela. Des. Maria Laura Tavares da 5ª Câmara de Direito Público do Egrégio Tribunal de Justiça de São Paulo, nos autos do AI 0015349-92.2013.8.26.0000, que concedeu a liminar no mandado de segurança preventivo impetrado pela Associação Brasileira das Empresas Importadoras de Veículos Automotores S/C, assegurando o afastamento da aplicação da Cláusula Sétima do Ajuste SINIEF n. 19/2012, para desobrigar suas associadas a inserirem em campo público da nota fiscal o valor da importação de seus veículos, e obstar a autoridade de autuá-las; no mesmo sentido: Mandado de Segurança preventivo n. 3008401-90.2013.8.26.0224, 2ª Vara da Fazenda de Guarulhos, *DJe* 19.4.2013.

---

chimento e entrega da Ficha de Conteúdo de Importação (FCI), prevista nas cláusulas quinta e sexta do Ajuste SINIEF 19, de 7 de novembro de 2012."

8. *Curso de Direito Tributário*, 24ª ed., São Paulo, Saraiva, 2012, pp. 115 e 116.

obrigatoriedade de sujeitos passivos fazerem constar nas notas fiscais eletrônicas: a) o valor da importação, no caso de bens ou mercadorias importadas que não tenham sido submetidos a processo de industrialização no estabelecimento que promove a saída em operações interestaduais; b) o conteúdo de importação expresso em percentual e o valor da parcela importada de mercadoria proveniente do exterior que tenham sido submetidas a processo de industrialização no estabelecimento que promove a saída em operações interestaduais.

3. Deveres instrumentais e os princípios constitucionais

A Constituição Federal de 1988 elegeu a Resolução como veículo introdutor de enunciados dirigidos à fixação de alíquotas aplicáveis às operações e prestações interestaduais, nos moldes do § 2º, inciso IV, art. 155.[11] Desse modo, os enunciados introduzidos por Resolução que ultrapassem os limites de permissão constitucional podem e devem ser levados ao Judiciário para que advenham decisões legitimamente credenciadas pelo sistema jurídico.

Já sob a análise semântica, é cediço que o tema das obrigações tributárias vincula-se à análise das relações jurídicas estabelecidas entre sujeito ativo e sujeito passivo. No conceito de relação jurídica tributária duas espécies são relevantes: a relação jurídica tributária de natureza patrimonial, conhecida como "obrigação tributária" do art. 3º do CTN e a relação jurídica tributária decorrente dos deveres instrumentais conhecidos como "obrigação acessória".

Os deveres instrumentais prescrevem comportamentos que visam um fazer ou não fazer, tendo como função possibilitar a apuração de valores afetos à obrigação tributária. Nesse sentido são as lições de Paulo de Barros Carvalho, para quem:[12]

"É preciso assinalar que os deveres instrumentais cumprem papel relevante na implementação do tributo porque de sua observância depende a documentação em linguagem de tudo que diz respeito à pretensão impositiva. Por outros torneios, o plexo de providências que as leis tributárias impõem aos sujeitos passivos, e que nominamos de 'deveres instrumentais' ou 'deveres formais', tem como objetivo precípuo relatar em linguagem os eventos do mundo social sobre os quais o direito atua, no sentido de alterar as condutas inter-humanas para atingir seus propósitos ordinatórios. Tais deveres assumem, por isso mesmo, uma importância decisiva para o aparecimento dos fatos tributários, que, sem eles, muitas vezes não poderão ser constituídos na forma jurídica própria.

"É extremamente significativa a participação dos deveres instrumentais na composição da plataforma de dados que oferecem condições à constituição do fato jurídico tributário, pois a prestação atinente aos deveres formais é a base sobre a qual a formação do fato vai sustentar-se."

A partir das diferenças conceituais entre obrigação tributária e deveres instrumentais, concordamos com a significativa participação desses últimos na plataforma de dados que compõe a constituição do fato jurídico tributário como acima transcrito. No entanto, tais deveres instrumentais não podem violar prin-

---

11. "Art. 155. *Compete aos Estados e ao Distrito Federal instituir impostos sobre: (Redação dada pela Emenda Constitucional n. 3, de 1993)* (...); II – *operações relativas à circulação de mercadorias e sobre prestações de serviços de transporte interestadual e intermunicipal e de comunicação, ainda que as operações e as prestações se iniciem no exterior; (Redação dada pela Emenda Constitucional n. 3, de 1993)* (...).

"§ 2º. *O imposto previsto no inciso II atenderá ao seguinte: (Redação dada pela Emenda Constitucional n. 3, de 1993)* (...); IV – *resolução do Senado Federal, de iniciativa do Presidente da República ou de um terço dos Senadores, aprovada pela maioria absoluta de seus membros, estabelecerá as alíquotas aplicáveis às operações e prestações, interestaduais e de exportação;*" (destaquei).

12. *Direito Tributário, Linguagem e Método*, 2ª ed., São Paulo, Noeses, 2008, pp. 424-425.

cípios constitucionais que regulam o próprio exercício da atividade econômica, já que a interpretação e aplicação das normas jurídicas vigentes no sistema jurídico merece observar valores jurídicos norteadores da própria atividade de conhecimento e interpretativa.

O fato jurídico do ICMS-importação não seria afetado na hipótese de revogação do dever instrumental veiculado no ajuste SINIEF n. 19/2012, tampouco o fato jurídico oriundo da saída de mercadoria em operações interestaduais, ainda que se trate de mercadorias provenientes de operações de importação, o que afasta o próprio conceito de dever instrumental.

E, ainda, a determinação da inclusão do valor da parcela importada na Nota Fiscal Eletrônica na saída de mercadorias/serviços em operações interestaduais que envolvam mercadorias importadas com ou sem processo de industrialização (na primeira com conteúdo de importação superior a 40%), afronta o próprio princípio da livre concorrência fundamentado, dentre os elementos que o compõem, na prática de preços regulados pelo próprio mercado, a partir do exercício da livre iniciativa e da livre concorrência na busca da denominada "clientela".

Tais princípios constitucionais são implementados pelo art. 170 como valores a serem perseguidos pela ordem jurídica, em que se insere o Direito Tributário, ramo não autônomo:

"Art. 170. A ordem econômica, fundada na valorização do trabalho humano e na livre iniciativa, tem por fim assegurar a todos existência digna, conforme os ditames da justiça social, observados os seguintes princípios:

"(...);

"IV – livre concorrência;

"Parágrafo único. É assegurado a todos o livre exercício de qualquer atividade econômica, independentemente de autorização de órgãos públicos, salvo nos casos previstos em lei."

Eros Roberto Grau, em considerações sobre a livre iniciativa, a partir do critério classificatório da liberdade, identifica o âmbito de condutas do comércio e indústria e da concorrência, sendo que, segundo o autor, constata-se que: "a) liberdade de comércio e indústria (não ingerência do Estado no domínio econômico): a.1) faculdade de criar e explorar uma atividade econômica a título privado – liberdade pública; a.2) não sujeição a qualquer restrição estatal senão em virtude de lei – liberdade pública; b) liberdade de concorrência: b.1) faculdade de conquistar a clientela, desde que não através da concorrência desleal – liberdade pública; b.2) proibição de formas de atuação que deteriam a concorrência – liberdade privada; b.3) neutralidade do Estado diante do fenômeno concorrencial, em igualdade de condições dos concorrentes – liberdade pública".[13]

A partir da análise das lições acima, constata-se que o vocábulo "liberdade" é utilizado como "permissão", a que acrescemos a ideia de que o "dever-ser" destinado à conduta estatal é oposta à dos particulares. Assim, tudo o que não é proibido aos particulares está permitido, enquanto ao Estado só é permitido o que está previsto no ordenamento jurídico, ou seja, o que não é permitido, expressamente, estará proibido.

A atuação estatal intervencionista é cabível nas hipóteses rigorosamente prescritas, dentre o que se justificaria pela concorrência desleal e pela ofensa aos direitos e garantias do consumidor.

Por sua vez, a liberdade de concorrência, princípio derivado da livre iniciativa, seria o "*livre jogo das forças de mercado, na disputa da clientela*", supondo desigualdade competitiva, a partir de um quadro social igualitário jurídico.[14]

Diante dessas premissas, entendemos que os elementos que componham o preço da mercadoria ou bem na operação interestadual de venda e compra mercantil oriundo de operação preliminar de importação são

---

13. *A Ordem Econômica na Constituição de 1988*, 3ª ed., São Paulo, Malheiros Editores, 1997, pp. 225-226.
14. Idem, pp. 230.

inerentes ao próprio exercício da atividade norteada pelos valores da "livre iniciativa" e da "livre concorrência", inexistindo a condição necessária e suficiente para que haja intervenção estatal nas relações jurídicas entre particulares, o que se daria, por exemplo, em situação factual eivada pela concorrência desleal e pela ofensa ao direito do consumidor.

A imputação do dever instrumental que regule a conduta intersubjetiva de forma a obrigá-la a explicitar elementos inerentes ao exercício da livre iniciativa e da livre concorrência implica, segundo nosso entendimento, violação do próprio dever público de permitir a implementação desses valores, no exercício legitimado de aplicação normativa, além de violar a norma jurídica que permite ao sujeito passivo sejam suas informações resguardadas por sigilo, imputando ao fisco, por sua vez, obrigação de resguardar as referidas informações.

Os valores, dentre suas características, são dotados de bipolaridade.[15] A violação de um valor, que deve nortear a interpretação do aplicador, traz à evidência a aplicação de um desvalor, que desvirtua o próprio fim do Direito: regular condutas intersubjetivas para a implementação dos valores estabelecidos a partir das normas jurídicas de hierarquia constitucional.

Não bastasse, é vigente norma jurídica veiculada pelo Código Tributário Nacional, de caráter nacional, que veda a divulgação de informações afetas à atividade do sujeito passivo pelo fisco, excetuando somente hipóteses de interesse à justiça, por meio de requisição judicial, ou por solicitação de autoridade administrativa, desde que instaurado processo administrativo próprio. Referida assertiva é construída a partir do dispositivo 198, do Código Tributário Nacional:

"Art. 198. Sem prejuízo do disposto na legislação criminal, é vedada a divulgação, por parte da Fazenda Pública ou de seus servidores, de informação obtida em razão do ofício sobre a situação econômica ou financeira do sujeito passivo ou de terceiros e sobre a natureza e o estado de seus negócios ou atividades. *(Redação dada pela LCP n. 104, de 10.1.2001)*

"§ 1º. Excetuam-se do disposto neste artigo, além dos casos previstos no art. 199, os seguintes: *(Redação dada pela LCP n. 104, de 10.1.2001)*

"I – requisição de autoridade judiciária no interesse da justiça; *(Incluído pela LCP n. 104, de 10.1.2001)*

"II – solicitações de autoridade administrativa no interesse da Administração Pública, desde que seja comprovada a instauração regular de processo administrativo, no órgão ou na entidade respectiva, com o objetivo de investigar o sujeito passivo a que se refere a informação, por prática de infração administrativa. *(Incluído pela LCP n. 104, de 10.1.2001)*

"§ 2º. O intercâmbio de informação sigilosa, no âmbito da Administração Pública, será realizado mediante processo regularmente instaurado, e a entrega será feita pessoalmente à autoridade solicitante, mediante recibo, que formalize a transferência e assegure a preservação do sigilo. *(Incluído pela LCP n. 104, de 10.1.2001)*

"§ 3º. Não é vedada a divulgação de informações relativas a: *(Incluído pela LCP n. 104, de 10.1.2001)*

"I – representações fiscais para fins penais; *(Incluído pela LCP n. 104, de 10.1.2001)*

"II – inscrições na Dívida Ativa da Fazenda Pública; *(Incluído pela LCP n. 104, de 10.1.2001)*

"III – parcelamento ou moratória" *(Incluído pela LCP n. 104, de 10.1.2001)*.

Vale esclarecer que a indisponibilidade de informações não se mostra ao fisco estadual competente, mas a terceiros com os quais pratique o sujeito passivo operações mercantis, dentre elas, as interestaduais. Entende-se que, imputar deveres instrumentais ao sujeito, exigindo-lhe exposição de um dos elementos que viabiliza a prática da livre concorrência

---

15. Miguel Reale, *Introdução à Filosofia*, 3ª ed., São Paulo, Saraiva, 1994, p. 143.

por meio da Nota Fiscal Eletrônica viola tanto os princípios constitucionais, como o próprio Código Tributário Nacional, que, a partir do art. 198, supratranscrito, proíbe a divulgação das informações inerentes à situação econômica ou financeira do sujeito passivo, ou de terceiros, vinculada às atividades exploradas em que se subsume o negócio mercantil que promove a operação interestadual.

Assim, aos sujeitos passivos já obrigados a adimplirem os deveres instrumentais perante terceiros adquirentes das mercadorias em operações interestaduais, inseridos na cadeia produtiva, nasce a possibilidade de buscarem tutelas jurisdicionais, dentre elas, mas não excluindo outras, mandamentais preventivas, ou, em caso de penalidade, repressivas, a fim de, caracterizada a coatividade dos direitos líquidos e certos, obterem outra norma jurídica, individual e concreta, que proíba a aplicação das normas jurídicas que prescrevam a obrigatoriedade de fornecerem dados sujeito ao sigilo de informações.

4. Considerações finais

O enunciado-enunciado veiculado pelo Ajuste SINIEF 19/2012, expedido com fundamento na Resolução n. 13, publicada em 26 de abril de 2012, ao instituir permissão aos Estados-membros para implementar dever instrumental que obriga sujeitos passivos do ICMS, nas operações interestaduais com mercadorias importadas, a prestarem informações afetas à situação econômica, financeira e intrínsecas à própria exploração da atividade a terceiros adquirentes, viola princípios constitucionais da livre iniciativa e da livre concorrência, bem como à garantia de sigilo dessas informações, justificando a possibilidade do sujeito passivo buscar, perante o Judiciário, tutela jurisdicional que afaste a referida obrigatoriedade, impedindo, por conseguinte, a aplicação de penalidades em razão da não veiculação dessas informações.

A combatida obrigação igualmente fere o próprio conceito de dever instrumental, já que a constituição do fato jurídico do ICMS em comento não se mostra prejudicado em caso de ausência de informações ao terceiro adquirente.

Tais discussões potencializam ainda mais a autocriação da linguagem do Direito Positivo que, mediante a intervenção do Judiciário no processo de positivação normativo, se autorregula.

ESTUDOS & COMENTÁRIOS

O APROVEITAMENTO DE CRÉDITOS DE PIS E COFINS EM RELAÇÃO AOS VALORES PAGOS A TÍTULO DE CONDOMÍNIO E FUNDO DE PROMOÇÃO NAS LOCAÇÕES EM "SHOPPING CENTER"

Renato Teixeira Mendes Vieira
Especialista em Direito Tributário pela FGV.
Especialista em Direito Processual Administrativo Tributário pela PUC/SP.
Advogado

I – Introdução. II – Construção de sentido e interpretação do direito. III – Das contribuições ao PIS e COFINS e seu regime não cumulativo. IV – Aproveitamento de créditos de PIS e COFINS em relação aos valores pagos a título de Condomínio e Fundo de Promoção nas Locações em "Shopping Center". V – Conclusão.

I – Introdução

Os contornos próprios ao direito à apropriação de créditos no regime não cumulativo da contribuição ao Programa de Integração Social ("PIS") e da Contribuição para o Financiamento da Seguridade Social ("COFINS") constituem, atualmente, um dos temas mais controversos no direito tributário, gerando grandes discussões nos tribunais administrativos e judiciais, em especial com relação à correta identificação, nos diferentes setores produtivos, dos custos ou despesas que ensejariam a tomada de créditos por parte dos contribuintes.

A importância dessa questão se verifica com o destaque de recentes decisões sobre o tema que, reavivando o debate, promete iniciar uma verdadeira reviravolta na diretriz de interpretação do princípio da não cumulatividade dessas contribuições. Nesse sentido, é válido citar a recente discussão a respeito do conceito de "insumos" para fins de creditamento de PIS e COFINS.

Com efeito, a decisão do Conselho Administrativo de Recursos Fiscais ("CARF"), proferida na seção de julgamento de 8 de dezembro 2010, no Processo n. 11020.001952/2006-22, inovou o entendimento da Corte Administrativa a respeito das hipóteses de creditamento do PIS e COFINS, caminhando em sentido contrário à interpretação há muito firmada pelas Autoridades Fiscais Federais, ao afirmar que o conceito de insumo dentro da sistemática de apuração de créditos pela não cumulatividade dessas contribuições deve ser entendido como todo e qualquer custo ou despesa necessária à atividade da empresa, nos termos da legislação do IRPJ, não devendo ser utilizado o conceito trazido pela legislação do IPI, tendo em vista tratar-se de tributos com materialidades distintas.

Ademais, em 16 de junho de 2011, durante o julgamento do Recurso Especial n. 1.246.317-MG no Superior Tribunal de Justiça ("STJ"), o Ministro Relator Mauro Campbell Marques mostrou-se sensível à tese de ampliação do conceito de insumo aplicável às contribuições ao PIS e COFINS, autorizando uma indústria de produtos alimentícios a apropriar crédito decorrente da aquisição de materiais de limpeza e desinfecção, bem como serviços de dedetização aplicados no ambiente produtivo, no que foi acompanhado pelos Ministros Castro Meira e Humberto Martins. Contudo, o julgamento foi interrompido pelo pedido de vista do Ministro Herman Benjamin.

Especificamente com relação ao tema que nos propomos a analisar, não podemos deixar de mencionar que a Receita Federal do Brasil já se manifestou no sentido de que inexiste a possibilidade de interpretação extensiva da norma que prevê o crédito sobre despesas de aluguel, para incluir nesse cálculo o valor das despesas condominiais e de fundo de promoção cobradas nos contratos de locação em *shopping center*. Vejamos:

"COFINS não cumulativa. Crédito. Atividade comercial. *Taxas de condomínios de áreas (lojas) em centros comerciais ('shopping centers') pagos por pessoa jurídica no exercício de atividade comercial não se confundem com aluguéis, inexistindo a possibilidade de interpretação extensiva que permita o desconto de crédito correspondente. (...)*" (Solução de Consulta n. 266, de 31.7.2009, 8ª Região Fiscal).

"Locação em *shopping center*. Despesas de condomínio e fundo de propaganda. A pessoa jurídica sujeita à apuração não cumulativa da COFINS pode descontar o crédito calculado em relação ao valor dos aluguéis de prédios, utilizados em suas atividades, desde que pagos a pessoa jurídica. *Inexiste a possibilidade de interpretação extensiva da norma para incluir nesse cálculo o valor das despesas condominiais e com fundo de propaganda cobradas nos contratos de locação em 'shopping center'*" (Solução de Consulta n. 79, de 23.3.2005, 8ª Região Fiscal).

Aqui, destacamos que os conceitos adotados pela Receita Federal do Brasil fundamentam-se numa interpretação restritiva do rol trazido nos arts. 3º das Leis n. 10.637/2002 e 10.833/2003. Trata-se de atribuição de significado distinto ao termo "aluguel" daquele que desenvolveremos no presente trabalho.

E é neste cenário de debates, sob uma perspectiva que prestigia o valor constitucional da não cumulatividade, que o presente trabalho pretende analisar a possibilidade de apropriação de créditos relativos às despesas com condomínio e fundo de promoção nos contratos de locação em *shopping center*.

Por se tratar de trabalho que tem por objetivo delimitar os contornos semânticos de termos e expressões à luz de uma determinada situação concreta, previamente delimitada, houvemos por bem, antes mesmo de iniciarmos a atividade exegética propriamente dita, tecer algumas considerações a respeito do modelo hermenêutico-jurídico que norteará nossa análise.

Para tanto, falaremos brevemente sobre o chamado "processo de construção do sentido", tal qual sugerido por Paulo de Barros Carvalho, que propõe a análise (interpretação) dos enunciados jurídico-prescritivos passando pelos três planos semióticos: (i) o sintático; o (ii) o semântico e (iii) o pragmático.

Ademais, por ser uma típica "análise de caso", daremos ênfase ao aspecto pragmático do referido processo interpretativo, o qual nos fornecerá, ao final, os instrumentos necessários à precisa delimitação dos contornos significativos do vocábulo "aluguel" no contexto próprio à tomada de créditos de PIS e COFINS que circunda a situação concreta sob análise.

Estabelecidos esses pontos, iniciaremos a análise propriamente dita do problema, ocasião em que abordaremos a sistemática não cumulativa das contribuições ao PIS e COFINS no plano constitucional e infraconstitucional.

Nesse contexto, trataremos da técnica de apuração de crédito adotada pelo legislador e os valores que devem guiar o hermeneuta na concretização dessa sistemática de tributação que foi, posteriormente à efetivação no plano legal, elevada à categoria de princípio constitucional, a fim de delinearmos a operacionalização da não cumulatividade para o PIS e COFINS, bem como a extensão do direito ao crédito.

II – Construção de sentido e interpretação do direito

Conforme ensina Paulo de Barros Carvalho, se é verdade que não há fenômeno jurídico sem prescrições escritas ou não escritas, também é certo que não podemos cogitar manifestações do direito sem uma linguagem, idiomática ou não, que lhe sirva de veículo de expressão.[1]

Desta feita, por ser o direito positivo constituído, essencialmente, por linguagem, consubstancia-se num conjunto estruturado de signos. A respeito da investigação dos sistemas sígnicos, Charles S. Peirce e Charles Morris distinguem três planos de análise: (i) o sintático; (ii) o semântico e, (iii) o pragmático.

No plano sintático conseguimos averiguar a relação intersígnicas, ou seja, a relação que um signo mantém com os demais signos pertencentes ao mesmo enunciado tais como as palavras nas frases e as frases no discurso. É nas regras gramaticais que encontraremos a forma de se estruturar uma unidade linguística transmissora de mensagem. No plano semântico, estudam-se os conteúdos significativos atribuídos aos signos positivados, é a relação do signo enquanto veículo de informação para com seu objeto. E, por fim, no plano pragmático, estudam-se as relações dos signos com os utentes de linguagem, o relacionamento linguístico entre o emissor da mensagem e seu destinatário, permitindo que este interprete o enunciado.[2]

O intérprete que se coloca diante do direito positivo com fins cognoscitivos vê-se obrigado, ainda que inconscientemente, a utilizar-se dos três planos de linguagem mencionados para construir sentido ao direito posto. Assim, pela análise sintática é possível um exame estrutural dos enunciados prescritivos, tanto nas composições frásicas como nas relações entre artigos, leis e constituição. Por outro lado, o ingresso no plano semântico e no plano pragmático nos autoriza a verificar o significado e tratamento dado aos textos jurídicos pelos aplicadores do direito (Poderes Legislativo, Executivo e Judiciário e particulares).[3]

Nessa medida, verifica-se que os enunciados prescritivos do direito são fonte para a construção de infinitos conteúdos significativos, dependentes da valoração que lhes é atribuída pelo intérprete e condicionados pelos seus horizontes culturais. Por essa razão, não há que se falar em um único conteúdo significativo próprio, tampouco em esquema hermenêutico que aponte qual o sentido correto do enunciado. Tudo dependerá do contexto histórico-cultural em que o intérprete encontra-se imerso e dos valores que buscou prestigiar.

A respeito da inesgotabilidade do processo interpretativo, Paulo de Barros Carvalho[4] assevera:

---

1. Paulo de Barros Carvalho, "Isenções tributárias do IPI em face do princípio da não cumulatividade", *Revista Dialética de Direito Tributário* 33/143.

2. Paulo de Barros Carvalho, *Curso de Direito Tributário*, 20ª ed., São Paulo, Saraiva, p. 100; Edward Lopez, *Fundamentos da Linguística Contemporânea*, Cultrix, p. 17.

3. Aurora Tomazini de Carvalho, *Curso de Teoria Geral do Direito – O Constructivismo Lógico-Semântico*, São Paulo, Noeses, p. 157.

4. Paulo de Barros Carvalho, *Curso de Direito Tributário*, 20ª ed., São Paulo, Saraiva, pp. 197-198.

"O programa de pesquisa para acesso à compreensão é, efetivamente, interminável. Conhecer e operar os textos, aprofundando o saber, é obra de uma vida inteira, mesmo que se trate de algo simples, aparentemente acessível ao exame do primeiro instante. A instável relação entre os homens, no turbulento convívio social, gera inevitáveis mutações semânticas, numa sucessão crescente de alterações que se processam no interior do espírito humano. Aquilo que nos parecia objeto de inabalável convicção, em determinado momento de nossa existência, fica desde logo sujeito a novas conformações que os fatos e as pessoas vão suscitando, no intrincado entrelaçamento da convivência social. O mundo experimenta mudanças estruturais de configuração sob todos os ângulos de análise que possamos imaginar. E essa congênita instabilidade, que atinge as quatro regiões ônticas, está particularmente presente no reino dos objetos culturais, território onde se demoram as prescrições jurídico-normativas. Os signos do direito surgem e vão se transformando ao sabor das circunstâncias. Os fatores pragmáticos, que intervêm na trajetória dos atos comunicativos, provocam inevitáveis modificações no campo de irradiação dos valores significativos, motivo pelo qual a historicidade é aspecto indissociável do estudo das mensagens comunicacionais".

É nesse contexto que o Professor Emérito das Faculdades de Direito da PUC/SP e da USP propõe, sob a perspectiva do seu constructivismo lógico-semântico, um modelo descritivo do percurso trilhado pelo exegeta no processo de construção de sentido dos textos jurídicos estabelecido em quatro subsistemas, a saber: (*i*) o plano S1: o sistema dos enunciados, assim entendido o sistema da literalidade textual, suporte físico das significações; (*ii*) o plano S2: o sistema das proposições, assim entendido o conjunto dos conteúdos de significação dos enunciados prescritivos; (*iii*) o plano S3: o sistema das normas jurídicas, assim entendido o conjunto articulado das significações normativas colhidas no plano S2 ordenadas na forma implicacional (H→C); e (*iv*) o plano S4: onde o intérprete estabelece os vínculos de coordenação e subordinação entre os dados normativos obtidos no plano S3.

Nada obstante a completude e analiticidade do modelo, e conforme bem apontou Rodrigo Dalla Pria, o processo de construção de sentido, nos termos propostos originariamente por Paulo de Barros Carvalho, não leva em consideração em seu percurso interpretativo as "contingências fáticas e contextuais que afetam o percurso gerativo de sentido, os quais se apresentam como dados empíricos absolutamente contingentes".[5]

Tais contingências fático-contextuais se apresentam, no mais das vezes, somente por ocasião do ato interpretativo-concretizador, que obriga o exegeta a interpretar o sistema jurídico à luz de um determinado caso concreto.

Destaca, ainda, que por essa razão o modelo preconizado pelo Professor da PUC/SP e da USP privilegia a interpretação sob os aspectos sintático e semântico, "carecendo de um plano descritivo que dê conta dos aspectos pragmáticos da interpretação jurídica, responsáveis por abarcar as mutações contextuais e as situações peculiares a cada caso concreto".[6]

E é nesse contexto que, com o objetivo de contribuir para o aperfeiçoamento do modelo teórico apresentado pelo constructivismo lógico-semântico, Rodrigo Dalla Pria propôs a inclusão, no esquema do chamado processo de construção de sentido, do plano da concretização (S5), assim entendido como o "momento culminante do processo de construção de sentido, possível somente por ocasião do desencadeamento dos processos jurídico-decisórios, consubstanciado na atividade interpretativo-dialética (fato/norma, norma/fato) realizada pela autoridade competente (em sentido amplo) responsável pelo cotejo

---

5. Rodrigo Dalla Pria, VI Congresso de Direito Tributário, *Constructivismo Jurídico e Interpretação Concretizadora: Dialogando com Paulo de Barros Carvalho e Friedrich Müller*, p. 1.010.

6. Ibid.

do sistema jurídico (plano S4), na condição de dado normativo *ex ante*, com as contingências próprias a cada caso concreto, que termina por resultar na reconstrução dos conteúdos normativos de significação – reconstrução do próprio sistema jurídico –, com vistas a harmonizar/adaptar as mensagens normativas às complexidades da situação concreta a ser solucionada".[7]

A esse respeito, entendemos por "processos jurídico-decisórios" todo e qualquer ato de aplicação do direito, tanto aqueles realizados pelos contribuintes quando fazem o autolançamento, quanto as decisões proferidas por autoridade judicial e administrativa.

Destaque-se que os principais debates acerca dos critérios interpretativos adotados em relação às hipóteses de creditamento de PIS e COFINS surgiram a partir do instante em que o contribuinte (aqui investido na condição de intérprete aplicador do direito) se deparou com um determinado caso concreto que, em razão da sua especificidade, não dependia de simples subsunção do fato a uma norma já previamente delimitada, mas, sim, de uma inovação interpretativa que adequasse aquela norma às contingências fáticas e contextuais daquele caso específico.

A própria discussão administrativa e judicial a respeito do conceito de insumo para fins de apuração de crédito de PIS e COFINS e a pluralidade de decisões e entendimentos evidencia a construção do significado dos textos jurídicos a partir da singularidade de cada caso concreto.

Na decisão proferida pelo CARF no acórdão 930301.740, por ocasião do julgamento de Recurso Especial interposto no Processo Administrativo n. 13053.000112/2005-18, entendeu-se que o conceito de insumo para fins de creditamento de PIS e COFINS não seria nem tão amplo como nos termos da legislação do IRPJ, nem tão restrito como nos termos da legislação do IPI. Nessa situação, ao analisar as singularidades do caso concreto, concluiu-se que a indumentária de uso obrigatório na indústria de processamento de carnes deveria ser considerada como insumo indispensável ao processo produtivo, uma vez que atenderia critérios de necessidade e essencialidade para a persecução da atividade produtiva daquela empresa.

Verifica-se, portanto, que a norma é construída pelo intérprete/aplicador do direito utilizando-se tanto de informações e conteúdos de significações construidos a partir do texto jurídico quanto de dados do caso concreto ao qual a norma será aplicada.

Diante dessas considerações acerca da análise do direito como texto e do percurso da construção do sentido dos textos jurídicos, resta-nos perguntar: qual seria o conteúdo de significação da norma que autoriza apropriação de crédito de PIS e COFINS em relação às despesas com aluguel de prédios utilizados nas atividades da empresa?

III – Das contribuições ao PIS e COFINS e seu regime não cumulativo

Tendo em vista a competência atribuída pela Constituição Federal para instituir contribuições sociais incidentes sobre receita ou faturamento, foi editada a Medida Provisória n. 66, de 29 de agosto de 2002, convertida na Lei n. 10.637, de 30 de dezembro de 2002, que instituiu a cobrança não cumulativa da contribuição PIS/PASEP.

Posteriormente, a sistemática de apuração não cumulativa foi estendida para a COFINS, por meio da edição da Medida Provisória n. 135, de 30 de outubro de 2003, convertida na Lei n. 10.833, de 30 de dezembro de 2003.

A fim de demarcarmos as características próprias ao direito à apropriação de créditos no regime não cumulativo do PIS e COFINS, há que se considerar, também, a vontade e o objetivo do legislador quando da instituição desse novo regime de tributação. A esse respeito, vale a pena transcrever trechos da Exposição de Motivos das Medidas Provisórias ns. 66/2002 e 135/2003. Vejamos:

7. Ibid., p. 1.027.

MP n. 66/2002

"A proposta, de plano, dá curso a uma ampla reestruturação na cobrança das contribuições sociais incidentes sobre o faturamento. Após a instituição da cobrança monofásica em vários setores da economia, *o que se pretende, na forma desta Medida Provisória, é, gradualmente, proceder-se à introdução da cobrança em regime de valor agregado* – inicialmente com o PIS/PASEP para, posteriormente, alcançar a Contribuição para o Financiamento da Seguridade Social (COFINS)."[8]

MP n. 135/2003

"O principal objetivo das medidas ora propostas é o de *estimular a eficiência econômica*, gerando condições para um crescimento mais acelerado da economia brasileira nos próximos anos. Neste sentido, a instituição da COFINS não cumulativa *visa corrigir distorções relevantes decorrentes da cobrança cumulativa do tributo*, como por exemplo a indução a uma verticalização artificial das empresas, em detrimento da distribuição da produção por um número maior de empresas mais eficientes – em particular empresas de pequeno e médio porte, que usualmente são mais intensivas em mão de obra"[9] (grifos nossos).

Da leitura da exposição de motivos acima transcrita, parece-nos que o objetivo do legislador, ainda sem a existência de preceito constitucional que desse suporte a esse regime, era o de buscar uma neutralidade tributária, ou seja, evitar ou, ao menos, minimizar a sobreposição de incidências desses tributos.

Dessa forma, com a edição das referidas leis, o legislador ordinário estabeleceu uma nova sistemática de apuração das contribuições sociais, aplicável às pessoas jurídicas que apuram o Imposto de Renda com base no lucro real (excepcionadas as que se enquadram nos arts. 8º e 10 das Leis ns. 10.637/2002 e 10.833/2003, respectivamente), a qual possibilita o aproveitamento de créditos calculados sobre determinados custos e despesas.

É importante ressaltar que no contexto em que foram editadas as Leis ns. 10.637/2002 e 10.833/2003 não havia previsão expressa da Constituição Federal a respeito do regime de apuração do PIS e COFINS a ser adotado pelo legislador ordinário, razão pela qual pôde ele determinar a adoção de regime não cumulativo, estabelecendo os limites e restrições que lhe pareceram convenientes naquela oportunidade.

Contudo, com a publicação da Emenda Constitucional n. 42, aprovada pelo Congresso Nacional, em 19 de dezembro de 2003, que introduziu o § 12 ao art. 195 da Constituição Federal, foi elevada à categoria de princípio constitucional a aplicação da sistemática de cálculo não cumulativa das contribuições incidentes sobre a receita ou o faturamento, nos seguintes termos:

"Art. 195. (...).

"§ 12. *A lei definirá os setores de atividade econômica para os quais as contribuições incidentes na forma dos incisos I, b; e IV do* caput, *serão não cumulativas.*"

Uma observação preliminar que deve ser feita a respeito do parágrafo transcrito acima é que, para as contribuições sociais, a Constituição Federal não impôs a obrigatoriedade de adoção do regime da não cumulatividade, tendo delegado ao legislador ordinário o poder de eleger os setores da economia que ficariam subordinados a essa forma de apuração desses tributos.

Nesse contexto, no que diz respeito à eleição dos setores da economia que se sujeitarão à sistemática não cumulativa, o § 12 do art. 195 da Constituição Federal configura-se como norma constitucional de eficácia limitada,[10] ou seja, sua eficácia depende da edição de normas pelo legislador infraconstitucional.

8. Brasil, Exposição de Motivos da MP n. 66/2002, item 2, Ministro de Estado da Fazenda Pedro Sampaio Malan.

9. Brasil, Exposição de Motivos da MP n. 135/2003, item 1.1, Ministro de Estado da Fazenda Antonio Palocci Filho.

10. As normas constitucionais, segundo ensinamentos de José Afonso da Silva, podem ser divididas em:

Contudo, a liberdade concedida ao legislador ordinário encerra-se neste ponto – eleição de setores econômicos – não lhe tendo sido conferido o poder de restringir o exercício da não cumulatividade pelos setores eleitos. Em outras palavras, uma vez definidos os contribuintes sujeitos ao regime não cumulativo, este regime é autoaplicável, cabendo à legislação infraconstitucional dispor apenas sobre os critérios aritméticos e procedimentais a serem adotados para formalizar a compensação de créditos e débitos.

Nesse sentido afirma Paulo de Barros Carvalho:[11] "Diante dessa Emenda, a não cumulatividade da contribuição ao PIS e da COFINS, que havia sido instituída por liberalidade do legislador ordinário, com os permissivos e vedações pelos quais livremente optou, passou a apresentar conteúdo mínimo de significação. Por imperativo constitucional, pretendendo-se a aplicação do regime não cumulativo àqueles tributos, coube ao legislador apenas indicar os setores da atividade econômica em que deseja fazê-lo, sem, no entanto, autorizar que este limite o direito ao crédito, mitigando os efeitos da não cumulatividade".

No mesmo sentido é o entendimento de Misabel Abreu Machado Derzi e Sacha Calmon Navarro Coelho, para quem "a Emenda Constitucional n. 42 atribuiu ao PIS/COFINS o caráter não cumulativo, delegando ao legislador ordinário apenas a definição das atividades sujeitadas ao princípio da não cumulatividade, segundo os padrões constitucionais vigentes".[12]

Segundo Hugo de Brito Machado,[13] entende-se por não cumulatividade o princípio segundo o qual em cada operação o contribuinte deduz do valor do tributo correspondente à saída dos produtos o valor que incidiu na operação anterior, de tal forma que reste tributado somente o valor acrescido.

O autor observa, ainda, que a não cumulatividade pode representar um princípio e também uma técnica. Corresponde a um princípio quando enunciado de forma genérica na Constituição Federal. "A técnica da não cumulatividade, por seu turno, é o modo pelo qual se realiza o princípio. Técnica é a maneira ou habilidade especial de executar algo. Assim, a técnica da não cumulatividade é o modo pelo qual se executa, ou se efetiva, o princípio".[14]

Neste mesmo sentido, já se manifestou o Supremo Tribunal Federal (STF)[15] que, ao tratar dos impostos de competência residual da União Federal, proferiu decisão nos seguintes termos: "A referência contida no art. 154, I, da CF refere-se à não cumulatividade interna, que constitui simples técnica de arrecadação, consistente no abatimento ou compensação do que for devido em cada operação com o montante do tributo cobrado nas operações anteriores, tal como se observa no recolhimento do ICMS e do IPI, consoante dispõem os arts. 153, II, § 3º, e 155, II, § 1º, da Constituição".

Em suma, há que se concluir que a ideia de não cumulatividade tributária está intrinsecamente ligada a um método de tributação que prestigie os valores da capacidade

---

(i) normas de eficácia plena, que podem, desde a entrada em vigor da Constituição, produzir todos os efeitos que o legislador constitucional quis regular, sendo, portanto, de aplicabilidade imediata; (ii) normas de eficácia contida, as quais requerem a intervenção do legislador ordinário para regulamentar os direitos subjetivos que delas decorrem para os cidadãos, indivíduos ou grupos; e (iii) normas de eficácia limitada, que necessitam de legislação futura que lhes complete a eficácia e lhes dê efetiva aplicação. São estas normas de aplicabilidade mediata ou reduzida, na medida em que dependem de normas infraconstitucionais para produzir seus efeitos (*Aplicabilidade das Normas Constitucionais*, São Paulo, Malheiros Editores, 2008).

11. Paulo de Barros Carvalho, *Direito Tributário, Linguagem e Método*, São Paulo, Noeses, 2008, p. 740.

12. Sacha Calmon Navarro Coelho e Misabel Abreu Machado Derzi, "PIS/COFINS: direito de crédito nas entradas e saídas isentas ou com alíquota zero", *Revista Dialética de Direito Tributário* 115/147.

13. Hugo de Brito Machado, *Os Princípios Jurídicos da Tributação na Constituição de 1988*, São Paulo, Dialética, 2004.

14. Idem, p. 124.

15. Trecho do voto proferido pelo Min. Moreira Alves no julgamento do RE n. 258.470-3-RS.

contributiva e da justiça da tributação. Por essa razão, entendemos que a sistemática de tributação que se pretende não cumulativa deve viabilizar um método de cálculo e recolhimento apto a combater as nocivas distorções causadas pela tributação em cascata.

Nesse contexto, é importante observar que, ao contrário do que ocorre com o ICMS e o IPI, a norma constitucional que introduziu o princípio não cumulativo do PIS e da COFINS não traçou em detalhes os critérios aritméticos de sua implementação, delegando ao legislador ordinário o estabelecimento das características inerentes à técnica de tributação a ser utilizada para concretização deste princípio.

Tendo em vista as diferenças jurídicas e econômicas, a técnica de tributação prevista na Constituição Federal para a realização da não cumulatividade do IPI e do ICMS não se apresentou como a mais indicada para o regime não cumulativo do PIS e COFINS, uma vez que essas contribuições incidem sobre a totalidade das receitas auferidas pela pessoa jurídica, independente de sua classificação contábil, sem considerar, pelo menos de forma direta, as transações sequenciais realizadas nas diversas etapas de uma cadeia produtiva ou de circulação de mercadorias, como seria no caso do IPI e do ICMS.

A respeito dessa diferença, Marco Aurélio Greco[16] afirma:

"(...) não se pode olvidar que estamos perante contribuições cujo pressuposto de fato é a 'receita', portanto, a não cumulatividade em questão existe e deve ser vista como técnica voltada a viabilizar a determinação do montante a recolher em função da receita.

"(...) esta afirmação, até por certo ponto óbvia, traz em si o reconhecimento de que o referencial das regras legais que disciplinam a não cumulatividade de PIS/COFINS são eventos que dizem respeito ao processo formativo que culmina com a receita e não apenas eventos que digam respeito ao processo formativo de um determinado produto.

"Realmente, enquanto o processo formativo de um produto aponta no sentido de eventos de caráter físico a ele relativos, o processo formativo de receita aponta na direção de todos os elementos (físicos e funcionais) relevantes para sua obtenção. Vale dizer, o universo de elementos captáveis para a não cumulatividade de PIS/COFINS é mais amplo do que aquele, por exemplo, do IPI."

E prossegue afirmando que atribuir à não cumulatividade do PIS e COFINS a técnica aplicável ao IPI e ICMS resultaria em "a) desconsiderar os diferentes pressupostos constitucionais; b) agredir a racionalidade de incidência de PIS/COFINS; e c) contrariar a coerência interna da exigência, pois esta se forma a partir do pressuposto 'receita' e não 'produto'".[17]

Ora, admitindo-se que a norma constitucional veiculadora do princípio da não cumulatividade apresenta um conteúdo de significação mínimo, há que se concluir que sua observância é obrigatória uma vez que não compete ao legislador ordinário modificar o conteúdo de norma constitucional, restringindo a aplicabilidade dos valores nesta veiculados. Por conseguinte, a técnica de tributação adotada pelo legislador ordinário deve permitir a aplicabilidade plena do princípio da não cumulatividade.

Nessa linha de pensamento, o legislador pôde deliberar entre a criação ou não de um regime não cumulativo para o PIS e a COFINS e a eleição dos setores de atividade econômica que estariam sujeitos a esse regime. Agora, partindo-se da premissa de que existe um conteúdo mínimo necessário para a caracterização de um regime de tributação verdadeiramente não cumulativo, ao se decidir pela aplicação desse regime, deveria o legislador observar as características mínimas peculiares às sistemáticas dessa natureza, preservando o valor "não cumulatividade"

---

16. Marco Aurélio Greco, "Não cumulatividade no PIS e na COFINS", *Revista Fórum de Direito Tributário* 12/10-11.

17. Idem, pp. 10-11.

presente no texto constitucional e os critérios de cálculo implícitos no sistema e necessários para a adoção de tal sistemática.

Desse modo, embora não esteja expressa no texto constitucional qual a técnica a ser adotada pelo legislador ao disciplinar a não cumulatividade das contribuições, o que certamente enseja argumentos no sentido de que: se a Constituição Federal não determinou o método para se efetivar a não cumulatividade, caberia ao legislador fazê-lo sem quaisquer restrições; entendemos razoável pressupor a existência de um conteúdo de significação mínimo do princípio da não cumulatividade, o que resulta na consideração de critérios mínimos previstos no texto constitucional, ainda que implicitamente, para que esse valor seja alcançado pelo legislador infraconstitucional.

Nesse particular, entendemos que a interpretação de cada uma das hipóteses de crédito previstas na legislação deverá ser orientada pelo valor "não cumulatividade" consagrado pelo constituinte e, inclusive, pelo legislador ordinário conforme restou verificado na Exposição de Motivos das Medidas Provisórias ns. 66/2002 e 135/2003.

Isso porque a interpretação das normas constitucionais e daquelas que as operacionalizam no plano infraconstitucional há de ser de tal modo que lhes confira a máxima efetividade possível, como já reconhecido pela jurisprudência dominante no Supremo Tribunal Federal. Nesse sentido, o entendimento do Ministro Celso de Mello, consignado no julgamento da ADI n. 1.851: "(...) os direitos e garantias inscritos na Constituição devem ser interpretados de modo a emprestar-se a esses direitos e garantias a máxima eficácia. De resto, aliás, a máxima eficácia é recomendada para todas as normas constitucionais, principalmente para as materialmente constitucionais e aqui temos uma norma materialmente constitucional".

Nessa medida, concluímos no sentido de que a norma constitucional da não cumulatividade possui sim um conteúdo mínimo de significação que determina a busca pela neutralidade fiscal mitigando ou eliminando a sobreposição de incidências tributárias. Daí porque as interpretações restritivas das hipóteses legais de crédito previstas nas leis que tratam do PIS e da COFINS não podem ser acolhidas.

Dessa forma, embora admitamos que a não cumulatividade não implica o direito de crédito irrestrito de toda e qualquer despesa da empresa, o que não se pode negar é que: em caso de dúvida quanto à interpretação de uma dada hipótese legal de creditamento, impõe-se a interpretação que acolha e prestigie o valor não cumulatividade.

A respeito das particularidades do regime tributário do PIS e COFINS, vale repisar que essas contribuições oneram as receitas brutas dos contribuintes ao longo da cadeia econômica. Contudo, as receitas auferidas pelos diversos atores do processo produtivo não guardam qualquer relação entre si, ou seja, o valor da receita obtida por contribuinte em uma dada etapa da cadeia não está diretamente incluído ou relacionado com o valor da receita obtida pelo contribuinte da etapa subsequente, diferentemente do que ocorre com os valores das operações que dão ensejo à tributação pelo ICMS e pelo IPI.

Por esse motivo, não é viável a pretensão de simplesmente transpor a técnica normativa de apuração e compensação de créditos de entrada com débitos de saída, própria à natureza jurídica do ICMS e do IPI, para o contexto da tributação do PIS e da COFINS. Ainda que os objetivos econômicos do princípio da não cumulatividade sejam o mesmo para ambos os casos, a forma de implementação deve ser outra.

Confira-se, a esse respeito, o entendimento de Waldir Luiz Braga:[18] "Sem falar que a não cumulatividade do PIS e da COFINS tem um campo de abrangência maior quando comparada com a do ICMS e do IPI. Enquanto, ao menos *ad argumentandum*, a não cumulatividade do ICMS e do IPI busca eliminar o ônus da mercadoria comercializada

---

18. Waldir Luiz Braga, *Revista Dialética de Direito Tributário* 109/104-105.

ou do produto industrializado, no PIS e na COFINS, procura-se desonerar o faturamento, assim entendido como todas as receitas da pessoa jurídica, não apenas as decorrentes da venda de bens e serviços, seja ela comercial, industrial ou prestadora de serviços".

Nessa medida, somos da opinião de que cada hipótese de creditamento prevista na legislação ordinária deve ser interpretada de tal modo que se refira, minimamente, aos gastos (custos, despesas, etc.) incorridos pelo contribuinte para a percepção das receitas oferecidas à tributação. Esse é o valor que deve orientar a interpretação das hipóteses de creditamento desses tributos. Somente essa opção interpretativa teria o objetivo de neutralizar/minimizar a cumulatividade nessas contribuições.

Superadas as questões quanto à implementação da não cumulatividade do PIS e COFINS, cumpre verificar que as leis que instituíram a sistemática não cumulativa dessas contribuições (Leis ns. 10.637/2002 e 10.833/2003), especificamente em seu art. 3º, inciso IV, assim dispuseram:

Lei n. 10.637/2002

"Art. 3º. Do valor apurado na forma do art. 2º a pessoa jurídica poderá descontar créditos calculados em relação a:

"(...);

"IV – aluguéis de prédios, máquinas e equipamentos, pagos a pessoa jurídica, utilizados nas atividades da empresa;"

Lei n. 10.833/2003

"Art. 3º. Do valor apurado na forma do art. 2º a pessoa jurídica poderá descontar créditos calculados em relação a:

"(...);

"IV – aluguéis de prédios, máquinas e equipamentos, pagos a pessoa jurídica, utilizados nas atividades da empresa;"

Com isso, tem-se que tais enunciados, ordenados na forma implicacional (H→C), estabelecem a regra-matriz do direito ao crédito das contribuições ao PIS e COFINS, a saber, "dado o fato da realização de despesas com aluguéis de prédios, máquinas e equipamentos, pagos a pessoa jurídica, utilizados nas atividades da empresa (*hipótese*), deve ser o direito do contribuinte descontar créditos calculados mediante a aplicação da alíquota das contribuições sobre essas despesas (*consequência*)".

Entretanto, cabe ao intérprete e ao aplicador do Direito atribuir valores aos signos que compõe o enunciado prescritivo, adjudicando-lhes significações. Daí a afirmação sempre atual de Alfredo Augusto Becker no sentido de que o jurista *nada mais seria do que o semântico da linguagem do direito*. Assim sendo, resta-nos trilhar o percurso da construção do significado dos textos jurídicos a fim de aferir o que está compreendido nos "aluguéis" previstos nesses artigos.

IV – Aproveitamento de créditos de PIS e COFINS em relação aos valores pagos a título de Condomínio e Fundo de Promoção nas Locações em "Shopping Center"

Como já mencionamos, as Leis ns. 10.637/2002 e 10.833/2003, que regulamentam, respectivamente, o PIS e COFINS não cumulativos, preveem a possibilidade de aproveitamento de créditos em relação a determinados custos e despesas, dentre os quais, aluguéis de prédios, máquinas e equipamentos, pagos a pessoas jurídicas e utilizados nas atividades das empresas.

Note-se, contudo, que a legislação em comento não estabelece o conceito de aluguel para fins de cálculo dos créditos de PIS e COFINS. Tendo isso em vista, a natureza jurídica dessa obrigação deve ser construída a partir das definições do direito privado, tal como preconiza o art. 110 do Código Tributário Nacional.

Antes disso, abra-se um parêntese para dizer que muito embora estejamos falando de locação em *shopping center*, que além de propiciar ao locatário seu espaço para o comércio, proporciona ainda uma série de benefícios que o acompanham, aplicam-se os procedimentos e princípios da Lei n. 8.245/1991 e do Código Civil (Lei n. 10.406/2002) no que couber. Nesse sentido, vejamos a jurisprudência do STJ:

"Agravo Regimental em Agravo de Instrumento. Locação. *Shopping center*. Código de Defesa do Consumidor. Lei n. 8.078. Inaplicabilidade. Incidência da Lei do Inquilinato. Lei n. 8.245/1991.

"1. Esta Corte firmou compreensão de que o Código de Defesa do Consumidor não é aplicável aos contratos locativos.

"2. Aos contratos de '*shopping center*' aplica-se a Lei do Inquilinato (art. 54 da Lei n. 8.245/1991)."[19]

"Embargos de Divergência em Recurso Especial. Locação de espaço em *shopping center*. Incidência da Lei do Inquilinato.

"1. A Lei do Inquilinato aplica-se aos contratos de locação de espaço em '*shopping center*' (inteligência dos arts. 1º, 52, § 2º, e 54 da Lei n. 8.245/1991).

"2. Embargos de divergência rejeitados."[20]

Não por outra razão o Projeto de Lei n. 7.137/2002, que pretende regulamentar os contratos de locação em *shopping center*, prevê alterações na própria Lei do Inquilinato. Assim, é evidente que qualquer análise das relações locatícias nesses casos deve ser feita à luz da Lei n. 8.245/1991 e do Código Civil. Fecha-se o parêntese.

Passemos, então, a analisar a significação de aluguel tanto no direito positivado como nas decisões proferidas pelos tribunais superiores.

Com efeito, o art. 565 do Código Civil (Lei n. 10.406/2002), estabelece que a locação de coisas pode ser entendida como aquela em que "uma das partes se obriga a ceder à outra, por tempo determinado ou não o uso e gozo de coisa não fungível, mediante certa retribuição". Destacamos que tal disposição já estava prevista no antigo Código Civil de 1916, especificamente em seu art. 1.118.

Por seu turno, a Lei n. 8.245/1991, que disciplina as locações de imóveis urbanos, dispõe que:

"Art. 23. O locatário é obrigado a:

"I – pagar pontualmente o *aluguel* e os *encargos da locação*, legal ou contratualmente exigíveis, no prazo estipulado ou, em sua falta, até o sexto dia útil do mês seguinte ao vencido, no imóvel locado, quando outro local não tiver sido indicado no contrato" (grifos nossos).

Verifica-se, portanto, que o aluguel é historicamente entendido no nosso direito positivo como a retribuição paga ao locador pelo uso e gozo da coisa locada. Ainda, da análise dos dispositivos acima transcritos, é possível verificar a existência de dois itens que compõem a retribuição paga pelo locatário ao locador: o aluguel e os encargos de locação. Enquanto o primeiro é composto pelo valor acordado entre as partes pela utilização do bem, o segundo engloba os demais encargos atribuídos contratualmente ou legalmente ao locatário como, por exemplo, os valores relativos ao pagamento de impostos e preços públicos, tais como o IPTU, água e luz.

Partindo dessa premissa, e considerando que o aluguel representa a obrigação principal assumida pelo locatário no contrato de locação, entendemos possível sustentar que os valores devidos a título de condomínio e fundo de promoção assumidos contratualmente representam obrigações acessórias ao contrato de locação. Nesse sentido, inclusive, é o posicionamento do STJ. Vejamos:[21]

"É firme a jurisprudência do Superior Tribunal de Justiça no sentido de que as obrigações acessórias ao contrato de locação, tais como as relacionadas às despesas com água,

---

19. AgRgAg n. 706.211-RS, Rel. Min. Paulo Gallotti, *DJ* 5.11.2007

20. EREsp n. 331.365-MG, Rel. Min. Hamilton Carvalhido, *DJ* 6.8.2008.

21. STJ, REsp. n. 473.830-DF, Rel. Min. Arnaldo Esteves Lima. No mesmo sentido, REsp ns. 440.171, 138.786 e 379.375.

luz, multa e tributos, previstas no contrato, também estão compreendidas no art. 585, IV, do CPC, legitimando a execução juntamente com o débito principal relativo aos aluguéis propriamente ditos".

O caráter acessório das outras despesas decorrentes dos contratos de locação fica ainda mais evidente nas seguintes decisões do STJ, nas quais se discute a possibilidade de execução dos encargos locatícios em conjunto com o aluguel, com fundamento na antiga redação do art. 585, IV, do CPC:

"De notar que quando o art. 585 confere eficácia de título executivo ao 'crédito decorrente de aluguel' (inciso IV), *está se referindo obviamente ao valor dos aluguéis propriamente ditos mais os acessórios de locação. É que a expressão 'aluguel' foi utilizada pelo legislador como sinônimo de relação jurídica locatícia, ou seja, contrato de locação*. (...) Ao apreciar casos análogos ao presente, esta Corte tem entendido que as obrigações acessórias ao contrato de locação, tais como as relacionadas à despesa com água, luz, multa e tributos, previstas no contrato, também estão compreendidas no art. 585, IV, do CPC, legitimando a execução juntamente com o débito principal relativo aos aluguéis propriamente ditos"[22] (grifos nossos).

E mais: "Como se observa, a lei inquilinária, quando alude ao adimplemento dos valores locativos, expressamente, *adiciona os acessórios da locação aos valores dos aluguéis propriamente ditos*. Sendo certo que a norma legal não traz em sua disposição termos supérfluos e desnecessários, tem-se que a 'mens legis' foi, exatamente, a de *vincular os acessórios ou encargos da locação às parcelas devidas a título de aluguel*. Nesse passo, é certo que o contrato locativo validamente ajustado entre o locador e o locatário, tem o condão de obrigar, também, em relação aos créditos decorrentes dos encargos de locação"[23] (grifos nossos).

[22]. STJ, REsp n. 440.171-SP, Rel. Min. Felix Fischer.
[23]. STJ, REsp n. 138.786-MG, Rel. Min. Gilson Dipp.

Com base nesses entendimentos do STJ – o qual, vale mencionar, é o órgão responsável pela interpretação da legislação federal –, é possível concluir que as obrigações acessórias ao contrato de locação devem ser consideradas como indissociáveis da obrigação principal assumida pelo locatário, isto é, do aluguel.

Reforçando o caráter indissociável dos encargos de locação em relação ao aluguel, a Secretaria da Receita Federal-6ª Região Fiscal, na Solução de Consulta n. 45, de 26 de abril de 2002, ao apreciar questão relativa à dedutibilidade de valores da base de cálculo do Imposto de Renda Pessoa Física (IRPF), manifestou entendimento segundo o qual "o valor do IPTU pago pelo locatário, por conta do locador, integra o rendimento bruto do locador e poderá ser deduzido na base de cálculo do IRPF".

Tal entendimento ficou ainda mais evidente com a Solução de Consulta n. 148, de 23 de dezembro de 2010, 10ª Região Fiscal, a respeito da composição da base de cálculo do PIS e COFINS no regime cumulativo, na qual afirmou-se que "integram a receita bruta decorrente da atividade de locação de imóveis próprios, além do aluguel, os tributos relativos ao imóvel alugado, o seguro e as despesas de condomínio cobradas pela locadora".

Note-se que se utilizarmos esse raciocínio ao tema em análise, podemos chegar à seguinte conclusão: se o IPTU, o condomínio e o aluguel pagos pelo locatário integram o rendimento bruto do locador, e se o rendimento bruto do locador corresponde às bases tributáveis do PIS e da COFINS não cumulativos, conforme previsto nas Leis ns. 10.637/2002 e 10.833/2003 (arts. 1º), consequentemente, os créditos destas contribuições devem ser calculados com base no valor total pago pelo locatário ao locador, correspondente, nesse caso, ao aluguel e encargos de locação.

Ademais, a relação constitucional entre o critério material da regra-matriz de incidência do PIS e da COFINS e a não cumulatividade dessas contribuições define a técnica para a realização do princípio da não cumulatividade. Segundo esta técnica, os créditos permitidos na sistemática de cálculo não cumulativa não podem ser estranhos aos valores formadores das receitas auferidas pelas pessoas jurídicas. Não podem ser nem superiores nem inferiores a estes, devendo refletir os custos e despesas que contribuíram para a geração das receitas alcançadas pela tributação.

No caso de lojas de *shopping centers*, é evidente que os custos e despesas relacionados com a locação e manutenção do estabelecimento possuem relação, ainda que indireta, com a atividade fim da empresa, qual seja, comercialização de produtos e/ou prestação de serviços.

Diante de todo o exposto, e considerando, ainda, (*i*) que o acessório deve seguir a mesma sorte do principal, salvo disposição de lei em contrário, e que (*ii*) não há na legislação federal qualquer restrição quanto ao aproveitamento de créditos de PIS e COFINS sobre despesas com aluguel; entendemos possível sustentar que o termo "aluguel" utilizado pelo legislador ordinário nas Leis ns. 10.637/2002 e 10.833/2003 (arts. 3º, incisos IV) compreende o valor relativo à retribuição paga pelo locatário em função da obrigação principal e os demais encargos decorrentes do contrato de locação tais como o condomínio e fundo de promoção.

Em síntese, segundo nosso entendimento, é juridicamente legítimo o aproveitamento de crédito de PIS e COFINS em relação às despesas com condomínio e fundo de promoção, desde que:

(i) a obrigatoriedade pelo pagamento do condomínio e do fundo de promoção por parte do locatário esteja expressamente prevista no contrato de locação firmado entre este e o locador;

(ii) o imóvel alugado seja utilizado nas atividades da empresa locatária; e

(iii) o aluguel seja pago à pessoa jurídica domiciliada no país que ofereça esses valores à tributação.

Enquanto a primeira condição acima descrita decorre da própria fundamentação que justificaria a apropriação do crédito, as duas últimas decorrem das regras estabelecidas pela legislação federal[24] quanto ao aproveitamento de créditos de PIS e COFINS.

Por fim, em que pese todas as considerações que efetuamos sobre esse assunto, não podemos deixar de mencionar que, infelizmente, a Receita Federal do Brasil não vem adotando esse posicionamento, tendo inclusive já se manifestado no sentido de que inexiste possibilidade de interpretação extensiva da norma que prevê crédito sobre despesas de aluguel, para incluir nesse cálculo o valor das despesas condominiais e de fundo de promoção cobradas nos contratos de locação em *shopping center*.

Trata-se de atribuição de significado ao termo "aluguel" fundamentada em interpretação restritiva do rol trazido nos arts. 3º das Leis ns. 10.637/2002 e 10.833/2003 o que, a nosso ver, não se coaduna com o valor preconizado pela Constituição Federal.

A esse respeito, é sempre oportuno recordar que o significado das palavras depende do contexto em que está inserida. Nos dizeres de Marco Aurélio Greco:[25]

"O significado das palavras, se, por um lado, recebe a carga inercial do sentido em que foram utilizadas no passado, por outro, sofre igual influência do contexto em que se inserem, da matéria a que se referem e das consequências que lhe são imputadas. Toda palavra tem um sentido resultante da maneira pela qual é utilizada. Excepcionalmente, algumas palavras, em razão da contínua e unívoca utilização podem vir a assumir uma rara condição de, na prática, ser impossível exprimir determinado conteúdo a não ser mediante utilização daquele vocábulo.

"Fora dessa situação excepcional, as palavras podem comportar múltiplos signifi-

---

24. Leis ns. 10.637/2002 e 10.833/2003.

25. Marco Aurélio Greco, "Conceito de insumo à luz da legislação de PIS/COFINS", *Revista Fórum de Direito Tributário* 34/12-13, jul.-ago. 2008.

cados que resultam do que se convencionou, na situação específica, ser o sentido daquele termo, ou do contexto (objetivo, subjetivo, situacional, temporal, etc.) em que a palavra é utilizada. Depende do referencial adotado."

Por essa razão, tendo em vista o valor da não cumulatividade previsto na Constituição Federal para as contribuições ao PIS e COFINS, a interpretação que melhor se adequaria ao nosso ordenamento jurídico é aquela que prestigia esse valor, e inclusive busca aproximar-se da vontade exprimida pelo Poder Executivo na Exposição de Motivos das Medidas Provisórias que instituíram o regime não cumulativo das contribuições ao PIS e COFINS.

V – Conclusão

No ordenamento jurídico atual, são dois os regimes de recolhimento das contribuições ao PIS e COFINS: o regime cumulativo e o regime não cumulativo. O primeiro tem como hipótese de incidência o faturamento, enquanto o segundo incide sobre a totalidade das receitas auferidas.

A sistemática não cumulativa foi introduzida, inicialmente, por meio das Medidas Provisórias ns. 66/2002 e 135/2003 (convertidas nas Leis ns. 10.637/2002 e 10.833/2003, respectivamente), que dispunham, em sua exposição de motivos, tratar-se de medida (*i*) visando introduzir uma cobrança em regime de valor agregado; e (*ii*) corrigir distorções relevantes decorrentes da cobrança cumulativa do tributo.

Posteriormente, com a publicação da Emenda Constitucional n. 42/2003, a não cumulatividade dessas contribuições foi elevada à categoria de princípio constitucional. O preceito constitucional não impôs obrigatoriedade de adoção do regime, configurando-se como norma constitucional de eficácia limitada, ou seja, a sua efetivação dependeria de edição de normas pelo legislador infraconstitucional.

Contudo, uma vez adotado esse regime, caberia ao legislador dispor apenas sobre os setores da economia que estariam sujeitos a esse regime e os critérios aritméticos e procedimentais a serem adotados para formalizar a compensação dos créditos e débitos.

Ainda que admitamos que a não cumulatividade não implica o direito de crédito amplo e irrestrito, o que não se pode negar é que em caso de dúvida quanto à interpretação de uma dada hipótese legal de creditamento, impõe-se a interpretação que acolha e prestigie o valor não cumulatividade, de forma a afastar ou, ao menos, minimizar a sobreposição de incidências tributárias.

Por essa razão, entendemos que, a fim de melhor prestigiar referido princípio, cada hipótese de creditamento prevista na legislação ordinária deve ser interpretada de tal modo que refira, ainda que minimamente, aos gastos (custos, despesas, etc.) incorridos pelo contribuinte para a realização das receitas tributáveis, ou seja, para a realização da hipótese de incidência das contribuições ao PIS e COFINS.

A esse respeito, cumpre sabermos o que está compreendido na previsão legal de crédito relativo às despesas com aluguel. Desse modo, para construirmos o conteúdo significativo do vocábulo aluguel para o caso concreto em análise, percorremos o trajeto gerador de sentido dos textos jurídicos descrito pelo modelo dos subsistemas S1 ao S5, isto é, utilizando-se dos três planos de linguagem: sintático, semântico e pragmático. Ademais, destacamos que diante da premissa de que os enunciados prescritivos são fonte para construção de infinitos conteúdos significativos, dependentes da valoração que lhes é atribuída pelo intérprete e condicionados aos seus horizontes culturais, não há que se falar em um único conteúdo significativo próprio a cada enunciado.

Nesse sentido, segundo o Código Civil (Lei n. 10.406/2002), a locação pode ser entendida como aquela em que uma das partes se obriga a ceder à outra, por tempo indeterminado ou não o uso e gozo de coisa não fungível, mediante certa retribuição.

A Lei de Locações (Lei n. 8.245/1991), por sua vez, afirma entendimento de que o aluguel é historicamente entendido como a retribuição paga ao locador pelo uso e gozo da coisa locada. Estabelece, ainda, que além do aluguel, a retribuição paga pelo locatário ao locador também é composta pelos encargos de locação, que seriam todos os encargos atribuídos contratualmente ou legalmente ao locatário como, por exemplo, os valores relativos ao pagamento de impostos e preços púbicos, tais como IPTU, água e luz.

O STJ, em ações nas quais se discutia a possibilidade de execução dos encargos locatícios em conjunto com o aluguel, com fundamento na antiga redação do art. 585, IV, do Código de Processo Civil, decidiu que "a expressão aluguel foi utilizada pelo legislador como sinônimo de relação jurídica locatícia, ou seja, contrato de locação".

Sendo assim, à luz da legislação e da análise da jurisprudência, concluímos que as obrigações acessórias ao contrato de locação devem ser consideradas como indissociáveis da obrigação principal assumida pelo locatário, isto é, do aluguel.

Diante de todo o exposto, e considerando que o acessório deve seguir a mesma sorte do principal, salvo disposição de lei em contrário, e que não há na legislação federal qualquer restrição quanto ao aproveitamento de créditos de PIS e COFINS sobre despesas com aluguel, entendemos que as despesas relativas a condomínios e fundos de promoção, decorrentes de contrato de locação, geram sim direito a crédito dessas contribuições.

Essa é, a nosso ver, a interpretação que melhor se coaduna com o valor constitucional da não cumulatividade.

Bibliografia

BRAGA, Waldir Luiz. *Revista Dialética de Direito Tributário* 109.

CARVALHO, Paulo de Barros. *Curso de Direito Tributário*. 20ª ed. São Paulo: Saraiva.

_____. *Direito Tributário, Linguagem e Método*. São Paulo: Noeses, 2008.

COELHO, Sacha Calmon Navarro; e DERZI, Misabel Abreu Machado. "PIS/COFINS: direito de crédito nas entradas e saídas isentas ou com alíquota zero". *Revista Dialética de Direito Tributário* 115.

DALLA PRIA, Rodrigo. VI Congresso de Direito Tributário. *Constructivismo Jurídico e Interpretação Concretizadora: Dialogando com Paulo de Barros Carvalho e Friedrich Müller.*

GRECO, Marco Aurélio. "Conceito de insumo à luz da legislação de PIS/COFINS". *Revista Fórum de Direito Tributário* 34, jul.-ago. 2008.

_____. "Não cumulatividade no PIS e na COFINS". *Revista Fórum de Direito Tributário* 12.

LOPEZ, Edward. *Fundamentos da Linguística Contemporânea*. Cultrix.

MACHADO, Hugo de Brito. *Os Princípios Jurídicos da Tributação na Constituição de 1988*. São Paulo: Dialética.

MINATEL, José Antônio. *Conteúdo do Conceito de Receita e Regime Jurídico para sua Tributação*. São Paulo: Ed. MP, 2007.

SILVA, José Afonso da. *Aplicabilidade das Normas Constitucionais*. São Paulo: Malheiros Editores, 2004.

ESTUDOS & COMENTÁRIOS

A EFETIVA NATUREZA JURÍDICA DO PARÁGRAFO ÚNICO DO ART. 116 DO CÓDIGO TRIBUTÁRIO NACIONAL

RÔMULO CRISTIANO COUTINHO DA SILVA

Mestrando em Direito Tributário, Econômico e Financeiro
na Faculdade de Direito da Universidade de São Paulo.
Advogado em São Paulo

1. Introdução. 2. O signo elisão tributária e suas diferentes significações. 3. O CTN e a alteração promovida pela Lei Complementar n. 104/2001. 4. O parágrafo único do art. 116 do CTN no contexto do Sistema Constitucional Tributário brasileiro. 5. A importância das diferenças semânticas entre simulação e dissimulação. 6. O abuso de direito e o abuso das formas. 7. A efetiva natureza jurídica do parágrafo único do art. 116 do CTN. 8. Conclusão.

1. Introdução

A economia do capitalismo moderno tem como uma de suas principais características inserir as empresas em um mercado altamente competitivo, que exige dos empresários deste meio constante atenção no que se refere aos custos e despesas da atividade que realiza, a fim de que sejam reduzidos, ao máximo, os gastos empresariais.

Neste contexto, o planejamento tributário revela-se extremamente útil, pois a prévia organização dos negócios que fazem parte do cotidiano empresarial, com vistas à realização de uma economia legítima de tributos, é fundamental para que as atividades da empresa sejam desenvolvidas com o menor custo tributário possível. Ademais, o planejamento tributário, porque constitui, na grande maioria das vezes, ponto estratégico na organização da empresa, costuma ser objeto de preocupação, quer por ocasião da constituição da sociedade, quer durante a gestão daquelas sociedades já constituídas.

Sendo assim, sobretudo em razão da crise econômica por que passa o mundo, a discussão acerca do planejamento tributário como forma de prever e dispor os negócios jurídicos do contribuinte, de modo que haja uma economia lícita de tributos, sempre respeitando os limites impostos pela lei, continua sendo relevante.

No Brasil, em que pese a inexistência de qualquer norma que vede expressamente o contribuinte de estruturar seus negócios jurídicos com o fim exclusivo de obter economia fiscal, realizar um planejamento tributário, nos dias de hoje, significa aventurar-se no mar da insegurança jurídica, muitas vezes em razão das premissas equivocadas de que partem a autoridade administrativa e os órgãos julgadores para desconsiderar os atos e negócios jurídicos realizados nesse sentido.

Assim, é preciso identificar, no contexto do Sistema Constitucional Tributário nacional, os limites normativos ao planejamento tributário efetivamente positivados no ordenamento jurídico pátrio, delimitando-se, com isso, o âmbito de atuação do Fisco na requalificação dos negócios jurídicos realizados pelo contribuinte.

É exatamente neste cenário que se faz importante definirmos a verdadeira natureza do parágrafo único do art. 116 do Código Tributário Nacional, que continua alimentando calorosos debates doutrinários acerca do seu efetivo alcance no combate aos planejamentos tributários elaborados pelos contribuintes.

2. O signo elisão tributária e suas diferentes significações

O estudo do tema do planejamento tributário, bem como da natureza jurídica da norma inserta no parágrafo único do art. 116 do Código Tributário Nacional, esbarra, necessariamente, nos conceitos de elisão, evasão e elusão, amplamente difundidos e estudados pelos doutrinadores do Direito Tributário.

Há, inequivocamente, um problema semântico com relação ao signo elisão tributária, pois, quando voltados os olhos para a doutrina, percebemos que inúmeras são as variações terminológicas encontradas para definir tal instituto. Por esse motivo, faz-se essencial a exposição dos principais critérios que diferenciam as significações costumeiramente utilizadas, de modo a se buscar uma melhor compreensão do fenômeno elisivo.

É importante destacar, ainda, que apesar de haver certa dificuldade semântica e diferentes posições doutrinárias com relação aos conceitos de elisão, evasão e elusão, o presente artigo adotará, após terem sido elencadas as diferenças conceituais, uma terminologia específica, a fim de facilitar entendimento da posição aqui defendida.

Especificamente quanto à elisão tributária, Antônio Roberto Sampaio Dória, em seu estudo pioneiro sobre o tema, propõe separá-la em duas espécies: a elisão induzida pela lei e a elisão resultante de lacunas da lei. Na primeira espécie, a própria lei deseja, por razões extrafiscais, favorecer determinadas situações, tributando-as de modo menos oneroso, ou até mesmo excluindo-as do campo de incidência da norma tributária.[1]

Para o autor, tais medidas não se caracterizariam como uma verdadeira elisão tributária, mas sim como uma elisão imprópria, pois, nestes casos em específico, o contribuinte não precisa alterar a estrutura negocial para obter melhores resultados econômicos, uma vez que a previsão legal, por si só, quer beneficiá-lo. Essa espécie se assemelharia às denominadas "opções fiscais" relatadas por Marco Aurélio Greco.[2]

Na visão de Sampaio Dória, a verdadeira elisão tributária é a que resulta de lacunas da lei, ou seja, que decorra de espaços vazios presentes no ordenamento, que serão devidamente preenchidos pelos contribuintes que buscam não se sujeitar à tributação nestas ocasiões em que o legislador deixa "malhas e fissuras no sistema tributário".[3]

Com relação à figura da evasão fiscal, Sampaio Dória a apresenta de duas formas diferentes, que serão estruturadas de acordo com o comportamento do indivíduo que se vê diante de uma obrigação tributária real ou potencial. Assim, o autor separa a evasão tributária em omissiva (intencional ou não intencional) e comissiva (sempre intencional).[4]

A evasão comissiva, embora seja sempre decorrente de conduta intencionalmente pra-

---

1. Antônio Roberto Sampaio Dória, *Elisão e Evasão Fiscal*, 2ª ed., São Paulo, Bushatsky, 1977, pp. 49-54.

2. Marco Aurélio Greco, *Planejamento Tributário*, 2ª ed., São Paulo, Dialética, 2008, p. 100.

3. *Elisão e Evasão Fiscal*, cit., p. 53. No mesmo sentido, Paulo Ayres Barreto, *Elisão Tributária: Limites Normativos*, Tese de Livre-Docência apresentada ao Departamento de Direito Econômico, Financeiro e Tributário da FDUSP, São Paulo, USP, 2008, p. 240.

4. *Elisão e Evasão Fiscal*, cit., p. 32.

ticada pelo contribuinte, é subdividida pelo autor em lícita e ilícita. Dentro dessa subdivisão, a evasão ilícita é entendida como aquela derivada de ação consciente e voluntária do indivíduo que, por meios ilícitos, elimine, reduza ou retarde o pagamento do tributo devido. A evasão lícita, em contrapartida, decorre de condutas perpetradas pelo contribuinte que, por meios lícitos, organiza-se para eliminar, reduzir ou retardar a ocorrência do fato gerador. Essa última também é denominada por Sampaio Dória de evasão legítima.

Dentre as diversas balizas conceituais estabelecidas, ao tratar da evasão legítima, o autor dará preferência, para traduzir as condutas lícitas do contribuinte, ao termo *elisão fiscal*, pois, no seu ponto de vista, a expressão *evasão lícita* representaria uma irredutível *contradictio in terminis*, tendo em vista que algo não pode ser legal e ilegal ao mesmo tempo.

Lembrando-se da frase "evasão de presos", Sampaio Dória chegará à conclusão de que o termo evasão sugere, de imediato, uma fuga ardilosa da obrigação tributária, sendo impossível, por isso, acrescentar-lhe os adjetivos ilegal e legal, uma vez que, no primeiro caso, seria pleonástico e, no segundo, totalmente incompatível.[5]

O delineamento conceitual acima mencionado representou marco importante no estudo do planejamento tributário, já que, a partir dos estudos de Sampaio Dória, inúmeros autores passaram a se alinhar à ideia de que o termo evasão não deve ser associado, de maneira alguma, à realização de atos e negócios jurídicos lícitos.[6]

Como bem observou Hermes Marcelo Huck: "ainda que alguns autores concordem com a expressão evasão legal, corrente majoritária considera-a como contradição terminológica, já que uma categoria não pode ser legal e ilegal ao mesmo tempo, não havendo possibilidade de se falar em fraude fraudulenta e fraude não fraudulenta, como observava Sampaio Dória".[7]

Embora esta seja a definição adotada pela corrente majoritária quando do estudo do tema, há ainda estudiosos de elevado gabarito que defendem posição divergente no que diz respeito à conceituação do termo evasão como uma conduta ilícita.

Hugo de Brito Machado, por exemplo, entende que o vocábulo "evasão" deve ser utilizado para designar condutas lícitas, enquanto a expressão "elisão", por sua vez, deve ser utilizada para qualificar condutas ilícitas. Na sua linha de raciocínio: "Se tivermos, porém, de estabelecer uma diferença de significado entre esses dois termos, talvez seja preferível, contrariando a preferência de muitos, utilizarmos evasão para designar a conduta lícita, e elisão para designar a conduta ilícita. Realmente, elidir é eliminar, ou suprimir, e somente se pode eliminar ou suprimir, o que existe. Assim, quem elimina ou suprime um tributo, está agindo ilicitamente, na medida em que está eliminado, ou suprimindo a relação tributária já instaurada. Por outro lado, evadir-se é fugir, e quem foge está evitando, podendo a ação de evitar ser preventiva. Assim, quem evita pode estar agindo licitamente".[8]

Ora, como fica nítido, o autor adota posição diametralmente oposta àquela defendida pela maioria dos estudiosos do Direito Tributário, uma vez que eleva ao campo da licitude o instituto da evasão,

---

5. *Elisão e Evasão Fiscal*, cit., p. 45.
6. Nesse sentido, Ricardo Mariz de Oliveira, "Reinterpretando a norma antievasão do parágrafo único do art. 116 do Código Tributário Nacional", *Revista Dialética de Direito Tributário* 76/83-85, São Paulo, Dialética, 2002; Paulo Adyr Dias do Amaral, "Analogia em Direito Tributário – Interpretação econômica e norma geral antielisiva", *Revista Dialética de Direito Tributário* 80/88, São Paulo, Dialética, 2002; Maria Rita Ferragut, "Evasão fiscal: o parágrafo único do art. 116 do CTN e os limites de sua aplicação", *Revista Dialética de Direito Tributário* 67/117-119, São Paulo, Dialética, 2001.

7. *Evasão e Elisão: Rotas Nacionais e Internacionais do Planejamento Tributário*, São Paulo, Saraiva, 1997, p. 31.
8. Hugo de Brito Machado, "A norma antielisão e outras alterações no CTN", *IOB – Repertório de Jurisprudência: Tributário, Constitucional e Administrativo* 7/199, São Paulo, IOB, 2001.

alocando na seara da ilegalidade a figura da elisão tributária.

Não há dúvidas que definições como essa difundida por Hugo de Brito Machado são de extrema relevância para o complexo debate doutrinário que envolve a questão do planejamento. Contudo, no presente artigo, a elisão será adotada, na esteira de Sampaio Dória, sempre para traduzir instituto jurídico de direito positivo, utilizado para designar condutas lícitas, que decorrem do esforço intelectual do contribuinte na previsão de espaços legais na legislação tributária, que evitem, de modo legítimo, a subsunção dos seus atos e negócios jurídicos às hipóteses de incidência tributária, e que resultem, ao final, em uma economia legítima de tributos. Diferencia-se, portanto, das denominadas opções fiscais, que preveem um comportamento induzido ou simplesmente admitido pelo legislador.

Levando em consideração essas diferenças semânticas reveladas na doutrina, Sampaio Dória idealizou três critérios para diferenciar uma conduta elisiva de uma conduta evasiva: licitude dos meios, tempo da conduta (antes ou após a ocorrência do fato jurídico-tributário) e eficácia dos meios (compatibilidade da forma com o seu conteúdo).

Dentre os critérios acima mencionados, a eficiência do critério cronológico costuma ser questionada na doutrina nacional. Segundo pontuam os críticos, o contribuinte pode, eventualmente, realizar atos ou negócios jurídicos antes da efetiva ocorrência do fato jurídico tributário, com vistas a mascarar ou ocultar o fato gerador, sem que isso represente, necessariamente, a realização de um planejamento tributário lícito. Citam, como exemplo deste tipo de situação, o comerciante que emite nota fiscal adulterada, promovendo, logo em seguida, a saída da mercadoria do seu estabelecimento.[9]

A despeito de ter recebido críticas pontuais, a idealização destes requisitos contribuiu de forma substancial para o estudo do tema, já que muitos ainda são os autores que adotam exclusivamente os referidos critérios para distinguir tais condutas.[10]

A propósito, atualmente, não seria exagero afirmar que existe certo consenso na doutrina no que se refere à dicotomia entre elisão e evasão. De forma sintética, pode se sustentar que a primeira costuma ser associada a uma economia legítima de tributos. A segunda, por sua vez, é quase sempre caracterizada como uma conduta ilegal do contribuinte, que busca omitir ou encobrir a ocorrência do fato ensejador da tributação.

Ainda assim, e a despeito dos critérios idealizados por Sampaio Dória, permanece uma grande dificuldade em definir os limites entre elisão e evasão fiscal. Neste verdadeiro campo minado, entre as zonas de certeza do legal e do ilegal, emerge a denominada elusão fiscal, estudada de modo mais profundo na doutrina brasileira por Heleno Taveira Torres.[11]

Inicialmente, por sua aparência legal, as condutas elusivas levam a crer que se tratam de comportamentos lícitos do contribuinte. Porém, embora os negócios aparentes estejam acobertados de legalidade, seus efeitos, especialmente em face da legislação fiscal, são os de evitar a aplicação da lei tributária, por meio da manipulação ilegal das formas jurídicas.

Desta feita, a elusão tributária é entendida pelo autor como a prática de atos lícitos no âmbito do direito privado, mas desprovidos de causa, com fraude à lei ou simulação, quando vistos sob o viés da legislação tributária, o que, ao fim e ao cabo, rebaixa o instituto da elusão ao campo da ilicitude.

Sobre o tema, partindo da advertência feita por José Souto Maior Borges de que a

---

9. Heleno Taveira Torres, *Direito Tributário e Direito Privado: Autonomia Privada, Simulação, Elusão Tributária*, São Paulo, Ed. RT, 2003, p. 190; Hermes Marcelo Huck, *Evasão e Elisão: Rotas Nacionais e Internacionais do Planejamento Tributário*, cit., pp. 29-30.

10. Por exemplo, Ricardo Mariz de Oliveira, "Reinterpretando a norma antievasão do parágrafo único do art. 116 do Código Tributário Nacional", cit., p. 92.

11. *Direito Tributário e Direito Privado: Autonomia Privada, Simulação, Elusão Tributária*, cit., pp. 110-190.

elisão é tema de direito positivo,[12] e que, por isso, deve ser analisada a partir da ordem jurídica positiva, preferimos nos ater às diferenças semânticas de que se revestem as expressões elisão e evasão, uma vez que a elusão tributária, por residir em uma zona cinzenta entre o legal e o ilegal, acaba por desafiar a lógica bivalente do direito positivo, que preceitua que uma proposição normativa não pode ser, ao mesmo tempo, válida e não válida.[13]

Portanto, fixemos como premissa, a fim de facilitar a definição a ser dada à natureza jurídica do parágrafo único do art. 116 do CTN, que elisão tributária trata-se de atividade lícita do contribuinte e evasão, ao revés, de atividade ilícita.

3. O CTN e a alteração promovida pela Lei Complementar n. 104/2001

Com o advento do parágrafo único do art. 116 do Código Tributário Nacional, incorporado no ordenamento jurídico-tributário brasileiro por meio do art. 1º da Lei Complementar n. 104, de 2001, foi criada no âmbito do planejamento fiscal aquela que é denominada por grande parte da doutrina como norma geral antielisiva.

Sob o ponto de visa ontológico, referida alteração legislativa tinha por objetivo inserir no ordenamento jurídico pátrio mecanismo capaz de assegurar uma arrecadação tributária eficaz, vedando-se, com a inclusão do parágrafo único, planejamentos tributários abusivos.

A exposição de motivos da Lei Complementar n. 104/2001 justificou a modificação ocorrida no art. 116 do CTN para estabelecer, "no âmbito da legislação brasileira, norma que permita à autoridade tributária desconsiderar atos ou negócios jurídicos com a finalidade de elisão, constituindo-se, dessa forma, em instrumento eficaz para o combate aos procedimentos de planejamento tributário praticados com abuso de forma ou de direito".

No entanto, o comando prescritivo verdadeiramente inserido no sistema constitucional-tributário com o acréscimo do parágrafo único ao art. 116 do Código Tributário Nacional assim dispõe: "Parágrafo único. A autoridade administrativa poderá desconsiderar atos ou negócios jurídicos praticados com a finalidade de dissimular a ocorrência do fato gerador do tributo ou a natureza dos elementos constitutivos da obrigação tributária, observados os procedimentos a serem estabelecidos em lei ordinária".

Nota-se, portanto, que houve evidente descompasso entre o processo de enunciação da norma e seu enunciado-enunciado, pois, embora a exposição de motivos revele o intuito de se combater o planejamento tributário perpetrado com abuso das formas jurídicas ou abuso de direito, a norma efetivamente inserida no sistema autoriza a autoridade administrativa a desconsiderar tão somente atos praticados com a finalidade de dissimular a ocorrência do fato gerador.[14]

Desde então, inúmeros são os debates instaurados na doutrina em relação aos limites que efetivamente o parágrafo único do art. 116 do CTN impôs ao planejamento tributário, bem como quanto à sua verdadeira natureza jurídica. Sob o ponto de vista específico da sua natureza jurídica, tal norma tem sido denominada pelos estudiosos brasileiros das mais diversas formas: norma geral antielisiva,[15] antievasiva,[16]

---

12. José Souto Maior Borges, "A norma antielisão, seu alcance e as peculiaridades do Sistema Tributário Nacional", *Anais do Seminário Internacional sobre Elisão Fiscal*, Brasília, ESAF, 2002, p. 213.

13. Lourival Vilanova, *As Estruturas Lógicas e o Sistema do Direito Positivo*, 4ª ed., São Paulo, Noeses, 2010, p. 44.

14. Paulo Ayres Barreto, "Planejamento tributário: perspectivas jurisprudenciais", in Valdir de Oliveira Rocha (Org.), *Grandes Questões Atuais de Direito Tributário*, vol. 15, São Paulo, Dialética, 2010, pp. 298-299.

15. Marco Aurélio Greco, *Planejamento Tributário*, cit., p. 468.

16. Ricardo Mariz de Oliveira, "Lucros de coligadas e controladas no exterior e aspectos de elisão e evasão fiscal no direito brasileiro e no internacional", *Revista Dialética de Direito Tributário* 102/98-99, São Paulo, Dialética, 2004; Maria Rita Ferragut, "Evasão fiscal: o

antielusiva,[17] cláusula antissimulação[18] ou antiabuso.[19]

Há mais de uma década discorre-se na doutrina sobre a possibilidade de ter havido, com tal alteração legislativa, a intenção de limitar, no contexto do planejamento tributário, condutas elisivas, evasivas, elusivas, simuladas ou abusivas por parte do contribuinte, surgindo, então, as diferentes denominações acima mencionadas para identificar a natureza jurídica do parágrafo único do art. 116 do CTN, a depender da premissa adotada por cada estudioso do tema.

De um lado encontra-se a corrente "tradicional", composta por doutrinadores que defendem uma interpretação mais rígida do princípio da legalidade, de modo que se assegure a liberdade negocial e a autonomia privada.[20] Do outro, destaca-se a corrente "moderna", da qual fazem parte estudiosos que sustentam a primazia do princípio da capacidade contributiva no contexto do planejamento,[21] baseada numa suposta eficácia positiva conferida a tal princípio.

Com relação a tais divergências, bem observou Paulo Ayres Barreto: "É possível, ainda, notar a abissal distância entre as principais correntes que se digladiam sobre o tema. Tal fato decorre, em grande parte, dos diferentes pontos de partida das correntes doutrinárias apresentadas. Há, também, distintas visões sobre os efeitos das normas de direito privado sobre o Direito Tributário. Verifica-se, sobretudo, um importante descompasso no sopesamento de valores constitucionalmente plasmados. Valores que apontam em sentidos diversos e que são considerados, com maior ou menor ênfase, por uma ou outra correntes, produzem propostas interpretativas radicalmente díspares".[22]

Atualmente, a alteração legislativa decorrente da inserção do parágrafo único no art. 116 do Código Tributário Nacional, associada a essa discrepância doutrinária estabelecida em torno dos limites do planejamento tributário, tem tido reflexo direto não só nas requalificações dos atos e negócios jurídicos por parte da autoridade administrativa, como também nos julgamentos ocorridos especialmente no âmbito dos tribunais administrativos. A consequência imediata deste cenário é a enorme insegurança jurídica que paira sobre o tema do planejamento fiscal, fato este que tem dificultado cada vez mais a identificação dos verdadeiros limites do que pode ser considerada uma economia legítima de tributos.

São pertinentes, então, as seguintes indagações: como solucionar o descompasso entre a exposição de motivos e o enunciado prescritivo inserido no sistema com a alteração promovida pela LC n. 104/2001? Em que sentido foi utilizado o signo dissimular? Foram positivados no ordenamento jurídico-tributário pátrio o abuso das formas e o abuso do direito? O Sistema Constitucional Tributário brasileiro comporta a interpretação econômica, a aplicação da teoria do *business purpose* ou a pretensa eficácia positiva do princípio da capacidade contributiva, como

---

parágrafo único do art. 116 do CTN e os limites de sua aplicação", cit., p. 119.

17. Heleno Taveira Torres, *Direito Tributário e Direito Privado: Autonomia Privada, Simulação, Elusão Tributária*, cit., p. 361.

18. Miguel Delgado Gutierrez, *Planejamento Tributário: Elisão e Evasão Fiscal*, São Paulo, Quartier Latin, 2006, pp. 99-101; Paulo Ayres Barreto, *Elisão Tributária: Limites Normativos*, cit., p. 243; Alberto Xavier, *Tipicidade da Tributação, Simulação e Norma Antielisiva*, São Paulo, Dialética, 2002 (1ª reimpr. da edição publicada em 2001), p. 52; Edmar Oliveira Andrade Filho, "Os limites do planejamento tributário em face da Lei Complementar n. 104/2001", *Revista Dialética de Direito Tributário* 72/33, São Paulo, Dialética, 2001; Luciano Amaro, *Direito Tributário Brasileiro*, 15ª ed., São Paulo, Saraiva, 2009, p. 238.

19. Luís Eduardo Schoueri, "Planejamento tributário: limites à norma antiabuso", *Revista de Direito Tributário Atual* 24/368-369, São Paulo, Dialética, 2010.

20. Ives Gandra da Silva Martins, "Norma antielisão tributária e o princípio da legalidade, à luz da segurança jurídica", *Revista Dialética de Direito Tributário* 119/128, São Paulo, Dialética, 2005; Alberto Xavier, *Tipicidade da Tributação, Simulação e Norma Antielisiva*, cit., p. 31.

21. Marco Aurélio Greco, *Planejamento Tributário*, cit., p. 328.

22. "Planejamento tributário: perspectivas jurisprudenciais", cit., p. 301.

fundamentos para que a autoridade administrativa desconsidere determinados atos ou negócios jurídicos praticados pelo contribuinte, ainda que tenham sido realizados com o fim exclusivo de economizar tributos?

Há, para todas estas perguntas, uma resposta inequívoca: qualquer posicionamento a ser adotado deve preceder de uma análise minuciosa acerca dos valores que norteiam o sistema tributário nacional, como também fundamentar-se no Sistema Constitucional Tributário vigente. Noutras palavras, todas as premissas devem ter como ponto de partida a Constituição Federal brasileira.

Sendo assim, o estudo da elisão tributária requer que se tenha em vista as diversas garantias conferidas ao contribuinte na Carta Magna e os princípios constitucionais fixados na Lei Maior, que servem de norte para o legislador tributário, para a autoridade administrativa e para os órgãos de julgamento (administrativo ou judicial) quando diante das complexas questões que orbitam o tema em referência.

4. O parágrafo único do art. 116 do CTN no contexto do Sistema Constitucional Tributário brasileiro

Dentro dos contornos estabelecidos na Carta Magna brasileira, para uma melhor compreensão do tema da elisão tributária, é preciso afastar a ideia de que os princípios constitucionais de feições coletivas não convivem de forma harmônica com aqueles que asseguram garantias e direitos individuais. Assim, quando da construção de sentido dos conteúdos normativos insculpidos na Constituição Federal, não pode ser feita uma valoração excessiva de alguns comandos constitucionais, sem que se leve em consideração outros valores que, igualmente, encontram-se plasmados no Texto Constitucional.

Isso quer dizer que, na interpretação dos princípios constitucionais, não se deve atribuir, *a priori*, a qualquer um deles, uma supereficácia ou uma subeficácia. Deve-se buscar, na verdade, alcançar a máxima eficácia do princípio, sem que sejam ignoradas as demais balizas e contenções previstas na Lei Maior, e sem atingir, para tanto, a eficácia das regras constitucionais, representativas de decisões tomadas de modo objetivo pelo constituinte.[23]

Assim, se por um lado a legalidade estrita e a tipicidade cerrada devem ser respeitadas, embora sem caráter absoluto, na medida em que se inserem num sistema constitucional em que convivem harmoniosamente com outros princípios de igual importância, pelo outro, não pode ser conferida eficácia positiva ao princípio da capacidade contributiva, desconsiderando-se totalmente o princípio da legalidade, pois esse tipo de interpretação consistiria em evidente afronta ao ordenamento.

É necessário que haja um equilíbrio entre tais princípios quando da análise dos planejamentos tributários realizados pelos contribuintes, de modo que todos sejam aplicados em sua máxima efetividade, respeitando-se, sempre, os limites do ordenamento jurídico pátrio e a competência tributária impositiva, minudentemente delimitada na Constituição Federal.

O art. 5º, inciso II, da Constituição Federal prescreve que ninguém será obrigado a fazer ou deixar de fazer alguma coisa senão em virtude de lei. Eis contemplado neste dispositivo constitucional o princípio basilar da República Federativa do Brasil e do Estado Democrático de Direito.

O princípio da legalidade, na condição de grande pilar de sustentação do Direito Tributário, representa não só uma garantia do contribuinte, mas também uma forma de limitação ao poder de tributar dos entes federados competentes. Por conseguinte, é de rigor que seja observado pelos três Poderes: o Legislativo quando da criação das leis; o Executivo na aplicação das leis; e o Judiciário no julgamento das lides.

Em matéria tributária, ele é visto de modo ainda mais restrito, pois não basta a

---

23. Paulo Ayres Barreto, *Elisão Tributária: Limites Normativos*, cit., p. 110.

exigência de lei formal para fundamentar a tributação, devendo haver, necessariamente, reserva absoluta de lei, que Alberto Xavier irá denominar de "lei qualificada".[24] A consequência imediata desta legalidade estrita é a de se obter o conteúdo decisório do caso concreto por mera dedução da lei, restando extremamente limitada a discricionariedade da autoridade administrativa, que está adstrita às amarras da lei.

Dessa forma, não cabe à autoridade administrativa utilizar-se da discricionariedade ao aplicar a lei tributária, tampouco aos órgãos julgadores recorrerem à analogia para fundamentar a tributação de situações diferentes, que reflitam efeitos econômicos semelhantes, pois, neste caso, além de ser uma afronta ao princípio da legalidade, a aplicação da analogia, para fins de tributação, é expressamente vedada pelo § 1º do art. 108 do Código Tributário Nacional.

Há, contudo, na doutrina, quem sustente o contrário. Para Marco Aurélio Greco, é o princípio da capacidade contributiva que exerce, na atual Constituição, "função estruturante do sistema". Por essa razão, a capacidade contributiva tem maior relevância do que a legalidade, pois esta, em se tratando de mera limitação ao poder de tributar do ente competente, constitui-se como mera ferramenta do princípio da capacidade contributiva na consecução de seu objetivo fundamental de construir, de modo efetivo, uma sociedade justa, livre e solidária (art. 3º, I, da CF).[25]

Segundo o autor, no contexto do ordenamento jurídico pátrio, a capacidade contributiva revela caráter positivo "em todos os momentos de concreção dos preceitos constitucionais: legislação, execução e jurisdição".[26] Desse modo, referida eficácia jurídica alcança não só o legislador, como também os intérpretes e aplicadores do Direito.

Essa tem sido a premissa adotada por Marco Aurélio Greco quando do estudo dos limites normativos ao planejamento tributário. Atualmente, esse entendimento tem gerado inúmeros reflexos com relação a esses limites, pois, tanto a autoridade administrativa, quanto os Tribunais, têm adotado diversos critérios diferentes, embasados na grande maioria dos casos nesta concepção de eficácia positiva da capacidade contributiva, para desconsiderar um negócio jurídico que, por vezes, não se edifica em condutas simuladas ou dissimuladas, mas sim em comportamentos legais por parte do contribuinte.

Não há dúvidas de que o princípio da capacidade contributiva destina-se tanto ao legislador, quanto ao aplicador do Direito, conforme demonstrou Marco Aurélio Greco. Entretanto, deve ser visto, de ambos os planos, de modo objetivo, jamais como fundamento de uma interpretação que procure alcançar, por meio da tributação, manifestações de capacidade econômica não previstas na hipótese da norma tributária.

Na seara do Direito Tributário, o princípio da capacidade contributiva dirige-se, de modo primário, ao legislador, no sentido de limitar ao poder tributar, e, de modo secundário, à Administração tributária, que deve dar eficácia ao princípio, identificando o patrimônio, os rendimentos e as atividades do contribuinte, desde que respeitados os direitos e garantias individuais constitucionalmente assegurados, bem como os limites previstos na própria legislação infraconstitucional.

Hugo de Brito Machado sustenta que, em face do ordenamento jurídico brasileiro, os princípios da capacidade contributiva e da isonomia não podem servir como fundamento de possível ampliação das normas de incidência tributária, realizada por meio de atividade interpretativa. Isso porque, se analisados da perspectiva do atual sistema constitucional tributário, tais princípios devem ser vistos em plena harmonia com o princípio da legalidade.[27]

---

24. *Tipicidade da Tributação, Simulação e Norma Antielisiva*, cit., p. 17.

25. *Planejamento Tributário*, cit., p. 318.

26. *Planejamento Tributário*, cit., p. 331.

27. "A norma antielisão e outras alterações no CTN", cit., p. 197.

Hermes Marcelo Huck reforça tal entendimento: "O intérprete não deve fazer uso de critério de capacidade econômica fora ou além do texto legal para fins de tributação. A capacidade contributiva não gera, por si só e automaticamente, uma obrigação tributária, que depende de prévia autorização legal".[28]

Inegavelmente, o conteúdo das normas tributárias é de natureza econômica, uma vez que, em obediência ao princípio da capacidade contributiva, deve-se respeitar, quando da elaboração da lei que irá criar o tributo, a capacidade econômica do contribuinte. Entretanto, a mera detenção de capacidade econômica para contribuir, não gera, por si só, direito de o Fisco de tributar tal situação. Exemplo oportuno é o do Imposto sobre Grandes Fortunas, previsto na Carta Magna, em seu art. 153, inciso VII, mas ainda não instituído em lei complementar.

Ora, por algum motivo, decidiu não se tributar, ainda, as grandes fortunas, mesmo que o ato de possuí-las revele nítida capacidade econômica. Tal fato só passa a ser relevante, para fins de tributação, depois de definido em lei como hipótese de incidência da norma tributária.[29]

É inadmissível, no contexto do atual Sistema Constitucional brasileiro, que se pretenda concretizar valores sociais e coletivos, com fundamento numa pretensa eficácia positiva da capacidade contributiva, ignorando, para tanto, a rígida repartição das competências tributárias impositivas e os direitos e garantias individuais, que, fixados por meio de regras, representam verdadeiras balizas à atividade tributária impositiva do Estado. Noutras palavras, não se pode querer tributar da mesma forma duas situações diferentes do ponto de vista jurídico, mas que revelam similitude com relação ao conteúdo econômico, com fundamento constitucional buscado diretamente na solidariedade social.

Com efeito, o princípio da capacidade contributiva deve ser visto como uma garantia do contribuinte, que lhe confira proteção em face do poder tributário impositivo dos entes tributantes, e não como ferramenta a ser utilizada pelo Fisco contra o contribuinte. Segundo Luciano Amaro, "se o intérprete pudesse pesquisar o conteúdo econômico de um dado negócio jurídico para, à vista de sua similitude com o conteúdo de outro negócio, estender para o primeiro a regra de incidência do segundo, o fato gerador do tributo deixaria de corresponder à previsão abstrata posta na lei (princípio da reserva de lei); contra normas expressas do nosso sistema tributário, a analogia para tributar (ou para isentar) seria invocável, com base em que, sendo igual o conteúdo econômico, a norma a aplicar seria também a mesma".[30]

Desse modo, a denominada eficácia positiva da capacidade contributiva não pode servir como suporte de desconsiderações de negócios lícitos, legalmente planejados pelos contribuintes, mas que, ao arbítrio interpretativo da autoridade administrativa, seja considerado abusivo, pois se estará tributando, assim, além dos limites legais.

Ademais, sobre a eficácia positiva da capacidade contributiva, que é oxigenada pela intenção de se alcançar, por meio da tributação, efetiva solidariedade social, magistralmente advertiu Humberto Ávila: "É que a tributação com base na solidariedade social contraria, dentre outras normas, as regras de competência, e o sobreprincípio da segurança jurídica e seus subelementos da legalidade, da irretroatividade e da anterioridade (...). Os princípios, na Constituição Federal, não apenas valorizam elementos fáticos ligados à solidariedade, mas, também, elementos relacionados à segurança e previsibilidade da decisão segundo padrão normativo previsto (Estado de Direito, segurança jurídica, legalidade e atribuição de poder por meio das

---

28. *Evasão e Elisão: Rotas Nacionais e Internacionais do Planejamento Tributário*, cit., p. 16.

29. "Reinterpretando a norma antievasão do parágrafo único do art. 116 do Código Tributário Nacional", cit., p. 90.

30. Luciano Amaro, "Planejamento tributário (IR: limites da economia fiscal – Planejamento tributário)", *Revista de Direito Tributário* 43/50, São Paulo, Malheiros Editores, 1998.

regras de competência). A interpretação que se centra exclusivamente na solidariedade social desconsidera o ordenamento constitucional como um todo".[31]

Portanto, no contexto da elisão tributária, conferir eficácia positiva ao princípio da capacidade contributiva, a fim de justificar a tributação de situações não descritas no suposto da norma tributária, significa desconsiderar todas as regras de competência detalhadamente delimitadas na Constituição Federal, bem como todas os direitos e garantias individuais do contribuinte em face do poder impositivo do Estado, que sequer podem ser objeto de emenda constitucional, por terem sido elevadas à condição de cláusulas pétreas, consoante previsão do art. 60, § 4º, inciso IV, da Lei Maior brasileira.

5. A importância das diferenças semânticas entre simulação e dissimulação

Ao percorrer os enunciados prescritivos positivados no Código Tributário Nacional, iremos notar que a legislação tributária estabeleceu como limites à elisão tributária a fraude, o dolo e a simulação, no art. 149, VII, do CTN, e a dissimulação, no art. 116, parágrafo único, do mesmo diploma legal.

Contudo, apesar de o legislador tributário ter elencado como hipóteses ilegais a simulação e a dissimulação, não foi dada nenhuma definição específica da norma tributária para tais institutos, fazendo-nos buscar, então, as significações concedidas as estes termos na legislação civil, para transportá-las ao contexto do Direito Tributário. Neste ponto, interessante trazer à tona as hipóteses de simulação previstas no Código Civil:

"Art. 167. É nulo o negócio jurídico simulado, mas subsistirá o que se dissimulou, se válido for na substância e na forma.

"§ 1º. Haverá simulação quando:

"I – aparentarem conferir ou transmitir direitos a pessoas diversas daquelas às quais realmente se conferem, ou transmitem;

"II – contiverem declaração, confissão, condição ou cláusula não verdadeira;

"III – os instrumentos particulares forem antedatados ou pós-datados;"

O art. 167 do Código Civil de 2002 enuncia a simulação como uma das hipóteses de nulidade do negócio jurídico. É normalmente caracterizada como a divergência entre a vontade real e a vontade aparente, notada através do desacordo existente entre a vontade interna, efetivamente desejada, e aquela declarada no contrato pelas partes. Nas palavras de Washington de Barros Monteiro, a simulação é entendida da seguinte forma: "se caracteriza pelo intencional desacordo entre a vontade interna e a declarada, no sentido de criar, aparentemente, um ato jurídico que, de fato, não existe, ou então oculta, sob determinada aparência, o ato realmente querido".[32]

Como se nota, a simulação subdivide-se em dois grupos: o primeiro, dos atos que aparentam ao mundo externo uma situação irreal, mas que não escondem qualquer ato que seja subjacente a este ato inexistente; e o segundo, dos atos que aparentam ao mundo externo uma situação irreal, mas que ocultam, sob as vestes da vontade declarada, o ato real efetivamente desejado. É o que a doutrina costuma denominar, respectivamente, de simulação absoluta e simulação relativa.

Na simulação absoluta aparenta-se celebrar determinado negócio jurídico que na realidade não existe. Na simulação relativa, por outro lado, celebra-se negócio jurídico aparentemente existente, para ocultar-se o negócio efetivamente desejado. Neste caso, há a existência de um negócio dissimulado, que é o negócio real que se quis ocultar, e de um negócio simulado, que é aquele exteriorizado através da declaração enganosa.

---

31. Humberto Ávila, "Limites à tributação com base na solidariedade social", in Marco Aurélio Greco e Marciano Seabra de Godoi (Coords.), *Solidariedade Social e Tributação*, São Paulo, Dialética, 2005, pp. 71-72.

32. Washington de Barros Monteiro, *Curso de Direito Civil – Parte Geral*, 40ª ed., São Paulo, Saraiva, 2005, p. 254.

Assim, diferentemente da simulação absoluta, na simulação relativa existem dois negócios jurídicos, o simulado e o dissimulado. O negócio simulado é aquele exteriorizado pelas partes, mas que não reflete a efetiva e real vontade dos contratantes. O negócio dissimulado, em contrapartida, é aquele ocultado pelas partes, que embora esteja escondido, reflete a efetiva vontade real dos contratantes.

Ricardo Mariz de Oliveira irá dizer que na simulação há um componente positivo no ato externo, enquanto na dissimulação há um componente negativo no ato externo. Na primeira procura-se criar determinada aparência, ao passo que na segunda busca-se, por meio da aparência criada, esconder a realidade. Nessa linha de raciocínio, irá constatar que: "simular é exibir, apresentar, aparentar algo, e dissimular é esconder, ocultar, camuflar algo. Simula-se para fingir algo que não existe (realidade inexistente), dissimula-se para fingir que não existe (realidade inexistente) algo que existe (realidade existente)".[33]

Como exemplo de simulação absoluta pode ser citado como exemplo o caso de venda simulada de bens para fraudar credores. Não houve, concretamente, a efetiva venda dos bens. Ocorreu, na realidade, a celebração simulada de contrato de compra e venda, com a mera intenção de fraudar credores. Já com relação à simulação relativa, exemplo usualmente citado é o da celebração de contrato de compra e venda para ocultar uma doação. A aparência da venda (simulada) de determinado bem tem como intuito, em verdade, encobrir a doação (dissimulada) efetivamente realizada. O negócio fictício, deste modo, oculta o negócio verdadeiramente celebrado.

É de grande relevância se apontar essa diferenciação feita entre o ato simulado e o ato dissimulado, porque há previsão expressa no Código Civil no sentido de que, se o negócio dissimulado for válido na substância e na forma, subsistirá o ato dissimulado. Daí decorre a ideia de que é permitido ao Fisco tributar o negócio efetivamente ocorrido, mas que fora ocultado pelo negócio aparente.[34]

Neste cenário, a identificação do ato simulado e do ato dissimulado revela-se extremamente importante na requalificação do fato jurídico-tributário. Há, neste caso, dois fatos vertidos em linguagem: o simulado, construído pelo contribuinte, e o dissimulado, que deverá ser construído, em consonância com a teoria das provas, por aquele que pretende provar a existência de dissimulação no caso concreto.[35]

Assim, havendo por parte do Fisco desconsideração do negócio jurídico relatado pelo contribuinte, sob o argumento de que restou caracterizada, na operação engendrada, dissimulação dos atos ou negócios jurídicos, cabe ao contribuinte tão somente demonstrar que nada foi dissimulado, restando ao Fisco o dever de provar, de forma efetiva, a ocorrência do fato ocultado, construindo, para tanto, linguagem competente que tenha o condão de comprovar, também, a inocorrência do fato aparente.

Neste contexto, foi muito bem colocada a advertência feita por Karem Jureidini Dias, no sentido de que "a simulação não é causa de tributar, sendo, no limite, suporte fático que fundamenta a negação da natureza do comportamento antes apresentado pelo contribuinte".[36]

É exatamente nesse sentido que entendemos a positivação da simulação absoluta e da simulação relativa como limites à requalificação do fato jurídico-tributário relatado pelo contribuinte. No primeiro caso, cabe à autoridade administrativa, mediante a utilização dos procedimentos previstos em lei, simplesmente demonstrar inexistência do fato jurídico criado pelo contribuinte.

---

33. "Reinterpretando a norma antievasão do parágrafo único do art. 116 do Código Tributário Nacional", cit., p. 97.

34. A título de exemplo, CARF, 1ª Turma da 4ª Câmara da 1ª Seção, Recurso 159.964, j. 5.11.2008.

35. Paulo Ayres Barreto, *Elisão Tributária: Limites Normativos*, cit., pp. 230-231.

36. Karem Jureidini Dias, *Fato Tributário: Revisão e Efeitos*, São Paulo, Noeses, 2013, p. 205.

Na dissimulação, por outro lado, seguindo os ensinamentos de Karem Jureidini Dias, cabe ao Fisco o ônus da prova: "(i) da existência ou materialidade de ato ou negócio subjacente; (ii) de que o ato ou o negócio subjacente pode ser corretamente vertido em linguagem competente para os fins a que se destina; e (iii) de que dele se propagam efeitos fiscais não anteriormente reconhecidos".[37]

Portanto, entendemos que foi dado tratamento específico à simulação absoluta e à simulação relativa no Código Tributário Nacional, não só em razão da diferença semântica existente entre estes signos, como também pela necessidade de existir, no ordenamento jurídico pátrio, diferentes regulamentações quanto aos procedimentos a serem observados na requalificação do fato jurídico-tributário em cada um dos casos. Para a primeira, aplica-se o art. 149, VII, do CTN e, para a segunda, aplica-se o art. 116, parágrafo único do mesmo diploma legal, que, atualmente, possui eficácia técnica-sintática condicionada à edição de lei ordinária.

6. O abuso de direito e o abuso das formas

Por terem sido mencionadas na exposição de motivos da Lei Complementar n. 104/2001, as figuras do abuso de direito e do abuso das formas costumam ser tratadas como limites normativos à elisão tributária.

O abuso de direito, especialmente depois de ter sido expressamente previsto como ato ilícito no art. 187 do Código Civil de 2002,[38] passou a ser entendido, no campo tributário, como uma forma de limitar o direito do contribuinte de auto-organização, resguardado na Constituição Federal nos direitos de propriedade e de livre iniciativa.

Marco Aurélio Greco entende que, a partir do novo *Codex* civil, o exercício do direito do contribuinte de auto-organizar-se, que exceda manifestamente os limites impostos pelo seu fim econômico ou social, pela sua boa-fé ou pelos bons costumes, descaracteriza a elisão tributária, implicando, na realidade, em caso de evasão.[39]

É bem verdade que o abuso de direito pode prestar-se como uma ferramenta extremamente útil na comprovação do fato simulado ou dissimulado que eventualmente o contribuinte possa construir quando da elaboração de um planejamento tributário abusivo. Contudo, isoladamente, não pode a autoridade administrativa utilizar-se deste instituto para requalificar os fatos relatados pelo contribuinte, sem que reste devidamente comprovada a ocorrência da simulação ou da dissimulação.

O novo Código Civil foi criado sob a égide da eticidade, da socialidade e da operabilidade, sendo estas verdadeiras diretrizes a serem seguidas pelo intérprete quando da construção da norma de direito privado. Por esse motivo, a própria legislação civil faz menção, por diversas vezes, a conceitos mais abertos e flexíveis, que não só proporcionam maior liberdade na interpretação, como exigem do intérprete a condecoração de valores como ética, equidade, boa-fé e bons costumes no processo de construção de sentido da norma de direito civil, privilegiando, em última instância, a operabilidade pretendida.

O Direito Tributário, por sua vez, é calcado em um sistema marcado pela rígida e minudente repartição de competências tributárias impositivas,[40] que, por meio de conceitos determinados, delimitam o campo de atuação do legislador infraconstitucional. Assim, a transportação do abuso de direito – que tem como referência conceitos abertos como boa-fé, eticidade e bons costumes –, deve ser vista com extrema cautela.

---

37. *Fato Tributário: Revisão e Efeitos*, cit., p. 206.
38. "Art. 187. Também comete ato ilícito o titular de um direito que, ao exercê-lo, excede manifestamente os limites impostos pelo seu fim econômico ou social, pela boa-fé ou pelos bons costumes."
39. *Planejamento Tributário*, cit., p. 199.
40. Geraldo Ataliba, *Sistema Constitucional Tributário Brasileiro*, São Paulo, Ed. RT, 1968, pp. 38-39.

Sobre este aspecto, o saudoso mestre Miguel Reale, ao tratar da construção de sentido da norma de direito civil, há tempos advertiu: "É indispensável recorrer àquilo que costumo chamar, na minha concepção filosófico-jurídica, de modelos abertos e não de modelos cerrados. Posso usar – posso e devo – modelos cerrados, predeterminados, no campo do Direito Penal, onde deve haver o predomínio da tipicidade do delito e da tipicidade da norma; posso e devo usar os modelos cerrados em matéria de Direito Tributário, onde somente é exigível aquele tributo que esteja claramente definido. Mas essa tipicidade é incompatível com a vida civil, com o Direito Civil em sua amplitude, onde muitas vezes somos levados a preferir modelos abertos, que permitam à hermenêutica declarar-lhe o seu rigoroso significado".[41]

Da Constituição Federal emerge um verdadeiro subsistema constitucional tributário, que, assentado nas regras de competência tributária impositiva e nas limitações constitucionais ao poder de tributar, prestigia um modelo de previsibilidade mínima, que, inequivocamente, não se coaduna com a ideia de utilização de conceitos indeterminados para justificar a tributação de situação não descrita na hipótese tributária. A transportação de institutos do Direito Civil para o campo do Direito Tributário, em absoluto descompasso com as prescrições específicas deste subsistema, promove um indesejado desajuste sistêmico.[42]

Ademais, a verificação do abuso de direito, no caso concreto, tem como consequência a ilicitude do ato, ilicitude esta que não encoberta, necessariamente, uma materialidade lícita, prevista na lei tributária como fato jurídico sobre o qual deve incidir a norma tributária. Assim, por si só, o abuso de direito não autoriza a autoridade administrativa a requalificar o fato relatado pelo contribuinte, sob o argumento de que, em havendo abuso de direito, houve, por consequência, simulação ou dissimulação. Estas devem, ao fim e ao cabo, serem devidamente comprovadas.

Igualmente devemos entender a questão do abuso das formas, que também costuma ser visto como limite normativo à elisão tributária. Segundo aqueles que defendem a positivação desta expressão no sistema tributário nacional, o abuso das formas resta configurado quando o contribuinte realiza determinada operação, adotando forma jurídica anormal ou atípica na estruturação do negócio jurídico que, se tivesse sido celebrado por meio de sua forma normal, teria tratamento fiscal mais oneroso.

Acontece que, segundo estabelece a Constituição Federal, o contribuinte possui assegurada total liberdade com relação à forma jurídica a ser adotada na realização de seus negócios. Desta feita, não pode o Fisco tolher o direito do contribuinte de optar, dentre duas formas jurídicas, uma mais onerada e outra com menor carga fiscal, aquela que melhor lhe convém sob o ponto de vista fiscal. Luciano Amaro exemplifica bem a questão: "Não se pode, por exemplo, obrigar alguém a utilizar a forma da compra e venda para transferir um imóvel para uma empresa se o indivíduo tem o direito de utilizar outra forma (igualmente lícita), que é a conferência do imóvel na integralização de capital da sociedade (operação não estaria sujeita ao imposto incidente na operação de venda)".[43]

Ora, é justamente por meio da manipulação inteligente das formas jurídicas, lícitas dentre um leque de opções e alternativas que o sistema jurídico possibilita, que o contribuinte se organiza para realizar uma economia legítima de tributos. A elisão fiscal ocorre exatamente quando o contribuinte encontra lacunas ou "brechas" no ordenamento, que o possibilite adotar uma forma jurídica legal, que porventura não tenha sido demasiadamente onerada sob o prisma fiscal.

---

41. Miguel Reale, *O Projeto do Código Civil – Situação Atual e seus Problemas Fundamentais*, São Paulo, Saraiva, 1986, p. 8.

42. Paulo Ayres Barreto, *Elisão Tributária: Limites Normativos*, cit., p. 229.

43. "Planejamento tributário (IR: limites da economia fiscal – Planejamento tributário)", cit., p. 51.

O ordenamento jurídico pátrio não positivou qualquer impedimento à realização de negócios jurídicos, mediante a manipulação lícita das formas jurídicas. Não deve haver prevalência da substância econômica, em detrimento da forma jurídica adotada, se não provada a manipulação ilegal das formas, por meio da simulação ou da dissimulação.

A consideração econômica traz importantes subsídios para o intérprete e para o aplicador da lei na busca do real conteúdo econômico da norma jurídica, facilitando a subsunção dos fatos concretos a esta norma interpretada. Não cabe, no entanto, interpretar o conteúdo econômico do fato jurídico, com o fim de alargar a hipótese de incidência da norma tributária prevista na lei. Noutras palavras, a consideração econômica é útil na realização de uma interpretação teleológica quando da construção da norma jurídica, mas totalmente insustentável para fundamentar o alargamento ou a fragmentação da hipótese de incidência prevista no antecedente da norma geral e abstrata.

Ademais, é importante que seja dito que o planejamento tributário realizado com o único intuito de reduzir a carga fiscal não ofende nem a boa-fé na estruturação de determinada operação, tampouco viola princípios constitucionais. Não há nem regras, nem princípios, que fundamentem a desconsideração de negócio jurídico realizado com o único objetivo de redução da carga tributária.

Por conseguinte, não deve ser feita uma interpretação econômica do fato tributável, mas sim uma interpretação jurídica.[44] Permitir o alargamento da hipótese de incidência, para alcançar fatos jurídicos diferentes, que revelem a mesma capacidade contributiva, é, na realidade, ir além dos limites legais da norma tributária, para tributar por analogia,[45] o que é expressamente vedado para fins de tributação.

Portanto, as figuras do abuso de direito e do abuso das formas devem ser utilizadas como mero indício de simulação ou dissimulação, jamais como fundamentos isoladamente válidos para requalificação de fatos jurídico-tributários. Por terem sido mencionadas apenas na exposição de motivos, representam, no processo de enunciação da norma, institutos de grande valia para traduzir o contexto histórico[46] da criação da Lei Complementar n. 104/2001, mas jamais como enunciados prescritos verdadeiramente positivados no ordenamento jurídico pátrio.

7. A efetiva natureza jurídica do parágrafo único do art. 116 do CTN

Conforme já advertido inicialmente, o parágrafo único do art. 116 do Código Tributário Nacional, incorporado ao ordenamento jurídico-tributário brasileiro por meio do art. 1º da Lei Complementar n. 104, de 2001, promove, ainda nos dias de hoje, calorosos debates na doutrina acerca da sua verdadeira natureza jurídica.

Segundo Marco Aurélio Greco, o "objeto do dispositivo é o conjunto de hipóteses de dúvida na qualificação jurídica dos negócios jurídicos, especialmente em função da eficácia positiva do princípio da capacidade contributiva diante dos negócios indiretos não abusivos nem em *fraus legis*",[47] levando-o a entender, portanto, que se trata de norma geral antielisiva.

---

44. Nesse sentido, Heleno Taveira Torres, *Direito Tributário e Direito Privado: Autonomia Privada, Simulação, Elusão Tributária*, cit., p. 266; Sacha Calmon Navarro Coelho, "Considerações sobre a chamada norma geral antielisiva, supostamente instituída pela Lei Complementar n. 104, de 10 de janeiro de 2001", *IOB – Repertório de Jurisprudência: Tributário, Constitucional e Administrativo* 8/224, São Paulo, IOB; Gilberto de Ulhoa Canto, "Evasão e elisão fiscais – Um tema atual", *Revista de Direito Tributário* 63/189, São Paulo, Malheiros Editores, 1993; Ricardo Mariz de Oliveira, "Reinterpretando a norma antievasão do parágrafo único do art. 116 do Código Tributário Nacional", cit., p. 99.

45. Luciano Amaro, "Planejamento tributário (IR: limites da economia fiscal – Planejamento tributário)", cit., p. 50.

46. Paulo de Barros Carvalho, *Direito Tributário, Linguagem e Método*, 4ª ed., São Paulo, Noeses, 2011, p. 430.

47. *Planejamento Tributário*, cit., p. 199

Todavia, já nos posicionamos no sentido de que evocar eficácia positiva ao princípio da capacidade contributiva, para tributar situações não previstas em lei, viola não só o § 1º do art. 108 do CTN, que veda o recurso à analogia, como também os princípios da legalidade estrita, da tipicidade cerrada e da segurança jurídica.

Ademais, fixamos o entendimento de que elisão tributária trata-se de instituto jurídico de direito positivo, utilizado para designar condutas lícitas do contribuinte, que buscam evitar, de modo legítimo, a subsunção dos seus atos e negócios jurídicos às hipóteses de incidência tributária, resultando, ao final, em uma economia legítima de tributos.

Assim, tomando este conceito como premissa, a nosso ver, existe uma contradição intrínseca na expressão norma geral antielisiva. Ora, se a elisão é entendida como uma forma lícita de economizar tributos, como a legislação pode proibir algo que é legal ou permitido? Seria até mesmo um absurdo lógico-jurídico denominá-la norma geral antielisiva.

Ricardo Mariz de Oliveira, diferentemente, entende que houve a incorporação de uma norma geral antievasiva no ordenamento tributário nacional, pois a finalidade de tal dispositivo seria a de "reger os procedimentos tendentes a desconsiderar os negócios jurídicos praticados com a intenção de dissimular a real ocorrência de fatos geradores ou dos seus elementos de formação e quantificação, isto é, cuja finalidade declarara e específica é combater práticas evasivas".[48]

Para o autor, referido dispositivo legal reafirma no ordenamento jurídico o que já era previsto no art. 149, inciso VII, do CTN, reforçando a possibilidade de a autoridade administrativa poder efetuar o lançamento de ofício nos casos de ocorrência de fraude, dolo ou simulação nas condutas perpetradas pelo sujeito passivo, e estabelece, também, a possibilidade de desconsideração do negócio aparente, para que seja dado o merecido tratamento tributário ao ato dissimulado encobertado pelo contribuinte.

De fato, o comando legal em questão foi o grande responsável por inserir no ordenamento jurídico pátrio tratamento específico à figura da simulação relativa. Isso não quer dizer, contudo, que foi criado para combater ambas as simulações, absoluta e relativa, que para Ricardo Mariz de Oliveira seriam espécies do gênero evasão.

Na esteira de Alberto Xavier, Luciano Amaro, Miguel Delgado Gutierrez e Paulo Ayres Barreto irão entender que o parágrafo único aqui discutido trata-se de cláusula antissimulação. Todos os autores partem da premissa de que o verbo dissimular, neste caso, está diretamente ligado à figura da simulação relativa, de modo que passou a haver, então, tratamento específico à questão da dissimulação.

Ressalva-se, neste ponto, que para Alberto Xavier,[49] Miguel Delgado Gutierrez[50] e Luciano Amaro,[51] referido dispositivo legal engloba tanto a simulação absoluta, quanto a simulação relativa. Para Paulo Ayres Barreto,[52] por outro lado, em hipóteses de simulação absoluta deve se aplicar o art. 149, VII, do CTN, e nos casos de simulação relativa, aplica-se o parágrafo único do art. 116 do mesmo diploma legal.

Por fim, Luís Eduardo Schoueri irá tratar do assunto denominando o parágrafo único aqui analisado como norma antiabuso. Não se trata aqui do abuso das formas, conforme visto anteriormente, mas sim da desnaturação do fato jurídico por parte do contribuinte, através da utilização de outros fatos, estes

---

48. "Lucros de coligadas e controladas no exterior e aspectos de elisão e evasão fiscal no direito brasileiro e no internacional", cit., p. 100.

49. *Tipicidade da Tributação, Simulação e Norma Antielisiva*, cit., p. 52.

50. *Planejamento Tributário: Elisão e Evasão Fiscal*, cit., pp. 99-101.

51. *Direito Tributário Brasileiro*, cit., p. 238.

52. *Elisão Tributária: Limites Normativos*, cit., p. 243.

considerados abusivos, que impedem a concretização da hipótese tributária.[53]

Analisando-se todas as denominações acima destacadas, preferimos nos alinhar ao entendimento de Paulo Ayres Barreto, pois, os outros, de alguma forma, ou não alcançam todos os limites a serem observados no ato de desconsideração a ser realizado pela autoridade administrativa, ou extrapolam o verdadeiro alcance do parágrafo único do art. 116 do Código Tributário Nacional.

Em que pese as respeitadas opiniões doutrinárias divergentes, entendemos que a alteração promovida pela LC n. 104/2001 não representa mera ratificação do comando normativo já previsto no art. 149, VII, do Código Tributário Nacional. A inserção do parágrafo único ao art. 116 deste diploma legal prestou-se para reconhecer, no âmbito do ordenamento jurídico-tributário nacional, que, no caso da dissimulação, há, em verdade, dois fatos constituídos em linguagem: o simulado e o dissimulado. Por isso, no que se refere às provas, haverá um confronto entre duas manifestações de linguagem: a exarada pelo contribuinte e a exarada pela autoridade administrativa.

A autoridade administrativa deverá comprovar, na requalificação do ato dissimulado, não só a ocorrência do fato ocultado, mas também a inocorrência do fato aparente. Assim, justifica-se a alteração promovida, para que o legislador ordinário estabeleça, especificamente com relação à dissimulação, o procedimento legal que irá definir a verdade lógica prevalecente quando do cotejo das provas apresentadas pelo contribuinte e pelo Fisco.

As diferenças semânticas verificadas entre os institutos da simulação e da dissimulação, bem como o tratamento específico que cada um destes institutos merece quanto ao procedimento a ser adotado para a desconsideração do negócio jurídico relatado pelo contribuinte, são o que justifica a inserção do parágrafo único do art. 116 do CTN, que deve ser entendido, no contexto dos limites normativos à elisão tributária, como verdadeira cláusula específica antissimulação relativa.

8. Conclusão

Como demonstrado ao longo do artigo, a definição efetiva acerca da natureza jurídica da norma inserida no parágrafo único do art. 116 do Código Tributário Nacional está longe de ser tema pacífico na doutrina. Normalmente, para identificar a natureza de tal norma, são invocados alguns institutos, seja por meio da transportação de conceitos de Direito Civil, seja através da importação acrítica de termos alienígenas, que, definitivamente, não possuem guarida no Sistema Constitucional Tributário brasileiro.

A revisitação do fato jurídico-tributário relatado pelo contribuinte, com base no comando legal inserido no ordenamento jurídico pátrio pela Lei Complementar n. 104/2001, só deve ser realizada, para fins de requalificação do fato jurídico, caso reste devidamente comprovada, em consonância com a teoria das provas, a dissimulação.

Assim, deve ser rechaçada qualquer tentativa de tributação, com base exclusivamente numa pretensa eficácia positiva da capacidade contributiva e na solidariedade social, de situação não prevista na hipótese da norma tributária. A capacidade contributiva presta-se, na realidade, para garantir os direitos individuais do contribuinte em face da atividade tributária impositiva do Estado.

Amparar-se no art. 116, parágrafo único, do CTN, para fundamentar a tributação de negócio jurídico realizado pelo contribuinte, que não está previsto no suposto da norma de incidência tributária, simplesmente por ser revelada capacidade de contribuir, ou por não apresentar propósito outro que não a economia de tributos, significa, em última instância, revestir tal norma de caráter analógico. E a tributação por analogia, como se sabe, é vedada tanto pelas normas constitucionais que estabelecem a legalidade da tributação, quanto pelo art. 108, § 1º, do CTN.

---

53. "Planejamento tributário: limites à norma antiabuso", cit., p. 367.

O legislador complementar positivou no sistema jurídico tributário brasileiro, com o acréscimo do parágrafo único ao art. 116, verdadeira cláusula específica antissimulação relativa. Por isso, em que pese a sua ineficácia técnica-sintática, o procedimento a ser criado pelo legislador ordinário, para regulamentar a requalificação dos fatos dissimulados, deverá prever, no cotejo das linguagens apresentadas pelo contribuinte e pelo Fisco, qual a verdade lógica que prevalecerá.

Cabe ao contribuinte demonstrar apenas a não ocorrência do fato dissimulado. O Fisco, por sua vez, tem o ônus da prova de demonstrar, por meio de linguagem competente, a não ocorrência do ato aparente (simulado), devido à ocorrência, de fato, do ato ocultado (dissimulado).

Portanto, partindo de uma análise edificada com base no atual Sistema Constitucional Tributário, a conclusão a que se chega é que o parágrafo único do art. 116 do Código Tributário Nacional foi inserido no ordenamento para impor, como limite à elisão tributária, tão somente o dever da autoridade administrativa de requalificar atos ou negócios jurídicos dissimulados.

GRÁFICA PAYM
Tel. (11) 4392-3344
paym@terra.com.br